100일 만에 배우는

2nd Edition

유통관리

RETAIL MANAGEMENT

2nd Edition

100일 만에 배우는

유통관리

서용구 · 이정희 공저

RETAIL MANAGEMENT

서울경제경영

Retail Management

머리말

필자들은 1997년 4월 지식경제부 유통산업 분야 규제 개혁 프로젝트에서 만났다. 그리고 지난 16년간 동안 유통분야 연구과제 공동수행과 〈한국유통학회〉라는 마당에서 계속 좋은 인연을 유지해 오고 있고 결국 오랜 우정의 결실로 본서를 공동 집필하게 되었다.

〈100일 만에 배우는 유통관리〉의 뿌리는 2000년 4월 소매, 물류 서비스를 재조명하고 선진국의 새로운 조류를 소개하는 첫 번째 저자의 기획 · 집필서인 을유문화사 〈유통신조류와 물류혁신〉이라고 할 수 있다. 그 뿌리를 바탕으로 본서는 내용을 대폭 확장하여 유통 물류 관련 교과목을 수강하는 대학생들과 관련 서비스 산업에 종사하는 실무자들을 대상으로 하는 유통관리 종합 텍스트북을 지향하고 있다.

1996년 한국 유통시장이 완전 개방된 이후 지난 20년간 한국의 소매산업과 유통서비스는 획기적으로 발전하여 이제 선진국과 그 어깨를 나란히 하고 있다. 특히 TV 홈쇼핑, 대형마트, 모바일 유통 분야는 세계적 경쟁력을 갖추고 동남아등 해외진출도 활발히 전개되고 있다. 필자들은 이제 하드웨어 분야보다는 눈에 보이지 않는 소프트웨어 경쟁력을 보다 강화해야 한다고 생각한다. 즉 향후에는 보다 섬세한 머천다이징 기술, 매장 디자인, 브랜드, 상거래 문화 등 눈에 보이지 않는 소매 문화와 경쟁력을 업그레이드해야 할 것이다.

본서는 총 4부 12장의 체계로 구성되어 있다. 제1부 소매업의 세계에서는 소매세계로의 초대(제1장), 시장과 소매업의 역사(제2장), 소매 업태와 소매기관(제3장), 소매업 혁신과 발전 이론(제4장)을 다루고 있다. 제2부 소매환경에서는 21세기 소비자와 쇼핑환경의 변화(제5장), 물류환경의 변화(제6장), 유통정책(제7장)을 담고 있다. 제3부 소매 전략에서는 상권분석과 출점 전략(제8장), 스토어 브랜드와 이미지 빌딩 전략(제9장), 소매믹스 전략(제10장)을 다루고 있다. 마지막 제4

부 미래유통에서는 유통산업과 글로벌라이제이션(제11장)과 유통의 미래(제12장)를 다루면서 끝을 맺는다.

2007년 2월 초판이 나온 이래 6년이 지나 2012년 8월 탄생한 이번 개정판(2판)은 지난 7년간의 최신 사례와 이론을 소개하면서 컨텐츠를 대폭 리뉴얼하였다. 부디 본서를 통하여 독자 여러분이 유통 분야의 다양한 개념과 유통 사례들을 학습해서 대한민국의 상거래와 유통서비스 경쟁력을 한 단계 업그레이드할 수 있는 계기가 될 수 있기를 희망한다.

본서가 나오기까지 많은 분의 도움이 컸다. 그리고 유통 분야의 선배, 동료, 후배학자들과 필자들이 몸담고 있는 대학의 선배 · 동료교수들의 격려도 본서집필에 큰 힘이 되었다. 마지막으로 이 책은 수많은 선배학자와 실무자들의 아이디어를 투영하고 있다. 만약 이들의 의견과 생각이 잘못 반영된 점이 있다면 그것은 순전히 필자들의 아둔함에서 비롯된 것임을 밝혀둔다.

2012년 8월 16일 서울 용산구에서

서 용 구, 이 정 희

RETAIL MANAGEMENT

차례

3부 소매전략

4부 미래유통

1부 소매업의 세계

RETAIL MANAGEMENT

1장

RETAIL MANAGEMENT

유통 세계로의 초대

가 생산과 소비의 만남

생산과 소비는 어떻게 만나게 되는 것일까? 만약 생산과 소비가 만날 수 없다면 어떻게 될 것인가? 이 질문은 풀어서 설명해 보면 현대사회에서 현대인들이 필요한 상품과 서비스의 소유, 사용을 통해 누리고 있는 생활의 풍요가 유통이 없다면 가능할까 하는 것이다. 아무리 질 좋은 상품이 많이 생산된다 하더라도 소비자에게 연결되지 못한다면, 그리고 소비자가 원하는 시간과 장소, 형태로 제공될 수 없다면 소용이 없는 것이다. 유통이란, 바로 경제의 혈류와 같아 이러한 생산과 소비 사이에서 발생할 수 있는 괴리를 줄이면서 생산과 소비를 연결하는 것이다. 요약하면 생산은 유통을 통해서 그 부가가치를 보다 높일 수 있고 소비 또한 이를 통해 보다 폭넓은 선택의 기회가 주어지면서 소비자 웰빙이 창조될 수 있다.

유통이란, 생산과 소비의 결합을 매개로 하는 일련의 비즈니스 과정으로 어떤 제품이나 서비스를 생산자로부터 소비자에게 이전하는 현상 또는 이전시키기 위한 제반 활동으로 정의될 수 있다. 생산은 크게 도매와 소매를 거쳐 소비에 이르게 되는데 이때 거치는 경로를「유통경로」라고 한다. 그러나 최근에는 소매유통업체가 대형화되면서 생산이 도매를 거치지 않고 바로 소매를 거쳐 소비에 이르는 형태의 유통 비중이 점차 커지고 있다. 생산에서 소비로 재화와 용역의 물리적 흐름과 관련된 모든 비즈니스와 이와 관련된 사람들의 활동이며, 마케팅 믹스 중의 제품, 가격, 촉진과 함께 4P의 한 요소가 된다.

유통의 발생 과정은 자급자족의 사회를 넘어서 상업활동이 시작되면서 유통은 자연 발생적으로 생겨났다. 초기산업사회에 대량생산이 가능해지며 생산과 소비를 연결해 주는 유통의 역할이 드러나게 된 것이다. 대량생산되는 제품을 어떻게 소비자에게 전달하여 대량소비를 이끌 것인가 하는 고민에서 유통의 역할이 점점 커지게 되면서 후기산업사회에 들어서 생산, 소비, 그리고 유통의 개념이 구분되게 되었다. 초기산업사회에는 대량생산에만 초점이 맞추어지고 소비자들이 욕구가 다양하게 표출되지는 않아서 유통의 역할이 단순히 대량생산된 제품의 재분배 수준으로 나타났다. 하지만 후기산업사회로 이전되며 소비자들의 욕구는 더 다양해지고 이에 대응하고자 제조업은 다품종 생산으로 변화하게 된다. 그러면서 유통의 역할과 기능은 더 세분화되고 분화되기 시작하여 산업으로 성장하였다. 여기서 유통산업이라 하면, 유통산업발전법의 정의상 「농산물 · 임산물 · 축산물 · 수산물(가공 및 조리물을 포함한다) 및 공산품의 도매 · 소매 및 이를 영위하기 위한 보관 · 배송 · 포장과 이와 관련된 정보 · 용역의 제공 등을 목적으로 하는 산업」이다. 즉 생산자에게서 소비자에게 모든 형태의 재화와 서비스를 이전시켜 장소와 시간의 효용을 창출하는 활동과 관련된 모든 산업을 우리는 유통산업이라고 생각할 수 있다.

나 소매업과 도매업

1 소매업의 정의와 소매상의 역할

(1) 소매업의 정의

소매업이란 구매한 상품과 서비스에 필요한 가치를 부가하여 소비자에게 판매하는 일련의 비즈니스 활동을 말한다. 한편 소매업을 수행하는 상인을 소매상이라 한다. 소매업은 단순히 제품만을 판매하는 것을 의미하는 것이 아니고 다양한 서비스 판매활동도 포함한다. 또한 점포에서의 판매와 함께 인터넷 쇼핑몰, TV 홈쇼핑, 방문판매, 다단계판매, 카탈로그(catalog)판매 등 무점포판매도 소매업에 포함된다.

소매업은 유통에 있어서 소비자와의 접점에 있기에 그 무엇보다 중요한 경제 활동을 담당하고 있다. 소비자와의 접점에 있는 소매업은 소비자가 무엇을 원하는지 소비자 니즈(needs)를 가장 잘 파악하고 있으며, 이를 생산자에게 전달하여 소비자 니즈에 부응하는 제품을 만들고, 서비스를 제공하도록 하는 감초 역할을 수행할 수 있다.

이번에는 소매업을 부가가치 측면에서 살펴보자. 미국에서는 소비자들이 지출하는 1달러를 기준으로 했을 때, 백화점에서는 32센트, 가구 및 홈 퍼니싱 관련 매장에서는 47센트, 식료품점에서는 28센트가 소매업자에게 할당되는 금액으로 이것이 소매업의 수익으로 추정되고 있다. 평균적으로 2007년을 기준했을 때 미국의 10대 소매업을 기준으로 매출액의 3.4%가 소매

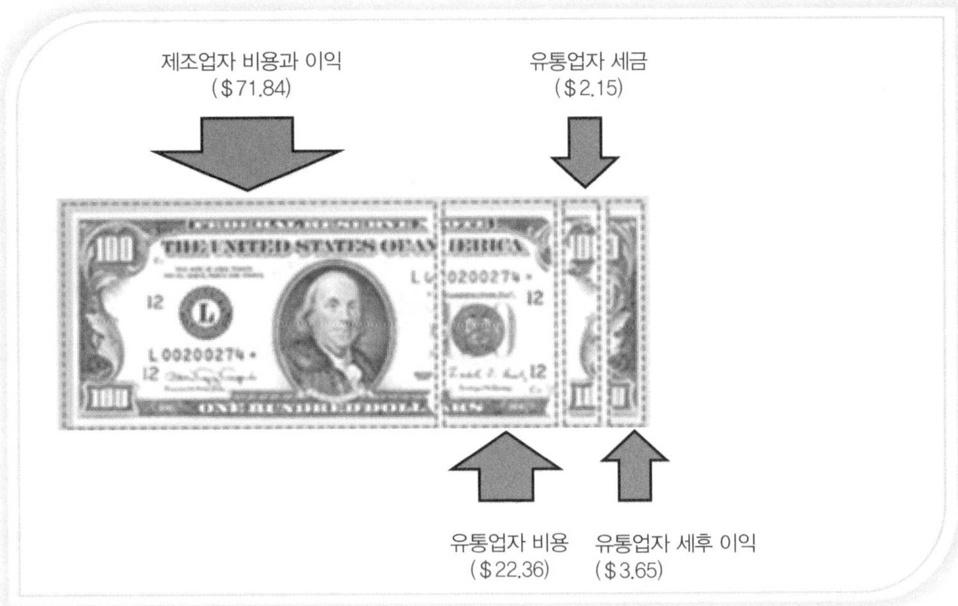

그림 1-1 유통업의 부가가치: 미국 월 그린 사례
자료: Berry Berman and Joel R. Evans, *Retail Management* (11th ed.), 2010, p.8.

업의 세후 이익이었다. 다음 그림 [1-1]은 미국의 제1의 드럭스토어인 월그린의 비용과 이익을 100달러로 표현한 것이다.

소매업은 최종소비자들의 다양한 욕구를 충족시키기 위해 여러 가지 형태로 진화 발전하여 왔다. 전통적 재래시장에서 슈퍼마켓, 백화점, 편의점, 할인점, 전문할인점, 쇼핑센터, 아울렛 몰 등 다양한 형태가 존재한다. 이제 그 규모가 점차 커지면서 소수 대형소매업체들의 시장지배력 또한 급속히 커지고 있다. 따라서 과거 제조업체가 유통을 지배하던 것이 이제는 대형소매업체에게 유통경로의 지배력이 이전되었다. 한편 소매업은 일반적으로 유형의 점포에서 이루어지는 활동으로 생각되지만, 방문판매, 다단계판매, 카탈로그 판매, 인터넷 쇼핑몰, TV 홈쇼핑, SNS 등을 포함한 무점포 소매상에 의해서도 수행된다.

(2) 소매상의 역할

소매상은 소비자가 원하는 상품과 서비스를 적절한 가격으로 소비자가 원하는 곳에서 구매가 이루어지도록 하여 소비자 니즈를 만족시키려고 노력한다. 소매상은 또한 생산자에게 그들의 제품을 판매할 수 있는 시장을 제공하는 역할도 한다. 더불어 소매상은 유통경로상의 마지막 단계에서 최종소비자와 직접 접촉한다는 점에서 제조업체와 도매상의 판매성과에 큰 영향을 미친다. 마지막으로 소매상은 유통경로상에서 소비자에게 상품구색을 제공하고, 소비자가 원하는 가공 및 선별, 벌크의 소량분할 기능과 재고 보유 및 기타 서비스 기능을 수행한다. 소매상이 소비자에게 제공하는 핵심적인 유통기능을 자세히 살펴보면 다음과 같다.

첫째, 소매상은 소비자가 원하는 상품구색(assortment of products and services)을 제공한다. 일반적으로 대형 슈퍼마켓은 2만 개에서 3만 개의 SKU(stock keeping unit)[1]를 취급하며 수백에서 수천여 곳의 공급업체로부터 상품을 제공받는다. 상품구색은 소비자로 하여금 다양한 브랜드, 디자인, 사이즈, 색상, 가격의 상품을 한 장소에서 선택할 수 있도록 한다. 소매상은 모든 부문에서의 상품구색을 제공하기가 어렵기 때문에 특정 부문의 상품구색으로 차별화하기도 한다. 예를 들면 슈퍼마켓은 식품 위주의 상품구색을 제공하고, 편의점은 구매빈도가 높은 생활필수품 위주의 최소한의 상품구색을 제공하며, 하이마트와 같은 가전제품 카테고리 킬러(category killer)는 가전제품 위주의 상품구색을 제공한다. 소매상은 취급하는 품목과 상품구색의 폭과 깊이에 따라 여러 형태의 업태(retail format)로 나누어진다. 상품구색은 폭과 넓이에 의해 구분되는데, 상품구색의 폭이 좁은 대신 깊이가 있는 소매업태를 전문점이라 하고, 구색의 폭이 넓은 대신 깊이는 얕은 소매업태를 종합할인점 혹은 슈퍼센터(supercenter)라고 한다.

둘째, 소매상은 제품을 박스 단위나 벌크(bulk)형태로 제조업체나 도매상에게 공급받아서 소비자가 원하는 형태인 소량으로 판매한다. 제품이 제조업체나 도매상으로부터 소매상에게 박스형태나 벌크로 공급되면, 이는 운송비용을 포함한 물류비용의 절감으로 이어지게 된다. 결국 소매상은 소비자에게는 제품을 원하는 형태로 제공하면서 유통경로에서의 비용을 절감시켜 주는 기능을 수행하고 있는 것이다. 이렇게 소매상들은 다양한 종류의 제품 및 서비스를 대량으로 구매하여 소비자에게 소량으로 다양한 제품을 판매하게 되는데 이런 과정을 선별공정(sorting process)이라고 한다. 다음의 그림[1-2]를 통하여 더 쉽게 이해 할 수 있을 것이다.

셋째, 소매상은 일정한 재고를 보유함으로써 소비자가 필요할 때 필요한 만큼 적당한 구매를 할 수 있도록 돕는다. 또한 소매상의 재고보유는 제조업체나 도매상의 재고 분산에도 도움을 주고, 소매업체로의 배송 횟수도 줄여 주어 유통경로상의 물류비용 감소에도 효과가 있다.

넷째, 소매상은 소비자나 공급업체에 필요한 정보를 제공한다. 제조업체는 소비자와 직접

---

1 SKU(stock keeping unit)는 유통업체에서 취급하는 제품의 품목 수를 말한다.

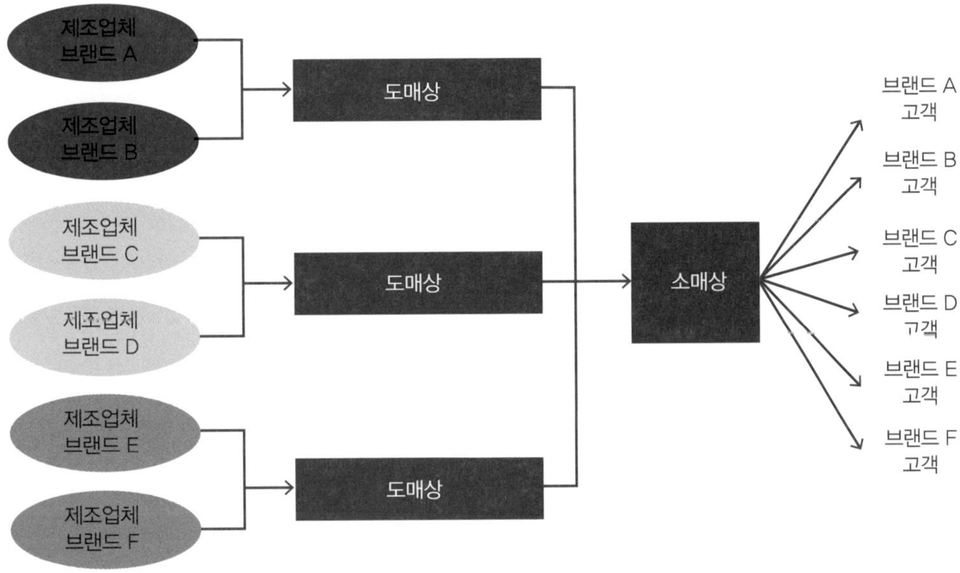

그림 1-2 소매업체의 선별공정
자료: Berry Berman and Joel R. Evans, *Retail Management* (11th ed.), 2010, p.9.

적인 접촉이 적어 소비자에 대한 정보가 부족한 편이다. 따라서 소비자가 원하는 제품을 생산하기 위해서는 소비자에 관한 많은 정보가 필요한데 이러한 정보를 소매상이 제공해 줄 수 있다. 한편 소비자 역시 제품과 서비스에 대한 정확하고 많은 정보가 필요한데 제조업체가 제공하는 정보로는 한계가 있다. 이때 소매상이 소비자가 원하는 정보를 제조업체를 대신하여 제공하게 된다. 소매상은 매장 내에서 POP(point of purchase)[2]광고 등의 방법으로 다양한 정보를 소비자에게 제공하여 소비자의 구매를 돕는다.

다섯째, 소매상은 다양한 서비스를 통해 소비자들의 구매와 제품 사용을 돕는다. 소매상은 할부판매나 기타 신용제공을 통해 소비자 구매비용부담을 덜어 주는 등의 금융기능도 수행한다. 더불어 소매상은 제품 배달, 설치, 사용방법의 설명, 애프터서비스의 제공 등의 부가 서비스를 제공한다. 이러한 소매상의 대소비자 서비스는 소비를 촉진시킬 뿐만 아니라 소비자가 보

---

2 POP(Point of Purchase)광고는 구매시점광고라고도 하는데, 소비자의 구매가 주로 이루어지는 곳에 상품의 구매를 유도할 목적으로 설치된 여러 가지 형태의 광고물을 말한다. 주로 상품 설명, 매장 안내, 판매 능률 향상, 점포의 분위기 형성, 광고, PR 등의 역할을 한다. 창진열(window display), 포스터, 스탠드, 장식물, 대형 실물 견본 등이 있다.

다 신뢰를 가지고 편리하게 제품이나 서비스를 구매하도록 돕는다. 고객만족시대와 함께 이러한 소매상의 서비스 기능은 그 중요성이 커지고 있다.

2 도매업의 정의와 도매상의 역할 및 유형

(1) 도매업의 정의

도매업을 정의한다는 것은 간단한 일이 아니다. 왜냐하면, 도매기능을 수행하는 유통경로의 구성원의 형태가 다양할 뿐 아니라 도매기능과 소매기능을 동시에 수행하는 경로 구성원도 많기 때문이다. 미국 센서스국의 정의에 의하면 도매는 '소매기관, 상인, 산업적 또는 상업적 사용자들에게 상품을 판매하는 사람이나 기관들에 관련된 행위 등을 의미하며 최종소비자에게 판매하는 비중은 적어야 한다'고 되어 있다. 이에 반해, 코틀러(Kotler)는 '도매란 재판매를 목적으로 하는 상인이나 산업구매자에게 서비스나 재화를 판매하는 데 포함된 모든 비즈니스 활동'으로 정의하고 있다. 다양한 의견을 종합하여 요약하면, 도매는 제조와 소매를 제외한 유통경로상의 모든 비즈니스 활동을 말하는 것이다. 더불어 「한국표준산업분류상」 정의에 따르면 '도매업은 구입한 새로운 상품 또는 서비스를 소매업자, 산업 · 상업사용자, 단체 · 기관 및 전문사용자 또는 다른 도매업자에게 판매하는 산업활동을 지칭한다'고 하였다.

도매업은 소매업과 달리 최종소비자가 아닌 사업고객과 주로 거래하기 때문에 입지, 촉진, 점포분위기는 상대적으로 덜 중요하다. 또한 도매업은 소매업에 비해 보다 넓은 상권을 대상으로 대량 거래를 하는 특징이 있다. 그리고 법적 규제와 세제의 적용에 있어서도 소매업과 도매업은 서로 다르다.

(2) 도매상의 역할

도매업을 수행하는 상인을 도매상이라 하며 이들은 중개상, 배급업자, 중간상 등의 다양한 이름으로도 불린다. 「한국표준산업분류상」에 따르면 도매업의 유형에는 '판매하는 상품에 대한 소유권을 갖고 소매업자에게 판매하는 도매업자'와 '기업체, 단체, 기관, 전문사용자 등에 상품을 공급해 주는 산업공급자 및 수출입업자'등이 있다. 이들이 상인도매상, 제조업자대리점, 판매대리점, 브로커, 커미션상인 등 다양한 형태로 도매활동을 수행하고 있다. 한편 유통산업이 발전하고 규모화되면서 소매업과 도매업을 함께 수행하는 유통형태가 점차 증가하고 있다. 소매상 중에서도 코스코홀세일클럽과 농협에서 운영하는 하나로클럽은 도매상과 소매상의 역할을 동시에 수행하고 있다. 또한 중소소매점포들은 스스로 협동조합을 결성하여 도매업을 함께 하면서 경쟁력을 높이려 노력하고 있다. 남대문시장이나 동대문시장의 상인 역시 도매와 소매를 함께 하므로 도매와 소매의 명확한 구분이 쉽지 않다.

도매상의 역할은 유통경로상에서 제조업체와 소매상 사이에서 유통의 흐름을 보다 원활하게 해주는 중간상의 역할을 한다. 도매상의 주요 기능으로는 금융기능, 소매상지원 기능, 재고보유 기능, 물류대행 기능, 구색편의 기능, 위험부담 분산기능 등이 있다. 도매상은 이러한 유통기능들을 잘 수행함으로써 유통경로의 효율성 향상에 기여하게 되는 것이다.

최근 20년간 소매상이 대형화됨에 따라 제조업체와 소매상의 직접 거래가 증가하고, 또한 도매상의 주 거래처인 중소소매업체의 수가 줄면서 도매상의 위축이 두드러지게 나타나고 있다. 이렇게 도매상의 입지가 좁아지고 있는 것은 우리나라만의 문제가 아닌 세계적인 추세라고 할 수 있다.

MINI CASE 1-1 국내 최대 농수산물 도매시장 "가락 시장"이 변화한다.

가락시장은 25년 전 1,000억 원의 예산을 들여 설립한 국내 최초의 공영도매시장이다. 당시 가락 시장을 설립한 이유는 중간상의 극심한 폐해를 바로잡기 위해서였다. 도매시장이 존재하여도 농민들은 자신의 농산물의 적정한 가격도 모르는 채 중간상들이 정하는 가격에 좌지우지 되었던 것이다. 따라서 이런 폐단을 잡고자 최초의 공영도매시장인 가락시장이 생겨났고 전자경매와 실시간 가격 전송을 통한 투명한 가격 결정과 신속한 가격 발견 기능을 제공하는 모범적인 농산물 도매시장이 되었다.

그러나 최근 가락시장이 변화하고 있다. 우선 첫 번째는 사업 구조의 변화이다. 90.8%에 달하는 경매 비중을 줄여 농민과 도매인이 직거래하는 시장 도매인 제도를 도입했다. 경매를 통하지 않고 유통비용을 절감하겠다는 것이 기본 취지로 도매인이 농민 등 농수산물 출하자로부터 상품을 수집해 분산하는 작업까지 도맡는 제도이다.

두 번째는 가락시장은 시설의 현대화 작업을 통하여 더 이상 도매시장의 관리와 감독에만 치우치지 않고 서울 시민이 편안하게 와서 즐길 수 있는 가족 공간으로 만들었다. 따라서 소비자 편의 시설을 대폭 강화하고자 향후 10년간 6,831억을 투자할 계획이다. 기존에 '낙후되고 번잡한 도매시장', '상인들만 물건 떼러 가는 곳'이란 이미지에서 벗어나 '먹거리와 볼거리가 가득한 가족 여가공간'으로 탈바꿈하여 소비자와의 거리를 좁힐 계획이다.

자료: "가락시장 가족 여가 공간으로", 헤럴드 경제 2012.5.8., "가락시장은 왜 존재하는가?", 농민신문, 2012.4.6., "가락시장 경매 줄인다", 매일경제 2012.5.24.를 정리

MINI CASE 1-2 일본 농산물 유통 도매시장이 변화한다.

일본 농산물 유통시장은 중 · 대형 유통매장과 도매시장이 경쟁하고 있다. 농림수산성에서 관리하는 중앙도매시장뿐만 아니라 각 지방자치단체가 관리하는 지방도매시장들은 대형유통매장과의 경쟁에서 밀리면서 그 수가 점차 줄어드는 추세인데, 우리나라도 이 사정과 별반 다르지는 않다. 일본의 도매시장 법인들과 도매업자들은 대형유통매장과의 경쟁에서 생존하기 위해 노력하고 있다.

현재 일본의 농산물도매시장은 도매법인과 중도매업자들의 영업손실이 커지며 경영난에 몰리고 있다. 일본 농림수산성에 따르면 중앙도매시장은 1989년 88개였던 것이 해마다 감소해 2008년에는 79개, 지난해에는 72개까지 줄어들었다. 지방도매시장도 사정은 마찬가지다. 1989년에는 1,600개가 넘었으나 시장 내 도매법인과 중도매업자들이 영업손실 부담을 견디지 못해 하나둘씩 부도가 나면서 지금은 1,100여 개만 운영되고 있다. 도매시장을 거쳐 소비시장에 유통되는 농산물 비중도 점차 감소하고 있다. 채소는 1989년 85%에 달하던 비중 2008년에는 73%까지 떨어졌다. 과일도 마찬가지로 83%에서 63%까지 줄어들었다.

일본의 농수산물 도매시장은 대형유통매장과의 경쟁이 치열해 지면서 농산물 거래 방식에 변화를 모색하기 시작하였다. 농협 계통 출하율이 크게 높아지면서 산지교섭력이 강화되고, 산지와 소비지에서 농산물 거래방식의 효율화가 요구되면서 경매비율이 크게 줄어들었다. 도쿄의 11개 중앙도매시장 가운데 최대 규모를 자랑하는 오타시장의 경우 경매가 가장 많이 이뤄지고 있지만 경매비율은 고작 10%에 지나지 않는다. 나머지 도매시장도 일부 채소 품목에 한해 경매가 이뤄지는데 경매비율은 1~2%로 매우 낮은 수준이다.

일반적으로 일본의 도매시장은 상대거래와 예약상대거래가 보편화돼 있다. 산지에서 미리 가격을 제시하면 도매시장법인이 중도매인과 가격을 조정한 뒤 농산물을 사고파는 방식이다. 우리나라가 '농안법' 개정을 통해 올해 7월부터 경매와 동등한 거래방식으로 인정한 정가 · 수의매매와 비슷하다. 일본의 도매시장이 급격한 농산물 유통환경 변화에 제대로 대응하지 못해 도매법인과 중도매업자들이 경영난에 몰리자 일본 농림성에서 도매시장 활성화를 위해 경매제 원칙을 폐지한 것이다.

더불어 일본의 도매시장법인들은 도매업무 이외에 다른 겸영사업을 통해 수익을 창출, 영업손실을 보전하고 있다. 자회사를 두고 소매유통사업에 직접 뛰어든 법인이 있는가 하면, 식품가공산업에 진출하는 법인들도 크게 늘고 있는 추세다. 도쿄 신주쿠에 소재한 요도바시시장의 겐지 타나키 신주쿠청과 상무는 "대형유통매장과의 경쟁이 치열해지다 보니 해마다 영업이익이 감소하면서 도매법인의 경쟁력도 급속히 약화되고 있다"면서 "현재 도매법인의 영업이익률은 고작 0.18%에 불과하다"고 말했다. 겐지 상무는 특히 "중도매업자들의 영업경쟁력을 높이기 위한 방안으로 도매법인이 직접 소매점과 채소 · 과일 전문점을 개척, 유통채널을 넓히고 있다"고 덧붙였다. 일본 농림성도 농산물도매시장의 경쟁력을 높이기 위해 제도 개선 등 다양한 시도를 하고 있다. 도매시장 이외의 장소에서 거래되는 농산물 물량이 늘어나고 있고, 농산물 유통환경의 변화에 맞게 도매시장법인에 대한 규제를 완화하고 있는 추세다.

자료: 농민신문, 2012.2.17.

(3) 도매상의 유형

도매상에는 다양한 유형이 존재하고 있으나 크게 제조업자도매상, 상인도매상, 대리인, 체인사업자 등으로 나뉜다.

① 제조업자 도매상

독립적인 개인이 운영하는 도매상이 아니라 제조업자가 직접 운영하는 도매상이다. 판매지점이나 판매사무소의 형태가 있다. 일반적으로 영업소라는 조직으로 운영되는데 중소소매업체가 주 고객이며 대형소매업체는 본사 내 별도 영업조직에서 주로 담당한다. 최근 대형소매업체들이 증가하고 이들의 시장점유율이 높아짐에 따라 영업소 판매는 줄어들고 대형점을 상대하는 영업조직의 판매가 늘어나는 추세이다.

② 상인도매상

상인도매상(merchant wholesaler)은 취급하는 상품의 소유권을 가지는 독립된 사업체로서 가장 전형적인 형태의 도매상이다. 상인도매상은 거래고객에게 제공하는 서비스 정도에 따라 크게 완전서비스도매상과 한정서비스도매상으로 구분된다.

▶ 완전서비스도매상

완전서비스도매상(full-service wholesalers)은 유통경로상에서 거의 모든 유통기능을 수행하며 소매상 고객들을 위해 재고유지, 판매원 지원, 신용제공, 배송, 경영지도와 같은 종합적인 서비스를 제공하기도 한다. 완전서비스도매상은 특히 여러 형태의 수많은 소매상들로 구성된 식료품도매업에서 흔히 볼 수 있다. 완전서비스도매상은 일반상품도매상(general merchandise wholesalers), 한정상품도매상, 그리고 전문품도매상으로 나누어진다.

일반상품도매상은 서로 관련이 없는 다양한 상품들을 취급하며, 중소슈퍼마켓과 같은 중소소매상들과 주로 거래한다. 한정상품도매상(limited line wholesalers)은 서로 연관성이 있는 소수의 상품라인을 집중적으로 취급하는데, 의약품도매상, 의류도매상, 가구도매상, 철물도매상 등이 그 예이다. 전문품도매상(specialty wholesaler)은 소수 혹은 하나의 제품 계열 내에서 소수의 특정 제품만을 깊이 있게 취급한다. 예를 들면 과일이나 채소 중 몇 가지 품목만을 취급하는 청과물도매상, 건강식품도매상이 있으며 이들을 전문품도매상이라 한다. 이들은 구색의 깊이와 함께 전문성을 갖추고 소매상 고객의 욕구를 충족시킨다.

▶ 한정서비스도매상

한정서비스도매상(limited-service wholesalers)은 유통기능 중 소수의 기능에 전문화되어 있고 소매상 고객에게 제한된 서비스만을 제공하는 도매상이다. 한정서비스도매상의 주요형태는 현금거래도매상, 트럭도매상, 직송도매상, 진열도매상 등이 있다.

현금거래도매상(cash and carry wholesaler)은 주로 중소소매상을 상대로 배송은 구매자 책임하에 현금거래조건으로 판매하는 도매상이다. 코스코홀세일클럽과 농협유통의 하나로클럽이 좋은 예이다. 이들은 도매와 소매를 병행하고 있으며 소매상 고객에게는 비즈니스회원 자격을 주고, 도매가격으로 제품을 판매하고 있다. 주 고객으로는 식당이나 일부 독립된 중소편의점이나 슈퍼마켓 등이 있다.

트럭도매상(truck wholesaler)은 트럭중개상(truck jobber)이라고도 하며 소매상 고객들에게 직접 제품을 운송한다. 이들은 주로 한정된 제품을 취급하며 고객들의 주문에 의해 구매와 보관, 배송의 기능을 수행한다. 국내에서의 트럭도매상은 주로 영세 규모이고, 농수산물과 같은 식자재를 주로 취급하고 있으며 그 고객은 주로 슈퍼마켓, 음식점 등이다.

직송도매상(drop shipper)은 소매상 고객으로부터 주문이 왔을 때, 해당 상품을 생산자가 직접 구매자에게 배송토록 하는 도매상이다. 이러한 유형은 상품의 보관이 필요 없기 때문에 재고부담이 없는 등 물류비용의 부담이 없는 장점이 있으나 적극적인 판매활동을 통해 고객의 주문을 받지 못하면 경영이 어려워지게 된다. 직송도매상의 주 취급품목은 물류비용이 큰, 부피가 크고 무포장상품이며 목재, 석탄, 건자재 등이 있다.

직송도매상은 자칫 거간과 같은 브로커와 혼동되기 쉬우나 상품의 소유권을 가지면서, 다만 보관기능과 수송기능만을 생산자에게 의존하는 도매상이라 하겠다.

진열도매상(rack jobber)은 소매상들에게 매출비중이 높지 않은 상품들을 주로 공급하며, 상대적으로 이윤이 적고, 매출비중은 낮지만 회전율이 높은 상품들을 취급한다. 진열도매상은 슈퍼마켓이나 식료잡화점들에게 잡화 및 식품, 전문품들을 주로 공급한다. 소매상들이 진열도매상을 이용하는 주된 이유는, 매출비중이 낮은 품목들에 대한 직접 진열과 주문이 귀찮기 때문이다. 따라서 점포에 상품을 직접 배달, 진열해 주고 재고관리까지 해 주는 등의 서비스를 제공하는 진열도매상을 이용하게 되는 것이다. 진열도매상은 위탁판매를 하기 때문에 최종소비자에게 판매된 제품에 한해서만 소매상에게 대금을 청구하는 특징이 있다. 그러나 최근 제조업체의 소매상에 대한 서비스가 강화되면서 점차적으로 진열도매상의 입지가 좁아지고 있다.

③ 대리인

대리인은 거래하는 제품에 대한 소유권을 갖지 않는다. 다만 거래를 활성화 시키는데 기여한다는 점에서 위의 상인도매상들과 차이가 난다.

▶ 제조업자 대리인

주로 의류나 가구 등의 제품군에서 이용되는데, 제조업자와 계약한 대리인이다. 제조업 중 판매원을 고용할 수 없는 소규모 제조업자이거나 자사의 판매원이 접근하기 어려운 판매지역으로 진출하려는 대규모 제조업자와 대리인이 계약을 체결하나 경우이다. 이들은 제조업자들이 가격과 영업지역 · 주문처리 · 배달서비스 · 품질보증 및 수수료 등에 관해 양쪽 제조업자간의 공식적인 합의문서를 작성하는 데에 참여한다. 계약에 의해 특정지역 내에서 제조업자 생산제품들을 판매하며, 영업사원에 대한 비용을 충당하기 위해 비경쟁관계에 있는 제조업자들의 제품도 취급한다.

▶ 판매대리인

상거래에서 제조업자의 물건 판매에 대한 권한을 계약에 의하여 부여 받은 자를 말한다. 판매에이전트라고도 하며, 제조업자가 판매의 능력을 갖추지 못하였을 경우 실질적인 판매기능을 수행한다. 따라서 가격이나 품목 및 판매 조건에 상당한 영향을 지닌다. 석탄이나 산업용 장비 · 작물 · 화학제품 및 금속제품의 거래에서 흔하다. 무역거래에서는 수출업자와 대리인 계약을 체결하고 특정 지역에서 수출업자의 상품을 판매하는 자를 말한다. 현지에서 고객으로부터 주문을 받고, 수출업자가 수출한 상품을 고객에게 인도하는 역할을 한다.

④ 체인사업자

정부에서는 1974년부터 중소형 소매점이 체인사업자(본부)를 통하여 상품을 공동구매하고 공동보관, 공동정보, 시스템의 설치 등 공동사업을 지원하기 위해 일정한 요건을 갖춘 체인사업자에 대해 자금 및 세제지원 등을 하고 있다. 유통산업법에 따르면 체인사업의 종류를 직영점형, 프랜차이즈형, 임의가맹점형, 조합형 등 4가지로 구분하고 있다. 이 중 우리나라의 체인사업은 임의가맹점형과 조합형 체인사업 중심으로 발달하고 있다. 따라서 이 장에서는 조합형과 임의가맹점형을 살펴보기로 한다. 임의가맹점형 체인사업은 외국에서 발전한 임의가맹점형 체인사업(Voluntary Chain)을 말하는 것으로 한국체인사업협동조합 산하 조합원회사들의 업태이다. 한편 조합형의 대표적인 사업단체는 한국슈퍼마켓협동조합을 들 수 있다.

표 1-1 체인사업의 업태분류 및 현황

체인사업의 종류	유통산업발전법시행령 정의	현재운영상황
직영점형 체인사업 (Regular Chain)	• 자기자본에 의한 자기점포 운영사업 • 체인본부가 주로 자기자본으로 소매점포를 직영하되, 가맹계약을 체결한 일부 소매점포(가맹점)에 대하여 계속적으로 상품을 공급하며 경영을 지도하는 형태의 체인사업	• 사업자단체: 한국체인스토아협회 • 운영실태: 대기업의 대자본으로 직영점을 운영하고 있으며 업무에 대한 매뉴얼 개발, 사원연구교육 등 활발한 사업추진
프랜차이즈형 체인사업 (Franchise Chain)	• 특수한 영업권으로 영업방식을 통일 및 통제 • 체인본부가 상호, 판매가격, 판매방법, 매장운영 및 광고 등에 관한 경영 방식을 결정하고 가맹점으로 하여금 그 결정과 지도에 따라 운영하도록 하는 형태의 체인사업	• 사업자단체: 한국편의점협회(CVS), 한국프랜차이즈협회(FC) • 운영실태: 점포표준화 및 사원연구교육, 시스템경영체제 유지로 신장세 계속
임의가맹점형 체인사업 (Voluntary Chain)	• 타인자본의 점포를 체인화(조직화)하는 사업 • 체인본부의 경영지도에 의하여 가맹점의 취급품목 및 영업방식을 표준화하거나 체인본부의 경영지도에 의하여 공동 구매 · 공동 판매 · 공동시설활용 등 공동 사업을 수행하는 형태의 체인사업	• 사업자단체: 한국체인사업협동조합 • 운영실태: 도매기능수행에만 전념하고 가맹점에 대한 리테일 서포트 기능이 전무하여 본부와 가맹점 간에 연계성 희박
조합형 체인사업 (Cooperative Chain)	• 소매점협동조합이 체인사업에 진출 • 동일업종의 소매점들이 중소기업협동법(제3조)에 의하여 중소기업협동조합을 설립하여 공동구매 · 공동판매 · 공동시설활용 등 공동사업을 수행하는 형태의 체인 사업	• 사업자단체: 한국슈퍼마켓협동조합연합회 • 운영실태: 중소기업협동조합법에 따라 조합 설립인가를 받은 자들이 주류중개업면허 취득을 위해 체인사업자지정을 다시 받음. 운영 실태는 임의 가맹점형과 동일

자료: 산업자원부

다 유통산업과 국민경제

유통산업은 국민경제 및 서비스산업 발전에 파급효과가 크고 성장잠재력이 높은 고부가가치 산업으로 평가되고 있다. 국내 유통산업이 GDP에서 차지하는 비중은 2010년 통계로 7.38%이며, 고용규모는 약 358만 명으로 국내 전체 취업자의 15.0%를 나타내고 있다. 유통산업은 경제적으로 고용증대에 크게 기여하고 있는 산업이라고 할 수 있다. 그리고 유통산업(도소매업)이 서비스에 차지하는 비중은 서비스산업에서 가장 높은 비중을 차지할 만큼 서비스산업 발전에 중요한 역할을 하고 있다. 아래 표[1-2]는 도 · 소매업 GDP 및 종사자 수를 보여주고 있다.

또한, 유통산업은 생산과 소비의 중간에서 제조업의 경쟁력 제고와 소비자후생 증진에 중요한 역할을 담당한다. 새로운 시장을 창출하여 제조업의 기술혁신과 신제품 개발을 주도하고, 기업형슈퍼마켓 · 모바일 쇼핑과 같은 신업태의 등장과 유통단계의 축소 등으로 인한 유통구조의 개선은 상품거래비용 하락을 통해 물가안정에 기여하였다.

유통시장 개방 이후 외국인 직접투자가 활발하게 진행되고 있으며, 2006년에는 외국유통기업의 국내투자건수는 전체건수의 46.2%를 차지하기에 이르렀다. 한편, 우리 기업의 해외진출과 국제적 위상도 강화되고 있다. 2011년 초 기준으로 대형마트인 신세계 이마트(27개점)와 롯데마트(82개점)가 중국에 진출하였고, CJ 홈쇼핑을 비롯한 홈쇼핑 업체들도 중국에 진출하였다. 롯데쇼핑은 2007년에 러시아와 2008년 중국에 백화점을 개점하여 현재 모스크바점, 베이징점, 텐진동마로점 그리고 웨이하이점 총 4개를 운영중이다.

표 1-2 농림어업, 제조업, 도 · 소매업 GDP 및 종사자 수 (단위: 십억, 천명, %)

	농림어업		제조업		도 · 소매업	
	GDP	종사자수	GDP	종사자수	GDP	종사자수
2008년	28,827 (2.95)	1,686 (7.2)	254,467 (26.01)	3,963 (16.8)	71,452 (7.30)	3,631 (15.4)
2009년	29,759 (3.03)	1.648 (7.0)	250,568 (25.53)	3,836 (16.3)	70,862 (7.22)	3,600 (15.3)
2010년	28,475 (2.73)	1,566 (6.6)	287,600 (27.60)	4,028 (16.9)	76,909 (7.38)	3,580 (15.0)

자료: 통계청, 경제활동별 GDP, 경제활동인구조사(산업별 취업자수)
주: ( )내는 각각 국내 총 GDP 대비, 총 종사자수 대비 비중

KEY WORDS

소매업, 도매업, 소매상, 도매상, 제조업자도매상, 상인도매상, 완전서비스도매상, 한정서비스도매상, 대리점, 체인사업자, 직영점형 체인사업, 프랜차이즈형 체인사업, 임의가맹점형 체인사업, 조합형 체인사업

DISCUSSIONS

1. 유통산업의 발전과 함께 도매업이 위축되는 이유를 논의하세요.
2. 유통 선진국이 경제 선진국인가에 대해 토론하세요.

REFERENCE

1. Berry Berman and Joel R. Evans(2010), *Retail Management*, 11th ed., p.9.
2. Bert Resenbloom(2007), The Wholesaler's Role in the Marketing Channel: Disintermediation vs. Reintermediation, *The International Review of Retail, Distribution and Consumer Research*, pp.327–339.
3. 필립 코틀러 저, 유창조, 전승우, 안광호 역(2008), Kotler의 마케팅 원리, 시그마프레스.
4. 박병형 · 이재형(2010), 우리나라 유통산업의 특성과 정책과제, 한국개발연구원.

2장 소매업의 역사

RETAIL MANAGEMENT

가 국내 유통 산업의 역사

1 재래시장의 역사

시장은 생산자와 소비자 또는 상인들이 모여 물품을 교환하거나 매매하는 장소이다. 생산력이 발전하면서 잉여 생산물이 증가함에 따라 자급자족 사회를 벗어나면서 물물교환의 장소로 시장이 형성되기 시작하였다. 이렇게 유통의 역사는 물물교환 시대에 시장이 형성되면서부터 시작되었으며, 그 후 화폐경제의 발전과 함께 진전되어 나갔다. 그러나 물물교환의 불편성 때문에 창안된 교환 매개물이 바로 화폐라는 점에서 시장은 화폐의 발생시기보다 앞서거나 동시에 이루어진 장터임을 알 수 있다.

우리나라의 시장의 기원을 보면, 이미 고조선 시대 팔조금법에서 "사람을 상해한 자는 곡물로써 갚으며, 도둑질한 자는 그 집의 노비로 삼되 속죄하려면 50만 전을 내야 한다"라는 규정이 있다. 이로 미루어 이미 고조선 시대에는 물물교환의 시대가 전개 되었음을 짐작할 수 있고, 따라서 시장의 형태는 이미 갖추었다고 본다. 우리나라 시장에 대한 직접적인 기록은 중국「삼국지(三國志)」위지동이전(魏志東夷傳) 진한조(辰韓條)에 "진국에서 철이 많이 생산되어 왜, 예, 낙랑국, 대방군과 철을 교역하였다"고 말하고 있다. 따라서 철을 이용하여 주변국과 교역, 즉 물물교환을 하였음을 알 수 있는 기록이다.

삼한 시대에는 4종류의 시장이 있었다고 전해진다. 읍과 읍 사이 중립지대로 숲이나 강이 형성되는데, 이 중립지역에 형성된 시장인 경계시(境界市), 촌락과 촌락을 연결하는 길목에서 열렸던 가로시(街路市), 읍국의 중심지 성안에서 거리나 광장, 성문 주변의 길가에서 형성되었던 성읍시(城邑市), 마지막으로 고대 국가의 특성을 나타내는 것으로 국가의 제사를 모시는 제단 근처에서 생겨난 제전시(祭典市)가 있었다.

신라, 백제, 고구려 삼국시대에는 나라마다 서로 다른 특성을 갖추고 있었으나 시장의 전통은 지속되었다. 고구려는 국내외의 상품 교역이 일찍부터 발달하여 경시(京市)와 160여 개의 향시에서 행상을 통한 물품의 교역이 활발하였다. 백제도 160~200여 개의 행시가 있었으며, 관설시장을 두고 도시부(都市部)라는 시사(市司)가 이를 관리 · 감독하게끔 하였다. 신라시대에는 기록에 "소지왕 12년(490년) 처음 경주에 시장을 열고 화물을 통하게 하였다"고 하니 경시를 통하여 생산품과 잉여생산물이 교환되었다고 볼 수 있다.

삼국통일 이후 신라는 확장된 지역을 포괄하는 상업권을 형성하였으며, 상업의 발달과 함께 경주에서는 이미 통일 이전 운영되던 경시(경시) 이외에도 서시(西市)와 남시(南市)가 추가로 신설되어 성행하였다. 「계림유사(鷄林類事)」에 따르면, "경주 시전의 경우 하루에 두 번 시장이 열렸으며, 시장에 출입하는 사람은 모두 여자이고, 머리에 수건을 둘렀으며 버드나무 상자를 머리에 이거나 등에 메고 다녔다. 거래수단은 도정쌀이고 조그마한 됫박을 들고 다녔다"라는 기록이 남아있어 당시의 상거래를 짐작할 수 있다. 통일 국가의 번영을 구가했던 신라는 국가에서 시장을 개설하고 운영하였으며, 자연 발생적인 향시의 시장기능을 조정하고, 수요 공급의 균형을 유지시키는 가운데 상행위의 감독과 시장질서의 유지, 세금 징수 등 갖가지 정부의 조정이 이루어졌다.

고려시대에는 성읍시와 가로시, 두 가지 유형의 향시가 있었다고 전해진다. 성읍시는 정치 및 경제의 중심지에서 생활물자를 거래했으며, 가로시는 교통요지에 수요자와 공급자가 물자를 교환했다. 그 밖에 시장과 시장을 순회하며 장사하는 행상과 객주도 일반화되었다. 고려시대에는 상업이 크게 발달하여 소매점이나 음식점, 술집 등이 보편화되었던 것으로 알려지고 있다.

조선시대에는 사람이 구름처럼 몰려온다는 의미를 지닌 운종가(雲從街)의 시전 및 육의전을 중심으로 상업이 제도화 되고 그 발전이 지속되면서 난전, 향시, 더 나아가 갖가지 형태의 특수시장이 발달되었다. 시전은 궁중과 중앙 행관서, 양반계급을 위한 시장으로 서울, 개성, 평양, 수원 등 대도시에 세워졌다. 그리고 각기 다른 품목을 취급하는 시전이 조합을 구성하여, 선전, 미전, 어물전, 명주전, 면포전, 지전 등 6개의 시전조합 이른바 육의전이 있었으며, 그 조합은 남대문 시장으로 발전되었다. 시가지의 확장과 상품수요의 증가에 따라 난전이 성행하기도 하였다. 한편 향시는 지방시장으로 전국 각지에서 정기시장 형태로 성장했다. 그 밖에도 특수시장으로 소의 보급과 매매를 위한 우시장과 같은 가축시장, 각종 약재를 거래하는 약령시, 일본과의 무역거점인 왜관개시를 비롯하여 중강개시(中江開市) 및 책문후시(柵門後市), 그리고 관북개시 등이 있었다. 또한 통일신라 이후 그 성장을 지속하였던 객주와 여각 등은 상품의 대량 집하와 분산기능의 수행과 같이 도매시장의 기능을 발휘하였다.

개항을 전후로 하여 조선의 전통적인 시장체계는 점차 변질되었다. 일제시대에 와서는 식민지 정부의 개입으로 일본인 상인들의 상권침해가 본격화되면서 그들의 요구에 맞게 왜곡되었다. 특히 식민시대의 시장체계는 자본주의적 생산방식에 따라 생산량 및 생산 품목 등이 변화하고, 육로 교통이 발달하면서 커다란 변화를 겪게 되었다. 1914년 일본은 시장규칙을 제정하여 종래의 시장을 재래시장, 식료품 판매시장, 수산물 · 청과 경매시장 등으로 나누었으며 모든 시장은 시 · 읍 · 면의 허가를 받도록 하였다.

MINI CASE 2-1 남대문 시장

약 600여 년 전부터 현재까지 우리나라 시장의 역사를 고스란히 반영하고 있는 남대문 시장. 남대문 시장은 동대문 시장과 함께 국내 재래시장의 상징적인 역할을 해왔다. 600년의 역사를 자랑하는 이곳은 국내 최대 규모의 전통시장으로 하루 유동인구만 35만 명이 넘고 취급 품목은 1700여 종이나 된다. 남대문 시장은 동양인 최초 할리우드에서 성공한 배우로 평가 받는 장쯔이가 스스로를 '남대문 시장 쇼핑광'이라고 칭했을 정도로 외국인들에게는 필수 관광코스가 된 지 오래다. 살아있는 한국 문화를 체험하고자 하루에도 수만 명의 외국인들이 들르는 명소이다. 따라서 현재 외국인 관광객들이 남대문 시장 매출의 70%를 차지하고 있다.

서울 중구 남창동 49번지에 위치한 남대문 시장은 조선왕조 태종 때인 1414년에 정부의 임대 시전으로 출발하였다. 이후 선조 14년인 1608년에 대동미(大同米) · 포(布) · 전(錢)의 출납을 맡아보기 위해 선혜청 설치로 객주들이 모여들면서 저잣거리를 형성하기 시작했다. 영조 16년인 1740년에는 칠비장이라는 시전이 들어서면서 본격적으로 유통시장의 기능을 하게 되었다. 당시에는 지금의 남대문로 1가 연변만이 상업지역의 무대였으며 조선후기에 시전이 들어서면서 더욱 활기를 띠기 시작하였다. 남대문 시장은 조선말기 무렵 서울 장안의 중소 유통기능을 담당하게 된다.

남대문 시장이 현재의 모습을 갖추게 된 것은 한국전쟁 이후라고 할 수 있다. 남대문 시장은 1946년 해방과 더불어 민족시장으로 자리잡기 시작했다. 폐허로 변한 남대문 시장에 월남한 피난민들이 몰려들기 시작하면서 군수품과 미제 물건 등을 음성적으로 거래하면서부터 시장은 활기를 띠게 되었다. 1958년에는 대지 약 1만 2,000평, 건평 약 2,000평 규모의 건물이 세워졌으며, 1964년에 '남대문 주식회사'로 법인이 구성되면서 지금까지 남대문 시장을 관리, 운영하고 있다. 현재 남대문시장은 개설권(開設圈) 주변상가까지 포함해 대지면적 4만 2,225m^2, 연건평 9만 7194m^2에 총 58개 동, 9,265개의 점포가 있다. 1,700여 종의 상품을 취급하다 보니 대한민국에서 없는 물건이 없다고 해도 과언이 아닐 정도다. 의류와 장신구, 농수산물, 수입품은 기본이고, 푸짐한 순대와 족발, 돼지머리, 칼국수, 김밥 등 먹거리도 다양하다. 이에 따라 시장을 찾는 고객 수도 하루 평균 30만~40만 명으로 국내 최대의 쇼핑센터인 롯데백화점 본점보다 3배 이상 많다.

자료: 동아일보 2012.5.15, 한국일보 1999.6.25, 매일경제 1998.3.3, 국민일보 1994.10.1. 정리

2 상인 전통

재래시장이 우리나라 소매 산업의 디딤돌이라면, 삼국시대부터 명맥을 이어온 '한국의 상인정신'은 소매 산업을 이끌어온 대들보 같은 역할을 했다. 우리나라 상인 정신은 신라시대의 '장보고'로부터 비롯되었다. 2005년 '해신'이라는 드라마로 구성되어 인기리에 방영되었던 것처럼, 신라시대 장보고의 역사적 특히 상업사적 의의는 매우 크다. 그는 9세기 후반에 신라와 당나라 그리고 일본을 잇는 해상무역을 일으키고, 아라비아 및 페르시아와 같은 서아시아 지역과 교역도 활발하게 이룩했던 '해상왕'이었다. 사농공상 사상과 더딘 근대화의 역사를 가지고 있는 우리나라 역사 속에서 일찍이 개방화와 세계화의 선봉에 섰던 그의 상인정신과 그의 화신은 한국 유통, 그 상도의 뿌리라고 할 수 있다.

고려시대 이후 조선시대에 이르기까지 줄곧 이 땅의 유통업계를 주름잡았던 '개성상인'의 경영성과는 다음과 같으며, 이는 오늘날의 유통업 종사자들에게 시사하는 바가 크다.

첫째, '사개치부법'으로 불리는 일종의 복식부기법의 개발과 같이 보다 창의적인 경영을 했다. 둘째, 양질의 인삼을 홍삼으로 가공하는 등 유통기술 덕분에 인삼무역의 경영성과를 거두었다. 셋째, 협동심과 단결력은 더 나은 경영성과를 얻는 토대가 되었다. 넷째, '개성상인이 앉았던 자리에 풀이 나지 않는다'라는 속담이 있듯이, 그들 개성상인은 근검절약과 합리적인 의사결정을 해왔다.

조선시대에 상인의 대모라 불리던 만덕 역시 남다른 유통의 경영철학을 가지고 있었다. 상인들은 첫째, 하늘의 때(천시)를 알고, 둘째, 인심을 꿰뚫었으며, 그리고 나서 한 가닥의 운세를 기다렸다는 것이다. 다시 말해서 유통의 경영환경을 잘 파악하고 종업원이나 고객에 대한 합리적인 관리를 하고 나아가서 장기적인 안목에서 기업의 경영의사를 결정해야 한다는 탁월한 경영기법이 바로 그것이다. 만덕은 평생 상업으로 얻은 경영성과, 그토록 많은 재산을 처분하여

반발이 심했던 제주도에서 빈민구제를 위해 그 돈을 사회로 환원시켰다고 한다.

2000년 최인호 작가가 쓴 소설 '상도'는 베스트셀러로 손꼽히며, 2001년에는 드라마로 각색되어 방영될 정도로 선풍적인 인기를 얻었다. '상도'의 주인공 조선 최고 거상 임상옥은 다음과 같이 말했다. "재물은 평등하기가 물과 같고, 사람은 바르기가 저울과 같다." 즉 사업의 유지와 발전을 이룩하는 데 있어서 가장 중요한 덕목은 절제와 균형, 그리고 신뢰라는 것이다. 임상옥은 "장사는 돈을 남기는 것이 아니라 사람을 남긴다"라는 만상의 상도덕을 실천한 조선의 거상이었다. 그는 늘 이윤을 얻기 위하여 사람의 도리를 저버리거나 작은 이익을 탐하느라 커다란 대의를 잃어버리는 일이 없도록 자신을 채찍질했다. 그리고 그는 죽기 전에 그의 모든 재산을 사회에 환원하였던 것이다.

MINI CASE 2-2 실학 혁명과 유통 산업의 뿌리

조선시대에는 사농공상 사상 아래 농업은 생산적이지만 상업은 비생산적이고 생각하였으며, 누구나 상인 노릇이나 장사와 같은 일을 천시했다. 그러나 1700년대 말 정조시대를 전후하여 첫째, 사농공상 사상을 비판하고 나아가서 둘째, 사대주의 사상을 배격하는 실학혁명이 일어났다. 실학혁명은 민족주의 발흥과 근대화를 향한 새 사상의 맹아였으며, 우리 조상 스스로 씨를 뿌려 성장시킨 값진 묘목이었다.

토정 이지함 선생은 일찍이 외국 상선 몇 척과 통상을 하면 전라도 전체의 빈민을 구제할 수 있다고 말하면서 개방화 및 상업입국을 주장했다. 그는 한 지역에서 보다 많이 생산되는 상품을 다른 지역으로 유통시키고 모자라는 것은 수입해서 나라를 부강하게 만들어야 한다고 했다. 반계 유형원을 태두로 하여 이어져 내려온 실학, 그 학파 박제가도 상업이 나라를 세운다고 외치면서 사농공상 사상을 거부하는 가운데 청나라와의 교역을 늘리고 서양 여러 나라와도 무역을 해야 한다고 주장했다.

실학자 박지원은 사농공상 사상을 배격하는 가운데 상공업을 발전시키고, 국내 상업은 물론 외국과의 무역을 증진시켜야 한다고 주장하였다. 그의 허생전은 이렇게 쓰고 있다.

남산골 선비 허생은 글공부를 팽개치고 돈을 벌기 위해 사회적으로 천시 받던 상업에 종사한다. 밤낮 책만 읽던 허생은 행동의 세계로 뛰어든 것이다. 장안의 변씨에게 만금을 빌어 장사 밑천으로 삼아 백만의 상업 이윤을 얻게 된다. 장사 길에 나선 그는 당시 관행으로 삼고 있던 독점상업 또는 일본과의 무역을 통해 거액의 재물을 축적한다. 거부가 된 허생은 남해의 무인도에 이상향을 건설하고 문자와 사회제도를 따로 만들어 개혁의 꿈을 펼친다.

박지원은 그의 소설 허생전을 통해 "오늘날 농공상이 실업상태에 놓여 있는 것은 선비가 실학을 갖지 못한 데 책임이 있다"고 했으며, "상업적 이윤은 보다 유용한 생활 및 정치수단이 되며 나아가서 국부의 원천이 된다"고 주장했다.

자료: 산업자원부 외(2005), 한국 유통산업 발전사

MINI CASE 2-3 천년 전 글로벌 CEO, 해상왕 장보고

장보고의 해상지배는 동북아 제국의 중앙 집권적 질서가 약화되고 해상질서가 혼란에 빠진 시대적 환경 속에서 성립되었다. 그는 강력한 군사력과 광범한 네트워크를 바탕으로 청해진이라는 복합적 · 자립적인 조직을 구축했다. 더욱이 대담하게 글로벌 스탠더드(global standard)를 수용함으로써 당과 일본을 교역망에 포섭하고 재외 신라인을 활용하여 글로벌 네트워크를 완성시켰다.

장보고는 전략가였다. 그의 모든 활동은 치밀한 전략적 사고에서 출발했다. 그는 시대를 정확히 읽는 눈을 가졌다. 당시 당나라는 세계의 중심국가였고, 장보고는 당의 고급장교로 재직하면서 한 차원 높은 안목으로 세계정세를 판단할 수 있었다. 또한 장보고는 탁월한 리더였다. 민군 1만여 명과 그 가족들을 거느렸던 해상왕국이 질서를 잃지 않고 기능을 발휘하도록 하기 위해서는 탁월한 리더십이 필수적이었다.

그는 다양한 인력과 기능이 복합된 청해진을 중심으로 광활한 활동영역을 일사불란하게 경영할 수 있는 능력을 지녔고, 군사력과 조선술, 항해술 등의 실력을 갖추었다. 무엇보다도 그는 당시 국제사회에서 통용되던 글로벌 가치(global value)를 잘 이해하고 있던 개방적인 인물이었기에, 한 · 중 · 일 3국을 비롯한, 유럽, 중동, 동남아에 이르는 국제적인 무역을 주도할 수 있었다. 제2, 제3의 장보고를 기다리고 있는 우리에게는 '사고의 대전환'이 필요하다. 20세기까지는 육로의 개척과 국난 극복의 리더십이 대세였다면, 21세기에는 전 세계가 공생(共生)할 수 있으며, 우리나라 역시 대외적 · 경제적 성공을 거두기 위한 무역 통로를 개척해야 한다. 무엇보다도 우리는 이제 '국운 개척의 리더십'을 장보고에게서 본받아 다시 한번 '상인정신'의 꽃을 피워야 할 것이다.

자료: 한창수(2005), 천년전 글로벌 CEO, 해상왕 장보고, SERI 연구에세이

MINI CASE 2-4 보부상의 윤리경영

보통 상인에 대한 선입관은 매우 부정적이다. 상인들은 자기 노력은 하지 않고 술수에 능하고 사기를 잘 치며 농간을 부려 부를 축적하는 부류로 인식되어 왔다. 이러한 이유로 조선시대에는 사농공상(士農工商)이라는 말이 있었는데 상업을 인간이 해야 할 일 중에서 가장 마지막 직업으로 여겨 말업(末業)이라 하였다. 말업에 종사하는 상인은 그만큼 사회에서 천대를 받았고, 그들의 생활상도 미천하기 그지없었다.

보부상은 사농공상 사상이 지배했던 조선시대에 혹독한 사회의 냉대와 천시를 받았으나 상부상조하는 협동심과 강인한 단결력, 그리고 정직과 신용 및 근검절약 등 윤리경영을 지속해 왔다. 그들 보부상은 이익을 많이 얻기 위해 남을 속이거나 상거래 질서를 어지럽히기보다는 근검절약으로 부를 축적했던 것이다. 그리고 외적의 침범이나 민란으로 국가가 위기에 처했을 경우 본업인 상행위를 그만두고 나라를 구하기 위한 일에 앞장서기도 하였다.

지금 소개할 계율은 19세기 중반에 우리나라의 대표적인 행상 집단인 보부상의 4대 강령(四大綱領)과 벌목(罰目)으로, 현재 우리들의 생활과 비교하면 재미있을 것이다. 보부상은 물망언(勿妄言 = 망언을 하지 말라), 물패행(勿悖行 = 패행을 하지 말라), 물도적(勿盜賊 = 도적질을 하지 말라), 물음란(勿淫亂 = 음란한 행동을 하지 말라) 등 4대 강령을 가지고 활동했다. 물망언이라 함은 자신이 한 말은 반드시 지킨다는 것으로 상인의 신용을 뜻한다. 지금도 경영의 제1원칙이 신용임을 생각할 때 예나 지금이나 경영원리는 같다고 할 수 있겠다. 물패행은 사회적으로 손가락질 받는 짓을 하지 말라는 것으로, 이들 상인은 이미 사회적으로 천대받는 낮은 신분을 갖고 있기 때문에, 사회적 윤리에 어긋나는 행동을 했을 경우 보통 사람이 똑같은 행동을 했을 경우보다 더욱 비난을 받게 된다. 그리하여 일반 사람들보다 훨씬 몸조심을 하여 상인에 대한 부정적인 인식을 최대한 없애려 하였다. 물도적은 남의 물건을 훔치는 것뿐만 아니라 강매, 매점매석, 폭리 등을 취하여 부당이득을 보는 것도 도적과 같다고 생각하는 것이다. 기업의 존재이유가 이윤창출에 있지만, 정당한 이윤만 인정되는 것이지, 부정이나 탈법행위를 통하여 부를 축적하는 것은 도둑질과 같다고 인식하였던 것이다. 물음란은 상인의 생활여건상 이들은 장과 장 사이를 오가기 때문에 집에 들어가는 것이 일정하지 않아 외박을 하는 일이 비일비재하고, 항상 수중에 현금을 지니고 있으며, 이들이 활동하는 무대가 당시로서는 가장 번화하다고 할 수 있는 장터였다. 따라서 보부상의 생활은 세상의 유혹을 가장 많이 받기 때문에 스스로의 마음을 경계하는 데 최선을 다하라는 것이었다.

4대 강령과 더불어 구체적인 행동 계율인 벌목을 보면 다음과 같다.

1. 부모에 불효하고 형제간에 우애가 없는 자는 볼기 50대를 친다.
2. 선생(조직의 우두머리)을 속이는 자는 볼기 40대를 친다.
3. 시장에서 물건을 억지로 판매하는 자는 볼기 30대를 친다.
4. 동료에게 나쁜 짓을 한 자는 볼기 30대를 친다.
5. 술주정하면서 난동을 부린 자는 볼기 20대를 친다.
6. 불의를 저지른 자는 볼기 30대를 친다.
7. 언어가 공손하지 못한 자는 볼기 30대를 친다.
8. 젊은 사람으로서 어른을 능멸한 자는 볼기 25대를 친다.
9. 질병에 걸린 동료를 돌보지 않는 자는 볼기 25대를 치고 벌금 3전을 물린다.
10. 놀음 등 잡기를 한 자는 볼기 30대를 치고 벌금 한 냥을 물린다.
11. 문상하지 않는 자는 볼기 15대를 치고 벌금 5전을 물린다.
12. 계모임에 참석하지 않는 자는 볼기 10대를 치고 벌금 한 냥을 물린다.
13. 부고를 받고도 가보지 않는 자는 볼기 10대를 치고 벌금으로 부조로 낼 돈의 배를 물린다.
14. 모임에서 빈정대며 웃거나 잡담하는 자는 볼기 15대를 친다.

위의 벌목을 보면 부모와 형제간, 동료간 우애를 매우 중요시 여김을 알 수 있다. 사람에 대한 가장 기본적인 도리를 다하는 것을 미덕으로 삼고, 이를 어겼을 경우에는 지나칠 정도로 제재를 가하였다.

이것이 우리나라 상인이 굳건히 자기 자신을 지키며 지금까지 면면히 이어져 내려오게 한 상인의 고유한 정신이다.

자료: 산업자원부 외(2005), 한국 유통산업 발전사

3 근대 유통산업의 시대별 전개과정

우리나라의 기업형 유통산업은 선진국에 비해서 뿐만 아니라 국내 타 산업과 비교해도 태동이 늦은 편이다. 초기 근대 유통산업이 발달하지 못한 이유는 그 전개과정에서 유통 상업자본이 제대로 형성되지 않아 주체적 역할을 수행하지 못했기 때문이다. 상업자본이 형성되지 못한 배경은 첫째, 상업을 천시하던 농경문화 중심의 풍토, 둘째, 사농공상 계층의식으로 건전한 상인 문화가 형성되지 못한 점, 셋째는 개항 · 일제 통치기에 침투한 일본 상업자본, 넷째, 해방과 6 · 25동란 등 사회 격변기 과정에서 유통기반 구축기회 상실, 다섯째, 1960년대 이후 생산 제일주의에 입각해 제조업 위주로 산업자본 형성, 마지막으로는 1970년대 이후 거대 재벌 산업자본의 부분적 유통시정 과점화에 기인한다. 지난 100년 간 한국의 유통 역사는 다음의 세 기간으로 대별 할 수 있다.

(1) 유통산업의 암흑기(1910~1961)

조선 식민지 치하에서 민족 상업 자본을 형성하기는 어려웠다. 상거래는 '시장규칙' 하에 큰 변화 없이 5일장 등의 재래시장을 중심으로 영위되었다. 두드러지는 소매업태의 출현은 '화신'에 의해 주도된 백화점 경영과 연쇄점 사업 운영이다. 현재의 관점에서 살펴보아도 그 당시의 소매산업 운영 방법은 근대적인 형태였다. 그러나 일제시대와 6 · 25전쟁 등 정치 · 경제적 혼란을 거치면서 유통사적 관점에서 살펴보면 우리나라의 근대적 유통산업 발전은 크게 저하된 시기였다.

그림 2-1 국내 최초의 백화점 "화신 백화점"
자료: 아시아 경제, 2012.3.17

(2) 유통산업의 도입 · 발전기(1962~1988)

제1 · 2차 경제개발계획 추진과 함께 본격적인 경제발전을 이룩한 시기이다. 경제발전은 물량 확대와 소비구조의 질적 향상을 가져와서 유통산업 성장의 원동력이 되었다. 백화점, 슈퍼체인, 연쇄점 등의 근대적 유통업태가 출현한 시기였다. 제1차 오일쇼크 이후, 기존 유통구조의 문제점들이 제기되면서 유통근대화가 활발하게 전개되어 수입자유화 조치 및 고추 · 배추 등의 작물파동으로 유통근대화의 논의는 더욱 가속화 되었으나, 유통기본법규의 정비는 다소 하였다. 또한 국가의 산업정책 역시 제조업에 치우쳐 유통산업은 여전히 어두운 길을 걷는 시기였다. 그러나 '시장법' 개정과 '소비자 보호법', '공정거래법'의 시행으로 유통기본법규의 골격이 만들어지고, '유통근대화 촉진법'에 의거한 유통근대화 기본계획이 시행되었다. 이로 인해 국가의 유통산업 지원이 늘어났으며, 88올림픽 유치로 인한 유통산업 발전의 환경은 그 어느 때보다도 강하게 조성되었다.

(3) 유통산업의 개방 · 도약기(1989~현재)

1980년대 말 소위 '황금알을 낳는 거위'로 불리던 유통산업은 1990년대에 들어서면서 '고객만족(customer satisfaction)'을 최우선으로 하는 '서비스의 다양화'에 초점을 맞추기 시작했다. 1996년부터는 외국인 투자 시 종합 소매업 투자에 대한 매장면적 및 점포 수 제한이 폐지되면서 유통시장이 전면 개방되었다. 이에 따라 1996년 네덜란드 마크로를 시작으로 까르푸, 코스트코,

월마트, 테스코 등 세계적인 글로벌 유통기업이 우리나라에 진출하기 시작했다. 대형 할인점을 비롯해 편의점, 인터넷 쇼핑, 홈쇼핑 등 신업태의 등장은 가격과 쇼핑환경 측면에서 소비자의 후생증대나 국내 유통산업 효율성을 증진시키고 있다. 또한 변화하는 소비자 욕구를 충족시킴으로써 소비활성화를 가져오고 있고 최근에는 국내 유통산업의 유통망을 해외로 활발히 확대시키고 있다. 그러나 대표적 소매 업태였던 백화점이나 재래시장 및 동네 슈퍼마켓 같은 소형 유통업체와 경쟁이 심화되고 있다. 질적으로는 소비자 중심의 유통구조로 개편되고 있다. 2000년대에 들어서 인터넷, IT 산업의 급성장과 더불어 스마트폰의 보급화로 인해 전통적인 유통망과 유통채널의 구조에 혁신적인 변화의 바람이 불고 있다. 소셜네트워크(SNS), 어플리케이션, 소셜커머스 등을 통한 시공간의 제한이 없이 즉각적인, 비교검색이 용이한 손쉬운 구매가 가능해 지면서 유통산업이 끊임없이 진화하는 양상을 보이고 있다.

MINI CASE 2-5 미쓰코시와 화신

1936년 화신연쇄점 경품광고. '일 원어치 사시면 황소 한마리!'라는 문구가 적혀있다. 동아일보 자료 사진

《"손님이 오시면 양복 한 벌을 삼십 분이나 한 시간씩 만지고 보는 동안 아모리 어렵드라도 상대로 의논해드리고 어떠한 무리한 주문이라도 친절하게 응대하는 것이 나의 본업이니 한 시간씩 허비하고라도 사주실 때는 기뿌지마는 그냥 도라 가실 때는 기맥힌 생각도 없지 없나 하지마는 손님으로서도 싸고 조흔 물건을 택하랴고 하는 것이 무리가 아니오…." —동아일보 1936년 1월 6일자》

1930년 10월 24일 경성의 '작은 도쿄'라 불렸던 혼마치(本町 · 오늘날의 충무로) 입구 옛 경성부청 터에 미쓰코시(三越) 백화점이 문을 열었다. 조선에 들어선 첫 백화점이었다. 3층짜리 르네상스식 건물의 위용은 화려했지만 1층에는 돗자리 형태의 다다미가 깔려 있었다. 고객들은 신발을 벗고 드나들어야 했다. 조선 사람들은 '다다미 백화점'이라며 이를 외면했다.

같은 날 동아일보에는 백화점 개장을 예고하는 기사가 실렸다. 양복부 외에 도서부, 악기부, 귀금속부를 갖추었다고 전했다. 처음 '삼월 오복점'이라고 불린 이

백화점의 주요 고객은 혼마치의 일본인들이었지만 차차 북촌의 부호들이 몰리기 시작했다. 불똥은 종로 사거리에 있던 화신상회로 튀었다. 신태화가 설립해 귀금속 전문점으로 출발한 화신상회는 그런대로 백화점 형태를 갖추며 전성기를 누리고 있었다.

화신상회의 입지가 흔들리자 양지(洋紙) 도매상이었던 박흥식은 신태화를 찾아가 화신상회를 35만 원에 인수한다. 기와집을 헌 자리에 미쓰코시에 버금가는 3층 콘크리트 대형건물을 지었다. 민족자본으로 세워진 화신백화점이 문을 연 것은 1931년이었다. 이듬해 화신백화점은 최남이 세운 동아백화점을 인수하고 1934년 공장에서 각종 생산품을 다량 구입해 소매상에 공급하는 연쇄점 사업에 투자했다.

순풍에 돛을 단 듯하던 화신백화점이 위기를 맞은 것은 1935년 음력 설날을 하루 앞둔 일요일이었다. 백화점 근처 노점상에서 시작된 불씨가 삽시간에 백화점 건물을 삼켰다. 1935년 1월 29일 동아일보에는 '화신백화점 대화재 속보'가 상세히 실렸다. "이번 대화재로 인하야 받은 손해는 상품에 약 35만 원, 집기 약 10만 원으로 합계 45만 원에 달한다는데… 발화 즉시 과실장사 박모 외 3명을 종로경찰서에 체포해 계속하여 엄중히 취조하고 잇다."

2년 후인 1937년 11월 11일 지하 1층, 지상 6층의 화신백화점이 다시 문을 열었다. 엘리베이터와 에스컬레이터까지 갖춘 새 건물은 미쓰코시를 비롯해 조지야, 히라다 등 혼마치의 어느 백화점보다도 큰 규모였다.

통계청에 따르면 2008년 국내 백화점은 78개, 시장 규모는 19조5000억 원에 이른다. 1963년 옛 미쓰코시 백화점 자리에서 출발한 신세계백화점은 올해 3월 부산 해운대에 센텀시티점을 열었다. 골프장, 스파랜드, 아이스링크, 영화관까지 갖춘 이 백화점은 6월 기네스월드레코드(GWR)로부터 '세계 최대 백화점'으로 공인됐다. 옛 신세계백화점은 지금도 건재하지만 화신백화점은 1987년 헐렸고 국세청이 입주한 종로타워가 이 자리에 들어섰다.

자료: 동아일보, 2009.10.21.

나 세계의 시장과 소매산업의 역사

1 영국의 동인도 회사

서양에서는 우리나라와 달리, 제조업의 발달과 함께 '소매업의 발달' 또한 빠른 편이었다. 서양의 대표적인 소매 산업 역사의 시작은 영국의 '동인도 회사'에서 비롯되었다. 동인도 회사는 17세기 초 영국 · 프랑스 · 네덜란드 등이 동양에 대한 독점 무역권을 부여 받아 동인도에 설립한 회사이다.

엘리자베스 여왕 말기인 서기 1600년에 설립된 동인도 회사는 1657년 크롬웰의 개편으로 영속적인 주식회사의 형태를 갖추게 되었다. 이후 아프리카, 일본 등으로까지 활동영역을 확대하며 17세기 말에 이르러서는 인도의 면직물 사업을 확보하고, 마침내 서세동점(西勢東漸)의 선두에 서기도 했던 동인도 회사는 1858년 세포이 항쟁을 계기로 인도 통치권을 빅토리아 여왕에게 헌납하고 해산하였다. 결국 자본주의가 세계적으로 확산되고 산업자본의 지배가 확립되면서 중상주의 시대의 전근대적 독점상업조직으로서 맹위를 떨치던 동인도 회사는 그 역할을 끝낼 수밖에 없었지만, 동인도 회사가 독점 무역을 통해 얻었던 이윤은 유럽 여러 나라에서 자본의 본원적축적(本源的蓄積)에 크게 공헌하였다. 1978년부터는 영국 문장원의 문장사용 허가를 얻어 홍차 브랜드로 현재의 동인도 회사가 설립되어 운영되고 있다.

동인도 회사가 1601년 엘리자베스 1세로부터 받은 동양 무역 특허장을 가지고 처음 아시아로 향했을 때는 겨우 선박 5척의 규모에 불과했다. 그러나 120여 년 만에 세계 최대의 다국적 기업으로 성장한 동인도 회사는 인도에 광대한 영토를 소유하는 역사상 최강의 상사로 발전했다. 동인도 회사는 유럽의 패권과 세계 경영의 주축이 근대 제국주의의 원조인 스페인과 포르투갈 등 남부유럽에서 영국, 네덜란드 등 중부유럽으로 넘어가게 된 결정적인 원인이 되었으며, '영국의 인도', 대영제국, 아편전쟁 등 세계의 역사를 새롭게 썼다.

"동방의 어딘가에 멋진 엘도라도(황금의 나라)가 있을 것이다. 향료가 군생(群生)하는 곳으로 가서 후추와 계피를 손에 넣었으면…" 하는 바람에서 출발한 동인도 회사는 '상업혁명'의 중심에서 중추적인 역할을 하였으며, 영국의 인도 식민통치에 엄청난 기여를 하였다. 이런 영국의 해외 경영 시스템은 매우 현대적이었으며 효율적인 것으로 평가 받고 있다.

2 네덜란드 국제상인

'사람을 낳으면 서울로, 말을 낳으면 제주도로 보내라'는 우리나라 속담이 있듯이, '국제상인으로 자식을 키우려면 네덜란드로 보내라'는 말이 있다. 현대판 '중상주의의 나라' 네덜란드는 스마트한 상인정신으로 무역입국을 실천하고 있는 나라다. 국토면적의 3분의 1이 간척지로 육지가 해수면보다 낮은 태생적인 한계를 가지고 있는 네덜란드는 무역에 승부수를 걸었다. 그리고 이를 뒷받침하기 위해 물류와 금융의 성장에 집중해 전 국민뿐 아니라 정부가 적극적으로 지원하는 것은 물론 영어교육과 국제 인력의 양성에 매진해 왔다.

17세기, 대영제국보다 앞서 세계 무역을 제패했던 거상들의 후예답게 오늘날에도 1,500만

명이라는 인구 한 사람 한 사람이 네덜란드에서는 국제 상인이다. 일찍부터 영어, 프랑스어, 독일어 등을 자유롭게 구사할 수 있도록 교육시켰고, 국제적인 감각과 지식을 두루 겸비하고 있기 때문이다. 이 뿐만이 아니다. 네덜란드의 어린이들은 대여섯 살만 되면 여왕 탄신일(Koninginedag)인 매년 4월 30일에 집에서 구운 과자나 쓰던 물건을 길거리에 갖고 나가 장사를 직접 해보며 돈의 소중함을 배우도록 하고 있는데, 이러한 '롤 플레잉(Role Playing)'을 통해 체득한 '상인정신'은 초등 교육에서부터 대학입학 이후에 이르기까지 지속적으로 이어지고 있다. 이 같은 네덜란드인들의 자연스러운 상인 교육은 오늘날의 '국제 상인의 요람'을 만들어 내는 계기가 되었을 것이다.

네덜란드는 화이부동(和而不同)의 나라이다. 즉 남들과 의좋게 지내지만 남들과 똑같지 않은 화합과 차별화를 실천하고 있는 나라라는 말이다. 지정학적으로 유럽의 관문에 위치하고 있는 네덜란드는 반경 1,000 km 안에 대부분의 유럽 인구가 살고 있다는 점에 착안하여 물류 투자에 있어 과감히 차별화를 감행했다. 그 결과, 항공 물류의 중심 스키폴 공항과 항만 인프라에 있어 세계 최대인 로테르담항이 탄생하게 되었다. 암스테르담의 스키폴 공항은 세계의 물적 · 인적 자원의 집산처이자 교류지로 자리잡았으며, 로테르담항에는 세계의 모든 물자와 사람이 드나들었던 수백 년의 역사가 지금까지도 이어지고 있다. 대륙행 물류의 60% 이상을 처리하고 있는 로테르담항에서는 언제나 준설선과 수심 계측선이 운항 중이고, 곳곳에서 항만 시설 확충 사업이 이루어지는 등 끊임없는 투자와 개선활동이 일어나고 있다.

네덜란드인들은 백년전통의 자국기업에 '로열(royal)'이라는 칭호를 부여하면서 국민적인 애정을 보낸다. 로열더치셸, 필립스, 유니레버 등을 비롯하여 흔히 우리가 독일회사로 알고 있는 하이네켄 C&A, 악소노벨 DSM 등의 화학업체, 아홀드 마크로 등의 물류유통업체, ABN 암로, ING 베어링 등의 초대형 은행 모두 이러한 칭호를 받고 있는 네덜란드 국적의 회사이다. 국제적으로 해박한 지식과 이해, 합리적이고 투명한 계산, 철두철미한 약속 등으로 대변할 수 있는 네덜란드의 '상인정신'이 바탕이 되어 이러한 세계적인 기업들 역시 성장가도를 달리고 있다.

3 일본의 '오사카상인'

일본경제가 어려울 때마다, 경제부활의 원동력이 되어온 것이 바로 일본의 상인 정신이다. 특히 일본의 '오사카'는 상인정신의 근본이 된 곳으로, '오사카상인'이라는 고유한 명칭은 세계적으로 알려져 있다. 16세기, 일본을 통일한 도요토미 히데요시는 오사카에 최대 규모의 성을 쌓고 동시에 천왕이 사는 교토를 능가하는 경제권을 형성하고자 일본 각지의 내로라하는 상인들을 끌어 모았다. 이렇게 열린 쌀과 생선, 채소 시장이 오사카상인의 시초가 되어 오늘날까지 약 400여 년간 일본의 상인정신을 대표해 왔다.

오사카를 기반으로 한 기업으로는 586년 창업해 세계에서 가장 오래된 기업으로 기록되는 공고구미(金剛組), 600년 역사의 和과자점 스루가야, 500년 전통의 이불 가게 니시카와, 400년 역사의 히야제약 등이 있다. 현대 일본 경제를 이끌고 있는 마쓰시타 그룹, 아사히 맥주, 산토리 위스키, 닌텐도, 다카시마야 백화점 등도 오사카 출신 재벌들이 일군 기업들이다. '시니세'라고 불리는 이들 기업은 선조 대부터 가업을 이어오며 고객으로부터 오랫동안 신용과 사랑을 받아온 기업들이다.

오사카상인이 이렇게 융성하게 된 이유는 무엇보다도 상인에 대해 존경하는 사회적 분위기 때문이라고 할 수 있다. 사농공상의 순서로 상인을 천시했던 우리나라와는 달리 오사카에서는 상사농공의 순으로 상인이 무사보다 높은 대접을 받았다. '상인이 화를 내면 천하의 제후도 놀란다'는 말이 있을 정도로 일본의 쇼군들은 상인의 힘을 빌리지 않고는 정치를 해나갈 수 없을 정도였다.

'하늘이 두 쪽 나도 노렌은 지킨다'는 말은 오사카상인들의 상징이다. '노렌'이란 점포입구에 내거는 주렴 형태의 무명천을 말하는데 바로 그 가게의 신용을 의미한다. 도시락집이나 초밥집, 꼬치집 등 오사카 점포들은 '노렌'을 내걸고 자기 점포만의 '장사 철학'을 판다고 믿는다. 오사카상인들에게 내려오는 "돈을 남기면 하급, 점포를 남기면 중급, 사람을 남겨야 상급 상인"이라는 상도는 '제품'이 아닌 '신용'을 파는 비즈니스맨으로서의 상인정신을 잘 표현하고 있다. 이처럼 세계 최고라는 장인 정신과 자부심을 담고 있는 '오사카상인 정신'은 명예와 신용으로 통하고 있다.

일본은 세계 2위의 경제력을 갖고 있다. 오사카 지방의 경제력은 캐나다 전체 규모와 비슷한데 일본이 지금과 같은 막강한 경제력을 갖게 된 데는 무엇보다 이 같은 정신력이 뒷받침되었기 때문이다. 뛰어난 원가 계산, 고객 중심의 서비스 정신, 근검절약, 세상의 변화에 대한 꾸준한 공부 등의 요인과 더불어 인내심과 올바른 상도덕, 엄격한 금전관 등이 더해져 오늘날 '일본 경제의 혼'이자 '상인정신의 기본'이 되었다고 평가된다.

MINI CASE 2-6 오사카상인 對 개성상인

1400년의 역사를 가진 현존하는 세계 최고(最古)기업 공고구미, 경영의 신이라 불리는 파나소닉 창업주 마쓰시다 고노스케로 대표되는 오사카상인은 거름도 맛을 보고 사는 철저함으로 유명하다.

16세기, 이들은 거름으로 쓸 인분을 구입하기 위해 조선으로 건너온다. 단순히 재래 화장실에 모아 둔 인분을 팔기만 하면 된다고 생각했던 조선인들은 이들의 꼼꼼함에 혀를 내두른다. 그들은 우선 거름의 출처를 따졌다. 영양분이 많다는 이유로 기름진 음식을 많이 먹는 양반집에서 나온 거름은 높은 가격을 매긴 반면 가난한 집에서 나온 거름은 싼 값에 사갔다.

오사카상인들은 한 술 더 떠 출처의 명확성을 따지기 위해 인분을 손가락으로 찍어 맛을 본 뒤에야 최종 구매 결정을 내렸다. 물건은 반드시 제값만 주고 사야 한다는 '짠돌이 경영', 물건을 파는 사람에게 확신을 주기 위한 '신뢰경영'이 모두 엿보이는 대목이다.

조선의 개성상인도 고객과의 신의를 중시하는 데는 절대 뒤지지 않는다. 손님을 영원히 자신의 고객으로 만들기 위해서는 불만도 겸허하게 받아들여야 한다는 게 이들의 경영철학이었다. 이들의 사전 품질 조사는 현대인들도 깜짝 놀랄 만큼 철저하다. 판매했던 제품이 소모품이라도 손님이 마음에 들지 않는다고 하면 주저 없이 새것으로 교환해줬다.

일본의 오사카상인과 조선의 개성상인은 모두 무차입 경영을 철칙으로 삼았다. 빚을 진다는 건 신뢰를 잃게 되는 것이라고 생각했기 때문이다. 지금도 개성상인의 후예로 꼽히는 태평양, 에이스침대, 신도리코 등은 이 정신을 이어받아 무차입 경영을 실천하고 있다.

이들은 후계자를 육성하는 방식도 비슷하다. 개성상인이 차인제를 통해 후계자를 수년간 다른 곳에서 교육을 시킨 후 가업을 물려줬듯이 오사카상인도 3년 간은 후계자에게 '남의 집살이'를 시켰다. 돈벌이의 괴로움과 세상살이의 어려움을 뼈저리게 느끼며 체계적인 교육을 받게 하기 위함이었다.

오사카상인은 300년이 지난 지금까지도 이런 전통을 계승하고 있다. 반면 개성상인의 경영철학은 현대로 넘어오며 많이 퇴색된 게 사실이다. 개성상인의 후예들이 선조의 글로벌 정신을 물려받지 못한 점도 아쉬운 점으로 꼽힌다. 과거 개성상인은 고려(Korea)라는 이름을 서양에 알릴 만큼 활발한 해외무역을 펼쳤지만 현재 개성 출신 기업들은 아직 내수용 기업이라며 오사카와 개성상인들은 상업역사나 경영철학이 모두 비슷한데 개성 출신 중에는 오사카의 파나소닉처럼 100개국 이상에 제품을 수출하는 초거대기업이 등장하지 못했다. 오늘의 개성상인들이 선조들처럼 글로벌 시각을 더 높여야 한다는 지적이다.

자료: 매일경제, 2010.5.7.

4 미국의 서비스 정신

미국은 '근대 소매업의 발상지'라는 명칭을 가질 정도로, 독특하고 다양한 소매 산업이 발달했다. 이러한 미국 소매 산업의 다양성은 미국 내의 다 국가 인종분포에 따른 다양한 라이프 스타일(life style)을 반영한 것으로 보인다. 미국의 소매업 발달사를 살펴보면, 남북전쟁이 끝난 1865년 이후에 전 유럽에서 쏟아져 들어온 이민자들이 그들 조국 특징을 반영한 독특한 유통방식과 상술을 들여오면서 재래의 영세한 유통구조를 변화시키기 시작하였다. 대도시에 백화점이 등장한 1870년대 이후부터는 미국의 소매 업태들이 10년을 주기로 새로운 업태의 출현과 성장, 그리고 기존 업태 쇠퇴 등의 반복현상을 끊임없이 겪고 있다.

미국만의 자유분방하고 다양한 유통 산업 특성은 '할인점'이라는 신업태의 창출을 가져왔다. 기존 백화점과는 다른 '저가 전략'을 선두로 내걸고, 다양한 상품을 구색하여 고객만족을 최우선시 하는 할인점은 오늘날 미국 내의 최고 유통 업태로 자리잡게 되었다. 대표적인 할인점이 바로 'Fortune지 선정 500대 기업'에서 2005년 이후 줄곧 세계 1위를 지키고 있는'Wal-Mart'이다.

현재 미국의 모든 소매유통 업태는 식료품, 의약품, 건강미용식품, 일반상품 중 한 가지 또는 몇 가지를 동시에 취급하면서 경쟁하고 있는데, 판매량 위주의 할인체인점 업계는 거의 모든 상품을 두루 취급하고 있고, 백화점과 전문점들은 고급의류 등 일반상품과 건강미용상품, 고급 식품류에 특화되는 경향을 보이고 있다. 그러나 유사 업태 간 경쟁의 심화, 업태 간 동화 추진, 새로운 업태의 계속적인 출현 등으로 점점 명확한 구분이 없어지는 추세이다.

오늘날의 미국 할인 체인점들은 가격 및 품질상의 다양한 상품 구비를 바탕으로 백화점과 전문점, 드럭 스토어의 가장 강력한 경쟁상대로 부상하고 있다. 할인점은 본래 저가 중심의 잡화점에서 시작됐으나, Wal-Mart의 등장으로 다양한 상품구색과 가격경쟁력을 동시에 갖춘 업태로 자리잡아 일반상품 백화점 업계의 빅 3이던 Sears, JC Penny를 누르고 업계 수위자리를 확고히 다지고 있다. 최근 할인 체인점들은 식품류를 취급하기 시작하면서 매장규모를 더욱 대형화하면서 슈퍼센터로 변모하는 경향을 보이고 있다.

MINI CASE 2-7 소매산업의 지형도를 바꾼 월마트

"우리는 항상 싸게 팝니다(Everyday Low Price)", "고객의 만족을 보증합니다"라는 슬로건을 내걸고 세계 최대의 매출을 올리는 거대기업으로 성장한 월마트는 2012년 현재 전 세계 5,000여 개에 육박하는 매장을 운영하고 있다.

월마트의 사업철학은 고객의 니즈를 만족시키는 것에서부터 시작된다. 따라서 매장을 찾는 고객에게 질 좋은 상품을, 원하는 때와 장소에서, 경쟁력 있는 저렴한 가격에 제공하는 것을 최우선으로 삼고 업무 프로세스를 개발해 왔다. 그리고 재고 보충을 신속한 방식으로 바꾸고 물류의 하부 조직을 구성하는 운송 시스템을 구축하는 등 지속적인 개선을 시도해 왔다. 그 결과 월마트는 저가 전략과 저비용 정책, 공급업체와의 제휴강화, 신기술 도입 등을 통해 지속적으로 성장할 수 있었다. 그러나 무엇보다도 월마트의 기업 성장에 가장 큰 영향을 미친 것은 명성이다.

1962년 샘 월튼(Samuel Walton)에 의해 '대형 할인점' 업태에서 탄생한 월마트는 당시 대형 할인점들이 외면하던 지방을 중심으로 점포를 열면서 체인망을 급속히 확대시켜 나갔다. 그러나 월마트의 혁신적인 정책들에 대해 소도시의 소매상점들이 반발하기 시작하면서, 안티 월마트 운동 등 많은 어려움과 비판이 따랐다. 월마트는 이에 굴하지 않고 낮은 가격과 친절한 서비스로 끊임없이 소비자들을 설득했다. 그 결과 1970년대 이후 20년간 점포 수가 폭발적으로 늘어나 2000년에는 3,000여 개의 점포를 운영하게 되었고, 재무성과 역시 꾸준히 향상되어 2005년에는 2,800억 달러의 수입을 기록했다. 월마트는 낮은 가격과 다양한 품목을 제시하여 소비자를 만족시키는 한편, 지역 소매상들의 안이한 영업방식을 고치는 데 결정적인 역할을 하면서 높은 명성을 얻었다.

최근 포춘지 선정 세계 500대 기업 순위 1위에 연속적으로 랭크된 월마트는 점포수, 매출, 시스템 등 모든 면에서 세계 최고를 유지하며 세계 최대의 할인매장으로 자리잡았다. 세계에서 가장 존경받는 기업 월마트는 그 명성이 재무성과에 그대로 반영되는 대표적 사례로 많은 기업들에게 시사점을 주고 있다.

자료: 서용구(2006), '보이지 않는 기업 성장엔진: 디자인-브랜드-명성', SERI 연구에세이 수정

5 중국의 비단길

비단길 또는 실크로드는 육상 및 해상을 통한 근대 이전의 중국과 유럽의 교역로를 가리키는 말이다. 실크로드라는 언어의 기원 자체가 중국의 비단이 로마 제국으로의 유입을 의미했기 때문이다. 이후 실크로드는 역사를 통해서 더욱 다양한 교역품들을 전달하는 무역 통로로 확대되었고, 더 나아가 문화가 유통되는 통로로 사용되기도 했다. 이러한 점에서 현대 중국 역사학, 교류사, 그리고 중앙아시아사에서 실크로드가 가지는 그 의미가 크다고 할 수 있다. 단순히 동과 서를 잇는 횡단축으로서 뿐 만이 아니라 실크로드를 주축으로 발달된 동서남북으로 사통발달한 하나의 거대한 교통망의 형성으로 이어졌다는 점에서 실크로는 3대 간선(초원길, 바닷길, 오아시스길)과 5대 지선(마역로, 라마로, 불타로, 메소포타미아로, 호박로)을 비롯해 수만 갈래의 길로 구성되어 있는 범세계적인 그물모양의 교통로이다.

MINI CASE 2-8 실크로드의 상인은 戰士였다

비단은 로마시대 최고의 사치품이었다. 원산지인 중국에서도 고가품이었지만 그 먼 길을 지나 로마에 들어왔을 때는 가격이 100배나 올라 있었다. 비단은 금 가격과 같다는 의미에서 문자 그대로 '금값'이었으며, 몇 온스만 해도 보통사람의 1년 소득에 해당했다. 로마 황제 가운데 방탕과 사치로 악명을 떨친 엘라가발루스 황제(재위 218~222)는 100% 순견 토가를 만들어 입어 질시와 부러움을 동시에 받기도 했다.

중국에서 로마까지 비단이 들어오는 길은 크게 두 갈래였다. 하나는 후일 비단길이라는 이름이 붙여진 육로로서 사마르칸트, 헤라트, 이스파한 같은 중앙아시아 중개지들을 통과해 지중해 동부 연안까지 이르는 장거리 운송로였다. 다른 하나는 말라카해협을 지나 인도양을 통과한 후 홍해를 거슬러 올라와 알렉산드리아까지 오는 해로였다. 두 루트가 너무 달라서 한때 로마인들은 육로로 오는 비단의 생산국은 세레스, 해로로 오는 비단의 생산국은 시나에라는 서로 다른 국가라고 착각했다.

비단길의 서쪽 끝 지점에서 원거리 교역 네트워크는 로마제국과 어떻게 연결 됐을까. 로마제국의 변경에 위치한 교역 도시 팔미라의 사례를 살펴보자. 오늘날 팔미라는 시리아의 사막에 폐허로 방치돼 있지만, 한때는 '사막의 여왕'이라 불리는 풍요로운 오아시스 도시였다. 주변 지역에서는 무화과 나무가 자라고 양, 염소, 말, 낙타를 치는 유목민족이 살았다. 농사에 의존해 살기는 힘들었으므로 이 도시는 점차 주변 여러 민족 간에 생필품을 교환하는 교역도시로 성장해 갔다. 기원전 1세기께부터 상업활동이 시작됐다가 서기 1세기 이후 점차 원거리 교역으로 발전한 듯하다. 그런 발전이 이뤄진 데에는 이 무렵부터 수송 수단으로 낙타가 사용된 것이 중요한 요인이었을 것이다. 팔미라는 낙타 대상(隊商)을 조직해 동쪽의 메소포타미아 지역과 서쪽의 지중해 연안 지역을 중개했다.

중국과 아시아 각지의 사치품이 팔미라까지 직접 들어오지는 않았다. 중앙아시아 상인들이 이곳에 와서 상품을 팔면 가지고 돌아갈 상품이 없었기 때문에 인도나 메소포타미아로 발길을 돌렸다. 따라서 팔미라 측에서 메소포타미아 지역으로 찾아가 그곳에 들어온 상품을 가지고 와서 지중해 방향으로 전해주는 일을 한 것이다. 팔미라는 유프라테스강과 그리 멀리 떨어져 있지 않았다. 팔미라의 대상들은 유프라테스강 중간의 두라 에우로포스 같은 교역 중심지를 찾아가 아시아 상품들을 사가지고 돌아왔다.

원정은 총 책임자 시노디아르크의 주도하에서 자금을 출자하는 팔미라의 고위직으로 짐작되는 후원자들 섭외를 시작으로 해서 그들를 통해 나온 자본을 활용하여 수백 마리의 낙타와 말을 장만하고, 동물들을 잘 다루는 사람들을 찾는다. 다음으로 시노디아르크는 구체적인 여정을 짜고, 물과 식량이 있는 곳을 알아보아야 한다. 또 로마와 파르티아 간의 국제관계가 늘 긴장상태에 있기 때문에 외교 교섭도 해야 하며, 대개는 대상의 안전을 지켜 줄 호위대도 구성한다. 또한 유프라테스강까지 가는 길에는 도적떼가 자주 출몰하므로 각별한 무장이 필요했다. 여기에는 팔미라 시민 민병대가 자주 고용되었다. 현재 남은 유적지의 조각상에서 볼 수 있는 원정대는 단도와 검으로 중무장하고 있어 상인이라기보다는 대초원의 기마병에 가까운 모습을 하고 있다. 당시 상업의 실상은 이처럼 무력과 교역이 혼합된 상태였다. 이런 사람들이 중국 비단을 로마까지 가지고 온 것이다.

상품을 잔뜩 싣고 팔미라로 귀환하는 대상들은 가격표에 따라 세금을 물었다. 이 가격표가 새겨진 돌은 지금도 남아 있다. 이에 의하면 '국내산업 보호'를 위해 수입품 세율이 수출품 세율보다 높았다. 이 도시에서 소비되는 게 아니라 지중해 지역으로 계속 가기 위해 팔미라를 통과하는 상품은 면세 혜택을 누렸지만, 다만 낙타 한 마리당 은화 1데나리우스를 물었다. 이런 관세와 통과세가 이 도시의 번영을 가져다 준 것이 분명하다. 그러나 이 번영이 오래가지는 않았다. 3세기에 로마제국이 분열되고 사산조 페르시아가 일어나 교역로를 봉쇄하면서 팔미라의 무역 활동은 종말을 맞았다. 비단교역은 또 다른 중개지를 찾아갔다. 과거 찬란했던 도시는 오늘날 사막 속에 신기루처럼 남아 있을 뿐이다.

자료: 한국경제, 2010.10.22.

Key Words

재래시장, 상인정신, 화신 백화점, 장보고, 보부상, 동인도 회사, 오사카상인, 월마트, 개성상인, 비단길

Discussions

1. 한국에서 가장 오래된 백화점과 재래시장은?
2. 한국 유통 산업의 역사에 대해 논의하세요.
3. 한국의 상인 정신에 대해 이야기 해 보세요.

Reference

1. 박은숙(2008), 시장의 역사(교양으로 읽는 시장과 상인의 변천사), 역사 비평사.
2. 신세계 편집부(1992), 한국의 시장 상업사, 신세계.
3. 산업자원부(2005), 한국 유통산업 발전사, 산업자원부.
4. 신세계상업사박물관 (http://www.shinsegae.com/museum/develop_korea02.jsp)
5. ART CARDEN and CHARLES COURTEMANCHE(2009), WAL-MART, LEISURE, AND CULTURE, *Western Economic Association International*, pp.450-461.

3장

RETAIL MANAGEMENT

소매 업태와 소매기관

소비자가 일반적으로 상품을 구매하는 장소를 일컬어 '소매점'이라 한다. 소매점은 소비자와의 접점으로 실시간으로 변하는 소비자의 욕구에 맞춰 계속 변화하고 있다. 소매점은 다양한 종류의 업태로 분류된다. 소매점을 취급상품에 의해서 분류해보면 식료품점, 의료품점, 전기점, 화장품 판매점 등으로 나눌 수 있으며, 상품 판매방법의 특징에 따라서는 백화점, 슈퍼마켓, GMS(양판점), CVS(편의점), 할인점 등으로 분류할 수 있다. 이 밖에 점포의 유무에 따른 무점포 판매와 점포판매, 경영방식에 따른 단독점과 체인점, 점포의 규모에 따른 대규모점과 소규모점 등으로 분류하기도 한다.

오늘날에는 소비자들의 다양한 욕구를 충족시키기 위해 다양한 형태의 소매 업태들이 등장하고 있는 추세이다. 이러한 다양한 소매점을 여러 가지 분류를 통해 나누어 볼 수 있겠으나 본 장에서는 소매점을 점포의 유무에 따라 분류한 '점포 소매업'과 '무점포 소매업'을 중심으로 소매 업태를 살펴보고자 한다.

가 소매 업태와 소매기관

1 대형마트(구 할인점)

(1) 개념

대형마트는 기존 할인점이라고 호칭되었던 업태이다. 대형마트는 디스카운트 스토어, 하이퍼마켓, 창고형 할인매장 등 각종 상품을 소비자가 타 업태에 비해 저렴한 가격으로 구매 가능하게 하는 유통업태로 매장면적 3,000m^2(약 800평) 이상의 대규모 소매점을 의미한다. 전통적인 대형마트는 의류, 일용잡화, 내구소비재의 비중이 높았으나 점차 식품비중이 높은 슈퍼센터형으로 전환되어 가고 있는 추세이다. 국내의 대형마트는 식품비중이 높아 전통적 디스카운트 스토어라기 보다 하이퍼마켓에 가깝다. 프랑스 까르푸, 영국 테스코 등이 하이퍼마켓의 대표주자들이라고 할 수 있다.

(2) 현황 및 특성

대형마트는 1990년대 중반부터 급성장하기 시작하였다. 국내에 처음으로 도입된 대형마트는 1993년 개점한 이마트 창동점이며, 1995년에 뉴코아가 회원제 도매클럽인 킴스클럽을 탄생시키면서 자생적으로 도입, 발전하였다. 이후 1996년 유통시장이 전면 개방되면서 외국 대형마트들이 국내에 활발히 진출하였고, 경제 위기 이후 소비자들의 합리적인 소비행태가 일반화되면서 단기간 내에 비약적인 성장을 이루었다. 대형마트는 2000년부터 2002년까지 해마다 40개 이상의 점포가 출점하면서 양적인 확대에 의한 성장을 지속하였으나, 2000년대 중반 이후 성장률은 둔화되고 있다. 저가지향 트렌드 및 합리적인 구매패턴 정착에 따라 내수경기 침체에도 불구하고 높은 성장세를 지속하여 왔으며, 그동안의 출점에 의한 외형성장세가 경기침체, 소비자들의 소비행태 변화 등으로 꺾이고 있다. 대형마트는 지난 2003년에 역신장세를 기록한 백화점 매출을 2조 원 가량 추월하면서 소매 1위 업태로 등극하였다.

2011년 현재 전국 450여 개의 대형마트에서 연간 약 37조 원의 매출을 올리고 있으며, 식품과 비식품 비중은 각각 약50%를 차지하고 있다. 국내 대형마트 업태는 이마트, 삼성테스코 홈플러스, 롯데마트 3개 사가 시장 점유율을 기준으로 상위를 점하고 있으며, 이들 3개 사의 시장 점유율은 90%에 이른다.

대형마트는 마진이 낮은 식품 등의 비중이 높아 매출 총 이익률이 낮은 대신 대량 판매를 통해 수익성을 보전하므로 백화점 등에 비해 상품회전율이 높다. 또한 인건비, 관리비 등 각종 비용을 최소화하여 원가우위 전략을 추구한다. 그리고 백화점과 달리 직매입 비중이 높아 구매과정에서의 비용절감이 가능하며 자체적인 물류센터 건립을 통해 물류비 절감을 도모한다.

대형마트는 상품 구성 중에서 생필품적 성격이 강한 식료품 비중이 높아 백화점에 비해 상대적으로 경기 방어적인 성격을 가진다. 따라서 백화점에 비해 영업이익률의 변화가 적은 편이다. 한편 대형마트는 상위 업체 중심으로 전국적인 다점포망을 구축해 가고 있어 규모의 경제가 실현되고 있다. 대량 매입을 통해 납품업자에 대한 구매 교섭력을 높여가고 있으며 수익성 향상을 위해 자체상품 비중을 늘리고 마진이 높은 의류 매출 비중도 늘려가고 있는 추세이다.

표 3-1 주요 소매업태별 매출, 순위, 연평균 성장률

(단위: 조원, %)

업태	1996	2001	2006	2011	CACR
백화점	12.7(2)	16.7(2)	18.4(3)	27.0(2)	5.8
대형마트	1.9(3)	13.9(3)	25.7(1)	36.8(1)	28.2
슈퍼마켓	14.9(1)	17.3(1)	19.3(2)	25.4(3)	4.4
편의점	0.9(4)	1.8(4)	4.3(5)	8.7(5)	16.4
사이버쇼핑	–	1.3(5)	7.2(4)	15.9(4)	28.5

주 1: 1996년과 2001년은 소매업태별 판매액지수(2005=100)에 2005년 소매업태별 판매액을 곱하여 추정
주 2: 매출액 옆의 ( )는 업태 순위
주 3: CACR은 1996년부터 2011년까지의 연평균 성장률. 사이버쇼핑은 2001년부터 2011년까지
자료 : 통계청, KOSIS, '소매업태별판매액지수', '소매업태별판매액' 가공

그러나 향후 대형마트는 지속적인 성장보다는 시장정체의 상황에서 새로운 성장의 돌파구를 찾기 위한 모색을 할 것으로 전망된다.

(3) 세부 유형

① 하이퍼마켓(Hypermarket)

Sainsbury, Tesco, Carrefour, 이마트 등과 같이 대형 슈퍼마켓에 디스카운트 스토어를 접목시켜서 저가로 판매하는 소매업태를 의미한다. (국제셀프서비스 협회의정의에 따르면) 하이퍼마켓이란 식품, 비식품을 풍부하게 취급하며 대규모의 주차장을 보유한 매장면적 2,500m^2 이상의 소매 점포이다.

② 슈퍼센터(Supercenter)

월마트 슈퍼센터와 삼성테스코 홈플러스 등과 같이 슈퍼마켓과 디스카운트 스토어의 장점을 결합한 신종 유통업태로서 기존 디스카운트 스토어에 식품류를 강화하여 판매하는 체인점을 의미한다.

③ 할인점(Discount Store)

Wal-Mart, Kmart, Target 등과 같이 의류에서 액세서리, 가구, 전자제품, 하드웨어까지 비식품 중심의 모든 종류의 제품을 판매하는 소매점을 의미한다. 대형마트 업태의

가장 일반적인 형태로 철저한 셀프서비스에 의한 대량 판매방식을 통해 시중가보다 20~30%정도 저렴하게 판매한다.

④ **창고형 할인매장**(Membership Wholesale Club)

Costco, Sam's Club 등과 같이 회원 가입을 통해 연회비를 받고 저렴한 가격의 제품을 판매하는 회원제 창고형 할인점이다. 창고형 할인점의 경우 매장 내 인테리어와 직원배치를 최소화하고 묶음판매 등을 통해 저가격을 유지함으로써 소비자들의 인기를 얻고 있다.

⑤ **대형마트**(Large-scale Retail Mart)

하이퍼마켓, 할인점, 슈퍼센터의 개념을 융합하여 등장한 매장면적 3,000m^2 이상의 대형소매점으로, 국내에서만 통용되는 소매업태이다. 이마트, 롯데마트, 홈플러스가 이에 해당되며 국내에서는 소매업태의 공식용어로 사용되고 있다.

MINI CASE 3-1 미국의 업태 정의

Discounts/Mass Merchandiser(U.S. Industry 452112): A self-service store selling all kinds of merchandise at low price margins than other retailers. Their key to success is price. Such stores buy in large quantities and pass savings on to consumers.

Warehouse Clubs/Superstore(U.S. Industry 452910): A self-service retailer with cash-and-carry checkout operations. The main draw is national brands at low price. Membership may be required.

Wholesale Club: A self-service retailer which offers nationally advertised brand name goods at wholesale prices to businesses and group members only. Theses stores have a warehouse environment with little or no frills.

자료: The National Retail Federation

MINI CASE 3-2 국내 No.1 대형마트, E-Mart

국내에서 할인점은 더 이상 생소한 소매업태가 아니다. 할인점은 소매업태 중에서 가장 큰 규모를 자랑하고 있는 분야로서, 많은 발전을 거듭해 왔다. 국내 최초 할인점은 신세계 백화점이 1993년 11월 12일 선보인 이마트 창동점이다. 이마트는 Wal-Mart가 내세우는 'Always low price'에 착안하여, 'EDLP(Everyday low price, 저가격 판매)'를 내세워 빠른 시간 내 인근 소비자들을 끌어들이기 시작하였다.

2003년도에는 유통업에 대변혁이 일어났다. 불과 10여 년 밖에 안된 할인점이 수십 년 역사를 자랑하는 백화점을 제치고 매출 1위의 업태로 등극했다. 처음 이마트 창동점이 1,300평 규모로 오픈하였을 때 누구도 10년 후 이런 대사건이 올 것이라는 예측은 못하였다.

오늘날 이마트는 Market Share 30%에 근접하는 토종 할인점으로서의 입지를 견고히 하고, 연간 3,000억 원이 넘는 순이익을 창출하고 있다. 이마트가 동종 경쟁업체 대비 탁월한 성과를 나타낼 수 있는 데는 여러 가지 이유가 있다.

첫째, 적어도 동종업계 대비 수년 전에 이미 전사적 차원에서 기획한 할인점 선점전략의 성공이 가장 큰 이유라 할 수 있다. 이로 인해 매출대비 투자비가 저렴할 수밖에 없는 비용구조, 즉 감가상각이 종료되었다든가, IMF시절 저렴하게 부지를 매입하는 등 이마트의 몸집을 가볍게 할 수 있게 한 원동력이 동종업계 대비 유리한 점포 환경을 만들었다는 것이다.

둘째, 다점포체제 구축에 의한 바잉파워이다. 현재 이마트는 2004년 5월 현재 전국에 62개 점포를 오픈하여 영업하고 있다. 적어도 동종 업계 대비 2배 이상의 점포 수를 보유하고 있는 것이다. 시장원리라는 것은 매우 심플하기 때문에 많이 사면 원가는 다운될 수밖에 없는 '규모의 경제' 혜택을 톡톡히 입는다. 아무래도 입점 가격이 저렴하면 상품 및 가격전략의 선점효과를 극대화 할 수밖에 없다.

셋째, 다점포 할인점 산업의 핵심 근간이라 할 수 있는 시스템 구축과 운용이 최첨단이라는 것이다. 할인점의 이익의 근원은 한마디로 Low-Cost-Operation에 바탕을 두고 있기 때문에 최소의 인력으로 최대의 이익을 창출하는 시스템 인프라 구축에 상상을 초월할 정도의 투자를 아끼지 않는다는 것이다.

넷째, 전국적 물류망을 확보하고 있는 첨단 물류 시스템이다. 매장에서 발주된 상품이 WET(식품부문), DRY(공산품부문) NWT-WORK을 통해 리얼타임으로 취합되고 1일 2회 적시에 배송함으로써 적정 재고 유지와 최상의 선도 유지를 통해 상품의 가치를 극대화함과 동시에 협력회사의 물류비용을 최소화 하는 등 통합 물류시스템을 구축했다.

다섯째, 공격적 마케팅 활동이다. 항상 이마트는 남들보다 앞서간다. 이것은 일에 대한 확신이 없으면 접근 자체가 불가능한 얘기인데, 공격이 최선의 방어라는 말처럼 시장을 선점하기 위한 이마트의 과학적, 합리적 마케팅 시스템은 이를 가능케 하고 있다.

여섯째, 철저한 고객중심의 매장 운영이다. 가령 우리나라 사람의 체형에 맞는 매장형태와 집기를 낮춤으로써 매장이 쇼핑하기 편하고 친근감이 가도록 설계함과 동시에, 편의시설을 대폭 강화함으로써 한국인이 선호하는 매장으로 변화시켰다는 것이다. 또한 매장의 후방을 창고가 아닌 판매를 위한 대기

장소의 개념으로 설계하여 협력회사에서 납품된 상품이 판매 로스나 결품없이 신속히 진열될 수 있도록 함으로써 점포 효율을 변화시키고 있는 것이다.

일곱째, 이마트는 최고 경영자를 비롯한 팀장급 이상이 일에 대한 열정과 집중력, 문화의 동질성 등을 고루 갖춘 양질의 우수한 인력이기 때문에 동종 업계에서는 단기적으로 감히 따라올 수 없을 뿐만 아니라 할인점 영업 특성상 매우 중요한 일사분란한 조직 체계의 근간이 되고 있다.

여덟째, 업계 최고 대우를 해주고 있어 사원들이 이마트를 떠나야 할 이유가 없다는 것이다. 또한 회사에 대한 프라이드가 남다르고 사원이 이루어낸 성과에 대해서는 반드시 보상이 된다는 전사적 차원의 컨센서스가 자연스럽게 형성되어 왔다는 사실이다.

마지막으로 신세계 윤리경영을 근간으로 한 전사적 고객만족 경영 시스템이 생활화 되어 있는 기업문화이다. 이것은 내 · 외부 고객의 이마트에 대한 충성도를 높임으로써 상생의 협력관계를 조기에 구축하여 고객, 종업원, 주주, 협력회사와 튼튼한 신뢰를 형성하는 원동력이 되고 있는 것이다.

자료: 박종현(2004), "장사를 잘 하려면 이마트를 배워라", 무한.

2 백화점

(1) 개념

백화점은 다양한 유형의 상품과 깊이 있는 구색을 갖추어 놓고 고객에게 다양한 서비스를 제공하는 대표적인 소매 업태이다. 상품의 종류를 체계적으로 분류하여 층 별로 다양하게 구색하고 있는 백화점은 마치 여러 개의 전문점을 종합해 놓은 것 같은 모습을 띤다. 백화점은 매장면적 4,000m^2 이상으로 다양한 상품을 구매할 수 있도록 현대적 판매시설과 소비자 편익시설이 설치된 직영 위주의 형태로 운영되는 고급화된 대규모 소매 매장을 의미한다.

(2) 현황 및 특성

우리나라 백화점의 효시는 1930년 현재 신세계백화점 본점 자리에 처음 도입된 일본 미쓰코시 백화점이다. 1950년대에는 임대업 형태로 백화점이 유지되었으나 1969년 신세계 백화점이 처음으로 직영 체제의 백화점으로 출발하였고, 1973년에는 미도파 백화점이 직영으로 전환하였다. 1979년 롯데 백화점이 개점한 후 롯데, 신세계, 미도파의 3강 체제가 이루어지면서 1980년대 백화점 업계는 급속도로 성장하였고 1985년에는 현대 백화점이 압구정 본점을 개점하였다.

백화점은 1990년대 초까지 경제성장에 따른 소득수준의 증가로 연평균 20%의 고성장세를 지속하였으나 1998년 외환위기를 맞아 20% 매출감소라는 극심한 내수부진을 겪으면서 108개 점포 중 40%에 달하는 45개 점포가 부도사태를 맞이하게 되었으며, 이에 상대적으로 자금력이 부족한 중소형 백화점을 중심으로 도산이나 상위사로의 인수합병을 통해 대형화가 촉진되었다. 이로 인해 1999년 내수경기 회복이후 상대적으로 자금의 여유가 있는 대형3사(롯데, 현대, 신세계) 위주로 산업구조가 재편되었다.

2011년 현재 전국 85개의 백화점에서 연간 약 27조 원의 매출을 올리고 있으며, 이 중 대형 3사(롯데, 현대, 신세계)의 매출비중이 약 90%를 차지하고 있다. 이외에 갤러리아백화점, 대구백화점, 경방필백화점(경방유통), 애경백화점, 뉴코아백화점 등 군소 백화점은 갈수록 고급화하는 대형마트와 백화점 빅3와의 경쟁 심화로 업태전환 및 제휴를 모색하는 등의 어려움을 겪고 있다.

백화점은 유통경로의 다변화와 경기침체 및 대형마트의 성장으로 2000년대 중반까지 성장률이 둔화되었으나, 2000년대 중반부터 외국인 관광객 증가와 소비 양극화 등의 이유로 2011년까지 기대 이상의 성장세를 보였다. 특히 구매력이 높은 중국인 관광객의 증가가 최근의 백화점 성장의 가장 큰 이유라고 알려졌다. 그러나 2012년 시작과 함께 경기침체와 중국인 관광객의 백화점 쇼핑 감소 등의 이유로 전년 동기 대비 성장이 줄어드는 등의 성장이 꺾이는 현상이 나타나고 있다.

백화점은 타 업태에 비해 상대적으로 풍부한 상품 구색을 갖추고 있어 고객에게 원스톱 서비스를 가능하게 한다. 또한 백화점은 문화센터의 운영 및 다양한 이벤트 개최를 통해 소비자들에게 문화 및 여가기능을 제공하고 있다. 특히 고마진의 의류 및 잡화, 명품 비중이 높아 할인점에 비해 상대적으로 매출 총 이익률이 높다. 그러나 이러한 특성으로 인해 타 업태에 비해 경기에 민감한 특성을 가진다. 매출 총 이익률은 안정적으로 유지되고 있는데, 이는 의류 등의 매출이 납품업체로부터 판매수수료를 받는 특정매입 형태로 이루어지고 있어 일정한 판매 수수료율을 유지할 수 있기 때문이다.

백화점의 의류매출 비중은 해마다 상승하고 있으며 명품 브랜드의 입점 또한 늘어나는 추세에 있다. 향후에도 대형마트와의 경쟁에 있어 차별화를 위해 고급화는 더욱 진전될 것으로 예상된다.

MINI CASE 3-3 미국의 업태 정의

Department store (U.S. Industry 452111): Perhaps one of the most familiar types of retailing operations. It is a departmentalised retail institution offering a large variety of hard and soft goods, including home furnishings, household linens and dry goods, and apparel and accessories for men, women and children.

자료: The National Retail Federation

MINI CASE 3-4 '명품쇼핑 전통강자', 갤러리아 백화점 명품관

세계에서 백만장자 증가율이 가장 높은 나라가 어느 나라인지 알고 있는가? 바로 우리나라다. 1990년 오픈한 갤러리아 백화점 명품관은 개성과 희소성을 중시하는 고객들에게 새로운 트렌드를 제시하며 우리나라 명품 쇼핑을 주도하고 있다. 명품 패션 브랜드는 물론 생활용품, 식품 매장까지 고급화한 갤러리아 백화점에는 세계적으로도 유례를 찾아보기 힘들게 130여 개의 해외 명품 브랜드가 들어와 있다. 국내에 진출해 있는 명품 브랜드들의 대부분은 갤러리아 백화점 명품관을 거쳤다고 해도 과언이 아니다. 실제 갤러리아 명품관에 입점해 있는 브랜드의 80%가 갤러리아를 통해 우리나라에 처음 진출했으며, 이들의 90% 이상이 국내 점포 중 갤러리아에서 가장 높은 이익을 얻고 있다.

'갤러리아 백화점 명품관'은 웨스트(West)와 이스트(East)의 두 체제로 운영되고 있다. 명품관 이스트에는 116개의 매장이 입점되어 있는데 최근 3층과 4층에 있는 여성·남성전용 편집매장이 선풍적인 인기를 얻으면서 눈길을 끌고 있다. 지난 2004년 리뉴얼한 명품관 웨스트에는 이른바 프레스티지(대중적인 명품)라 불리는 루이비통, 샤넬, 셀린느 등 24개의 브랜드 등이 입점해 차별화된 단독 매장을 운영하고 있다. 최근 들어 20~30대의 명품 선호도가 급격히 늘어나면서 루이비통 49%, 펜디 31%, 페라가모 30%, 구찌 20%, 샤넬 16% 등 지난해 대비 높은 매출 신장을 보였다.

VIP와 VVIP고객의 매출비중이 단일 점포로는 국내 최고를 기록하고 있는 갤러리아 백화점 명품관은 마케팅 전략을 보다 세분화해 최우량 고객들을 집중관리하고 있다. 전체 매출의 15%를 차지하고 있는 0.4%의 고객을 잡기 위한 고급화 전략의 국내 백화점 업계로서는 최초로 VIP를 위한 별도의 매장인 '퍼스널 쇼퍼룸'을 도입하였다. 명품관 이스트 4층에 위치한 50평 규모의 퍼스널 쇼퍼룸은 갤러리아 카드 사용자 90명과 오피니언 리더 110명 만이 사용할 수 있는 공간으로 피팅룸과 화장실, 휴식공간으로 구성되어 있다. 퍼스널 쇼퍼룸을 방문한 고객은 전용 엘리베이터를 사용하는 것은 물론 고객 개개인의 취향과 스타일에 맞게 쇼핑을 도와주는 퍼스널 쇼퍼가 있다.

갤러리아 백화점은 최근 명품 매출이 21%나 신장해 백화점 전체 매출 신장을 주도하고 있다. 최근

1년 동안 연간 1,500만 원 이상을 소비하는 VIP고객과 연간 3,000만 원 이상을 소비하는 VVIP고객의 수와 매출 역시 급격히 증가했다. IMF 이후 두드러진 소비 양극화 현상으로 '1%의 마케팅'이라는 고급화 전략에 박차를 가하고 있는 갤러리아 백화점은 불황과 수입이 상관없는 상류층을 겨냥하여, 해외 유명의 고가 브랜드를 론칭함으로써 소비 고급화라는 트렌드를 주도하며 연간 10~20%의 꾸준한 성장을 보이고 있다.

자료: 파이낸셜 뉴스, 2006.4.21.

3 대형 전문점

(1) 개념

전문점은 본래 모든 종류의 상품을 판매하는 대형마트나 백화점과는 달리 취급상품을 전문화시킨 소형 소매업태이다. 즉 소비자의 라이프 스타일의 변화에 따라 기존 종합소매점이 취급하는 품목 중 한 계열의 품목만을 전문적으로 취급하는 소매업태라 할 수 있다. 그러나 최근에는 개별 매장의 대형화를 통해 쇼핑시간을 절약하고 판매가격을 낮추고 있는데, 미국의 경우 일반 쇼핑몰 내의 소규모 전문체인점의 매장규모가 1,500~4,000 s/f인 데 반해 대형 전문 체인점들의 평균 매장면적은 15,000 s/f에 이른다. 전자제품을 전문적으로 취급하는 Best Buy, 주택용 하드웨어를 취급하는 Home Depot, 사무용품을 전문으로 취급하는 Office Depot, 서적류를 취급하는 Barns and Nobles 등이 대표적인 전문매장이라고 할 수 있다.

(2) 현황 및 특성

최근 대형 전문매장은 매장 수 확대를 통해 대형화를 추구함으로써 유통업계의 치열한 경쟁에서 살아남으려 하고 있다. 대표적인 대형 전문 할인 매장이 바로 카테고리 킬러이다. 카테고리 킬러는 '기존의 경쟁 업체들보다 상대적으로 매장 면적이 넓지만, 다른 소매 업태나 백화점보다는 훨씬 좁은 범위의 상품을 취급하는 소매 업태'라고 정의할 수 있다. 유통업태 발달 역사상 가장 짧은 시간 내에 국제화에 성공한 유통 업태로 알려진 카테고리 킬러는 짧은 역사에도 불구하고 특정 상품에 대한 전문성과 광범위한 제품 구색으로 인해 급속히 국제화되고 있는 전문 할인점 업태로서 복수 구매를 촉진할 수 있도록 제품 구색을 기획하고, 제품의 깊이는 구매량을 촉진시킬 수 있도록 설계되어 저비용, 고효율을 실현한 파워 리테일링(Power Retailing)의 대표적인 업태이다.

카테고리 킬러는 1970년대 후반 미국에서 처음 시작되어, 1980년대에 걸쳐 전세계적으로 발달하고 1990년대에 그 성장이 가속화되고 있는 유통신업태로서, 세계 최대의 완구 전문 할인점이 토이저러스가 대표적인 예로 꼽힌다. 선진국 시장에서는 과거에 각 제품 영역마다 단 하나의 카테고리 킬러 업체만이 존재하였으나, 지금은 특정 지역을 기반으로 하는 여러 업체가 등장하였고, 이들이 같은 국내 · 해외 시장에서 경쟁하는 모습을 보이고 있다.

카테고리 킬러는 대체로 완구, 자동차용품, 가전제품, 컴퓨터, 스포츠용품, 사무용품, 의류 등의 상품을 집중적으로 취급하고 있으며, 창고형 매장의 형태를 많이 보이고 있으며 판매와 상품보관을 위한 공간을 하나로 통합함으로써 매장면적의 이용효율을 극대화하고 있다. 국내 대표적인 카테고리 킬러는 가전제품 전문매장인 하이마트와 유아용품 전문 매장인 맘스맘, 신발 멀티숍 ABC마트, 인테리어 전문점 코즈니 등이다. 최근 카테고리 킬러는 가치지향 경향, 시간절약형 소비패턴 등의 소비행동이 나타나면서 기존 업태들의 나열식 상품구성과는 차별화되어 특화된 제품을 취급하는 전문 할인점을 선호하는 경향에 따라 가장 성장 가능성이 높은 업태로 평가받고 있다. 또한 핵가족화가 급속하게 진행되면서 가정을 중시하고, 자신의 주거공간을 가꾸려는 소비자 행동에 영향을 받아 향후 DIY 관련상품, 주거관련 상품을 취급하는 주거개량용품체인(건축자재, 하드라인, 페인트 및 원예용품 따위를 판매하는 매장) 및 가정용품을 전문적으로 취급하는 홈센터 등이 성장할 것으로 전망되고 있다.

MINI CASE 3-5 미국의 업태 정의

Specialty Store (U.S. Industry Group 448): A retail store concentrating on a limited range of merchandise such as jewellery, books, men or women apparel, and accessories.

자료: The National Retail Federation

MINI CASE 3-6 "카테고리 킬러(Category Killer)"를 아십니까?

백화점, 할인점, 홈쇼핑 등 기존 유통시장의 치열한 경쟁 틈새를 비집고 카테고리 킬러 매장이 국내에서도 급부상하고 있다. 카테고리 킬러 매장은 특정 품목군만 집중적으로 취급하는 새로운 유통 업태로 미국, 영국, 일본, 홍콩 등 선진 유통시장에서는 20~30년 전부터 유행하기 시작한 매장이다. 우리나라에서도 스포츠 전문숍, 슈즈토탈숍 등을 중심으로 카테고리 킬러 매장이 확산 중이다.

대형 할인점과 소형전문점, 백화점의 해당 카테고리를 무력화시킴으로써 '킬러'라는 명칭을 얻게 된 카테고리 킬러는 사람들의 취미, 여가 생활이 많아질수록 각광 받는 업태이다. 선진국의 사례를 보면 국민 소득 2만 달러 수준에서 카테고리 킬러 매장이 본격적으로 확산되었는데 미국의 경우 1983년, 일본의 경우 1987년부터 카테고리 킬러 업태가 고속 성장했으며 우리나라의 경우 국민 소득 2만 달러를 달성할 것으로 전망되는 2006년부터 2010년 사이 카테고리 킬러 업태가 급속히 성장할 것으로 전망되고 있다.

카테고리 킬러는 종합 쇼핑몰처럼 한번에 모든 종류의 상품을 둘러보고 구매할 수는 없지만 해당 품목에 대해서는 상세한 정보와 함께 다양한 제품을 살펴보고 구매할 수 있다는 장점이 있다. 국내에서는 아직까지는 종합 쇼핑몰에 비해 매출규모 등에서 뒤처지고 있는 것이 사실이나, 각 품목군마다 선두를 차지하고 있는 전문 쇼핑몰들은 고유의 특징을 내세우며 지속적으로 성장하고 있다.

현재, 우리나라 카테고리 킬러 매장의 향후 성장을 바라보는 관점은 "할인점의 한 품목이 전문화된 시장이 바로 카테고리 킬러이며, 할인점이 포화상태에 다다르는 시기에는 카테고리 킬러 매장이 본격 주류 업태가 될 것"이라는 입장과 "할인점의 컨셉트가 넓고 풍부한 것이라면 카테고리 킬러 매장은 좁고 깊은 형태이다. 카테고리 킬러 매장은 소비색깔이 다양한 국가에서는 성공적이지만 국내의 경우에는 소비풍토상 카테고리 킬러 매장이 외국처럼 본격적으로 성장하는 것이 쉽지 않을 것"이라는 입장으로 나누어지고 있다.

자료: 서울신문 2006. 3. 11와 파이낸셜 뉴스 2006. 2. 20. 정리

4 쇼핑센터

(1) 개념

쇼핑몰 혹은 쇼핑센터는 다수의 대규모점포 또는 소매점포와 각종 편의시설이 일체적으로 설치된 매장으로서 직영 또는 임대의 형태로 운영되는 매장을 의미한다. 전통적인 의미의 쇼핑몰은 소비자의 편리성 제고와 체류시간의 연장을 위해 계획적으로 소매점들을 집적시킨 형태의 유통 업태였다. 따라서 쇼핑몰은 특정사업자가 주체가 되어 전체 시설을 계획 · 개발 · 관리하는 소매업태의 하나로서, 판매시설 및 기타 서비스 시설이 집합된 형태를 갖추어왔다. 국내에서는 '쇼핑몰'이라는 용어 대신 '쇼핑센터'가 공식적인 용어로 사용되고 있다.

현재 국내 유통산업발전법 시행령에 의하면 매장면적 3,000m^2 이상의 대규모 점포는 각 시 · 도에 등록하도록 되어 있다. 1930년대에 미국에서 처음으로 현대적 의미의 쇼핑몰이 계획적으로 개발되었으며, 1970년대에 본격적인 엔터테인먼트 쇼핑몰이 등장하여 최근까지도 발전이 지속되고 있다.

(2) 현황 및 특성

최근 관광과 유통 시장이 글로벌화되고 소비자의 욕구가 다양화되며, 매장 간 경쟁이 심화됨에 따라 새로운 형태의 퓨전형 업태가 속속 출현하기 시작하였는데 관광 · 엔터테인먼트 쇼핑몰이 바로 이러한 형태 중 하나라고 볼 수 있겠다. 쇼핑몰이 제공하는 소비자 가치는 기존의 단순한 소비개념에서 벗어나 원스톱 쇼핑, 관광 · 오락 · 쇼핑의 동시만족, 개성추구 등으로 해석할 수 있다.

향후, 우리나라 소비시장에서는 '체험'과 '브랜드', 그리고 '즐거움(Fun)'과 '엔터테인먼트'를 중시하는 소비문화가 확산될 것으로 보인다. 이에 따라 소비패턴도 기능성 위주에서 상징성, 경험성이 중시되는 쪽으로 변화하고 있다. 소비자의 이러한 기호변화에 맞추어 기업들도 보다 색다르고 다양한 개성을 만족시켜 주는 즐거움과 경험을 제공하고 소비자의 매장 체류시간을 극대화하는 방향으로 신업태를 개발해야 한다. 이러한 추세는 향후 우리나라 '쇼핑몰'의 무한한 가능성을 제시해 주는 지표가 되고 있다.

(3) 세부 유형

쇼핑센터의 유형은 상권, 입지 및 개발 컨셉트, 머천다이징 등 여러 가지 기준에 따라서 분류할 수 있는데, 본 절에서는 상권, 입지 및 개발 컨셉트 두 가지 기준을 중심으로 쇼핑센터의 유형을 살펴보도록 하자.

① 상권을 기준으로 하는 쇼핑센터 유형

▶ Neighborhood센터

소비자의 일상적인 욕구를 충족시키고 편리한 쇼핑을 제공하는 데 초점을 맞춰 고안된 쇼핑센터로 매장 규모가 2,790~13,950m^{2}에 이른다. 주로 식품류나 생활용품을 제공하는 슈퍼마켓이나 드럭 스토어 등의 형태를 갖추고 있다.

▶ Community센터

식품류, 생활용품류뿐만 아니라 다양한 구색을 갖춘 의류, 가구, 가전제품, 스포츠용품 등을 공급함으로써 소비자에게 편의성을 제공하는 쇼핑센터로 매장 규모가 9,300~32,550m^{2}에 이른다. Neighborhood센터보다는 의류와 섬유 제품을 많이 취급하며, 일반적으로 "L", "U", "T" 형태의 레이아웃을 갖추고 있다. 일반적으로 슈퍼마켓, 드럭스토어, 할인점 등이 이에 해당한다고 볼 수 있다.

▶ Regional센터

하나의 건물 또는 울타리 내에 여러 점포들이 존재하여 소비자들이 요구하는 일반적인 상품을 다양하게 제공하는 매장 규모 37,200~74,400m^{2}의 쇼핑센터이다. 주로 패션 상품군에 초점을 맞추고 있으며 백화점, 할인점, 대형 양판점 등이 이에 해당된다.

▶ Superregional센터

Resional센터와 유사하지만 목표로 하는 상권이 넓어 점포규모가 훨씬 크고 상품의 선택폭이 훨씬 더 넓다. 74,400m^2 이상의 매장규모를 보유하고 있으며, 주로 둘러싸인 몰형태이거나 여러 층으로 이루어진 형태를 갖추고 있다. 백화점, 대형 양판점, 패션몰 등이 이에 해당한다. 예를 들어 동대문 쇼핑몰은 국내 전체와 동남아, 일본, 중국 바이어들이 찾아오는 글로벌 상권을 가지고 있으므로 이 유형에 속한다.

② 입지 및 개발 컨셉트 등을 기준으로 한 쇼핑센터 유형

▶ 현대식 메가 쇼핑몰

현대식 메가 쇼핑몰의 가장 큰 특징은 비즈니스와 업무시설, 쇼핑시설, 관광, 엔터테인먼트 시설 등을 다양하게 갖춘, 즉 쇼핑, 비즈니스, 관광, 레저의 기능을 복합적으로 갖춘 선진국형 도심 위락시설이라는 것이다. 현대식 메가 쇼핑몰의 핵심은 바로 'Convenience(편리함)'이다. 상업시설뿐 아니라 다양한 시설을 한 곳에 밀집시킴으로써 방문객들에게 완벽한 '원스톱' 쇼핑을 가능하게 하여, 고객들의 편의성과 시간 소모에 주력한다. 하지만 이러한 현대식 메가 쇼핑몰은 막대한 쇼핑몰의 개발 비용이 예상되고, 대규모 부지가 확보되어야 한다는 약점을 가지고 있다.

▶ 테마형 전문 쇼핑몰

테마형 전문 쇼핑몰은 여러가지 쇼핑몰의 기능들이 유기적으로 복합될 수 있도록 테마를 부여하거나, 동선을 재배치하거나 패키지형 상품을 마련하는 등의 입체적인 운영전략을 내세운 쇼핑몰이다. 우리나라에서는 동대문에 위치하고 있는 패션 전문 쇼핑몰 두타나 전자제품 전문 쇼핑몰인 테크노마트가 이러한 유형에 해당한다고 볼 수 있겠다. 이러한 테마형 전문 쇼핑몰은 이전에는 경험하지 못했던 색다르고 차별화된 경험을 소비자에게 줄 수 있느냐 하는 것이 관건이다. 테마형 전문 쇼핑몰의 핵심은 'Fun(즐거움)'이다. 방문객들에게 색다르고 차별화된 경험을 제공하며, 가상적인 공간 및 시간 창조를 통해 일상에서 탈피할 수 있는 기회를 제공하는 것이 목적이다. 하지만 테마형 전문 쇼핑몰은 통일된 컨셉트 유지의 어려움으로, 장기간 같은 컨셉트로 소비자에게 어필할 수 없다는 단점을 가지고 있다.

▶ 리조트형 쇼핑몰

가족 중심의 여가문화가 확산됨에 따라 가족 동반으로 갈 수 있는 리조트나 놀이시설 등을 찾는 사례가 늘고 있으며, 주 5일 근무제로 인해 늘어난 여가시간의 영향으로 한 쇼핑 공간에서 체류하는 시간이 점점 늘어나고 있다. 이러한 요인으로 가족 중심의 쇼핑문화가 정착됨에 따라 온 가족이 즐길 수 있는 쇼핑공간 및 엔터테인먼트 시설이 새로운 화두로 떠오르게 되었다. 이러한 쇼핑몰은 쇼핑객들이 쾌적한 환경에서 쇼핑을 즐길 수 있는 환경을 조성하여 오랫동안, 그리고 자주 쇼핑할 수 있도록 개발을 서두르고 있다. 리조트형 쇼핑몰은 스포츠, 레크레이션, 쇼핑 등을 모두 즐길 수 있는 시설이 완비된 리조트의 성격을 지니고 있으며 주로 유명 관광지를 중심으로 개발되고 있다. 리조트형 쇼핑몰의 핵심은 'Holiday(휴일)'이다. 앞으로의 리조트형 쇼핑몰의 개발에는 방문객의 체류시간을 늘릴 수 있는 다양한 시설 및 프로그램의 개발이 필요하다는 점이 단점으로 제시되고 있다.

▶ 아울렛 몰

아울렛 스토어는 유명 브랜드, 메이커, 스토어 등의 상품 수급 조정을 목적으로 한 점포다. 팩토리 아울렛(Factory Outlet/ 메이커 재고 처리점)과 리테일 아울렛(Retailer Outlet/ 소매업의 재고 처리점) 스토어들이 군집 형태로 모여 있는 것을 아울렛 몰 또는 아울렛 센터라고 한다. 국내에서는 2007년 5월 기존의 국내 아울렛이 저가의 브랜드를 위주로 이월상품, 재고상품 등의 상품을 무조건 낮은 가격으로 제공하던 것과는 달리 고가 · 고품질의 명품 브랜드 제품을 중심으로 한 프리미엄 아울렛 ㈜ 신세계 첼시가 오픈하여 소비자들의 발길을 모으고 있다. 100여 개 이상의 고급 브랜드 제품 매장이 고급스러운 인테리어와 각종 편의시설과 함께 밀집되어 아울렛 타운을 형성하고 있는 것이 주요 특징이다. 아울렛몰의 핵심은 바로 'Value(가치)'이다. 합리적인 구매를 가능하게 함과 동시에 엔터테인먼트를 제공하며, 특히 고급브랜드 선호가 높은 아시아 관광객들에게 인기가 높다. 아울렛 몰은 무엇보다도 염가성과 품질이라는 두 가지 분야를 동시에 만족시켜 주는 유일한 소매 업태라고 할 수 있다.

MINI CASE 3-7 미국의 업태 정의

Shopping Center: An area that is comprised of three or more commercial establishments, the purpose of which is primarily retail sales, that has a combined gross leasable area of at least twenty-seven thousand square feet, that is owned or managed as a unit with at least one of the establishments having a gross leasable area of at least ten thousand square feet and that is either owner-occupied or subject to a lease that has a term of at least fifteen years.

Factory outlet: There are two types of outlet retailers: those that use a factory-type location to sell clearance merchandise received from other retailers or manufacturers, and vendors who use a factory outlet store location to sell their own goods(excess stock, seconds, and returns, etc.) at sharply discounted prices.

자료: Arizona State Legislature, The national Retail Federation

MINI CASE 3-8 국내 최대 복합쇼핑센터 '센텀시티 신세계 UEC'

센텀시티는 부산시가 해운대 수영만 일대 약 35만 평 부지를 국제 관광도시로서의 위상에 부응할 수 있도록 첨단 도시로 개발하는 프로젝트다. 세계적 수준의 전시장 BEXCO(Busan Exhibition & Convention Center)와 첨단정보 산업단지인 DMZ(Digital Media Zone), 신세계 UEC 지역 등 핵심적인 세 부분으로 나눠지며, 이외에 국제업무지역, 주거 및 공공시설 용지 등 기능별로 개발되고 있다. 센텀시티는 부산 동부상권에 위치한 미래형 환경 부도심으로 부산국제영화제를 축으로 하는 영화산업 기능과 부도심으로서의 도시 엔터테인먼트 기능이 정비될 예정이며, 인근의 해운대구는 국제 리조트 및 고급주택지를 형성하고 있는 관광 특구이기도 하다.

센텀시티 신세계 UEC(Urban Entertainment Center)는 쇼핑과 엔터테인먼트, 리조트까지 원스톱으로 해결할 수 있는 복합쇼핑센터이다. 즉 대형 백화점을 중심으로 전문점과 면세점, 푸드 스트리트 등과 온천수로 개발한 아쿠아랜드 등의 엔터테인먼트 시설이 함께 갖춰진 세계적 수준의 쇼핑몰이라고 할 수 있다. 실제로 센텀시티 신세계 UEC는 총 14만 평 규모에 투자비만 1조 원이 투입되었으며, 이 가운데 9만 평이 1단계 개발에 들어가 2008년 말 오픈할 예정이다. '도심 속 휴양 공간'이라는 컨셉트로 '온천과 쇼핑'의 개념을 도입하여 세계적으로 처음 시도하는 국내 최대 규모의 프로젝트라는 의미를 가지고 있기 때문에 더 많은 화제를 낳고 있다.

자료: Next Economy, 2006, 8월호

MINI CASE 3-9 신세계 · 롯데 이어 현대百 가세 치열한 '新三國志' 파이 커지는 '프리미엄 아울렛' 내수불황 돌파구 되나

알뜰형 · 실속형 소비가 유행하면서 프리미엄 아울렛이 무서운 성장세를 과시하고 있다.

유통 공룡들의 '아울렛 전쟁'이 한층 뜨거워질 전망이다. 신세계와 롯데가 양분하던 프리미엄 아울렛 시장에 최근 현대백화점도 뛰어들었다. 이로써 국내 프리미엄 아울렛 시장은 신세계 · 롯데 · 현대

'3파전' 양상에 돌입하게 됐다. 신세계와 롯데는 사업을 확대, 상승 페달을 밟을 채비를 다지고 있다. 대형 유통기업들이 이렇게 몰려들어 영역을 확장하려는 이유는 뭘까. 이쯤되면 점점 커지는 이 시장의 경쟁력에 주목할 필요가 있다.

부지 확보가 쉽지 않아 뒤늦게 뛰어들 수밖에 없었다는 현대백화점. 올해에만 두 곳의 아울렛 부지를 확보했다. 지난 4월 인천 송도에 프리미엄 아울렛 부지를 낙찰받았고, 인천경제자유구역청과 송도 경제자유구역에 명품 아울렛과 관련된 양해각서(MOU)를 체결하고 오픈을 검토하고 있다.

이어 이달 5일에는 경기도 김포시의 한강 아라뱃길 김포터미널 아울렛 부지 공개 입찰에서 5만 2375m^2(약 1만6000평)의 부지를 낙찰받았다. 한국수자원공사와 용지 계약을 체결했으며 내년 상반기 공사에 들어가 2014년 '현대 프리미엄 아울렛(가칭)'을 개점한다는 계획이다. 프리미엄 아울렛 시장 진출에 박차를 가하는 모양새다.

현대 프리미엄 아울렛은 연면적 16만5000m^2(5만 평), 주차대수 3000대 규모에 명품 아울렛 매장뿐 아니라 엔터테인먼트 시설 등을 갖추게 된다. 가족단위 고객 및 해외 여행객들이 여가를 즐기며 유명 브랜드 제품을 저렴한 가격에 구입할 수 있는 수도권의 대표적 쇼핑 명소로 개발한다는 복안이다. 주변에 요트장이 인접해 있고 공원, 테마파크, 키즈파크 등이 잇따라 들어설 예정이므로 아울렛과 이어지는 휴양 및 관광 붐도 기대할 수 있다는 게 현대백화점 측의 설명이다.

토지 및 건물에 투자되는 비용은 2700억원 정도. 투자 업체는 한무쇼핑이다. 현대백화점의 계열사로 수익성이 뛰어나고 재무구조도 안정적이라는 평가를 받는다. 현대백화점그룹이 투자로 인한 부담을 한무쇼핑과 분담하는 전략으로 풀이된다. 현대백화점 관계자는 "현대 프리미엄 아울렛은 올림픽대로 · 외곽순환고속도로 · 인천공항고속도로와의 접근성이 뛰어난 교통요충지로서 연간 약 1500만명에 이르는 고객들이 찾을 것"이라고 밝혔다.

따라서 신세계, 롯데, 현대까지 업체 간 경쟁은 더욱 치열해질 전망이다. 3파전에 대한 양상에 대해서는 최대한 말을 아끼면서도 서울 광화문에서 한강 아라뱃길점까지는 직선거리로 17Km에 불과해 그 두 배 거리인 기존 신세계 · 롯데 프리미엄 아울렛들에 비해 경쟁력이 있다는 답변을 내놨다. 이 관계자는 "사업 다각화의 일환으로 2년 전부터 프리미엄 아울렛 시장 진출을 모색해 왔으며 향후 수도권 및 지방 광역시를 중심으로 3~4개 추가 개점할 계획을 갖고 있다"고 전했다.

불황형 소비심리 타고 전성시대 '활짝'

현대백화점그룹은 2010년 '패션 비전 2020'을 선포하고 신규 사업을 강조해 왔다. 특히 유통사업 부문에서 신규 업태로 프리미엄 아울렛과 복합쇼핑몰을 적극 추진하는 등 2020년까지 유통 부문 매출을 10조6000억원으로 늘리겠다는 계획이다.

프리미엄 아울렛 시장에 가장 먼저 뛰어든 건 신세계다. 신세계첼시는 2007년 6월 경기도 여주군에 국내 1호 프리미엄 아울렛을 열었다. 이 회사는 미국 최대 부동산 개발회사인 사이먼 프로퍼티 그룹의 지분이 50%, 신세계 지분이 50%인 합자회사다.

미국 프리미엄 아울렛의 오랜 경험에 기반한 브랜드 유치 · 디자인 · 마케팅 노하우와 한국 신세계의 점포 개발 및 운영 역량을 접목시켜 국내 소비자들에게 프리미엄 아울렛이라는 새로운 유통 형태를 소개한 것이었다. 2011년에는 경기 파주시에 2호점을 선보였다. 롯데백화점도 2008년 12월 경남김해시에, 지난해 말 파주시에 프리미엄 아울렛의 문을 열었다. 2014년께는 현대도 가세하게 된다.

왜 프리미엄 아울렛일까. 내수침체로 성장이 꺾이고 있는 거대 유통기업들이 더 싼값을 찾는 소비 트렌드에 맞춰 아울렛 사업에 눈을 돌리고 있어서다. 아울렛은 철 지난 이월상품이나 대량 매입으로 가격을 낮춘 상품을 싸게 판매하는 유통매장이다. 협력 업체(입점 브랜드)별로 상품의 유통 시스템은 다르다.

자사의 이월상품을 아울렛으로 보내거나 아울렛용으로 따로 상품을 제작해 입점시키기도 한다. 대형 유통업체들은 진입장벽이 낮은 일반 아울렛보다는 고가의 브랜드 제품을 싸게 파는 '프리미엄 아울렛' 시장을 공략해 소비 촉진의 기회를 마련하고 있다.

역사가 5년 밖에 안 된 국내 프리미엄 아울렛, 현재까지의 성적은 어떨까. 2007년 문을 연 신세계첼시 여주 아울렛의 경우 2008년 방문객이 250만명에서 2011년 500만명으로 늘었다. 3년새 두 배로 뛴 것이다. 올해는 600만명이 예상된다. 작년 개점한 파주점도 1년 만에 450만명이 다녀가 기대 이상의 성과라는 분석이다.

평일 방문객 수는 약 1만5000~2만명가량이며 주말엔 4만명 정도가 꾸준히 들르는 셈이다. 롯데 프리미엄 아울렛도 2008년 개점한 김해점이 매년 매출 증가세를 나타내고 있고 작년 12월 오픈한 파주점도 당초 매출 목표보다 20% 이상을 훌쩍 넘어서고 있다는 얘기가 들린다.

프리미엄 아울렛은 성장세가 꾸준히 좋고 요즘 같은 불황에도 타격이 거의 없다는 게 업계의 공통된 목소리다. 고가의 브랜드를 제값 주고 사기 아깝다는 '불황형 소비심리'가 두드러지면서 소비자들이 평균 20~60%대에 할인된 상품들을 살 수 있는 아울렛을 찾고 있다는 설명이다. 신세계첼시 서찬우 마케팅 팀장은 "양질의 제품을 합리적인 가격에 사겠다는 똑똑한 알뜰소비가 유행하면서 계속되는 경기침체의 흐름과 맞물려 아울렛이 잘 되고 있다"고 말했다.

롯데백화점 한도훈 홍보담당은 "백화점, 할인점 등이 포화상태에 이른 국내 유통시장에서 새로운 성장동력을 확보하기 위해 프리미엄 아울렛과 같은 신업태를 선보였다"며 "백화점에 있어 효자 노릇을 하는 업태로 가치 소비를 중시하는 경향이 강해짐에 따라 다양한 상품들을 저렴하게 구매하려는 프리미엄 아울렛 방문객 수가 계속 증가하고 있다"고 풀이했다.

일본의 코템바 프리미엄 아울렛은 210개 이상의 브랜드를 보유, 아시아 최대 규모를 자랑한다.

지역경제 활성화 · 일자리 창출 효과도 쏠쏠

"럭셔리 브랜드가 이렇게 한꺼번에 모일 수 있는 곳이 있기란 쉽지 않다." 프리미엄 아울렛 협력업체들의 얘기다. 이들 업체에겐 아울렛이 어느 정도의 상품 퀄리티 및 이미지를 유지하면서 재고를 처분할 수 있는 좋은 통로가 되고 있단다. 그렇다 보니 프리미엄 아울렛에 서로 입점하려는 브랜드들이 많아졌다고 한다.

내수경기에 숨통을 틔워주는 것뿐만이 아니다. 프리미엄 아울렛은 새로운 소비 창구로서도 각광을 받고 있다. 우선 쇼핑관광 발전에 대한 기여가 크다. 신세계첼시 여주 아울렛의 경우, 2008년 미국 경제지 '포브스'가 선정한 세계 10대 아울렛으로 뽑혀 연간 400만 명 이상의 국내외 쇼핑 · 관광객들이 방문하는 인기 쇼핑관광지로 인정받았다.

서울 및 수도권 지역에서 강원도 방향으로 가는 길에 자리잡아 설악산, 강릉, 강원 지역 스키 리조트 등을 방문하는 외국인 관광객들이 꼭 들르는 쇼핑 명소가 됐다. 더욱이 입소문이 나면서 개점 첫 해 2만 명에 이르던 외국인 관광객이 현재 연간 20만 명을 넘어섰다.

아울렛을 방문하는 외국인 관광객도 싱가포르, 말레이시아, 홍콩, 중국, 일본 등 국가별로 다양하다. 여주 아울렛 오픈 이후 여주군으로 연간 400만명 이상의 쇼핑 관광객이 유입된 것으로 추산된다. 한국지역개발협회의 '여주지역사회 영향 분석 보고서'(2009년 11월 기준)에 따르면 여주 프리미엄 아울렛 방문자의 84%가 여주군내 음식점을 이용하고 45%가 여주군내 관광지를 둘러본 것으로 분석됐다.

또한 신세계첼시 파주 아울렛은 인천공항뿐 아니라 명동, 광화문에서는 1시간 남짓한 거리에 위치해 있어 서울에 들르는 중화권 외국인들에게 쇼핑 필수 코스로 떠올랐다. 한국이 일본 · 중국과 함께 아시아의 3대 명품 시장이자 쇼핑 관광지로 주목받고 있는 데다, 파주점 인근에 비무장지대, 통일전망대, 임진각, 헤이리 예술인 마을 등 관광 자원이 풍부해 외국인 관광객 수가 점차 늘어날 것으로 보인다.

롯데백화점 측도 "롯데 프리미엄 아울렛 파주점의 경우도 주변에 관광 자원이 풍부해 문화 향유 관광객들이 많이 찾는다"며 "김해점 일대는 부산과 근접해 있는데 특히 부산을 많이 방문하는 중국인 관광객 유입에 유리하다"고 했다.

이는 지역경제 활성화, 일자리 창출 효과로도 이어진다. 신세계첼시 파주 아울렛은 헤이리 예술마을, 경기 영어마을, 박물관, 갤러리, 맛집 등 25개의 파주 지역 명소와 제휴를 맺고 '쇼퍼클럽'(온라인)과 'VIP 패스포트'(오프라인) 회원들이 쇼핑과 함께 관광을 즐길 수 있는 지역연계 마케팅을 펼치고 있다. 확장할 계획을 갖고 있는 여주점 내 부지 안에는 약 1650m^2(500여 평) 규모의 농 · 특산물 판매장을 조성, 여주군에 기부 채납하고 여주군 대표 특산물인 쌀, 고구마, 땅콩 등의 판매를 촉진하는 등 지역 경제 활성화에 기여할 예정이다.

여주 아울렛의 확장이 마무리 되면 2000여명의 고용창출 효과가 예상돼 현재보다 2배의 일자리가 생기게 되며 중국 등 외국인 관광객을 비롯해 연간 약 600만 명이 여주 프리미엄 아울렛을 방문할 것으로도 내다보고 있다. 신세계첼시에 따르면 2007년 여주 프리미엄 아울렛 오픈 이후 여주군으로 연간 400만명 이상의 쇼핑 관광객이 유입됐고 도소매업 사업체와 종사자가 대폭 증가했다. 숙박 · 음식업까지 매출이 동반 상승한 것으로 나타났으며 특히 연간 5846억원의 경제효과와 약 1만여 명의 고용유발 효과를 거두는 것으로 분석됐다.

기자가 취재하면서 알게 된 점은 국내 프리미엄 아울렛이 눈에 띄는 성장세를 보이고 있는 반면 아직은 협소한 유통 영역이라서 업계에서 연구가 많이 이뤄지지 않고 있다는 거다. 유통연구소 등에서 관련 자료는 물론 전담 연구원이 없다는 이야기를 들었다. 국내 처음으로 프리미엄 아울렛 사업을 시작한 신세계첼시가 비교적 국내외 시장에 대한 연구와 데이터를 잘 축적해 놓고 있었다.

엔터테인먼트 결합땐 성장잠재력 충분

프리미엄 아울렛은 미국, 일본 등 선진국형 유통 업태다. 미국에서 프리미엄 아울렛은 약 30년 이상 정착해 왔다. 워낙 아울렛이 많긴 하지만 사이먼 프로퍼티 그룹이 개발해 운영하는 프리미엄 아울렛이 거의 독보적인 입지를 차지한다. 미국 전역의 아울렛 수는 총 170여 개. 이 중 57개가 사이먼의 프리미엄 아울렛이다.

뉴욕, 로스엔젤레스, 보스턴, 시카고등 대도시 근처에 다수의 프리미엄 아울렛이 영업 중이고 올랜도, 라스베이거스, 팜스프링스 등 유명 관광지 인근에서도 성업 중이다. 특히 뉴욕의 우드버리 커먼 프리미엄 아울렛은 미국 동부의 대표적인 프리미엄 아울렛으로 수많은 관광객을 유입하고 있으며 버버리, 구찌, 프라다, 페라가모, 지미추 등 220개의 브랜드를 구비하고 있다.

일본에서는 총 30여개 프리미엄 아울렛이 있는 것으로 추산된다. 도쿄, 오사카, 나고야, 후쿠오카, 고베 등에서 총 8개의 사이먼 프리미엄 아울렛이 운영되고 있다. 그 중 고템바 프리미엄 아울렛은 210개 이상의 브랜드로 아시아에서 최대 규모를 자랑한다.

일본보다 7년 늦은 출발이지만 향후 국내 프리미엄 아울렛 시장 전망은 밝다. 신세계첼시는 2013년 9월 부산에 프리미엄 아울렛 3호점을 오픈할 예정이다. 2014년에는 여주 프리미엄 아울렛을 2배 정도 규모로 확대해 아시아 최대 수준의 프리미엄 아울렛으로 만들 방침이다. 뿐만 아니라, 대전 지역에 프리미엄 아울렛 4호점 개점을 검토하는 등 아울렛 사업을 전국 상권으로 확대해 나간다는 계획이다. 롯데백화점도 프리미엄 아울렛 신규 오픈 일정이 연이어 잡혀 있다. 2013년 상반기 중으로 충남 부여군에 부여점을, 하반기에는 경기 이천에 이천점을 열 예정이다.

신세계첼시 서찬우 팀장은 “프리미엄 아울렛의 성장 잠재력은 국내외적으로 충분하다. 지금은 시장 성장기 단계”라며 “롯데의 진입으로 매출에 타격은 없었고 고객 파이가 나눠지는 게 아니라 오히려 배로 불어난다고 본다. 외국인 관광객 대거 유치 면에서도 경쟁력이 크다”고 분석했다. 그는 “프리미엄급 국내외 브랜드를 다양하게 유지하고 교외 나들이를 겸한 합리적 쇼핑을 즐기게 하는 콘셉트가 성공 관건”이라고 강조했다.

롯데백화점 한도훈 홍보담당자는 “주말에 도심을 벗어나 여가를 즐기고 싶은 고객의 욕구에 맞게 교외에서 쇼핑과 엔터테인먼트의 즐거움을 동시에 제공하는 유통업태가 최근 각광받고 있다”며 “단지 쇼핑뿐 아니라 마트, 시네마, 문화 등 원스톱 쇼핑과 더불어 다양한 볼거리를 제공할 수 있어야 국내외적으로 성공할 수 있다”고 말했다.

자료: 이코노믹 리뷰, 2012.6.26.

5 재래시장(전통시장)

(1) 개념

기존에 재래시장이란 '다수의 수요자와 공급자가 상시 또는 계절적으로 집합하여 물건을 구매하는 일정 규모 이상의 건물 매장 또는 장터로서, 주로 근대적 유통시설이 본격적으로 개발되기 이전, 즉 1980년 이전에 개설된 상설시장 또는 정기시장'을 의미한다. 따라서 재래시장이라는 개념에는 근대적인 대규모 소매 기능이 취약하고 건물시설이 노후하여 대부분 재개발 및 근대화를 필요로 하는 시장이라는 의미가 내포되었다고 볼 수 있다.

시장이란 최종소비자에게 상품이나 서비스를 판매하는 공간적 개념과 관련된 제반 활동의 장이다. 재래시장은 자연 발생적인 소매집단으로 형성되어 왔으나 도매업기능을 중심으로 하고 있는 일부 도심의 재래시장은 사후적으로 또는 사전적으로 계획적인 소매집적의 유형을 띠고 있다.

법적 개념으로 시장은 일반 시장과 정기 시장으로 나누어지고 있다. 일반 시장은 도소매업진흥법상 시장으로 일정구역 안의 건물 또는 지하도에 설치된 다수의 점포시설에서 도소매업자 및 이를 지원하는 용역업자가 계속적으로 상품을 판매하거나 용역을 제공하는 영업장으로 정의되어 있다. 이에 반해 정기시장은 일정구역 안에서 다수의 수요자와 공급자가 정기적 또는 계절적으로 모여 상품을 매매하거나 용역을 제공하는 장소로 정의된다. 또한 시장은 유통단계에 따라 도매위주의 시장과 소매위주의 시장, 도소매 혼재시장으로 구분할 수 있고 취급상품의 구색에 따라 종합시장과 전문시장으로 나누어진다. 한편 시장을 이용자의 구매형태에 따라 분류하면 근린형시장, 지역형시장, 광역형시장 및 초광역형시장 등이 있으나 대다수의 재래시장은 근린형 또는 지역형시장의 형태를 띠고 있다. 따라서 이러한 각 유형의 재래시장이 지역특성으로부터 영향을 받는 정도는 근린형시장이 지역밀착성이 가장 높고, 상대적으로 초광역형시장은 지역 특성의 영향을 가장 적게 받게 된다.

(2) 현황 및 특성

2010년 현재 전국 재래시장은 1,517개[점포 20만여 개]이며, 이 중 53.8%가 등록시장, 30.8%가 인정시장이고 나머지가 정부 지원대상이 아닌 무등록시장이다. 그리고 전반적으로 시장규모가 영세하며, 임차점포가 64.5%를 차지하고 있다. 현재 중소기업청의 '시장경영진흥원을를 중심으로 재래시장 활성화 정책을 수립 · 실행 중에 있으며 2004년 10월에는 '재래시장 육성을 위한 특별법'이 제정되었다.

시장은 생업종사 상인의 절반 이상이 50대 이상 노령화되어 있어 상인 구성상 재래시장의 미래지향성에 한계가 노정되고 있는 것이 현실이다. 시장은 1996년에는 성숙기였으나 현재는 대형할인점, 홈쇼핑의 활성화, 무점포거래의 정착 등 유통구조가 변화함에 따라 상권의 위축이 가속화되고 시장수와 점포수가 감소하고 있는 실정이다.

이러한 시장이 지닌 특징은 다음과 같이 요약될 수 있다.

첫째, 대부분의 시장, 특히 대형 시장은 도심 및 번화가지역 혹은 주거밀집지역에 입지하여 개발잠재력이 크고 고지가(高地價)지역에 위치한 반면, 토지이용효율이 매우 낮은 형태의 건축물로 운영되고 있다.

둘째, 점포시설 및 설비가 노후화되고 부대시설이 미약하며, 시장환경이 열악하여 도시미관상의 문제가 대두되고 있다.

셋째, 주변교통체제가 혼잡하며 주차공간이 없거나 매우 미흡하여 교통체증을 유발하는 경우가 많다.

넷째는 시장의 거의 전부가 임대점포들의 집합이어서 쇼핑센터나 백화점에 비해 영업효율이 떨어진다는 점이다.

MINI CASE 3-10 미국의 업태 정의

Flea Market: A market, usually held outdoors, where antiques, used household goods, and curios are sold.

MINI CASE 3-11 "마트처럼, 홍대처럼" 전통시장의 변신

시설 현대화한 군산공설시장…매출 두배 늘어
청년 장사꾼 둥지 튼 전주남부시장…유동인구 · 매출 20%↑

대형마트와 기업형슈퍼마켓(SSM)으로 향하는 소비자들의 뒷모습만 바라보던 전통시장이 변신을 꾀하고 있다.

대형마트 못지않은 편의시설을 갖추고 활로를 모색하거나 20 · 30대의 청년 장사꾼들과의 상생을 통해 젊은 시장으로 거듭나는 곳이 등장했다.

전북 군산시의 군산공설시장과 전주시의 남부시장이 바로 그곳이다.

마트형 전통시장으로 재개장…
시설 현대화 후 매출 갑절로 = 5일 오후 전라북도 군산시에 있는 군산공설시장.

시원한 에어콘 바람, 카트를 밀고 다니며 무빙워크로 1 · 2층을 오가는 손님들의 모습이 일반 대형마트와 다를바 없었다.

"두어개만 더 얹어줘." 자두를 사던 주부의 말에 과일가게 주인은 "아이고, 그러면 남는 게 없다"고 너스레를 떨며 봉투에 자두 세 개를 더 담아 건넸다.

흥정하는 소리가 방앗간의 참기름 냄새, 막 달인 한약 냄새가 섞여들어 이곳이 전통시장임을 알렸다. 90년 역사의 군산공설시장은 지난 3월16일 마트형 전통시장으로 재개장, 대형마트에 도전장을 던졌다.

군산에 이마트, 롯데마트가 들어선 후 손님이 급격하게 줄어든 뒤 나름의 살길을 모색한 것이다. 시비와 국비 290억원을 투입해 시설을 현대화하고 여성을 위한 문화시설을 마련했다.

재래시장의 최대 약점으로 꼽혔던 주차장, 쇼핑카트도 갖췄다. 화장실과 유아놀이방은 깨끗했다. 쉴 수 있는 긴 의자도 곳곳에 보였다.

3층짜리 건물에 모두 282개의 점포가 입점했다. 1층에는 식품류와 마트형 슈퍼가, 2층에는 의류 · 잡화 매장이 들어섰다. 매장 배치는 세부상품군별로 달리했다.

시장은 재래시장 고유의 매력을 살리기 위해 대형마트에 없는 방앗간, 대장간, 약재상 등 특화 점포를 1층에 배치했다.

재개장 4개월째. 시장 매출은 배로 늘었다. 평균 매출은 평일엔 5천만원, 주말에는 7천만~8천만원이다. 여기에 대형마트 의무휴점 조치가 매출을 20~30% 더 늘게했다. 시장이 연매출 158억원을 무난히 달성할 수 있을 것으로 군산시는 보고있다.

군산시 기업경제과 김용구과장은 "군산에서 연간 2천300억여원을 벌어들이는 이마트, 롯데마트를 따라가려면 아직 멀었다"며 "하드웨어는 갖췄으니 서비스교육, 품질관리 등 소프트웨어를 강화하겠다"라고 말했다.

해결할 과제도 많다. 시누이 소개로 처음 시장을 찾았다는 전만순(52,주부)씨는 "시설은 확실히 좋아졌는데 품질 수준은 여전히 마트에 뒤떨어지는 것 같다"며 "주부들은 아무리 싸도 물건이 좋지 않으면 대형마트에 갈 수밖에 없다"고 말했다.

시장에서 대를 이어 방앗간을 운영하는 나포기름집 김희자(42)씨는 "(시장특성이)마트와 재래시장 사이에 끼어 애매해졌다고 느끼는 손님들이 많은 것 같다"며 "재래시장 맛이 안난다고 안타까워하는 단골들도 있다"고 말했다.

2030 청년상인 둥지튼 뒤 전주의 명소로 진화

= 같은날 전라북도 전주시 남부시장. 입구로 들어서자 채소, 젓갈, 신발 등 보통 전통시장에서 볼 수 있는 좌판이 이어졌다.

'레알 뉴 타운 2층 청년몰'이라 적힌 간판에 이르자 2층으로 통하는 계단이 보였다. 피아노 건반처럼 칠을 한 계단과 홍대나 신촌에 있을 법한 독특한 벽화가 눈을 즐겁게 했다.

2층에 다다르자 12개의 점포가 미음(ㅁ)자 형태로 둘러서 있었다. '미스터리상회', '범이네식충이', '같이놀다가게' 등 가게 간판이 범상치 않았다.

이곳은 지난 5월 문을 연 남부시장 청년몰이다. 남부시장은 호남권 최대의 재래시장이었지만 역시 대형마트에 밀려 상권이 쇠퇴한 곳이었다. 20 · 30대 청년 17명이 비어 있던 남부시장 2층에 모여 가게를 열었다. 청년 창업을 돕는 사회적기업 이음이 이들을 지원했다.

청년몰의 면면은 개성이 넘쳤다. 고민을 들어주는 칵테일바, 식충식물 전문점, 재활용 디자인 전문점, 보드게임방, 고양이를 주제로 한 손흘림(핸드드립) 커피점 등 다양했다. 토요일 오후 5~10시에는 야시장(1 · 3주)과 파티(2 · 4주)가 열린다.

청년몰이 생긴 후 매출은 20% 증가했다. 유동인구도 늘어 주말에는 약 1천500명이 남부시장을 다녀간다. 트위터, 페이스북, 블로그 등 SNS로 활발히 홍보를 한 덕에 젊은이와 전주를 찾은 관광객의 발걸음이 잦아졌다.

하현수 남부시장 상인회장은 "청년몰이 생긴 뒤 주말 유동인구가 눈에 띄게 늘었다"며 "특히 한옥마을에 오는 관광객들 가운데 시장을 들르는 사람이 크게 늘고 있다"고 말했다.

어릴 때 이후로 시장을 처음 와봤다는 대학생 박지인(22)씨는 "전통시장에 이런 공간이 있을 줄은 몰랐다"며 "앞으로 자주올 것"이라고 말했다.

청년상인과 터줏대감 상인과의 관계도 끈끈하다. 청년들은 장사 경력이 오래된 상인에게 노하우를 전수받기도 하고 풍물교실을 열어 그들과 공감대를 형성한다.

시장에서 50년째 쌀집을 하는 장현기(79)씨는 "청년들이 오고 나서 시장에 사람이 눈에 띄게 많아져서 좋다"며 "젊은 후배들이 기특해서 단골들한테 청년몰에 가보라고 권한다"고 말했다.

하 회장은 "청년몰은 우리 시장의 성장 동력"이라며 "기회를 놓치지 않고 청년들과 협력해 옛 명성을 꼭 되찾겠다"고 말했다.

자료: 연합뉴스, 2012.7.8.

6 편의점

(1) 개념

편의점(CVS: Convenience Store)이란 말 그대로 편의성을 파는 소매점으로 1960년대부터 70년대에 이르는 동안에 급속히 발달한 미국식 구멍가게 형태의 소매 업태를 말한다. 편의점은 슈퍼마켓의 보완책으로 생겨난 소매업태의 일종이다.

편의점은 제한된 종류와 구색의 상품만을 취급하며 상품을 신속하게 살 수 있는 곳이다. 넓은 공간 속에서 여기저기 찾아다니고 긴 줄에 서서 기다려야 하는 불편을 없애 소비자들이 신속하고 빠르게 상품을 구입할 수 있다. 편의점에서 취급되는 상품의 절반 이상은 구매 후 30분 이내에 소비되는 제품들이다. 편의점은 제한된 종류의 상품만을 취급하기 때문에 슈퍼마켓에 비해서 가격이 비싸다.

(2) 현황 및 특성

편의점은 식료품 위주로 고객과 대면하고 셀프 판매하는 종합 소매업의 하나이지만, 일반 상품 이외에도 다양한 생활 서비스 상품을 취급하면서 끊임없이 업태의 변신을 도모하고 있다. 자유롭고 다양한 소비자들이 늘어나면서 소비행동에 있어서도 개인적인 생활 편익을 보다 중요시하고 시간을 효율적으로 이용하려는 경향을 보이고 있다. 국민 소득의 향상과 더불어 현대 사회의 고객 특성에 맞춰 성장하고 있는 것이 바로 편의점 업태이다.

한국형 편의점이 국내에 처음 소개된 것은 1981년 (주) 뉴코아가 반포에 세운 28평 규모의 '매장'이었다. 그러나 이것은 별다른 성과를 얻지 못한 채 슈퍼마켓으로 업태를 변경했다. 본격적인 편의점 시대의 막이 오른 것은 1989년 5월, 코리아제록스의 모기업인 동화산업이 세븐일레븐 올림픽 선수촌점을 개점한 이후부터라고 할 수 있다.

현재 편의점 빅3인 훼미리마트, 세븐일레븐, GS 25를 중심으로 하여 전국 편의점 수는 2만개를 넘어섰으며 2011년 매출액은 8조7천억 원에 이른다. 모든 유통업태 중에서 성장률이 가장 높은 업태의 하나가 편의점으로 나타났다. 앞으로도 대형유통 체인에 대한 영업규제, 일반의약품 편의점 판매 허용, 소비자의 소량 다빈도 구매행태 증가 등의 이유로 편의점의 성장세는 지속 될 것으로 전망된다.

서울의 경우, 세븐일레븐, 훼미리마트, GS 25 등 대표적인 편의점들의 60% 이상이 강남에 위치하고 있는데 이는 대체로 연중 휴무 24시간 영업하는 편의점 자체가 소비자의 편의성을 강조한 업태이므로 주택가, 아파트단지에 집중하기 때문이다. 현재 우리나라 소비자들의 의식 수준이 고도화되어 깨끗하고 밝은 곳에서의 쇼핑을 선호하고 있으며, 심야쇼핑이 증가하는 추세이다. 그러나 이러한 성장 속에서도, 편의점업계는 브랜드 로열티를 높여 고객 충성도를 높이고, 점포 수 확장보다는 편의점 자체만의 상품 경쟁력을 확보하고 가맹점과의 동반 파트너쉽 증대 등의 노력이 있어야만 그 성장을 지속할 수 있을 것으로 보인다.

MINI CASE 3-12 포화상태 日 편의점 시장, 어떻게 성장했지?

편의점 시장 규모 9조엔..성장세 97년 이후 최대
여성 노인층 끌어들여 매출 확장

장기 불황으로 일본 경제 상황이 여전히 나아지지 않고 있지만 편의점 업계는 예외다. 지난해 일본 편의점들은 대지진에도 불구하고 젊은 남성층으로 한정됐던 고객층을 노인과 여성층으로 확대하면서 시장 규모를 키운 것으로 나타났다.

24일 니혼게이자이신문에 따르면 지난해 일본 편의점 전체 시장 규모는 9조엔으로 전년대비 8.2% 증가했다. 이러한 성장세는 지난 1997년 이후 가장 높다.

일본 편의점 시장 규모는 슈퍼마켓(12조7024억엔)에는 미치지 못하지만 백화점(6조1525억엔)을 크게 웃돈다. 총 점포 수도 4만 8139개로 전년대비 4.3% 늘었다. 세븐일레븐과 로손, 패밀리마트, 서클K산크스, 미니스톱 등 주요 5개 편의점 업체들의 순증 점포 수(신설된 점포 수－폐점된 점포 수)는 1780개점으로 역대 최고를 기록했다.

신문은 일본의 편의점 점포 수가 5만 개에 달해 시장이 포화 상태에 이르렀으나 업체들이 주요 고객층인 젊은 남성뿐만 아니라 여성과 노인층까지 아우르면서 시장을 더욱 확대했다고 설명했다.

대지진 이후 외식보다 집에서 식사를 하는 분위기가 자리를 잡자 발 빠르게 매장 내에서 도시락이나 간단한 반찬을 만들어 판매하는 등 먹을거리 사업을 강화한 것이 주효했고, 세븐일레븐 등은 노인들을 위해 전기자동차로 도시락을 배달하는 서비스에도 나섰다. 생활 필수품을 저가의 자체 브랜드(PB) 상품으로 내놓는 편의점들도 크게 늘었다. 아울러 매장에서 야채를 판매하는 편의점 수도 총 2만 4000개에 달하는 등 편의점이 슈퍼마켓을 대신하면서 여성과 노인 고객들을 끌어 들인 것으로 나타났다.

신문은 "편의점에 고객을 빼앗긴 슈퍼마켓도 반격에 나서고 있어 유통업체들간 경쟁은 더욱 치열해질 것"이라며 "편의점 업체 가운데에서도 성장률 격차가 확대될 가능성이 있다"고 설명했다.

자료: 미디어 이데일리, 2012.7.25.

MINI CASE 3-13 백화점 · 마트 '시름시름'… 편의점 '나홀로 휘파람'
편의점 2분기 매출 20% ↑, 마트는 6월 신장률 −7.4%

불경기와 영업제한 규제라는 이중고에 시달리고 있는 오프라인 유통업계에서 편의점만 '나홀로 성장세'를 구가하고 있어 주목된다. 반면 백화점과 대형마트 · 가전양판점 등은 마이너스 성장에서 벗어나지 못하고 있어 희비가 엇갈리고 있다.

13일 관련업계에 따르면 편의점 빅3는 경기침체가 심화된 지난 2분기에도 20% 안팎의 높은 매출 신장률을 기록한 것으로 파악됐다.

보광훼미리마트 관계자는 "지난 2분기의 전년동기대비 매출 신장률이 평상시대로 18%대를 유지했다"고 밝혔다. GS리테일과 코리아세븐은 올 2분기 매출액이 연결기준으로 전년동기대비 각각 20%와 25% 증가한 1조2000억 원과 6100억 원대 매출을 기록한 것으로 증권가는 보고 있다.

편의점업계 관계자는 "주로 취급하는 주력 판매 상품이 음료나 간식거리 등이어서 불황의 여파를 거의 받지 않는다"며 "직영이 아닌 가맹사업 위주로 진행하기 때문에 정부의 영업제한 규제도 거의 받지 않는다"고 말했다.

반면 정부의 월별 경기지표에 따르면 국내 백화점 월별 매출 신장률은 지난 4월 −3.4% · 5월 1% · 6월 −1.2%를 기록하는 등 불경기의 여파가 그대로 반영되고 있다. 대형마트 월별 매출신장률은 4월 −2.4%, 5월 −5.7%, 6월 −7.4%를 기록, 갈수록 마이너스 성장률 폭이 커지고 있다. 대표 가전양판점인 하이마트의 2분기 매출 신장률도 1분기에 이어 다시 −9%대를 기록한 것으로 증권가는 보고 있다. 지난해만 해도 11%대의 매출신장률을 기록했다.

이 같은 현상은 편의점과 달리 백화점과 대형마트, 가전양판점 등의 경우 불경기와 영업제한 규제 여파 때문으로 관련업계는 보고 있다.

가전양판점 업계는 경기침체의 여파로 가전 유통 시장 전체 규모는 10%가량 감소한 것으로 추정하고 있다. 대형마트 업계는 격주 일요일 강제휴무의 확산으로 인해 올 7월 매출신장률은 종전보다 더 떨어질 것으로 우려하고 있다.

자료: 문화일보, 2012.7.13.

7 드럭 스토어(Drug Store)

(1) 개념

우리나라 소매업태에서는 아직까지 생소한 개념인 드럭스토어는 '드럭(Drug)'이라는 단어에서 알 수 있듯이 일반의약품은 물론 건강기능식품과 화장품, 생활용품, 음료, 다과류까지 함께 판매하는 복합형 전문점이다. 매출의 50% 이상이 의약품 판매를 통해 이루어지고 있으며, 이외에 건강 및 미용 용품을 집중적으로 판매한다. 우리나라의 경우에는 상품군이 약에 편중됐다는 느낌을 덜기 위하여 '드럭스토어'라는 말 대신 'H&B 스토어(Health & Beauty Store)라는 용어를 사용하는데 식품위주(Food Retailer)인 슈퍼, 대형마트, 일반 편의점과는 달리 화장품, 샴푸 등 비식품(Non-food Retailer) 상품군이 전체 60%를 차지하는 특징을 보인다.

(2) 현황 및 특성

유통소매업의 '블루오션'을 개척한 것으로 평가받으며 미국과 홍콩 등지에서 이미 시장성을 검증 받은 드럭 스토어는 매년 꾸준한 성장세를 보이며 그 영역을 확대해 나가고 있다. 'US 체인 드럭 스토어'에 따르면 2003년 미국 드럭 스토어는 전년 대비 6.25% 성장했으며, 2007년에는 6.6%의 성장률을 보이며 1,600억 달러의 매출을 올릴 것으로 전망했다. 최근 미국의 드럭 스토어는 자체 약국을 갖고 있는 할인점 및 슈퍼마켓들뿐만 아니라 우편 주문 소매업체들과도 직접적인 경쟁을 해야 하는 상황에 놓여 있다. 비록 처방약의 마진이 다른 일반 상품에 비해 높은 편이지만 정부 건강 관리 정책으로 인해 자체 마진은 작아지고 있기 때문이다. 이에 대한 대책으로 드럭 스토어 체인점들은 더욱더 다양한 유형의 일반 상품 및 식료품을 취급하는 한편 차 안에서 모든 절차를 해결할 수 있는 차량통과(drive through) 매대를 개설하는 등 좀 더 규모가 큰 독자적인 점포로 변화를 시도하고 있다.

'약'은 반드시 의사의 처방하에 '약국'에서만 구입해야 한다는 고정관념이 지배적인 우리나라의 경우, 미국형 드럭스토어의 개념에서 벗어난 '헬스&뷰티 숍' 혹은 '드럭스토어'라 불리는 한국형 드럭스토어가 빠른 속도로 성장하고 있다. 우리나라에 드럭스토어가 선보인 것은 1999년 CJ와 홍콩의 유통기업 데어리팜(Dairy Farm)이 50%씩 출자해 만든 합작 법인 '올리브 영' 1호점을 오픈하면서부터였다. 2004년 코오롱이 'W 스토어'를, 2005년 GS 리테일이 홍콩의 왓슨스와 합작해 'GS 왓슨스'를 오픈함으로써 드럭스토어 업태에도 본격적인 경쟁체제가 갖춰졌다. 드럭 스토어는 매장 규모 면에서 편의점에는 아직 못 미치지만 앞으로 새로운 소매시장의 상장동력으로 전망될 정도로 주목을 받고 있다.

약국과 편의점이 결합된 형태의 30~80평 규모의 매장에서 건강과 미용에 관심이 많은 여성들의 취향에 맞는 제품들을 갖추어 놓고 있는 드럭 스토어는 현재 기존 편의점에서 만족하지 못하는 고객들을 강한 흡인력으로 끌어들이고 있다. 따라서 기존 편의점 고객의 60~70%가 남성

직장인인 반면, 드럭 스토어는 70% 이상이 20~30대 여성 고객이다. 향후 드럭 스토어는 건강에 대한 관심 증대 및 여성들의 구매력 증가 등에 힘입어 지속적으로 성장할 것으로 예상된다.

MINI CASE 3-14 "여자들의 새로운 놀이터, 드럭스토어"

"여자들의 새로운 놀이터, 드럭스토어"

드럭 스토어를 아십니까? 글자 그대로 해석하면 약 파는 상점이긴 한데요. 우리나라에서 많이 있는 정말 약만 파는 약국은 아니고요. 화장품이나 담배 등 기타 잡화들도 함께 판매하는 상점입니다. 우리나라에도 현재 '올리브 영'이나 '왓슨스', '더블유스토어'같은 가게들이 속속 생겨나고 있는 데요. 요즘 같은 불경기에 계속 세를 늘리고 있는 이 드럭스토어, 정체가 무엇인지 왜 인기 있는 지 유통9단 김앤커머스 김영호 대표와 알아봅니다.

1) 드럭스토어 시나브로 세력을 넓히는 중인 것 같은데 우리나라에 언제 들어온 건가요?

1999년 서울 신사동에 1호점을 개점하면서 우리나라에 최초로 드럭스토어 비즈니스의 개막을 선언했던 CJ.

올리브영과 왓슨스(W-store) 등 기존 드럭스토어들은 점포수를 늘리며 몸집 불리기에 여념이 없고, 농심의 메가마트와 생활용품 전문 업체인 다이소까지 시장에 합류, 치열한 경쟁을 예고하고 있다. 이마트도 시장 진출을 위해 준비가 완전히 끝난 상태로 브랜드명은 '분스'이다. 드럭스토어는 기업들의 미래 신성장 동력으로 떠오르고 있다. 거대 유통 기업들이 앞다투어 진출하는 시장이지만 아직까지 국내 드럭스토어 시장 규모는 미미한 수준이다. 지난해 기준 드럭스토어 시장 규모는 3천2백60억원이다. 유통 기업들의 분기 매출에도 못 미치는 3천억원대 시장에 이들이 뛰어든 배경은 당연히 고속성장이 눈에 보이는 시장이기 때문이다.

2) 한국에서 드럭스토어들이 점점 가게를 늘리고 있다고 해도 아직은 많이 낯선데요, 어떤가요?

드럭스토어(藥+식품), 4세대 유통채널 가능성이 크다. 건강한 인생을 지향하는 '웰빙'이 트렌드가 되면서 드럭스토어가 주목받고 있다. 의약품과 화장품, 생활용품, 식품 등 업종별로 각각의 유통채널에 의해 판매되던 것들을 한 번에 구매하고자 하는 소비자 니즈와 건강 · 미용에 대한 욕구가 동시에 충족되기 때문이다.

우리나라에서 드럭스토어는 여성 전용 편의점으로 점차 변모하고 있는 중이다.

요즘 대형마트 대신 드럭스토어에 가는 젊은 남녀들이 많다. 왜 이들은 드럭스토어로 향할까? 그 이유는 간단하다. 그들이 원하는 제품이 많이 있고 그리고 아주 가까이 있기 때문이다. 꼭 차를 타고 가지 않아도, 이것저것 필요도 없는 상품을 많이 구매하지 않아도 된다. 여성이 필요로 하는 기본적인 상품은 다 있다. 여성용 유기농 화장품부터 뷰티제품, 비타민 관련 제품군, BB크림, 심지어 술안주에 군주정부리 할 것까지 여성의 세세한 심리를 꿰뚫어 바라보는 제품군들이 모두 상비되어 있다.

드럭스토어의 원조는 당연히 미국이다. 그렇지만 원조 미국의 드럭스토어가 일본을 거쳐 한국에 온 이후, 많은 변화가 있기 시작한다. 아시다시피 우리나라에서는 드럭스토어라는 업태가 약사법으로부터 자유로울 수 없어서인지 변형된 형태로 포지셔닝중이다. 우리나라에서 대표적인 드럭스토어는 모두 대형 유통재벌업체들이 운영 중이다.

3) 여성 전용 편의점이요? 재밌는 말이네요. 그럼 여성 소비자 지출이 느는 것과 관련있나요?

예를 들면요. 요즘 중국의 20대 여성층에서 기존 여성들과 커다란 변화가 보이는데, 그것이 바로 금융위기 시기와 상관없이 왕성한 소비 의욕을 보이고 있다는 점이다. '월광족(月光族)'으로 불리는 젊은 세대는 저축을 기피하고 패션이나 미용 등 자신을 꾸미는 일에는 소비를 아끼지 않고 있다. 일본의 마케팅 조사기관인 '마케팅 시스템즈'는 중국의 연해 도시부를 중심으로 1993년부터 16년 간 중국 소비자의 소비 의식과 실태에 대해 정점 관측을 실시해 왔는데, 특히 2006년부터는 신부유층 여성에게 초점을 맞춰 조사를 진행한 결과가 그러하다. 이들이 어렸을 때는 '소황제(小皇帝)로 불렸는데. 이제 성인이 되어 '월광족'으로 불리게 된 20대는 '저축보다 소비를 좋아한다'라는 것이다. 이러한 성향의 20대가 현재 관심을 보이고 있는 분야는 '구두나 핸드백 등의 액세서리' '화장품, 미용' '패션의류' '피부관리'에 대한 관심이 특히 높았다고 한다. G2 대국중의 하나인 중국의 차세대 소비경제주체인 20대 여성으로부터 변화하고 있는 시장의 변화에 민감하게 준비를 해야 한다.

4) 중국의 사례를 들어봤는 데요. 그럼 가까운 일본은 어떤가?

그렇다면 일본의 드럭스토어 현장은 어떤지 잠깐 보기로 한다. 도쿄 시부야를 비롯한 도심 곳곳에 젊은 여성 쇼핑객을 위한 지름신이 지뢰밭처럼 포진하고 있다. 이름하여 '드럭스토어'. 브랜드도 다양하다. '고쿠민', '돈키호테', '플럼코스메틱', '선드럭' 등 드럭스토어가 젊은 여성들이 자주 출몰하는 지역에 여기저기 포진하여 그녀들의 뷰티와 헬스에 관한 욕망을 채워 주고 있다.

일본 드럭스토어의 대표주자로는 '마쓰모토키요시'가 있는데, 이곳에서는 주로 의약품을 비롯해서 화장품, 생활잡화, 건강식품 까지 다양한 여성용 상품만을 취급한다. 매장의 분위기는 약간 산만한 느낌도 들지만, 부담없이 구경도 가능하고, 1만 여종의 방대한 아이템 수를 보게 된다. 이곳이 절대적인 인기를 누릴 수 있는 주고객으로는 우리나라와 달리 일본의 여고생들이라는 점이 특이하다.

이처럼 일본의 드럭스토어 비즈니스는 상당히 발전에 발전을 해서 최근에는 편의점 사업과 이업종 융합현상도 진행 중에 있다고 하니 우리나라보다는 상당히 앞선 느낌이다.

5) 사실 드럭스토어의 고향 하면 역시 서구쪽이라고 할 수 밖에 없는 데요. 거대 글로벌 해외 브랜드들이 직접 들어오지는 않을까요?

해외 브랜드의 국내 상륙에도 대비해야 한다. 이미 대규모 자본과 우수한 상품력을 앞세운 해외 브랜드가 국내 진출을 준비 중이라는 이야기는 업계에 기정사실화 되어 있다. 영국의 유명 드럭스토어인 부츠가 국내진출 준비가 완료 되었다는 소식이다. 부츠는 160년 전통을 가진 영국의 대표 멀티 드럭스토어로 영국, 프랑스, 독일 등 유럽 지역 및 아시아 등 전 세계 25개국 3000개 매장과 17만개의 제약 도매 체인점을 보유한 글로벌 유통 기업이다.

20년전 한국의 통신판매가 활성화 되면서 외국계 통신판매 회사가 우후죽순으로 진입했던 경험이 생각난다. 드럭스토어의 주 고객층이 젊은층과 중산층이기 때문에 더욱 위험요인으로 작용한다. 외국이 다녀오고 해외 제품을 많이 접한 국내 젊은층과 중산층에게는 해외 우수 브랜드가 익숙하기 때문이다.

6) 그럼 향후 전망은 어떻게 보시는지?

편의점 업계에 따르면 지난해 편의점의 의약외품 판매가 허용되면서 최근에는 일부 감기약 품목이 의약외품에 추가로 포함될 것이라는 전망이 우세하다. 이를 두고 향후 의약품과 식품을 판매하고 있는 드럭스토어와 편의점이 서로 경쟁할 것이라는 이야기도 불거지고 있다.

다음 도전자들은 다름 아닌 바로 대형마트다. 이들은 기업형슈퍼마켓(SSM) 신규 출점이 사실상 봉쇄되면서 다른 활로를 찾던 중, 드럭스토어 비즈니스에 상당히 매력을 느끼고 있어 상당히 열심히 연구하고 있다는 것이다. 자본력과 시스템 그리고 유통인재를 모두 갖춘 대형마트가 드럭스토어 시장에 들어오게 되면 상당한 각축전이 예상되는 바이다. 동시에 기존 독립형 편의점을 운영 중인 업체에게는 새로운 도전을 할 수 있는 기회이면서 새로운 시장을 선점할 수 있는 절호의 기회가 2012년에 도래했다는 점을 잊지 마시기 바란다.

자료: YTN '생생경제', 2012.6.19.

8 항공 소매업(Airport Retailing)

(1) 개념

항공 소매업의 확장에 대한 정확한 통계적 수치는 아직까지 조사되고 있지는 않으나, 우리나라뿐만이 아니라 선진국에서도 항공 소매업에 대한 관심이 높아지고 있는 추세이다. 초기 항공 소매산업의 형태는 공항 내의 패스트푸드점이나, 작은 선물가게, 신문이나 잡지 가판대 등으로 시작되었다. 항공 소매산업은 규모가 큰 국제 공항뿐만이 아니라, 지방의 작은 규모의 공항에서도 형성될 가능성이 큰 신규 유통 업태로 떠오르고 있다.

(2) 현황 및 특성

항공 소매산업의 잠재력은 크다. U.S 항공사는 하루에 320만 명의 유동 고객과 160만 명의 공항 직원들이 바로 '잠재 고객'이라고 평가하고 있다. 항공 소매산업의 특징들은 다음과 같다.

첫째, 큰 규모의 국제공항과 같은 경우에는 매년 2천만 명의 승객이 공항 통로를 지나다니며, 연간 500~600만 명의 방문객이 존재하기에 항상 쇼핑 잠재 고객을 보유하고 있다.

둘째, 비행기를 이용하려는 승객들은 '일시적으로 공항에 발이 묶인 상태'이다. 따라서 승객들은 그들의 대기시간을 채워줄 무엇인가를 찾게 되고, 바로 그것이 쇼핑으로 이어지는 결과를 낳게 된다. 또한 대부분의 비행기 이용자들은 우리나라에서 보는 것과 마찬가지로, 비싼 항공료를 지불할 용의가 있는 중, 고소득층의 소비자들이 많다.

셋째, 항공 소매 산업은 대체적으로 가게 임대료가 일반 가게보다 20~30%가 높기에, 소규모 상품을 취급할 시에도 높은 가격을 책정할 수가 있다. 또한 공항에는 항시 고객들이 상주하기 때문에 가게 운영시간도 융통성 있게 정할 수 있다.

우리나라의 항공 소매산업의 효시는 '면세점'이라고 볼 수 있다. 최근 인천 국제공항의 개시와 함께, 대규모의 면세점의 입점이 이루어지면서 타 선진국보다 뛰어난 시설과 다양한 상품구색으로 해외 관광객은 물론, 국내 여행객까지 국내 면세점을 이용하는 비율이 늘어나고 있다. 제주 공항 같은 경우에는 예외적으로 제주도 여행만으로 내국인들에게도 면세점을 이용할 수 있게 하고 있다. 향후 면세점의 발달은 소비 고급화와 국내외 여행자의 증가에 힘입어 우리나라의 항공 소매 산업의 발전에 큰 기여를 할 것으로 예상된다.

MINI CASE 3-15 면세점 매출 작년 46억弗… 19%, 올 6월엔 26억弗… 24% 증가

해외 여행객이 증가하면서 면세점(보세판매장) 판매실적이 급증한 것으로 나타났다.

18일 관세청이 면세점 판매현황을 분석한 결과, 지난해 면세점 판매액은 46억 4260만 달러로 전년(39억 760만 달러)보다 18.8% 상승했다. 이 중 시내 면세점 매출액이 25억 6400만 달러로 전체의 55.2%를 차지했고 출국장(38.2%), 기내 판매(6.5%), 외교관 면세점 순이었다. 기내 면세점 판매가 지난해 3억 달러를 돌파하는 등 호조세다.

올들어서도 6월 현재 면세점 판매는 25억 9630만 달러로 지난해 같은 기간보다 24.2% 증가했다. 한류의 영향으로 외국인 여행객 및 주 5일 수업 전면 시행 등의 영향으로 해외 여행객이 증가했기 때문이다. 상반기 해외 입·출국 여행자는 전년(1870만명) 동기 대비 16% 늘어난 2163만 명에 달했다.

면세점 인기상품은 단연 화장품과 가방류가 차지했다. 지난해 면세점에서 판매된 화장품은 12억 4100만 달러, 가방류는 11억 2700만 달러로 집계됐다. 이어 시계류(5억 5200만 달러)와 주류(2억 3000만 달러), 의류(2억 2200만 달러), 담배류(2억 300만 달러) 등의 순이었다.

자료: 서울신문, 2012.7.19.

나 무점포 소매업

소매판매의 형태를 분류할 때 물리적 시설로서의 점포를 이용하는 판매형태와 무점포 판매형태로 나눌 수 있다. 무점포 소매업(nonstore retailing)은 점포 없이 소비자들에게 상품을 판매하는 소비 형태로 고객과의 의사 소통 수단에 따라 통신판매, 방문판매, 카탈로그판매 등으로 나눌 수 있다.

무점포 소매업은 시간이 절대적으로 부족한 맞벌이 가정과 독신 회사원 등의 소비자층과 장애인, 노인과 어린아이들이 있는 주부, 지방에 거주하는 주민 등 대형 소매 매장을 직접 방문하지 못하는 사람들에게 매우 매력적인 쇼핑 기회를 주고 있다. 무점포 소매업은 점포 소매업과 다른 편의성을 제공하고 있지만, 예를 들어 인터넷 쇼핑몰이나 카탈로그를 이용하는 고객들은 상품을 직접 입어보거나 만져볼 수가 없으며, 상품이 마음에 들지 않을 때에도 점포가 없기 때문에 상품을 재포장하여 구매 업체에 보내야 하는 번거로움이 있다. 최근 통신 인프라의 발달과 소비 심리의 회복은 무점포 소매 업태의 빠른 성장을 가능하게 하는 원인이 되고 있다.

1 TV 홈쇼핑

(1) 개념

TV 홈쇼핑은 고객들이 TV로 제공되는 상품 판매 프로그램을 보고, 전화로 상품을 주문하는 소매 형태이다. 카탈로그판매와 비교한 TV 홈쇼핑의 가장 큰 장점은 고객들이 TV화면상으로 상품을 볼 수 있다는 점이다. 그러나 기존 TV 홈쇼핑은 고객들이 원하는 상품을 바로 볼 수 있는 것이 아니라, 상품이 소개될 때까지 기다려야 한다는 문제점을 가지고 있었다. 이러한 한계를 극복하기 위해 최근에는 홈쇼핑 네트워크가 구축되어, 소비자들이 자유롭게 시청할 수 있도록 일정한 시간대를 정해 놓고 광고를 내보내고 있다.

미국에서는 약 6천만 명이 홈쇼핑을 시청하고 있으며, 20%의 잠재 고객들도 시청하고 있는 실정이다. 미국의 대표적 홈쇼핑 채널 중 하나인 QVC는 4백만 명의 고객을 보유하고 있음에도 불구하고, 실질적인 매출의 50%는 상위 30만 명의 고객들이 차지한 것으로 나타났다. 미국의 홈쇼핑 매출의 40%는 저렴한 보석류에서 일어나며 주로 의류, 화장품, 운동 기구 등이 판매되고 있다.

(2) 현황 및 특성

국내에 TV 홈쇼핑이 처음으로 등장한 것은 CJ 홈쇼핑(당시 39 쇼핑)과 GS(당시 LG 홈쇼핑) 홈쇼핑이 개국하면서부터이다. CJ 홈쇼핑과 GS 홈쇼핑이 개국한 다음해인 1996년 우리나라 TV 홈쇼핑의 시장 규모는 335억 원에 불과했다. 그러나 TV 홈쇼핑 시장은 1998년 이후 연평균 72.3%의 폭발적인 성장을 기록하며 2000년에 들어서 매출액 1조 원을 돌파, 2001년 후발 3사(우리, 농수산, 현대 홈쇼핑)가 가세하였고, 이후 2012년부터 중소기업제품 전용 홈쇼핑인 홈&쇼핑이 추가되어 모두 6개 홈쇼핑이 경쟁하고 있다. 2011년 현재 매출액 6조 4천억으로 성장세를 유지하고 있다. TV 홈쇼핑의 성장 동인으로는 케이블 방송 및 디지털 위성방송 가입 가구 수의 증가와 신용카드의 보급 증가로 인해 TV 홈쇼핑에 대한 소비자들의 접근성과 편의성이 개선된 것이 크게 작용하였다. 또한 새로운 유통 판로가 필요했던 중소 기업들과 아이디어 상품을 찾던 TV 홈쇼핑 업체 간의 이해관계가 일치되면서 히트상품을 만들어 낸 것이 성장 촉발의 중요 원인이라고 할 수 있겠다.

오프라인 유통업체들은 다단계 방식의 중간 유통단계를 거치면서 붙은 유통 마진을 판매단가에 적용할 수밖에 없다. 하지만 TV 홈쇼핑은 생산자와 소비자를 직접 연결함으로써 중간유통 마진을 절감하여, 저렴한 가격에 팔 수 있다는 장점을 가지고 있다. 따라서 TV 홈쇼핑은 실속형 소비자들이 선호하는 소매 업태 중 하나로 손꼽히며, 백화점이나 일반 유통업체에 비해 다양한 상품을 저렴하게 제공하고 있다.

홈쇼핑의 고속 성장으로 인한 긍정적인 파급효과는 다양하다. 홈쇼핑의 성장은 국내 중소기업의 동반성장으로 이어진다. 경쟁력 있는 상품을 개발하고서도 자본력 및 마케팅력의 열세로 판로개척에 어려움을 겪고 있는 중소 기업들에게 홈쇼핑은 적은 비용으로 홍보와 판매를 동시에 해결할 수 있는 유일한 유통 채널의 역할을 해주고 있다. TV 홈쇼핑이 판매하는 물건 중 중소기업 제품이 90% 이상이라는 것이 이를 증명해 주고 있다. 이처럼 TV 홈쇼핑은 중간 유통 단계를 없애 제조업체는 이윤을 높이고, 소비자는 싼값에 제품을 구입할 수 있도록 하는 '윈윈 전략(Win-Win)'을 실현하고 있다. 실제로 오프라인 소매점이 상품진열조차 거부했던 의료기나, 원적외선 오븐기, 돌침대, 녹즙기, 요리손 등이 TV 홈쇼핑에서는 잘 팔리고 있다. TV 홈쇼핑은 사용방법이 복잡하거나 기능이 많아 상세한 설명이 필요한 가전제품이나 컴퓨터, 미용기구, 신상품 등에 중점을 두는 경향을 보인다. TV 홈쇼핑 업체들의 상품개발 및 판매 전략은 한마디로 '질 좋은 상품을 발굴해 저렴한 가격에 판매하는 것'이다. 또한 이러한 다양한 상품의 판매를 책임질 유능한 쇼핑 호스트를 양성하는 것도 TV 홈쇼핑이 개발해야 할 전략 중의 하나라고 볼 수 있다.

2 인터넷 쇼핑몰

(1) 개념

인터넷 쇼핑몰은 인터넷이라는 전자 네트워크를 통해 판매제품 또는 공급 기업을 선정, 전시하고 소비자들의 구매 주문과 대금 결제를 처리하여 배송 및 애프터 서비스를 고객과의 접점에서 책임지고 판매액의 일정 비율을 수수료로 받는 소매 업태이다. 인터넷 쇼핑몰은 온라인상에서 고객과 의사소통을 하기 때문에 고객의 요구사항이나 질문을 온라인상에서 실시간으로 신속히 처리할 수 있다. 또한 소비자들은 시간이나 장소에 구애 받지 않고 자신이 원하는 상품 정보를 신속하게 검색하여 구매할 수 있는 편의성을 얻을 수 있다.

(2) 현황 및 특성

인터넷 쇼핑몰이 국내에 처음으로 등장한 것은 1996년 6월 인터파크와 롯데닷컴이 탄생하면서부터이다. 한국온라인쇼핑협회에 따르면 초기 10억 원 안팎이었던 인터넷 쇼핑몰 시장규모가 10년 새 1만 배 이상 성장하여 2005년 10조4천억원을 기록하였고, 2011년 현재는 31조 8천억 원으로 2005년에 비해 3배 규모로 커졌다.

2000년 인터넷 쇼핑몰이 전체 소매 유통 시장에서 차지하던 비중은 2%에 불과했다. 그러나 지난 10년 동안 모든 유통방식 중 가장 높은 성장을 이룩하여, 2011년 현재는 대형마트에 뒤이어 두 번째로 비중이 높을 정도로 대중적인 소매 업태로 자리잡고 있다. 이 같은 인터넷 쇼핑몰의 급성장은 인터넷 사용자의 폭발적인 증가에 기인한다. 한국인터넷정보센터의 자료에 따르면 1996년 730만 명이던 인터넷 사용자가 이제는 세계에서 인터넷 사용 인구비중이 가장 높은 국가 중 하나인 국가로 잘 알려져 있다.

인터넷 쇼핑몰 업태에서도 물품 선점과 규모의 경제가 작용한다. 따라서 오프라인 기반을 가진 인터넷 쇼핑몰 들이 공격적인 마케팅 활동 및 구매 협상력을 앞세워 상대적 우위를 차지할 가능성이 높다. 특히, 온라인 쇼핑몰 업태의 특성상 경쟁 강도가 높고 이용자들의 전환이 자유로워 변동이 매우 심하게 나타나기 때문에 업태 초기 높은 브랜드 인지도를 보유한 TV 홈쇼핑 기반의 인터넷 쇼핑몰의 성장세가 두드러졌다. 그러나 무료 배송 정책, 커뮤니티 활성화 등을 통한 순수 인터넷 쇼핑몰이 급속히 부상하면서 향후에는 가격경쟁력에서 우위에 있는 C2C(Consumer to Customer)시장의 성장률이 B2C(Business to Consumer)시장의 성장률을 넘어설 것으로 예상되고 있다.

MINI CASE 3-16 2030 직장인에 어디서 쇼핑 하냐고 물었더니..

일에 바쁜 직장인들이 가장 많은 쇼핑을 하는 곳으로 남자는 백화점, 여자는 인터넷 쇼핑몰이라는 조사결과가 나왔다.

13일 미디어통에 따르면 20~30대 직장인 361명을 대상으로 쇼핑 관련 설문조사를 실시한 결과 '주로 쇼핑하는 곳은 어디?'라는 질문에 남성응답자의 59.1%는 '백화점', 여성응답자의 44.0%는 '인터넷 쇼핑몰' 이라고 답했다.

남성 응답자 186명 중 110명(59.1%)이 쇼핑을 하는 곳으로 '백화점'이라고 답해 1위를 차지했으며 16.6%(31명)가 '아웃렛'이라고 답해 2위에 그쳤다. '인터넷쇼핑몰' 13.9%, '로드숍 및 지하상가' 7.5%, '동대문' 2.6%로 그 뒤를 이었다. 여성 응답자 175명 중 82명(47%)은 주로 쇼핑을 하는 곳으로 '인터넷 쇼핑몰'이라고 답해 1위를 차지하였다. 2위는 24.5%(43명)의 응답자가 '백화점'을 뽑았으며 '로드숍&지하상가' 14.8%, '아웃렛' 10.3%, '동대문' 3.4%로 3,4,5위를 차지했다.

자료: 파이낸셜 뉴스, 2012.7.13.

3 카탈로그 소매

(1) 개념

카탈로그 소매업(Catalog retailing)은 인터넷 쇼핑몰이나 TV 홈쇼핑과는 달리 카탈로그를 통해 고객과 접촉하는 오프라인 통신판매 소매 업태이다. 인터넷 쇼핑몰 사업과 마찬가지로 점포를 임대하거나 특별한 설비, 종업원 등이 필요 없기 때문에 착수금이 매우 저렴하다. 하지만 최근에 들어서는 우편비와 인쇄비 등으로 인한 비용이 소요되고, 수익성이 악화되면서 점차 감소되고 있는 추세이다.

(2) 현황 및 특성

한국온라인쇼핑협회에 따르면 우리나라에서 카탈로그 소매업은 현재 약 6천억에 달하는 시장

규모로 추정되고 있다. 카탈로그판매가 인쇄 매체임에도 불구하고 국내 소비를 이끌어내는 새로운 판매도구로 자리잡은 데는 우선 TV 홈쇼핑과 인터넷 쇼핑몰의 성장이 크게 작용하였다. GS 홈쇼핑이나 CJ 홈쇼핑 등의 홈쇼핑 또는 인터넷 쇼핑몰을 운영하는 업체들이 국내 카탈로그 통신판매 시장을 주도하는 것도 그런 이유에서다.

카탈로그 소매업은 반드시 물건을 사지 않더라도 소비자에게 트렌드를 읽을 수 있는 정보 매체로서의 역할을 제공한다. 또한 고객의 연령과 계층, 성향 등을 고려한 맞춤형 카탈로그를 제작해 적시적소에 보내는 고객관계관리(CRM)의 일부로도 활용되고 있다. 그러나 카탈로그에 특화된 상품은 없으며, 대부분 TV 홈쇼핑과 인터넷 쇼핑몰에서 최급하는 상품들과 크게 다르지 않다는 특징이 있다.

카탈로그 소매업은 고객 DB의 축적과 발행부수의 확대, 타깃 마케팅 강화와 더불어 카탈로그 전문화와 세분화 경향에 따라 2002년까지 지속적으로 성장하였으나, 2004년 이후 수익성이 저조할 뿐더러 홈쇼핑 기업들이 인터넷 쇼핑몰로 주력사업을 강화함에 따라 사업비중을 축소하거나 구조조정을 하고 있는 추세이다. 더카탈로그, 씨엔텔, 롯데닷컴, 스카이쇼핑, 월드라홈쇼핑, 위더스홈쇼핑, 이지클럽, KTM 홈쇼핑, 한솔 CSN과 우리홈쇼핑, 현대홈쇼핑 등 중하위 기업들을 중심으로 이미 철수가 이루어졌으며, 이에 따라 향후 카탈로그 업태는 GS 홈쇼핑, CJ 홈쇼핑 등 소수 상위사들의 시장 지배력이 더욱 확대될 것으로 전망되고 있다.

4 방문 판매(Direct Selling)

(1) 개념

'직접판매(Direct Selling)'라고도 불리는 방문판매는 소매점 형태를 벗어나 판매원과 소비자 간의 일대일 대면 방법을 통해 제품과 서비스를 판매하는 소매 업태이다. 우리나라에서 흔히 방판(외판)이라고도 하는 이 소매업은 직접 대면을 통해 소비자가 원하는 상품을 실제로 보여주고 자세히 설명함으로써 소비자를 이해시켜 물건을 판매하기 때문에 화장품, 약품, 서적, 자동차, 보험, 증권 등의 상품품목에서 주로 활용되고 있다.

(2) 현황 및 특성

전통적인 소매방식과 비교해봤을 때, 직접판매는 전 세계적으로 매우 빠르게 성장하고 있다. 국내 방문판매는 1980년대 중반 '화장품 아줌마'가 등장하면서 발전하기 시작하였다. 이후 방문판매는 화장품, 약품, 서적, 보험 등의 상품 품목을 취급하면서 다양한 형태를 갖추었다. 직접판매세계연맹(WFDSA)에 따르면, 2000년 3조 4,674억 원에 불과했던 국내 방문판매 규모는 2011년 현재 약 10조 3천억 원을 기록하고 있다. 국내 대표적인 방문판매 기업으로는 한국 암웨이, 하이리빙, 한국야쿠르트 등이 있다.

방문 판매는 교육사업이라고 할 수 있을 만큼 직원 교육의 효과가 크다. 따라서 판매원을 회사의 한 가족으로 인정하고 판매원에 대한 교육을 강화하는 것이 매우 중요하다. 무엇보다도 고객의 선호도에 맞춘 공격적 판매 방식과 고객의 가치를 인정하고 고객으로 하여금 만족을 느낄 수 있는 서비스의 제공만이 방문 판매가 지속적으로 성장할 수 있는 길이기 때문이다. 판매원에 대한 체계적인 교육은 고객에게 적절한 카운셀링을 통해 정확한 정보를 제공하는 등 서비스의 질을 높이고, 기존에 판매원이 가지고 있던 고객에 대한 본질적 생각을 바꿔 고객을 정말 진정한 고객으로 관리할 수 있는 기틀을 잡아준다. 또한 단계별 고객관리를 통한 고객서비스를 강화시켜, 하위단계의 고객을 상위 단계로 업그레이드시킬 수 있는 기반을 만들어 주기도한다.

최근 직접 판매 업체들의 일반 소비자를 잡으려는 움직임이 활발해지고 있다. 이는 '방문 판매 역시 변하지 않으면 살아남기 힘들다'는 인식에 기인한 것이라 할 수 있다. 주요 직접 판매 업체들은 소비자 선호도를 탐색하기 위해 일종의 '안테나 숍' 성격이 강한 제품 체험공간을 확보하거나 인터넷 쇼핑몰 프로그램 개발에 박차를 가하고 있다. 이들은 건강식품을 비롯하여 화장품 브랜드를 선보이는 것은 물론이고 우리 먹거리를 파는데 적극적으로 나서 가공 농산물에서 쌀을 비롯한 친환경 농산물에 이르기까지 다양한 상품을 선보이고 있다.

다 프랜차이징(franchising)

1 프랜차이징의 개념과 특성

프랜차이징은 프랜차이저(프랜차이즈 본부)가 프랜차이지(가맹점)에게 받는 일정 대가와의 교환으로 프랜차이저의 상호, 브랜드, 노하우, 경영운영방식 등을 제공하여, 가맹점이 제품이나 서비스를 판매할 수 있도록 하는 지속적인 계약 관계로 정의할 수 있다.

본부와 가맹점간의 계약에 의한 프랜차이즈 시스템은 프랜차이저와 가맹점 양방에 많은 이점을 가져다 준다.

본부입장에서는 첫째, 효과적인 자본과 인력운영을 통해 광범위한 지역에 걸쳐 단시간에 판매망 확보가 가능하고, 둘째, 가입금과 로열티 등의 고정 수입을 통해 사업을 일관성 있고 안정적으로 수행할 수 있으며, 셋째, 환경변화에 따른 소비자 욕구의 변화에 신축적으로 대응하는 신축적인 경영이 가능하다. 그러나 본부의 가맹점에 대한 지속적인 투자와 관리가 요구되며, 가맹점의 수동적인 태도로 인하여 전체 시스템의 경쟁력이 약화될 소지가 있다는 단점이 있다.

가맹점입장에서는 다음과 같은 장단점이 있다. 첫째, 프랜차이즈 본부로부터 입지선정 및 상품, 상표, 경영기법 등을 제공받아 사업을 체계적으로 수행하기 때문에 사업에 경험이 없거나 부족하더라도 사업을 수행할 수 있어 사업 실패의 위험이 적다. 둘째, 본부의 대량구매를 통한 규모의 경제 실현 및 공동 광고캠페인을 통한 판매촉진 활동으로 광고효과가 크다. 셋째, 프랜차이저가 개발한 우수한 품질의 상품, 점포 디자인, 지명도가 높은 상품명을 사용하기 때문에 처음부터 소비자의 신뢰를 얻을 수 있다. 그러나, 가맹점의 본부에 대한 의존도가 높아짐에 따라 가맹점 스스로 문제해결이나 경영개선의 노력을 게을리 할 가능성이 있으며, 또한 표준화되고 획일화된 운영으로 시장변화에 적극 대응하기 어렵다는 단점을 가진다.

2 프랜차이징의 유형

프랜차이징은 크게 제품－등록상표 프랜차이징(product-format name franchising)과 사업형 프랜차이징(business format franchising)으로 대별할 수 있다.

첫째, 제품-등록상표 프랜차이징은 역사적으로 가장 보편화된 유형으로서 가맹점이 본부의 제품을 본부의 등록상표에 의해 판매하는 형태를 말하며, 자동차와 정유산업에서 가장 널리 사용되고 있다. 이 유형의 프랜차이징은 공급자가 판매자로 하여금 공급자의 등록상표를 촉진할 목적으로 특정 상품을 취급할 수 있도록 한 계약이다.

둘째, 사업형 프랜차이징은 프랜차이즈 본부가 제품/서비스, 등록상표, 운영방식, 지속적인 경영지도 등 사업에 필요한 모든 요소를 가맹점에게 제공하는 유형의 프랜차이징이다. 이러한 사업형 프랜차이징은 특히 레스토랑, 패스트푸드, 서비스산업부문에서 활발히 운영되고 있다.

한편, 독립적으로 운영되던 점포를 프랜차이즈 시스템에 끌어들여 형성된 프랜차이징 형태를 전환형 프랜차이징(conversion franchising)이라고도 한다.

3 프랜차이징 시스템의 갈등요인

프랜차이즈 시스템이 지니는 협력과 통제라는 특징은 유통경로에 불법적인 형태로 발전되거나 오용될 가능성이 있다.

첫째, 현실성 없는 고수익을 보장한다거나 터무니 없는 낮은 운영비를 제안하는 등 프랜차이저에게 유리한 계약상의 문제점으로 인해 프랜차이지 운영지침 등의 형태로 소위 불경쟁 협정 등에 근거하여 프랜차이지의 독자성을 제한할 수도 있다. 그러한 과정에서 프랜차이지의 잠재수익력의 과대표시로 인한 투자의 오도, 가입비 등의 명목으로 나타나는 불법적인 운영형태 등이 프랜차이즈 시스템의 문제점으로 지적된다.

둘째, 상권 중복에 따른 갈등이다. 프랜차이즈 본부가 동일한 상권지역 내에 가맹점을 너무 초과 개설하여 가맹점의 이익보장을 등한시 함으로써 프랜차이저-프랜차이지간 갈등이 발생할 소지가 높다.

셋째, 가맹점이 점포운영에서의 자율권 보장을 프랜차이즈 본부에 요구하면서 본부와의 역할에 대한 인식의 견해차이로 인한 갈등이다.

이러한 프랜차이즈 시스템의 문제들에도 불구하고 프랜차이징은 향후 지속적으로 성장할 것으로 예상된다. 특히 외식산업에서의 프랜차이즈 시스템의 규모나 총매출액은 타산업에 비해 단연 앞서고 있고 현재의 추세대로라면 서비스부분의 프랜차이즈 시스템 도입은 앞으로 더욱 증가 될 것으로 예상된다.

4 국내 프랜차이징 산업 현황

지식경제부의 '2011년 유통산업 실태조사 보고서'에 의하면, 국내 프랜차이즈 시장 규모(2011)는 약78조 원이며, 업종별로 보면 외식업이 67% 비중으로 프랜차이즈 업종의 대부분을 차지하는 것으로 나타났다. 국내 프랜차이즈 가맹본부의 수는 2011년 3천개에 육박하고 있고, 점포수는 31만 개 지난 10년 사이에 3배 정도 증가한 것으로 나타났다.

향후 퇴직자가 늘어나고 자영업에 대한 수요가 증가하면서 프랜차이즈에 대한 수요는 커질 것으로 전망되며, 기존의 독립 소상공인들도 조직화를 통한 경쟁력 증대를 위해 프랜차이즈화하는 경향을 보일 것으로 예측된다. 그러나 프랜차이즈업계가 더욱 발전하기 위해서는 가맹본부와 가맹점의 관계에 있어서 공정하고 신뢰를 높이는 것이 가장 큰 과제로 나타나고 있다. 앞으로 이러한 과제에 대해 가맹본부들이 인식을 함께하고 발전적인 모습을 보일 때, 프랜차이즈는 제2의 도약을 할 것으로 보인다.

MINI CASE 3-17 프랜차이즈 시장규모 78조원, 10년 새 2배 급성장

대부분 외식업 관련 사업

프랜차이즈 직영점과 가맹점이 '점령'한 곳은 비단 서울대 앞 녹두거리만은 아니다. 도심 번화가와 대학가는 물론 동네 골목까지 프랜차이즈 매장이 속속 들어서고 있다.

최초의 프랜차이즈 사업은 신세계백화점 본점에 문을 연 '림스치킨'에서 시작된 것으로 알려져 있다. 하지만 실질적인 프랜차이즈의 효시는 1979년 서울 소공동 롯데백화점에 들어선 '롯데리아'로 보는 견해가 많다. 롯데리아는 당시 고객이 직접 음식을 받아가는 '셀프 서비스'를 도입하며 화제를 모았다. 이후 1980~1990년대에 '버거킹'과 '피자헛' 등 해외 유명 패스트푸드 브랜드와 국내외 빵집, 커피 전문점이 생겨나며 프랜차이즈 산업이 본격적으로 성장했다.

특히 2000년대 들어서면서부터 프랜차이즈 산업이 급성장했다. 지식경제부의 '2011년 유통산업 실태조사 보고서'를 보면 2002년 42조원이던 프랜차이즈 시장 규모는 2011년 78조원으로 10년 만에 2배가량 커졌다. 가맹본부에 가맹비를 내고 만든 점포 수도 같은 기간 12만개에서 31만개로 3배가량 늘어났다.

프랜차이즈 국내 가맹 사업 규모 자료:지식경제부

업종은 외식업 관련 사업이 대부분이다. 전체 프랜차이즈에서 먹거리 관련 가맹본부 비중은 2002년 42.5%에서 2011년 67.1%로 증가했다.

가맹본부뿐만 아니라 가맹점포도 같은 기간 5만 개에서 20만 개로 4배나 늘었다. 프랜차이즈 업체 종사자는 지난해 기준 132만 명이다.

가맹점주들은 본부와 첫 계약 시 평균 2.3년을 약속 사업기간으로 잡고 평균 2년마다 재계약을 하는 것으로 나타났다. 비용은 가맹점을 처음 차릴 때는 5000만~1억 원가량이 들어가는 경우가 많았다. 5000만 원 이상이 55.5%로 절반을 넘었고 1억 원을 넘게 쓴 점주도 27.7%에 달했다. 또 27%는 사업을 하는 동안 일정 금액을 본부에 지급하고 있었다.

자료: 경향신문, 2012.7.24.

KEY WORDS

점포 소매업, 무점포 소매업, 대형마트, 하이퍼마켓, 슈퍼센터, 할인점, 창고형 할인매장, 백화점, 대형 전문점, 아울렛 몰, 편의점, 드럭스토어, 항공 소매업, TV 홈쇼핑, 인터넷 쇼핑몰, 카탈로그 소매, 방문판매, 프랜차이즈

DISCUSSIONS

1. 앞으로 3년간 고성장할 소매 업태를 선택해 보세요.
   유점포 소매업과 무점포 소매업에서 각각 하나씩 선택하고 그 근거를 이야기해 보세요.
2. 경기 침체기에 성장할 수 있는 소매업태는 무엇인지, 왜 그런지에 대해 토의해 보세요.

REFERENCE

1. 대한상공회의소 (2011), 2011년 유통산업통계.
2. 류세종 (2010), 유통의 맥: 소매 시장과 소매 트렌드, 새로운 제안.
3. 박종현 (2004), 장사를 잘 하려면 이마트를 배워라, 무한.
4. 서용구 (2006), 시장에서 승리하는 마케팅의 기술, 시대의 창.
5. The National Retail Federation (http://www.nrf.com)
6. Berry Berman and Joel R. Evans(2010), *Retail Management* (11th ed.).
7. Patrick M. Dunne and R obert F. Lusch (2008), *Retailing*, Thomson South Western.
8. Karsten Hansen and Vishal Singh (2009), Market Structure Across Retail Formats, Marketing Science, Vol. 28 (4), pp.656-673.
9. Jaideep Malhotra (2007), Retail Matrix: A Strategic Tool for Performance Analysis of Retail Formats, Vol.19 (4), pp.365-374.

4장

RETAIL MANAGEMENT

소매업 혁신과 발전이론

가 소매업 발전이론

1 소매업 수레바퀴 이론

소매업이 변화를 설명을 위해서 제일 먼저 발표되고 가장 널리 알려진 이론은 McNair 교수의 회전하는 소매바퀴(Revolving Wheel of Retailing)이론이다. McNair 교수가 1957년 발표한 이 이론에서는 소매업의 몇 분야에서 바퀴처럼 쉬지 않고 순환하는 구조를 지닌 일련의 사이클이 존재한다고 하였다. 이는 미국이 소매 산업을 설명하기 위해 시작된 이론인 만큼, 미국의 소매업이 크건 작건 간에 뚜렷한 사이클 즉, 소매 기관은 '다소 제한된 원' 안에서 변화하며, 그 원이라는 것은 매우 새롭고 혁신적인 개념으로 시작하여, 나중에는 쇠퇴하게 되는데, 이 기존 혁신 소매업이 쇠퇴일로를 걷게 될 때, 또 그 혁신의 자리에는 다른 새로운 아이디어를 지닌 차세대 소매 업태가 등장한다는 것이다.

소매바퀴 이론은 진입 단계(entry phase), 성장 단계(trading up phase), 쇠퇴 단계(vulnerability phase)의 세 단계로 구성되어 있다. 우선 진입기에는 혁신적 형태의 소매 업태가 최저 가격과 최저 비용 운영이라는 특징을 가지고 새로운 경쟁자로서 시장에 진입하게 된다. 이 새로운 경쟁자는 기존에 자리잡고 있는 소매 업태들에 비하여 저가라는 이점을 소비자에게 제공하게 된다. 이러한 새로운 형태의 소매 업태가 고객들에게 수용되고 나면 본격적으로 성장기에 접어들게 된다. 성장기에서는 새로운 형태의 소매 업태가 가격 소구를 바탕으로 하여 성공적으로 시장 진입을 했기 때문에 경쟁자들과 모방자들이 출현하게 된다. 성장기에서는 또한 초기 혁신적 형태의 소매 업태가 더 높은 수준으로 자신의 소매업의 격을 높이고자 변화를 꾀하게 된다. 뿐만 아니라 높아진 운영비를 감당하기 위해 마진이 높은 상품이나 패션 상품 등을 구비하기 시

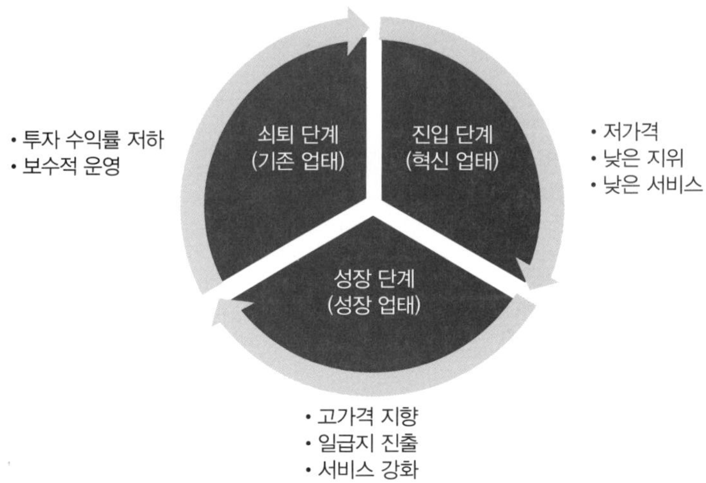

그림 4-1 소매기관 변화의 소매바퀴 이론
자료: Lewison, 1997

작하는 것이다. 성장 단계의 말기에 이르게 되면 저가격, 저지위와 같은 초기의 혁신적인 특징들은 사라지고 고가격, 고지위라는 특징을 가진 전통적인 형태의 소매 업태로 발전하게 된다. 성장기를 거쳐 쇠퇴기에 접어들게 되면 소매 업태들은 시장에서 안정적이고 보수적인 대형 소매 업태로 발전하게 되며, 투자 수익률 또한 현저히 낮아진다. 결국 초기에 혁신적 개념을 지녔던 소매 업태는 경쟁력이 취약한 소매 업태로 변화하여 저원가에 바탕을 둔 혁신적인 사고를 지닌 또 다른 새로운 형태의 소매 업태에게 주력 업태로서의 자리를 내주게 된다. 다른 소매업태의 새로운 출현은 하나의 소매 업태 형태의 주기가 끝났으며 새로운 소매 업태의 주기가 새로이 시작되었다는 것을 의미하게 된다.

선진국 시장의 사례를 보면, 과거 백화점이 소규모 전문점들을 대체하는 혁신적인 소매 업태로 등장하였다가 할인점이 등장하면서 기존의 백화점은 소매 바퀴에서 다소 취약한 단계로 접어들었음을 알 수 있다. 선진국에서 1960~70년대 고도 성장하였고 우리 나라에서는 1990년대 이후 급성장 중인 할인점도 이미 선진국 시장에서는 포화 상태에 접어들어 창고형 클럽이나 슈퍼센터, 카테고리 킬러 등에 의해 다시 취약한 상태로 접어들고 있는데, 이 모든 현상들은 소매 바퀴 이론으로 설명이 가능한 현상들이다.

마지막으로 McNair 교수가 제시한 이 이론은 두 가지 측면에서 비판을 받고 있다. 첫 번째는 혁신적인 소매업태의 등장과 성장이 소비자가 이를 얼만큼 수용하는가의 여부에 달려있는데, 소매바퀴 이론에서는 이 소비자 요인에 대해서는 언급이 없다. 따라서 신규 업태의 발전에 영향이 있는 소비자 특성이 간과 되었다는 점을 우린 생각해 볼 수 있다. 다음은 혁신 업태가 저가라는 이점을 가지고 진입단계를 거쳐 성장단계에서 점포 설비 및 진열이 세련되어지고 서비스가 강화 되며 보다 적극적인 판촉 활동으로 기존 업태를 위협하는 성장을 하는데 여기서 이러한 신규 업태의 성장에 대한 기존 업태의 반응이 전혀 고려되고 있지 않다. 예를 들어 편의점 업태의 경우 고가격이지만, 상품 구색과 입지 그리고 24시간 영업이라는 비가격적인 요소에 소구하고 있어 소매바퀴이론의 혁신업태로 설명이 불가하다.

하지만 이런 비판에도 불구하고 소매바퀴 이론은 소매업태의 발전을 설명하고자 한 최초의 연구로 미국의 소매업태 발전 과정을 이론적으로 설명하고자 접근한 점을 미루어 소매업의 발전 연구에 지대한 공헌을 하였다.

2 아코디언 이론

소매 업태 변화를 설명하는 두 번째 이론은 아코디언 이론으로 1966년 Hollander에 의해 명명되었다. 아코디언 이론이 초점을 두고 있는 부분은 가격이나 마진이 아니라 상품믹스의 변화이다. 즉 이 이론은 소매 업태들이 다양한 제품 계열을 취급하는 소매 업태로부터 전문적이고 한정된 제품 계열을 추구하는 소매 업태로 변모해 간다는 것을 기본 전제로 한다. 그리고 시간이 흐름에 따라 한정된 계열을 추구하는 전문점들은 다시 다양한 제품 계열을 추구하게 되고, 이러한 경향이 아코디언 모양처럼 반복되어 간다는 것이다. 이 이론은 슈퍼마켓과 하이퍼마켓의 등장을 부분적으로 설명해 주지만 상품믹스에만 초점을 맞추어 업태 변화를 설명한다는 것은 그 한계가 뚜렷하다고 평가할 수 있다. 아코디언 이론을 그림으로 나타내면 다음과 같다.

Hollander의 아코디언 이론은 미국의 근대 소매업태의 생성을 우선 1860년대 농기구부터 의류, 식품까지 취급한 잡화점(general store)을 시작으로 보고 있다. 이러한 잡화점의 성장 이후 다시 상품 믹스의 폭이 좁아지면 특정 품목을 취급하는 업태가 등장하는데, 이는 1980년에서 1890년대까지의 백화점에서 전문점(specialty stores)이 성장했고, 다시 1950년대에는 취급 상품의 폭이 넓어지는 슈퍼마켓의 등장, 그리고 오늘날은 다시 전문품을 소구하는 카테고리 킬러가 성장하고 있다고 아코디언 이론은 설명한다.

그러나 이런 아코디언 이론도 비판을 받고 있는데, 그 이유는 다양한 소비자층이 존재한다는 것이다. 상품 믹스의 변화에 의해 소매업태가 변화한다고 완벽하게 설명이 불가능한 이유

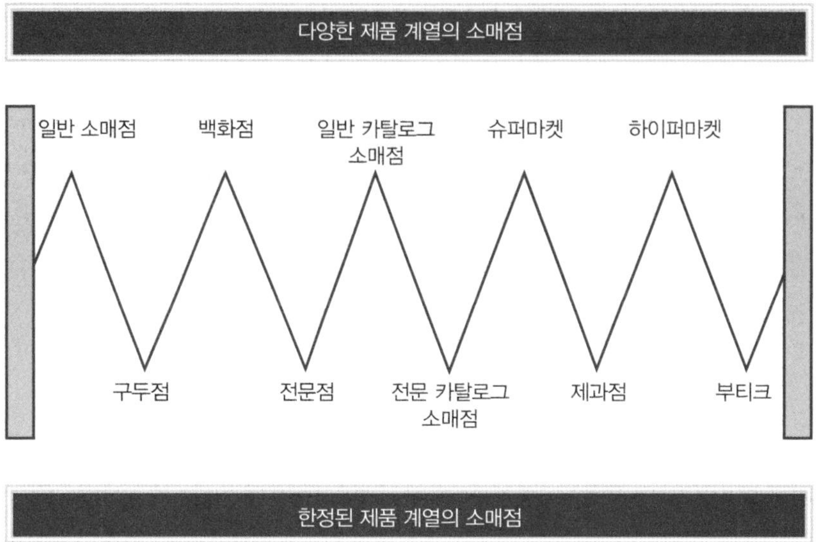

그림 4-2 소매 기관 변화의 아코디언 이론
자료: Lewison, 1997

는 소비자들이 한 쪽에서는 상품 믹스의 폭이 넓은 소매 업태를 찾는 원스톱 쇼핑을 원하는 그룹과 한 가지 품목을 다양하게 비교하고 구매하고자 특화된 전문점을 찾는 소비자 그룹이 동시에 존재한다는 점이다. 따라서 쇼핑의 편의 제공하는 백화점, 쇼핑센터와 함께 특정 품목만을 제공하는 전문점, 럭셔리 브랜드의 명품 부티크도 같이 성장하고 있는 것이다. 다시 말하자면, 아코디언 이론은 저관여 제품의 소매업태와 고관여 제품이 소매업태의 발전과정을 뚜렷하게 구분하여 설명하고 있지 않다. 소비자들은 저관여 상품에 대해서는 한 번에 많은 품목을 구매하고자 할인점을 방문하길 원하지만, 가전제품과 같은 고관여 상품을 구입하고자 할 때는 특정 상품이 전문화 된 카테고리 킬러 업태를 방문하여 상품 구색은 좁지만 깊이 있는 비교를 원하고 있다. 따라서 이 이론은 할인점과 카테고리 킬러 두 가지의 상반된 업태가 동시에 발전하고 있는 양상에 대해서는 설명이 미흡하다.

3 변증법적 이론

변증법적 이론은 두 개의 서로 다른 경쟁적인 소매 업태가 하나의 새로운 소매 업태로 합쳐지는 소매 업태 혁신의 합성 이론이라고도 할 수 있다. 변증법이란 이름은 소매 업태가 발전해

나가는 모습이 마치 변증법의 정-반-합의 원리와 비슷하다고 하여 붙여진 이름이다. 즉 정(thesis: 기존의 소매 업태)과 반(antithesis: 혁신적인 소매 업태)이 합쳐져 합(synthesis: 두 형태가 합쳐진 새로운 소매 업태)이 되게 된다. 새롭고 좋은 장점을 가진 새로운 경쟁자가 출현하는 경우, 기존의 소매 업태는 그 혁신적인 소매 업태를 완전히 모방하는 것이 아니라 그 전략이나 전술만을 받아들이고, 새로운 혁신 소매 업태로 변화를 거듭하게 된다. 아래 그림에서 확인할 수 있듯이 두 형태의 소매 업태가 서로의 장점을 받아들인 결과, 두 소매 업태가 제공하는 상품이나 부대 시설, 보완적인 서비스, 가격 등에서 매우 유사해지거나 구분이 모호한 새로운 소매 업태가 형성되게 된다. 곧 '합'의 단계에 이르게 된 것이다. 이러한 새로운 소매 업태는 또다시 혁신적인 상품 믹스를 가진 경쟁자를 접하게 되고, 또다시 계속하여 변증법의 단계를 거치게 된다.

1990년대 중반 미국에서 월마트(Wal-Mart)가 주도하여 슈퍼마켓과 할인점을 결합하여 개발한 '슈퍼센터(supercenter)'라는 신업태는 변증법적 이론에 의해 설명될 수 있다. 슈퍼마켓은 전통적으로 식품 부문에 강점을 가지고 있으며 할인점은 비식품 부문의 생활 용품에 저가격이라는 강점을 가지고 있다. 이러한 강점을 모두 갖춘 소매 업태가 슈퍼센터이다. 즉 슈퍼센터는 슈

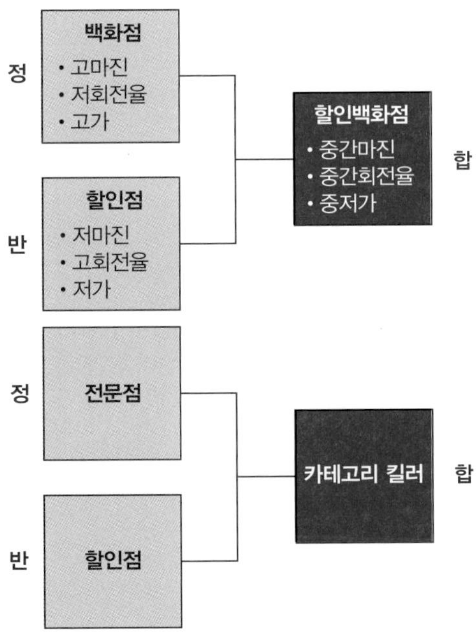

그림 4-3 변증법적 이론 모형

퍼마켓(정)과 할인점(반)의 복합 형태(합)로서 폭넓은 식품 부문의 제품 구색과 생필품 등 비식품 부문에서의 가격 할인을 특색으로 가진다. 요약하면 변증법적 발전 이론은 슈퍼센터가 슈퍼마켓과 할인점의 강력한 경쟁 상대로서 향후 소매업의 주력 업태로 등장하고 있는 사례를 통해 잘 설명될 수 있다. 또한 최근에 성장하고 있는 카테고리 킬러의 등장에 대해서도 위와 같이 변증법 이론을 적용하여 설명할 수 있다.

4 빅미들(Big Middle)

소매업 수레바퀴 이론은 저가격 혁신업태가 기존 시장에 진입하여 발전하다 새로운 저가격을 지향하는 혁신 소매업태에 의해서 밀려난다는 이론으로 혁신업태를 가격의 관점에서만 바라본 한계점을 지닌 이론이었다. 그러나 M. Levy et al.(2005)에 의해 제기된 "Big Middle" 이론에 따르면 신규소매업태는 저가격(low price)이거나 혁신적인(innovative) 특성이 있을 때 신규 시장 진입이 가능하다. 즉, 아래 그림 [4-4]에서 설명하고 있듯이, 새로운 소매점은 저가격의 장점을 살리거나 기존 시장에서 볼 수 없었던 혁신성을 지니고 빅미들(Big Middle)로 진입한다. 여기서 빅미들(big middle)이란, 대규모 소매업체들이 장기간 경쟁하고 있는 시장을 의미한다. 어떻게

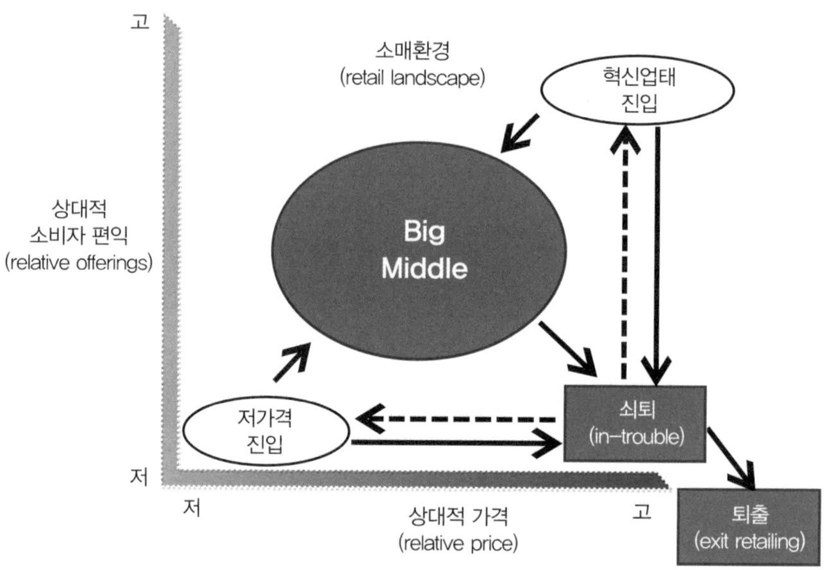

그림 4-4 Big Middle 소매 환경

대규모 소매업체들이 오랫동안 시장에 머무를 수 있는가 하면 빅미들(Big Middle)은 많은 수의 잠재적 고객들이 위치하고 시장이기 때문이다.

앞 그림 [4-4]와 같이 소매업체는 혁신자(innovative), 저가격 진입자(low-price), 빅미들(Big Middle) 그리고 쇠퇴(in-trouble)기 소매업 이렇게 4가지로 분류할 수 있다. 혁신자(innovative)란 프리미엄을 제공하는 품질 지향적인 시장에 그 전략을 맞춘 업체들이 존재하는 영역이고, 저가격 진입자는 지향 가격에 민감한 소비자를 위해 저가격을 소구하는 소매업, 빅미들(Big Middle)이란 잠재 고객이 충분한 시장에서 그들에게 맞는 편익을 제공하기 때문에 지속적으로 성장하고 있는 소매업체들이 존재한다. 마지막 더 이상 경쟁자들보다 높은 가치를 소비자들에게 제공할 수 없는 소매업체는 쇠퇴(in-trouble)하게 된다.

미국의 경우 1960년대와 1970년대 전통적인 백화점들이 빅미들(Big Middle)의 업태였다. 이들은 원스톱 쇼핑이라는 장점을 부각하여 어떤 경쟁자의 도전도 받지 않았다. 이 시기 혁신적 소매업태(innovative)에 속하는 시장은 Florsheim Shoes와 같은 전문점(specialty store)이었고, 이들은 당시 백화점과 달리 깊은 상품 구색을 갖추고 있었다. 1980년 대로 넘어서면서, 백화점이 더 이상 빅미들(Big Middle)에서 지배적인 업태가 될 수 없었다. 전문점과 할인점의 성장뿐만 아니라 교외 지역의 몰이 성장하였고, 이들이 빅미들(Big Middle)로 진입하게 된 것이다. 1980년대 빅미들에 월마트(Wal-Mart)와 타깃(Target)이 선두로 하여 들어섰다면, 1990년대에는 갭(The Gap), 홈디포(Home Depot)그리고 베스트바이(Best Buy)의 혁신적인 소매업태들이 진입하게 되었다. 따라서 현재 빅미들은 혁신적 업태, 저가격 지향 업태 그리고 전자상거래(e-commerce) 업태까지 존재하는 시장이 되었다.

나 유통 채널의 변화와 시사점

1 유통 채널의 진화과정

유통 채널 또는 유통경로란 상품과 서비스가 생산자에게서 소비자에게 전달되는 전 과정을 말한다. 전형적인 유통 채널 구조는 제조업체가 제품이나 서비스를 도매업체에 판매하고 도매 업체는 다시 그것을 소매 업체에게, 소매 업체는 최종 소비자에게 판매하는 형태를 띠고 있었다. 그러나 유통업의 국제화와 정보화가 진전되고 특히 인터넷 쇼핑을 포함한 무점포 판매가 일반화되면서 이 전형적인 구조가 급격히 무너지고 있다. 전통적 유통 채널의 붕괴는 제조업체, 도매업체, 소매업체, 소비자 간의 관계와 각 채널 주체의 역할에 새로운 변화를 가져오고 있다.

전통적 유통 채널 구조가 점진적으로 변화하는 과정은 아래의 여섯 단계로 나누어 살펴볼 수 있다.

첫 번째 단계는 전통시장 단계이다. 이 단계에서는 제조 업체와 소매업체 모두 소규모 형태이고 특정 시장 안에서 차지하고 있는 업체별 점유율도 매우 낮은 수준이다. 제조 업체가 도매 업체에게 제품을 팔고 제품을 구입한 도매 업체가 다시 소매 업체에게 판매를 하는 전통적 유통 채널의 구조에서는 제조 업체와 소매 업체를 효율적으로 연결시켜 주는 도매 업체의 역할이 매우 중요하다. 만약 도매 업체가 없다면 제조 업체와 소매 업체가 일일이 직접 거래를 해야 하는 상황이 발생하고, 이 경우 제조 업체가 생산한 제품이 시장에 제대로 전달되지 못할 수도 있기 때문이다. 이 단계에서는 제조업, 유통업의 규모가 양쪽 모두 너무 영세하기 때문에 유통산업의 국제화가 이루어질 가능성은 전혀 없다고 볼 수 있다.

두 번째 단계는 제조 업체 우위 단계이다. 높은 시장 점유율을 차지하는 제조 업체들이 생겨나면서 이들이 유통 채널 구조 내에서 지배권을 행사하게 되고, 이로 인해 제조 업체들이 제품의 가격 결정에 있어서 주도적인 역할을 하게 되는 시기이다. 소비재 시장의 경우를 보면 미국 등 선진국 시장에서는 1960년대 초까지, 우리 나라의 경우는 1980년대 후반까지 제조업 우위의 유통 채널을 가지고 있었다고 평가될 수 있다.

세 번째 단계는 소매 업체 성장 단계이다. 이 단계에서는 체인형 대형 소매 업체들이 생겨남에 따라 소매 업체들도 대규모화되어 가는 현상을 보인다. 대형화를 이룬 소매 업체들은 제조 업체들로부터 할인된 가격으로 대량의 제품을 구입할 수 있게 된다. 이는 결국 소비자들에게 저렴한 가격으로 제품을 제공할 수 있다는 이점을 마련해 주는 동시에 소매 업체들로 하여금 시장을 확장할 수 있는 계기를 만들어 주게 된다. 이러한 상황이 지속되면서 소매 업체들의 시장 점유율은 계속해서 증가하게 된다. 미국과 유럽의 경우 1960년대 초부터 급속히 성장한 할인점 업체들이 소매업체의 성장을 주도하면서 강력한 바잉파워를 가지게 되었고 제조 업체와의 유통 채널 가격 결정권 다툼이 본격적으로 시작되었다. 우리나라의 경우 1990년대 초부터 대기업들이 유통업에 신규 진출하고 다국적 유통업체의 국내 진출이 본격화되면서 소매업체들이 본격 성장하기 시작했다고 보인다.

네 번째 단계는 소매 업체 성장 단계와 동시에 또는 연이어 나타나는 현상으로 제조 업체의 국제화 단계이다. 소매 업체들의 규모가 점차 커지고 제품의 해외 수출이 늘어남에 따라, 제조 업체들은 공장을 해외로 이전시키는 등 국제적 규모의 운영을 펼치는 단계에 이르게 된다. 1970년대에 일본을 포함한 선진국 제조 업체들이 국내에서 벗어나 해외 공장을 활발히 만들던 시기를 생각하면 되겠다. 우리 나라의 경우 재벌 기업들이 동남아와 선진국에 해외 공장을 본격적으로 만들기 시작한 1980년대 후반부터의 시기를 말한다.

다섯 번째 단계는 제조업의 국제화가 진전됨에 따라 각 시장의 소매 업체들도 연합하여 제조 업계의 세력과 균형을 이루게 되면서 소매 업체가 대형화되는 단계를 거치게 된다. 미국의 경우 월마트의 급속한 성장이 계속되고 카테고리 킬러가 본격적으로 성장하는 1980년대 중반 이후를 떠올리면 된다. 우리나라의 경우 유통업의 성장 잠재력이 최대한 실현되는 2003년 이후 이 단계에 진입하였다고 볼 수 있다.

마지막 단계는 소매 업체의 국제화 단계이다. 이 단계에서는 소매 업체들이 시장 내에서 제조 업체들보다 더욱 지배적인 위치를 차지하게 된다. 이 단계의 유통 구조에서는 소매 업체들이 이미 국제화를 이룬 제조 업체 및 소규모 제조 업체들과 연합하게 되면서 소매 업체의 국제화가 급속히 진전된다. 세계 경제의 급속한 글로벌화의 진행과 우루과이협정의 결과, 개발 도상국의 소매 서비스 시장이 개방되면서 선진국 유통업체들이 동유럽, 동아시아 및 남미 국가로의 진출을 활발히 하면서 전 세계적으로 1990년대 중반 이후 소매업의 국제화 시기에 본격적으로 들어서게 되었다. 피진출국 입장에서 우리나라의 경우 소매 업태별, 제품별로 차이가 있으나 할인점과 편의점 시장은 소매업체 국제화 단계에 들어선 것으로 평가할 수 있다.

2 유통업체의 영향력과 역할 변화

위에서 살펴본 유통 채널의 진화 과정에서 알 수 있듯이 채널에서의 유통업체의 영향력은 갈수록 커지고 있다. 가장 눈에 띄는 예를 보면 무엇보다도 소비재 산업에서의 유통업체의 영향력 증대를 꼽을 수 있다.

우리나라의 경우 유통 시장이 전면 개방된 1996년 이전에는 제조업이 유통 채널을 장악하고 있었다고 해도 과언이 아니다. 제조업 지배의 유통 채널에서는 제조업체가 거대한 생산 규모를 바탕으로 상품 기획에서부터 포장, 제품 광고 등 생산에서 판매에 이르는 전 과정에 직접 관여하고 심지어는 소비자 구매 패턴 조사까지도 담당함으로써 소비자 수요파악이 가능한 유일한 채널 주체의 역할을 맡아 왔다. 이 상황에서 일부 백화점을 제외한 대부분의 유통업체들은 그 규모가 영세하여 큰 소리를 낼 수 있는 처지가 아니었다. 그러나 이 같은 소비재 산업의 유통 체제가 지금 근본적인 전환 국면에 들어서고 있다. 즉 생산업체가 맡아 왔던 상품 기획, 생산, 홍보, 판매 등 상당 부분의 기능과 역할이 유통업체의 손에 넘어 오게 되었으며 소비자들과의 일차적 접촉에서 오는 소비자 정보를 유통업체가 축적, 활용하기 시작하고 있기 때문이다. 더 나아가 각 유통업체가 자체 브랜드(Private Brand)를 개발, 시장 점유율을 높임으로써 소비자들이 이제까지 주로 사용해 왔던 생산 업체 브랜드(Producer Brand) 제품은 강력한 도전을 받는 상황이 연출되고 있다.

유통업체들이 이처럼 힘을 얻게 된 배경을 살펴보면 다음과 같다. 첫째, 유통 업계의 대형화와 집중화 현상이 유통업체 영향력 증가의 가장 중요한 요인임에 틀림이 없다. 이러한 대형화와 집중화 현상에 효과적으로 대처하기 위해서 유통업체 내부에서는 자연스럽게 중앙 집권화된 의사 결정과정을 개발하게 된다. 즉 이전에는 각 점포의 점장들이 일일이 자신들의 매장에 맞는 마케팅 전략을 수립하곤 했지만 이제는 이 같은 방식으로는 더 이상 경쟁력을 갖추기 힘든 상황이 되었다고 판단하여 대부분의 대형 유통업체들은 본부에서 정책을 결정하여 각 지점에 일괄적으로 통보함으로써 결정 이행 과정이 보다 신속하고 효율적으로 이루어질 수 있도록 도움을 주고 있다.

둘째, 소비자 행동이 대형 유통업체에 유리한 방향으로 변하고 있다. 충동 구매 대신 계획 구매를 하는 소비자들이 늘어가는 가운데 이들은 자신들이 작성한 구매 리스트에 올라 있는 품목을 모두 구비하고 있는 대형 매장을 찾아 원스톱 쇼핑(One Stop Shopping)을 추구하는 경향을 강하게 보이고 있다. 이러한 추세에 따라 지가가 저렴하고 대형 부지 확보가 가능한 교외 지역에 대형 매장이 속속 세워지고 있는데 소비자들의 변화된 구매 패턴에 부합하는 이러한 매장의 증가는 소비자들에게 "어느 점포, 어떤 매장을 이용할 것인가?"의 문제가 중요한 선택으로 등장하고 있음을 보여주고 있다.

셋째, 정보 기술의 발달도 유통업체의 영향력 증대에 한몫을 하고 있다. 정보 처리 기술의 발달은 또한 유통업체들의 정보 수집 능력도 키워 주어 이제 유통업체들은 자신들이 지닌 막강한 소비자 데이터를 기반으로 공급업체 및 소비자들과의 관계를 구축해 나감으로써 제조업체에 비해 유리한 고지를 점할 수 있게 되었다. 한 걸음 더 나아가 각 유통업체들이 PB개발에 열을 올리며 더욱 우수한 품질의 PB제품을 만들어 내게 되자 이류 생산자 브랜드뿐 아니라 확고한 아성을 구축해 놓고 있던 일류 브랜드 제품마저도 전열을 재정비할 필요를 느끼고 있을 정도가 되었다.

마지막으로 이렇게 유통업체의 영향력 증가가 진전됨에 따라 유통 채널에 참여하는 주체들, 즉 제조 업체, 도매 업체, 소매 업체의 역할 변화를 정리해 보자. 전통적인 유통 구조상에서 제조 · 도매 · 소매 업체는 각각 다음과 같은 자신들만의 고유한 기능을 수행했다. 제조 업체는 제품 생산 및 제품의 브랜드 제작을 담당했으며 제품의 홍보와 가격 결정 및 도매 업체를 대상으로 한 판매를 맡았다. 그리고 도매 업체는 제조 업체로부터 제품을 구입하고 제조업체로부터 멀리 떨어진 지역에 제품을 수송하며 소매 업체에 제품을 판매하는 역할을 담당했다. 소매 업체는 도매 업체로부터 제품을 구입하고 제품의 보관, 전시, 홍보, 소비자들을 대상으로 한 판매 등을 담당하였다. 그러나 유통 채널의 전통적 구조가 무너지면서 모든 기능을 한 곳에서 수행하는 기업들이 등장했다. 대표적인 예로 소매 업체의 경우 제품 개발 및 브랜드 제작 등 과거에는 하지 않았던 업무에도 관여하여 자사 제품에 대한 소비자들의 호감도를 높이고 PB 매출로 인한 이익을 높이는 등 경쟁력 우위를 차지하기 위해 과거 제조 업체의 고유 영역까지도 수행하는 상황으로 발달하기 시작하였다.

3 유통업체 브랜드(PB)의 이해

(1) PB의 성장

유통업체 브랜드는 도 · 소매업의 유통업체가 제조업자에게 하청을 주며 유통업자의 브랜드를 부착하는 방식의 상품이다. 유통업체의 영향력이 커지면서 점차 PB의 비중이 증가하고 있으며, 또한 PB의 성장이 소매업체의 힘을 키워주고 있는 셈이다. 또한 유통업체들은 업체간의 경쟁이 격화되면서도 PB를 통해서 그 해답을 찾으려는 노력 또한 증가하고 있다.

2005년 AC 닐슨 조사에 따르면 세계 소비자들의 2/3이상이 유통업체 브랜드에 대해서 비용 대비 "좋은 대안"이 된다고 응답하였다. 조사는 38개국에서 이루어졌는데, 조사 결과 2/3이상의 국가에서 PB는 급속하게 성장하고 있었는데, 특히나 유럽에서의 PB의 시장 점유율이 지배적이었음을 알 수 있다.

과거 유통업체의 PB는 저가격 위주의 자체 상품 값싼 가격으로 소비자에게 접근하였지만, 점점 진화하는 PB는 적정가격을 유지하면서 고품질을 지향하고 소비자에게 소구하고 있다. 미국의 경우 가전제품 카테고리 킬러인 베스트 바이와 슈퍼마켓 체인인 트레이더 조가 성공적으로 PB를 안착시킨 유통업체이다. 베스트 바이는 처음에 Dynex라는 자체 브랜드를 도입해 일부 전자제품을 값싸게 출시하였고 반응이 좋자 TV, 모니터, 홈시어터 등으로 제품영역을 넓혔다. 또한 나름대로의 PB 출시 전략 또한 세워놓았는데, 그 기준은 다음과 같다.

① 매출에 비해 이익이 덜 나고 있는 경우
② 기술 혁신이 미진한 경우
③ 기존의 브랜드 파워가 약한 경우

이런 원칙에 따라 베스트 바이는 인시그니아(Insignia)라는 PB로 중저가 노트북, TV, 모니터 등을 내놓았고, 베스트 바이의 전략은 성공적이어서 자체상품의 판매비중이 5배로 급성장 했을 뿐만 아니라, 연평균 10%의 성장을 이루고 있다.

그리고 유통업체 상표가 이와 같은 가전제품이라는 카테고리에서만 성공적인 것은 아니다. 미국내에서 평방미터 당 판매액이 홀푸드마켓을 넘어선 슈퍼마켓 체인이 있다. 그것은 트레이더 조(Trader Joe's)인데, 미국 내 350개 이상의 매장을 보유하고 있으며 80% 이상이 자체 상품을 보유하고 있다. 표 [4-1] ACNielson의 조사에서도 알 수 있듯이 미국 내 PB의 비중이 16%인데 비하면, 트레이더 조의 매장내 자체상품이 80%라는 것은 매우 높은 것이다. 자체 상품의 품질을 유지하기 위하여 트레이더 조는 우수 상품을 납품하는 업체에게는 파격적인 거래조건을 제시하였고, 기존 관행으로 여겨지던 광고비와 매장 관리비의 부담도 지우지 않았다. 트레이더 조는 거의 모든 제품을 PB로 갖추고 판촉비용의 최소화, 매장 내 시설 투자비용을 줄여나가며 상품의 질을 높이고 가격은 낮추는 슈퍼체인으로 성장하였다.

국내 시장의 경우에도 PB의 성장은 가속화되고 있다. 국내 대형마트 3사를 중심으로 성장했다. 이마트가 1996년 선보인 '이플러스 우유'가 국내 첫 PB상품으로 대형마트의 성장과 함께 PB시장도 꾸준히 성장하고 있다. 또 한편 소비자도 PB에 대해 "저품질의 저가격 제품"이라는 인식에서 "합리적 가격의 적정한 제품"이하는 인식으로 변화되며 PB의 성장을 촉진시키고 있다. 국내 대형마트 1위인 이마트의 경우에는 2011년 "이마트 드림뷰"라는 반값 TV를 선보이며, 국내의 PB 시장이 얼마만큼 진화되고 있는가를 보여준 사례가 되었다. 현재 이마트의 PB 상품의 경우는 25%로 매출액 또한 3조 5000억 원을 넘어섰는데, 이는 1996년 200억 원에 불과하던 것이 거의 170여 배가 증가한 것이며, 품목 수 또한 1만 8000여 개에 달한다. 홈플러스의 경우에도 PB의 매출이 최근 27%까지 증가하였고, 롯데마트도 22.5% 증가하며 대형마트의 PB 성장은 꾸준하게 증가하고 있다.

기존에는 국내 PB 시장을 대형마트에서 성장시켜왔다면, 이제는 PB 시장이 편의점 업계와 TV 홈쇼핑 업계로도 널리 퍼져나가고 있다. 국내 최초의 편의점 세븐일레븐는 아이스크림에서 자사 제품이 판매 1위를 기록했을 뿐만 아니라, 국내 편의점 시장을 주도하고 있는 보광훼

표 4-1 PB의 시장 점유율

	국가	지역	PB 점유율		국가	지역	PB 점유율
1	스위스	유럽	45%	20	노르웨이	유럽	8%
2	독일	유럽	30%	21	아일랜드	유럽	7%
3	영국	유럽	28%	22	체코공화국	Emerging Market	7%
4	스페인	유럽	26%	23	홍콩	Asia Pacific	4%
5	벨기에	유럽	25%	24	브라질	라틴 아메리카	4%
6	프랑스	유럽	24%	25	그리스	유럽	4%
7	네덜란드	유럽	22%	26	남아프리카	Emerging Market	4%
8	캐나다	북미	18%	27	푸에토리코	라틴 아메리카	4%
9	덴마크	유럽	17%	28	일본	Asia Pacific	4%
10	미국	북미	16%	29	이스라엘	유럽	3%
11	스웨덴	유럽	14%	30	싱가포르	Asia Pacific	3%
12	오스트리아	유럽	14%	31	칠레	라틴 아메리카	3%
13	뉴질랜드	Asia Pacific	12%	32	아르헨티나	라틴 아메리카	3%
14	이탈리아	유럽	11%	33	콜럼비아	라틴 아메리카	2%
15	포르투갈	유럽	11%	34	크로아티아	Emerging Market	2%
16	헝가리	Emerging Market	10%	35	태국	Asia Pacific	1%
17	슬로바키아	Emerging Market	10%	36	멕시코	라틴 아메리카	1%
18	핀란드	유럽	10%	37	대한민국	Asia Pacific	1%
19	호주	Asia Pacific	9%	38	필리핀	Asia Pacific	<0.5%

자료: "The Power of Private Labels 2005," ACNielsen Global Service, September 2005: 9.

미리마트나 GS 25도 기존 제조업자 브랜드 제품보다 20~30% 저렴한 자사의 PB 제품을 선보이며 PB 시장을 키워나가고 있다. 기존 삼각김밥에 불과하던 PB 제품이 최근에는 생활용품으로까지 확대되고 있는 셈이다.

MINI CASE 4-1 이마트 TV 이틀만에 5천대 완판

'시장분석 + 가격 + 출시시기' 3박자 통했다
삼성 · LG등 전자회사가 놓친…'사소한 80%' 고객 니즈 적중

딱 이틀만이었다. 5000대의 '이마트 드림뷰' TV, 이른바 '반값TV'가 '완판'되는 데 걸린 시간이다. 유통업계 관계자, 전자업계 종사자, 경영학자와 컨설턴트 심지어 '드림뷰' 돌풍의 주역인 이마트조차도 깜짝 놀랄 정도로 높은 인기였다. 1월로 예정돼 있던 2차 판매계획을 12월께로 앞당기기 위해 이마트와 대만 업체가 씨름하는 사이, 예약주문이 3500대를 넘어섰다. 그뿐만이 아니다. TV 수요가 자극되고 저가 수요가 키워진 탓에 이마트에서의 삼성과 LG의 32인치 LED TV 역시 전년 동기 대비 판매량이 502.6% 증가했다.

'드림뷰'는 대형할인점인 이마트가 지난달 27일 출시한 자체 브랜드(PB 혹은 PL) TV로 비슷한 사양의 삼성이나 LG TV보다 최대 40%까지 싸게 팔고 있는 제품이다. 대만에 있는 세계 최대 LCD 주문자상표부착생산(OEM) 회사인 TPV에 생산을 의뢰하고 '이마트' 브랜드를 달아 판매한 뒤 국내 컴퓨터업체인 삼보의 AS망을 이용하는 방식을 취하고 있다.

TV 같은 전자제품은 최소 1년 이상 불량이나 고장발생 추이, AS 만족도 등을 평가해야만 성공이냐 실패냐를 가를 수 있기 때문에 지금의 판매돌풍만으로 '성공'이라고 단언할 수는 없는 상황이다. 하지만 많은 경영학자와 컨설턴트 등 전문가들은 '이마트 TV 돌풍'이 업계 전반에 미칠 영향과 의미를 놓고 다양한 해석과 전망을 내놓고 있다. 다수의 전문가들은 "아직 성패를 논할 단계까지는 아니지만, 분명 그동안 모든 등급에서 삼성과 LG가 과점해 온 TV시장에 파장이 예상된다"고 말했다.

순조로운 출발:기획력의 승리

이마트 TV는 대형 유통업체의 자체브랜드(PL) 상품이 '저관여' 제품에서 '고관여' 제품으로 넘어간 첫 사례로 꼽힌다. 고관여 상품(high involvement production)이란 소비자가 구매과정에 많은 시간과 노력을 투입하며 깊게 관여하는 상품이다. 상대적으로 고가이고 잘못 구매하면 손해가 크기 때문에 구매결정과정과 정보처리과정이 복잡하다. TV · 대형냉장고 · 자동차 등이 대표적인 고관여 상품이다. 반면 저관여 상품(low involvement production)은 깊게 생각하지 않고 간단하며 신속하게 구매결정을 하는 상품으로 값이 싸고 구매중요도가 낮다. 상표 사이의 차이도 별로 없고 잘못 구매해도 버리면 그만인 상품이다.

김경훈 베인앤드컴퍼니 이사는 "신뢰도 있는 제조업체와 계약하고, 삼보라는 신뢰도 있는 기업과

이마트의 LCD · LED TV 크기별 판매량 비중

(단위=%)

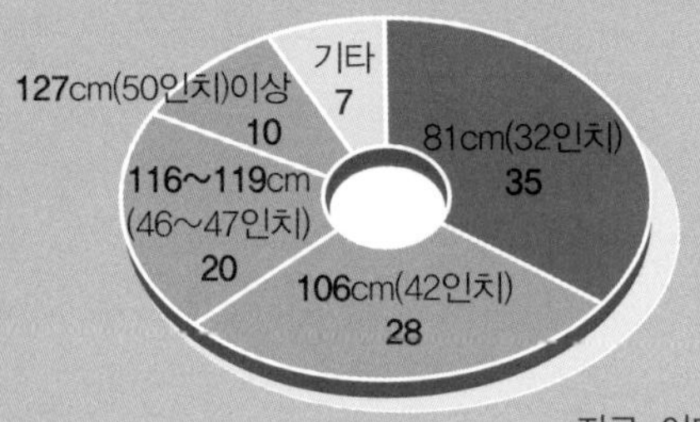

자료=이마트

AS 협약을 체결해 모든 것이 잘 준비된 기획으로 보인다"고 설명했다. 김 이사는 또 "이마트는 소비자와의 접점이 넓은 장점을 활용해 분명 그간 매장에서의 TV수요를 분석해왔을 것"이라며 "고객들의 핵심구매요소를 잘 파악해 그간 삼성이나 LG가 집중해오지 않았던 '32인치 TV'라는 1~2인 가구에 필요한 등급을 잘 파악했다"고 말했다.

소비자의 니즈를 분석하고 필요한 상품에 신뢰성을 확보해 적절한 시기에 출시한 마케팅 기획력이 지금의 열풍을 만들어냈다는 얘기다.

하드웨어에서도 시작된 '롱테일 법칙'?

이마트 TV 돌풍은 경영학적인 측면에서 고가의 복잡한 기능을 지닌 TV가 필요하지 않은, 1~2인 가구를 정확하게 노린 틈새전략이 성공한 것으로 볼 수 있다. 기존의 대형 전자업체가 생각하지 못했거나 중요시하지 않았던 수요계층(segement)을 제대로 파악하고 공략했다는 얘기다. 일부 전문가들은 산업 전체 측면에서 그동안 디지털 콘텐츠나 소프트웨어 분야에 한정돼 있던 '롱테일 법칙'이 드디어 하드웨어에서도 시작된 것일 수 있다는 분석도 내놓고 있다.

롱테일법칙은 80%의 '사소한 다수'가 20%의 '핵심 소수'보다 뛰어난 가치를 창출한다는 것으로, 20%의 상품이 총매출의 80%를 창출하고, 20%의 충성스러운 고객들이 총매출의 80%를 차지한다는 파레토 법칙과 반대되는 이론이다. 김재욱 고려대 경영대 교수는 "한국에서는 마이너에 속하는 컴퓨터 회사, 대만의 OEM 업체, 유통업체가 손을 잡고 상위 20%는 절대 신경도 쓰지 않을 상품이지만 분명 수요가 있는 소비자군을 잘 치고 들어갔다"고 설명했다.

이미 대다수 전자제품과 백색가전이 구비돼 있는 가정이나 간단하게 필요한 것만 구비하고 사는 1인 가구 등에는 고가 프리미엄 제품군보다는 저렴하고 단순한 제품이 매력적으로 다가갈 수 있었다는 분석이다.

유통 vs 제조 전쟁의 서막 혹은 공진화의 시작

이마트 TV의 상징성을 두고도 다양한 분석이 나오고 있다. 우선 '유통공룡'의 제조업 잠식이 첨단 전자제품군으로 확산되는 과정으로 보고, 유통업체와 제조업체간 치열한 경쟁이 전자업계에서도 시작됐다는 해석이 나온다. 김재욱 고려대 교수는 "다수 업계에서 확실한 권력을 갖고 있는 대형유통업체도 아직 삼성이나 LG 등 대형 전자제조업체에만큼은 큰 힘을 쓰지 못하고 있었다"며 "이마트 TV는 향후 전자업계 권력판도에서도 동등한 위치 내지 우월한 위치에 서겠다는 유통업체의 의지를 보여주는 것"이라고 말했다. 김 교수는 "이런 배경하에서 애초에 이마트 TV가 기획됐을 가능성도 있다"고 덧붙였다.

하지만 이마트가 의도했든 의도하지 않았든, 이마트 TV 출시가 전자업계의 '공진화'(co-evolution)를 만들어낼 것이라는 전망도 나온다. 안준모 건국대 경영대 교수는 "이마트 TV 출시는 한국의 유통업체가 새로운 비즈니스 모델을 만들어내고 있는 혁신으로 봐야 한다"고 분석했다. 그는 "고객의 라이프 스타일과 니즈 파악에는 모든 물건을 파는 대형할인점을 가진 유통업체가 강할 수밖에 없다"며 "유통업체가 발굴해내거나 찾아낸 새로운 시장이나 방식이 기존 전자업체나 하이마트 등 판매업체에 자극을 줘 전체 업계가 함께 진화할 것으로 본다"고 전망했다. 김경훈 이사는 "의류 PL이 대세가 되면서 기존의 상위브랜드를 오히려 더 위로 밀어 올렸듯이 중저가 TV나 가전에 PL이 밀고 들어오면 삼성이나 LG 등 기존의 프리미엄 브랜드가 더욱 고급화되면서 위로 올라가고 함께 생태계가 진화하는 이른바 '공진화' 현상이 벌어질 것으로 본다"고 말했다.

이마트 TV의 성패 자체가 아직 판가름난 것이 아닌 만큼 실제 업계에 어떤 변화가 일어날 것인지는 신중하게 지켜봐야 할 것으로 보인다. 김재욱 교수는 "삼성이나 LG가 과연 이마트 TV가 침투해서 들어온 시장을 내줄지 의문"이라며 "오히려 모든 등급의 시장에서 '프리미엄'으로 자리잡기 위해 약간씩 성능과 가격만 차별화하는 전략으로 나갈 가능성도 크다"고 설명했다.

자료: 매일경제, 2011.11.4.

KEY WORDS

소매 바퀴 이론(Wheel of Retailing), 아코디언 이론(Retail Accordion), 변증법적 이론(Dialectic Theory), 빅미들(Big Middle), 유통업체 브랜드(Private Brand)

DISCUSSIONS

1. 대형마트와 인터넷 쇼핑몰의 성장과 모바일 커머스의 시장 진입에 대해 소매업 발전이론을 적용하여 설명하세요.
2. 유통업의 성장이 곧 제조업의 약화인지 토의하세요.

Reference

1. Barry Berman and Joel R. Evans(2010), *Retail Management*, 11th ed., Prentice Hall.
2. Eric Arnould(2005), "Animating the Big Middle," *Journal of Marketing*, 81(Feburuary), pp.89–96.
3. Michael Levy, Dhruv Grewal, Rovert A. Peterson and Bob Connolly(2005), "The Concept of the Big Middle," *Journal of Retailing*, Vol. 81(Feburuary), pp.83–88.
4. Patrick M. Dunne and Robert F. Lusch(2008), *Retailing*, 6th ed., Thomson South–Western.
5. Stanley C. Hollander(1960), "The Wheel of Retailing," *Journal of Marketing*, Vol. 21(July), pp.37–42.
6. "저가 상품 대신 고품질로 승부 PB 2.0시대 열린다," 조선일보 2011. 12. 6.
7. "[국내 PL시장은] 대형마트 이어 편의점 · 홈쇼핑도 PL상품 크게 늘어" 조선일보 2011.11.16.

2부

소매환경

RETAIL MANAGEMENT

5장

RETAIL MANAGEMENT

소비자와 쇼핑환경의 변화

가 21세기 소비자

1 인구통계적 변화

(1) 인구 고령화

인구의 연령구조 변화로 인해 인구지진(agequake)이라는 용어가 생겨났다. 인구지진이란, 인구 즉 인구의 연령 구조가 변하여 이로 인해 전 세계가 요동치는 현상을 가리키는 것으로, 전 세계가 고령화 사회로 변화되어 가는 충격을 표현한 것이다. 현재 우리나라는 전 세계에서 가장 빠른 속도로 고령화되고 있다. 따라서 고령화 추세가 유통 환경에 어떠한 영향을 미칠 것인지는 간과 할 수 없는 문제가 되었다. 현재 우리나라 인구성장은 정체를 맞고 있다. 통계청 발표에 의하면, 2010년 인구성장률은 0.26%이며 2020년이 지나면 인구의 감소가 나타나기 시작할 것으로 예측되고 있어 인구성장의 정체와 함께 고령화가 급속히 진행되고 있음을 알 수 있다. 2010년 우리나라 65세 이상의 노년인구의 비중은 11%이고, 향후 매년 증가하여 2020년 15.6%, 2030년에는 무려 24.3%로 증가하는 것으로 예측되고 있다. 노년인구의 비중에 대한 유년인구의 비중으로 나타내는 고령화 지수를 보면 2010년에 67.7%이다. 그러나 고령화 지수는 2020년 125.9%, 2030년 213.8%, 2040년에는 314.8%로 급속히 증가할 것으로 예측된다. 고령화 지수 예측에 따르면 2016년이 지나면 고령화지수가 100%가 넘는데, 고령화 지수 100%는 유년인구와 노년인구가 같다는 것으로 본격적인 고령화 시대를 나타내는 분수령이라 할 수 있다.

인구성장의 정체 및 고령화는 소비에 있어서 큰 변화를 초래한다. 표 [5-2]에서 알 수 있듯이 현재 전세계적으로 나타나고 있는 인구성장의 정체는 상품시장의 양적인 포화와 공급과잉

표 5-1 인구성장률과 인구의 고령화 추세

	2010년	2020년	2030년	2040년	2050년
총인구(명)	48,874,539	49,325,689	48,634,571	46,343,017	42,342,769
인구성장률(%)	0.26	−0.02	−0.25	−0.67	−1.07
65세 이상(%)	11.0	15.6	24.3	32.5	38.2
고령화지수*(100명당)	67.7	125.9	213.8	314.8	429.3

*고령화지수란? 유년인구(0~14세) 비율에 대한 노년인구(65세 이상) 비율을 말함.
= (노년인구 비율/유년인구 비율) × 100

자료: 통계청

을 초래하게 될 것이다. 이제 시장은 양적 성장이 아닌 질적 성장을 필요로 하며, 급속한 인구의 고령화는 새로운 시장을 예고하고 있다. 노인인구의 증가와 함께 구매력을 동반한 노인인구의 증가는 건강과 편의성을 추구하는 새로운 수요를 만들어 내고 있다. 2012년 1월 보건복지부와 한국보건산업진흥원이 발표한 '고령친화산업 실태조사 및 산업분석'에 따르면, 2020년 시니어산업이 125조 원까지 성장할 것으로 보았다. 이는 2010년 기준 4배 이상의 급성장을 보이는 것으로 1955년에서 1963년에 출생한 베이비부머 세대가 노인 인구로 진입 되면서 이 산업은 더욱 성장할 것으로 보인다. 보고서에 따르면 시니어 산업 중에서도 금융, 화장품, 의약품 산업의 성장이 두드러질 것으로 보았다.

표 5-2 인구성장률 국제비교

(단위: %)

구분	2000년	2005년	2010년	2015년	2020년	2025년	2030년
한국	0.84	0.21	0.26	0.10	−0.02	−0.12	−0.25
일본	0.19	0.06	−0.17	−0.34	−0.49	−0.62	−0.73
중국	0.81	0.61	0.56	0.52	0.42	0.28	0.10
인도	1.76	1.56	1.41	1.25	1.08	0.90	0.72
EU27개국	0.24	0.46	0.39	0.30	0.20	0.12	0.06
OECD	0.73	0.66	0.50	0.43	0.37	0.31	0.26
세계	1.32	1.21	1.15	1.06	0.95	0.83	0.71

자료: OECD(2009). Factbook 2009: Economic, Environmental and Social Statistics.

MINI CASE 5-1 노령화 사회에 대비한 日다이신 백화점

백화점답지 않은 백화점 日다이신, 지역 매출 1위 비결
반경 500m 석권주의 8개 공룡라이벌을 꺾다
김밥 한쪽, 삼겹살 석줄, 쥐덫도 팔아… 걸어올 수 있는 거리內 노인 고객 싹쓸이

도쿄 오타(大田)구 오모리(大森)역 주변. 부자에서 서민까지 18만 명이 밀집한 도쿄의 대표적 생활 경제권이다. 이 역을 나서면 격전장이 펼쳐진다. 소비 감소와 장기 불황 속에서 생존하기 위한 거대 유통기업의 시장 쟁탈전이다.

일본 철도재벌 도큐(東急)그룹의 도큐스토어, 세계 최대 유통기업 월마트의 세이유(西友), '일본의 이마트' 이토요카도, 대형 수퍼체인인 오제키와 세이조이시이(成城石井). 역 주변에 다닥다닥 붙어 매일 파상적인 가격전을 벌이고 있다. 역에서 남쪽으로 1.5Km. 이곳에도 철도 재벌인 도부(東武)그룹의 도부스토어, 종합상사 스미토모(住友)상사와 미국 2위 수퍼체인 세이프웨이가 합작한 서미트스토어가 상권을 다투고 있다.

그런데 그 사이에 이상한 평화 공간이 존재한다. 거대 자본이 들어서지 못한 반경 500m 지역이다. 1만2000세대, 소비자 2만2000여명이 사는 핵심 상권임에도 중심부 다이신 백화점을 제외하면, 주변에 슈퍼마켓 오제키 한 곳만 들어와 있다.

다이신 백화점은 '백화점' 이름을 달고 있지만 무미건조한 외형은 슈퍼마켓에 가깝다. 일본백화점협회에 등록도 못했고, 매장이라곤 본점 한 곳뿐인 로컬 유통업체다. 하지만 이 백화점은 반경 500m로 설정한 자신의 '나와바리(縄張 · 영역)'를 반세기 동안 철저히 지키고 있다. 8개 공룡 라이벌이 매일 세일 전쟁을 벌여도, 이 백화점의 지역 매출액 1위 자리를 빼앗지 못했다.

'반경 500m, 셰어(share · 점유율) 100% 주의(主義)'

콧수염 아저씨, 니시야마 히로시(西山敷 · 64) 사장은 다이신의 경영 전략을 이렇게 표현했다. 쉽게 말해 백화점 반경 500m 지역을 싹쓸이한다는 것이다. 현재 다이신의 멤버스 등록자는 1만5600명. 경제주간지 닛케이(日經)비즈니스는 회원을 기준으로 다이신이 지역 시장을 70% 점유하고 있다고 추정했다.

2006년 초(超)고령사회에 진입한 일본. 중소상인을 사멸 위기에 빠뜨린 거대 자본의 대(大)상권 시대가 퇴색하고 지역 커뮤니티를 기반으로 한 소(小)상권 시대로 진화하고 있다. 다이신 백화점은 지금 일본 언론이 주목하는 대표적 '소상권 킬러(killer)'다.

일본 국토교통성이 2005년 실시한 '전국 도시 교통 특성 조사'가 있다. 이 조사에 따르면 65~75세 일본 고령자의 도보(徒步) 이동 가능거리는 평균 1km다. 생필품을 사기 위해 집에서 가게까지 고통 없이 갈 수 있는 거리는 편도 500m라는 계산이다.

지난 수십년 동안 일본 유통기업의 시장 지배전략은 대형화와 대량화였다. 초대형 마트를 세우고 더 넓은 상권에서 손님을 끌어모으는 '대(大)상권 전략'에 주력했다. 하지만 65세 이상 인구가 전체 인구의 23.1%에 이르는 초(超)고령사회에 진입하면서 시장의 성공 키워드가 이동 거리가 짧은 고령자를 집중적으로 공략하는 '소(小)상권 전략'으로 바뀌고 있다. 대자본의 전성시대가 지역 커뮤니티와 밀접하게 연결된 토박이 중소자본의 시대로 진화하는 것이다.

지금 도쿄의 작은 로컬 백화점 다이신이 주목을 받는 것은 이 백화점이 대자본에 밀려 사멸 위기에 처한 중소 상인들에게 재기 가능성을 알려주고 있기 때문이다.

초(超)지역 밀착형 영업

다이신백화점도 일본의 지역 백화점들처럼 대기업을 흉내 내다가 망할 뻔한 경험이 있다. 다이신을 창업한 다케우치(竹內) 가문은 점포를 7개로 늘렸다가 대기업에 밀리면서 100억 엔의 빚을 안고 사실상 무너졌다. 이때 구원투수로 등판한 사람이 상업시설 건축 · 설계회사를 운영하다 다이신과 인연을 맺은 니시야마 현 사장이다. 그는 은행에서 20억엔을 빌려 창업 가문이 보유한 주식을 사들인 뒤 2004년 '오너 사장'으로 취임했다.

"제가 발견한 다이신의 강점은 반세기 동안 직원들이 구축한 주민들과의 친분이었지요. 반대로 말해 다이신의 재산은 달랑 그것뿐이었어요. 그래서 본점만 남기고 모두 없앴습니다. 단 1년 동안 구조조정을 끝내고 빚을 털었지요." 그는 취임 첫해인 2004년부터 1년 동안 다른 지역에 있던 지점 4곳을 모두 폐쇄했다. 본점에 붙어 있던 가구관과 미디어관도 2008년 모두 문을 닫았다.

니시야마 사장은 지역 특성을 연구했다. 다이신백화점이 위치한 산노 3~4번지 인구의 60세 이상 비율은 28%. 백화점 고객을 분석해보니 손님의 70%가 50세 이상이었다. 물론 지역의 고령화는 고객의 전체적인 구매력 약화를 뜻한다.

"하지만 이 지역 고령자들은 오래 함께해온 다이신, 손자처럼 대해주는 직원들을 열광적으로 지지했어요. 엄청난 무형 자산이었지요. 이들을 석권하면 충분히 승산이 있었어요. 고령자의 쇼핑 거리를 편도 500m로 설정하고 그 안에서 충분한 편의를 제공하는 것입니다. 대상권에 의존하는 대기업은 흉내 내기 어렵지요."

대기업 흉내내다 망할 뻔하고, 창업주는 6개 점포 늘렸다 100억엔 빚을 떠 안으며, 결국 유일한 강점이 주민과 친분뿐이라고 결론을 내고 충성고객 갖춘 본점만을 놔두고 나머지 영업점은 문을 닫았다.

자료: 조선일보 Weekly BIZ, 2011.8.23. 정리

(2) 1인 가구 증가

우리나라의 1인 가구 비율이 2010년 23.9%로 1995년 12.7%에서 크게 증가하였다. 통계청의 '2010~2035년 장래가구추계보고서'에 따르면 1인 가구의 비중이 2012년 25.3%, 2035년에는 34.3%로 급속히 증가할 것으로 보고 있다. 일본도 2011년 1인 가구의 비중이 30%를 넘어서 1인 가구가 가족가구 비율을 추월한 것으로 나타나, 우리나라 역시도 현재 증가하는 1인 가구의 비중은 지속적인 현상이라고 예상할 수 있다. 나홀로 가구의 증가는 전통적인 가족 가구의 구성에 큰 변화를 일으키고 있는 셈이다.

1인 가구 비율의 증가는 광범위하게 시장에 영향을 미치고 있다. 1인 가구를 위한 아파트, 원룸과 같은 건설 시장 뿐만 아니라, 특히 식품업계와 가전업계는 그 변화를 더 빠르게 수용하여 소량 포장 제품 그리고 1인용 미니 밥솥과 같은 소형 가전제품을 출시하고 있다. 따라서 1인 가구를 위해 소용량제품 전문 매장, 동전투입형 빨래방 등의 서비스 업체가 등장하고 있다. 외식산업에도 변화가 일어나고 있는데, 싱글족을 위해 페밀리레스토랑에서는 1인 전용 좌석을 설치하고 있고, 편의점 업계의 도시락 매출도 전년 동기 대비 2배 이상 성장하였으며 즉석밥과 즉석덮밥도 각각 47%와 42%가 증가한 상황이다. 온라인 몰에서도 싱글족의 가장 큰 관심인

식사걱정을 해결하고자 여러 쇼핑몰이 경쟁중이다.

1인 가구의 증가는 유통구조에도 변화를 일으키고 있다. 이들은 근거리에서 필요한 물품만 간단히 구입하고자 하기 때문에 대형마트의 방문보다는 편의점과 기업형 슈퍼마켓을 주로 이용한다. 나홀로 가족의 증가는 실제로도 대형마트의 방문 횟수를 줄이고 근처 편의점의 방문횟수를 늘리고 있는데, 2009년 7.1회에서 2010년 7.6회로 증가하였다.

2 소비자의 변화

(1) 프로슈머

프로슈머(prosumer)란 생산자를 뜻하는 producer와 소비자를 의미하는 consumer의 합성어로 생산 활동에 직접 참여하는 소비자를 뜻한다. 세계적인 미래학자 앨빈토플러가 '제3의 물결'에서 처음 쓴 용어이다. 생산자와 소비자의 경계가 점차 모호해지면서 소비자가 소비만 하는 수동적인 입장에서 벗어나 제품의 개발과 유통과정에도 직접 참여하는 능동적인 소비자를 의미한다. 상품기획부터 소싱(sourcing), 판매는 물론 경영과 영업정책에 걸쳐 직간접적인 영향력을 행사하고, 기업들도 이들을 통해 다양한 아이디어와 상품홍보 효과를 누리는데, 이를 '프로슈머 마케팅'이라고 한다. 프로슈머 마케팅 개념은 소비자가 직접 상품의 개발을 요구하며 아이디어를 제안하고 기업이 이를 수용해 신제품을 개발하는 것으로 고객만족을 최대화시키는 전략이다. 프로슈머 마케팅은 또 기업에 대한 대규모 감시활동이 가능케 됨으로써 기업들에게는 비용절감효과를 가져올 수 있다.

MINI CASE 5-2 불황의 벽, 제3의 직원 '新프로슈머'로 뚫는다

소비자가 만든 캐릭터 디자인 '슈퍼히어로'는 현대백화점 영패션전문관 유플렉스의 얼굴이다. 티셔츠와 백화점 매장 곳곳을 꾸미는 데 활용되고 있다. 현대백화점 제공

'화장한 얼굴 위에 바르는 화장품 없나요?'라며 소비자가 '제품 개발자'로 참여해 인기 화장품이 된 LG생활건강 숨의 'A-타임' 에센스. LG생활건강 제공

최근 기업들이 저성장을 극복하기 위해 '신(新)프로슈머(생산자 + 소비자)'를 적극 활용하기 시작했다. 신프로슈머란 기업의 제품 기획과 마케팅, 홍보 활동에 적극적으로 참여하는 소비자를 말한다.

과거 소비자들이 인터넷에 사용 후기를 남기거나 기업의 고용된 모니터 요원으로서 이미 나온 제품의 사후 평가자 역할에 충실했다면 신프로슈머는 제3의 직원으로 활동하는 게 특징이다. 미래학자 앨

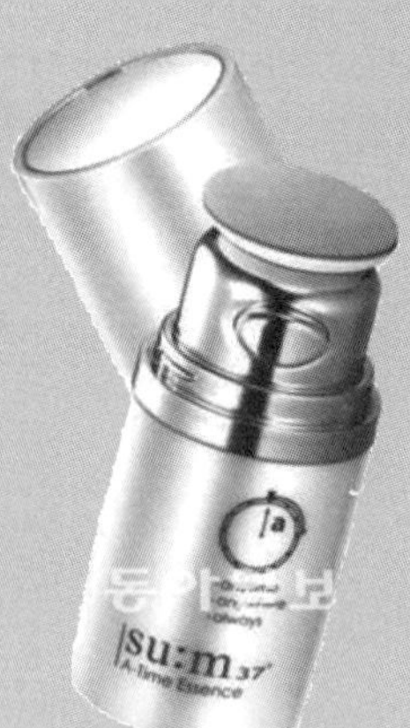

빈토플러가 제시했던 '스스로 원하는 것을 찾아 만드는 DIY(Do It Yourself) 수준의 프로슈머'에서 한발 더 나아간 셈이다.

이동훈 삼성경제연구소 연구원은 "소셜네트워크서비스(SNS) 같은 기술의 발달로 소비자가 기업을 대변해 인터넷에서 '전쟁'을 벌이기도 하고, 전보다 쉽게 자신의 의견을 기업에 전달할 수 있게 됐다"며 "기업은 이들을 제품 개발자 겸 홍보인으로 적극 활용해야 한다"고 말했다.

최근 신프로슈머 활용에 관심이 깊은 곳은 불황의 직격탄을 맞은 백화점이다. 현대백화점은 해외 유명 브랜드들이 외부 디자이너와 컬래버레이션(공동마케팅)한 티셔츠를 내놓는 것을 보고 '우리는 고객과 컬래버레이션을 해보자'며 공모전을 열었다. 1등은 취업과 결혼 준비로 힘든 나날을 보내고 있는 '2035세대'에게 응원의 메시지를 보낸다는 의미의 '슈퍼 히어로' 캐릭터를 만든 김보경 씨(28). 현대백화점은 이를 티셔츠로 만들어 신촌점, 중동점 유플렉스에서 이달 8일부터 판매하기 시작했다. 매장과 쿠폰북도 김 씨가 만든 캐릭터로 꾸몄다. 현대백화점 관계자는 "고객과의 컬래버레이션을 통해 백화점은 신선한 감각을, 고객은 디자인 경험을 쌓게 됐다"고 말했다.

현대백화점은 또 소비자를 매장 '스타일리스트'로 모시기도 했다. 요즘 유행하는 젊은 패션은 소비자가 제일 잘 안다는 생각에서 '패션왕 콘테스트'를 연 것이다. 지난달 800명의 20, 30대 젊은층이 몰려 경합을 벌인 끝에 남은 최종 12명은 백화점 매장을 돌아다니며 머리부터 발끝까지 자신을 꾸몄다. 1등도 고객이 직접 투표로 뽑았다. 현대백화점은 매장에 이들 소비자 스타일리스트가 연출한 패션코디를 그대로 전시하고, 이들 소비자를 백화점 페이스북 모델로도 활용할 예정이다.

화장품 업계도 기존에 운영하던 소비자 모니터단을 제품 개발자로 활용하고 있다. 지난해 말 시판된 LG생활건강의 숨 'A-타임' 에센스가 대표적이다. 소비자 모니터단에서 '화장하고 나면 오후에 얼굴이 건조해진다. 그 위에 바를 수 있는 에센스를 만들자'고 제안해 본격적인 개발에 착수했다. LG생활건강

관계자는 "모니터단 30여 명은 화장품에 대한 전문적인 지식과 경험이 많은 사람들로 면접과 서류전형 등 까다로운 절차와 경쟁을 뚫고 선발된다"라며 "이들이 제품의 개발자로서 기존 업계에서 생각하지 못했던 아이디어를 속속 내놓고 있다"고 설명했다.

보광훼미리마트는 최근 소비자와 함께 도시락을 개발하고 있다. 3~5월 두 달 동안 요리경연대회 '나는 훼미리마트 셰프다'를 열고 이 대회 우승자와 함께 출전 품목을 대량 생산할 수 있도록 논의하고 있다. 훼미리마트 측은 "3개월 동안 도시락 매출이 상위 30% 이내에 들면 로열티도 지급할 예정"이라고 말했다.

자료: 동아일보, 2012.6.13.

(2) 큐레이슈머

큐레이슈머(curasumer)란, 큐레이터(curator)와 소비자(consumer)의 합성어로 전시회의 큐레이터처럼 기존 제품을 꾸미고 다양하게 활용하는 편집형 소비자이다. 기존의 생산에 참여하던 프로슈머(prosumer)에서 한 단계 더 진화된 능동적 소비자로 제품을 기존 용도와 다르게 활용한다던가 더 나아가 기업에 원하는 상품의 사양을 요구하기까지 한다. 따라서 최근 이렇게 적극적이면서 똑똑한 소비자를 일컬어 큐레이슈머라고 정의하였다. 예를 들어 큐레이슈머는 모바일 메신저 어플리케이션인 '카카오톡'의 아이콘을 자신이 원하는 사진으로 변경하여 사용한다.

따라서 업계에서는 큐레이슈머 증가에 발맞추어 움직이고 있다. LG전자의 '내 마음대로 아이콘' 기능의 추가, 대우 건설의 '마이 프리미엄' 설계에 따라 소비자가 원하는 대로 평면을 개발하여 벽을 허물거나 칸막이를 세우는 아파트 구조, 한화 건설의 '스마트핏' 평면 설계 역시도 큐레이슈머를 향한 진화이다. 모터사이클이 대표 브랜드인 할리데이비슨의 경우에도 '자신만의 바이크'를 만들도록 10만 가지 이상의 액세서리 상품을 판매하고 전문 컨설턴트가 모터사이클을 다양하게 변형하는 방법도 알려주어 큐레이슈머 시대에 대응하고 있다.

(3) 트랜슈머

트랜슈머(transumer)는 이동하면서 물건이나 서비스를 구매하는 사람을 일컫는 말이다. 원래 트랜슈머는 다국적 디자인 컨설팅 업체인 피치(Fitch)사가 처음으로 정의한 용어로 공항의 대기시간을 쪼개 면세점 등에서 쇼핑하는 사람들을 일컫는 말이었다. 어원을 살펴보면 '넘어서, 이동하는'이라는 뜻이 담긴 'trans'에 '소비자'를 의미하는 'consumer'에서 'sumer'를 따와 합성한 용어다. 당초 여객기, 기차, 자동차 등 교통수단으로 이동하는 소비자들에게 적용됐으나, 최근에는 개인의 위치 추적이 가능하도록 통신기술이 발전하게 되면서 움직이는 소비자를 의미하는 개념으로 확장됐다. 또한 기존의 트랜슈머를 넘어 에코 트랜슈머는 친환경을 생각하는 소비자 집단으로 발전하여 아워카와 같이 자동차를 공유하는 비즈니스 형태까지 출현하게 되었다.

(4) 온라인 마케터

최근 들어 온라인 마케터라고 하는 프로 블로거 혹은 파워 블로거의 영향력이 커지고 있다. 이들은 3~4년 전부터 기업의 블로그 마케팅으로 시작된 것인데, 유통망과 광고 채널이 부족했던 중소 기업들의 마케팅 창구 역할을 하였다. 이들은 전문 프로슈머가 되어 제품을 후원 받아 직접 사용해 보고 이에 대한 평가를 블로그에 포스팅하며 제품에 대한 사용후기가 블로그 방문자들에게 홍보되는 방법이었다. 블로그 시장이 성장하며 이를 통해 다양한 정보를 제공하고 '리얼센스'와 같은 온라인 시스템도 구축이 되어 여기를 통하여 CPC(click per cost) 광고를 게재할 수 있게 되었다.

MINI CASE 5-3 블로그로 돈 버는 사람들, 온라인 마케터

온라인 마케터를 한 마디로 정의하기란 어렵다. 블로그 마케터, 프로슈머 등 칭하는 용어도 다양하다. 개개인의 관심사가 글과 그림, 동영상 등으로 표현되면 이는 콘텐츠가 되고 이 콘텐츠가 사람을 모은다. 그리고 언제나 그렇듯 사람들이 모인 공간은 '돈'이 되기 마련이다. 온라인 마케터는 그렇게 시작된 직업이다. 자신의 관심사를 이용해 마케팅활동을 하고 이를 통해 수익을 창출한다.

증권사에 다니는 회사원 A씨(38)는 평소 관심 있는 신상품에 대한 광고를 보았다. 하지만 신문에 할애된 광고 지면의 한계는 원하는 정보를 다 주지 못했다. 결국 출근하자마자 인터넷으로 검색. 가장 처음으로 보게 된 것은 제조사의 홈페이지. 하지만 제조사에서 직접 설명해놓은 제품은 온갖 미사여구와 칭찬 일색이다. 원하는 정보가 될 리 없다. 다른 검색결과를 보던 중 누군가가 직접 사용해보고 이에 대한 자신의 견해와 함께 장 · 단점을 기술해 놓은 블로그를 보게 되었다. 일명 '뽀샵'이라는 보정을 거치지 않은 제품의 실제사진과 함께 소비자의 입장에서 솔직하고 상세하게 기재된 제품설명 및 후기, 또한 줄이어 달린 댓글에는 다른 사용자들의 의견도 있다. 이것이 바로 우리가 원하던, 신뢰할 수 있는 정보다.

신뢰할 수 있는 정보를 찾아 헤매는 소비자들과 마찬가지로 기업은 지금 이 순간에도 소비자의 신뢰를 얻기 위해 온갖 노력을 다하고 있다. 하지만 쉽게 얻어지진 않는다. 오죽하면 이런 카피가 나왔을까. "진짜 좋은데, 설명할 방법이 없네..." 기업입장에서 답답한 것은 당연지사. 그래서일까 언젠가부터 온라인 마케터를 모집한다는 공고가 뜨기 시작했다. 네티즌의 왕래가 활발한 블로거들을 모아 이들을 통해 제품을 알리려는 것이 주 목적이지만 단순히 알리는 것에서 그치는 것이 아니라 광고를 통해서는 전하기 힘들었던 신뢰를 구축하고 싶어서이기도 하다.

실제로 블로거들의 솔직하고 소소한 일상의 기록들은 어느새 기업이 욕심을 낼 만큼 상당한 영향력을 갖게 되었다. 비 오는 날 집에서 부침개를 만들어 먹은 이야기며, 애인과 기념일에 갔던 식당 소개 등 일상생활이 소재가 되어 매체 역할을 하고 있다. 방문객들은 댓글을 달며 직접 참여하고 자신의 블로그도 소개하며 서로가 서로의 파이를 키워가고 있다.

그렇다면 블로그를 이용해 돈을 버는 사람은 어떻게 온라인 마케터가 되었을까? 또 그들은 얼마나 벌까? 아직 공식적으로 내놓은 통계자료는 없지만 프로블로거들의 경우 적지 않은 수입을 올리고 있는 것으로 알려져 있다. 이들이 수입을 창출하는 방법은 크게 두 가지. 첫째는 전문 프로슈머가 되어 제품을 후원 받아 직접 써보고 이에 대한 평가를 블로그에 게재하며 지원금을 받는 방법이다. 이는 블로그의 방문자 수도 중요하지만 콘텐츠의 방향성이 일관되도록 포스팅하는 것도 중요하다. 깊이 있게 포스팅한 정보일수록 전문 프로슈머로서의 가치도 상승하기 때문이다. 다른 한가지는 흥미를 유발하는 다양한 정보로 많은 방문자를 확보하고 리얼센스와 같은 온라인 광고 시스템을 통해 광고를 게재하는 방법이다. '리얼센스'(www.realsense.co.kr)는 블로그 및 중소 개인 사이트를 대상으로 국내 최초로 시작된 온라인 CPC 광고시스템으로 이를 통해 '티스토리'(www.tistory.com), 이글루스(www.egloos.com)등의 블로그 뿐만 아니라 개인 홈페이지 등 어느 곳에든 광고를 게재할 수 있다.

이미 등록되어 있는 수많은 광고주들의 광고가 키워드매칭시스템을 통해 개별 블로그 혹은 홈페이지의 성격에 맞도록 자동적으로 걸러져 노출된다. 방문자가 많지 않아도 어차피 만들어 놓은 블로그라면 용돈벌이라도 할 수 있는 셈이다. 전자는 이미 많은 블로거들이 활용하고 있는 방법이고 후자는 최근 들어 각광받고 있다. 하지만 이제는 전자와 후자의 경계가 점차 모호해 지고 있다. 두 방법 모두 블로그를 성실하게 운영해야 한다는 전제 조건도 같거니와 두 방법을 병행하는 것도 충분히 가능하기 때문이다.

만약 컴퓨터에 자신이 없거나 블로그 운영을 해본 경험이 없어 시작함에 두려움이 앞선다면 그냥 블로그를 개설하여 하루하루 일기를 써보자. 일기를 쓰며 그날 찍었던 사진 한 두 장쯤 함께 올리다 보면 그러한 것들이 쌓이고 실력도 늘어 어느새 제법 많은 콘텐츠와 나날이 늘어가는 방문객을 보게 될 것이다.

모든 일이 그러하듯 언제나 그 시작은 미약하다. 용기를 갖고 시작해보자. 그곳에서 새로운 길이 보일 것이다.

용어해설

– 콘텐츠: 인터넷이나 컴퓨터 통신 등을 통하여 제공되는 각종 정보나 그 내용물. 유 · 무선 전기 통신망에서 사용하기 위하여 문자 · 부호 · 음성 · 음향 · 이미지 · 영상 등을 디지털 방식으로 제작해처리 · 유통하는 각종 정보 또는 그 내용물

- 프로슈머: 프로듀서(producer)와 소비자(consumer)의 합성어로 남들이 제작하거나 상업용으로 제작한 음악, 게임, 영화 등 콘텐츠를 즐기는 소비자인 동시에 스스로 전문가용 소프트웨어나 기기를 이용해 콘텐츠의 제작자가 되기도 하는 사람들
- 포스팅: '포스팅'이란 posting에서 온 말, 누리집이나 블로그 등에서 어떤 기사나 사진, 영상 등을 번호 혹은 이름을 붙여 게시하는 행위
- CPC광고: Cost Per Click의 약어로 클릭이 일어 날 때마다 광고대금이 부과되는 온라인 광고 비용 산정방식

자료 제공 : 디엔에이소프트
자료: 한겨레 신문, 2011. 5. 18.

나 쇼핑환경의 변화

(1) 소매유통업태 변화 추이

지난 1996년 우리나라 유통시장이 완전 개방된 이후 국내 소비시장에 일대 지각변동이 있었던 것으로 조사되었다. 대한상공회의소의「통계로 보는 유통개방 10년」보고서에 따르면, 국내 유통시장이 완전 개방된 이후 10년 동안 슈퍼마켓 등 소규모 점포의 위상은 추락한 반면, 대형할인점, 편의점, 무점포판매 등 신업태는 급성장한 것으로 나타났다. 표[5-3]에서 보면, 무점포 소매업의 판매비중이 11.27%로 대형마트의 12.23%의 비중을 바짝 쫓고 있다.

개방의 영향은 유통산업구조의 변화뿐 아니라 소비자의 구매패턴에도 영향을 미쳤다. 구매패턴 변화의 가장 큰 특징은 저가격, 원스톱 쇼핑이 가능한 대형할인점이 인기가 계속 높아지고 있다는 것이다. 식품구매에 있어서, 과거 동네 슈퍼마켓에서 주로 구입하던 식료품은 이제 대형할인점에서 구매하는 소비자들이 가장 크게 늘어나고 있다. 현재 슈퍼마켓의 판매 비중은 2006년 9.03%에서 2010년 8.64%로 줄어들고 있다.

지난 1993년 11월 이마트 창동점의 출점으로 시작된 국내 할인점의 가격파괴 열풍은 할인을 매출액대비 백화점, 슈퍼마켓을 뛰어넘는 소매업태로 자리잡게 만들었다. 이제 할인점은 파격적인 판매가격 인하로 기존 소매유통 가격체계를 무너뜨리고 가격결정권을 제조업체에서 유통업체로 이전시켰으며, 소비자에게 새로운 구매패턴을 제시하는 등 국내유통에 새로운 패러다임을 구축했다는 평가를 받고 있다.

표 5-3 소매업태별 연간 판매액 비중

(단위: %)

	2006	2007	2008	2009	2010
합계	100.00	100.00	100.00	100.00	100.00
백화점	8.62	8.39	8.18	8.65	8.82
대형마트	12.02	12.53	12.44	12.40	12.23
슈퍼마켓	9.03	8.63	8.89	8.91	8.64
편의점	2.00	2.10	2.28	2.48	2.66
전문상품소매점	59.14	58.96	58.31	56.81	56.39
통신기기소매점	-	-	5.98	5.68	5.85
문화상품소매점	-	-	2.32	2.33	2.21
무점포판매	9.20	9.40	9.89	10.75	11.27
사이버쇼핑	3.38	3.92	4.28	4.89	5.29
기타무점포판매점	5.82	5.48	5.61	5.86	5.98
홈쇼핑	-	-	2.08	2.37	2,75

자료: 통계청, "소매업태별 판매액(경상금액)"

(2) IT를 포함한 기술발전

IT를 포함한 기술발전으로 유통시장을 둘러싼 환경적 변화가 커지고 있다. 2005년 1월부터 세계최대 유통업체인 월마트는 자사의 100대 공급업체에게 RFID(Radio Frequency Identification)부착을 의무화시켰다. 이제 유통시장에서의 RFID시대가 시작된 것이다. 유통산업에서의 RFID 확산은 물류의 효율성 증대뿐만 아니라 매장환경의 변화를 초래하고 있다.

독일의 최대의 유통기업인 메트로(Metro)그룹은 퓨처스토어(Future Store)를 오픈하고 스마트 피팅시스템(smart fitting system)을 이용하여 소비자가 매장 내에서 옷이나 화장품을 직접 입어보거나 사용해 보지도 않고도 자기에게 맞는 제품을 골라서 살 수 있도록 하고 있다. 판매되는 모든 제품의 자세한 정보를 선반에 설치되어 있는 LCD 디스플레이어를 통해 소비자에게 제공하고 있다. 또한 카트(cart)에 설치되어 있는 내비게이션 시스템을 이용하여 원하는 제품의 위치를 알려주고 또한 소비자의 동선 역시 자세히 기록되는 스마트 시스템을 갖추고 있다. 앞으로 이러한 퓨처스토아는 유통시장의 새로운 혁신으로 기여할 것으로 보이며 널리 확산될 것으로 보인다.

한편 인터넷 환경의 확산과 인터넷 인구의 급속한 증가로 온라인 쇼핑의 시장규모가 꾸준히 커지고 있다. 정보통신부 발표에 의하면, 2005년 7월 현재 초고속인터넷 가입자 수가 1,200만 명이고 초고속인터넷 보급률은 24.7%라고 한다. 그리고 인터넷 이용자 수는 3,260만 명이고 인터넷 이용률은 71.9%인 것으로 발표되었다. 또한 PC 보급 수는 2004년 현재 2,600만 대로 54.4%의 PC 보급률을 보이고 있다. 이와 같이 인터넷 쇼핑을 위한 발달된 인프라 구축은 앞으로 온라인 유통의 성장 전망이 밝다는 것을 말해 준다.

MINI CASE 5-4 IT 접목한 유통업계 "쇼핑도 똑똑하게"

7일 서울 중구 충무로 신세계백화점 본점에서 고객들이 태블릿PC를 활용해 쇼핑 정보를 검색하고 있다. 최근 백화점을 비롯한 유통업체들은 정보기술(IT)을 활용한 서비스를 늘리고 있다.

백화점이나 대형마트 등 유통업체 매장의 서비스 하면 먼저 떠오르는 것은 '친절한 인사'다. 상냥한 미소와 다정한 말투로 손님을 맞는 모습은 유통업체 서비스의 대명사가 된 지 오래다.

하지만 친절한 인사가 전부는 아니다. 최근에는 정보기술(IT)의 힘을 등에 업고 스마트한 서비스를 선보이는 사례가 늘고 있다. 각 업체들은 주차 시스템을 개선해 시간 낭비를 줄이고 스마트폰으로 매장 정보를 확인할 수 있는 애플리케이션(앱)을 개발하는 등 고객 편의를 높이는 진화된 서비스를 속속 내놓고 있다.

IT로 진화하는 백화점 서비스

7일 업계에 따르면 현대백화점은 지난달부터 주차와 결제 시스템을 연계해 주차장에서 보내는 시간을 줄이는 '주차료 사전 정산 시스템'을 선보였다. 이 시스템은 무인카메라가 차량번호를 인식해 중앙 서버로 보내고, 고객이 매장에서 결제를 할 때 차량번호를 입력하면 자동으로 주차요금이 정산된다. 주차장을 빠져나갈 때는 무인카메라가 차량번호를 확인해 차단기를 열어주는 방식으로 운영된다.

현대백화점에 따르면 시스템 도입 뒤 평균 5~10분 걸리던 출차 시간이 절반 정도로 줄었다. 현대백화점 관계자는 "주말이나 세일 기간 등에는 차량이 몰리다 보니 주차장에서 시간을 빼앗겨 기분을 망치는 경우가 많아 서비스를 시작하게 됐다"며 "이 밖에 킨텍스점에는 매장에 소음측정기를 설치하고 소음 정도에 따라 스피커 볼륨을 자동으로 조절하는 '스마트 볼륨 시스템'을 도입하는 등 IT를 통해 고객 편의를 늘리고 있다"고 설명했다.

신세계백화점은 3월 스마트폰용 모바일 앱을 선보이고 실시간으로 쇼핑정보를 비롯해 각종 문화 공연 소식 등도 제공하고 있다. 신세계백화점은 모바일 앱으로 모바일 전단을 보내는 것은 물론이고 세일이나 사은행사 등이 있을 때에는 '쇼핑 알리미'를 통해 각종 정보를 전달하고 있다.

특히 모바일 앱에 있는 '패션 섹션'에는 '믹스&매치' 서비스를 통해 신세계백화점에서 팔고 있는 상품들을 가상 코디해 볼 수 있는 기능도 있어 직접 입어보지 않고도 다양한 옷을 매치해 볼 수 있다. 신세계백화점 관계자는 "앱 다운로드 건수가 월평균 26만 건에 달한다"며 "점포별로 트위터 계정을 운영하며 실시간으로 고객들의 질문에 답변을 하는 등 스마트한 서비스 도입에 많은 노력을 기울이고 있다"고 말했다.

롯데백화점 역시 3월부터 KT와 손잡고 스마트폰용 매장 안내 앱인 '롯데 인사이드 아이'를 출시해 위치정보를 기반으로 △지점 소개 △이벤트 안내 △주차위치 안내 등의 서비스를 제공하고 있다.

대형마트도 속속 IT 기반 서비스

백화점뿐만 아니다. 대형마트들도 IT 기반 서비스를 속속 선보이고 있다. 이마트는 7월부터 신문광고에 QR코드(격자무늬 코드)를 넣어 스마트폰으로 QR코드를 찍으면 지면에 나오지 않은 상품까지 검색해 정보를 얻을 수 있게 했다. 추석을 앞두고는 광고전단에 QR코드를 넣어 추석 선물세트 정보는 물론이고 세트별 프로모션과 카드 할인 행사 등을 간편하게 살펴볼 수 있게 했다.

롯데마트는 12월 스마트폰뿐만 아니라 아이패드에서도 활용할 수 있는 앱을 출시해 모바일을 통한 쿠폰 다운로드 및 쇼핑 등의 서비스를 제공할 계획이다.

한편 홈플러스는 지난달 25일 스마트폰에서 홈플러스 앱을 이용해 지하철역 등에 설치된 전광판 속 QR코드나 바코드를 통해 물건을 주문하면 원하는 장소에서 원하는 물품을 받을 수 있는 '가상스토어' 1호점을 서울지하철 2호선 선릉역에 여는 등 '스마트 쇼핑'에 앞장서고 있다.

자료: 동아일보, 2011.9.8.

(3) 고객니즈의 변화

① 건강추구

최근 미국사회의 최대 화두 중 하나가 바로 비만이다. 미국 인구의 2/3 이상이 비만을 포함하는 과체중인 것으로 알려졌다. 비만으로 인한 사회적 비용의 증가는 미국사회의 큰 골칫거리가 되고 있다. 이러한 비만문제는 남의 나라의 문제가 아니라 바로 우리의 문제가 되고 있다. 최근 우리나라도 전체성인의 32%가 비만이라는 발표가 언론을 통해 잘 알려졌다. 성인뿐만 아니라 아동들도 세 명에 한 명 꼴로 비만이라는 조사발표도 있었다.이러한 비만의 문제는 식생활과 연관이 높다는 것은 이미 잘 알려진 사실이다. 그리고 비만은 각종 합병증을 가져오기에 건강에 직결되어 있다. 이 때문에 건강에 대한 관심과 함께 식생활의 변화가 일어나고 있고 이는 식품시장의 변화를

초래하게 된다.

CNN의 보도에 의하면 2006년 미국 식품류 4대 트렌드는 '홀그레인 섬유질(whole grain fiber)식품', '저칼로리와 저지방의 성인병방지식품', '실버계층 타깃식품', '유기농 식품'으로, 이러한 식품 트렌드의 공통점은 건강추구이다. 이미 세계적인 식품업체들은 이러한 건강추구 트렌드에 부응하는 신제품들을 경쟁적으로 시장에 내놓고 있다.

이러한 소비 트렌드의 변화는 식품소매시장에서도 잘 나타나고 있다. 지난 1999년부터 2004년까지 5년간 세계소매점 중 성장 순위 50대 업체들의 면면을 살펴보면 건강관련 소매점이 눈에 크게 띈다. 그 중에서도 주목 받는 업체는 자연식품과 유기농 식품 전문슈퍼마켓인 미국의 홀푸드마켓(Whole Foods Market)이다. 1980년에 미국 텍사스 오스틴의 종업원 19명의 작은 가게에서부터 시작한 이 업체는 2004년 매출액 기준으로 세계 소매업체 160위로 성장하였으며, 또한 지난 5년간 연평균성장률 20%의 업적으로 가장 빠르게 성장하는 세계소매업체 28위에 올라 있다. 현재 181개의 매장과 매출액 약 4조 원 규모로 성장하고 있다. 인공성장호르몬을 사용한 축산물을 배격하고 유전자변형(GM)식품을 일절 취급하지 않으며 자연식품과 유기농 식품만을 고집하는데 가격이 일반 슈퍼마켓에 비해 2배가량 비싸지만 건강을 추구하는 소비자들로부터 큰 사랑을 받고 있다. 일본에서도 이러한 건강추구 식품점들의 성장세를 볼 수 있다. 일본 2대 편의점의 하나인 로손(Lawson)은 2001년부터 간편성과 함께 건강을 추구하는 소비자들을 위해 친환경 및 유기농 식품 편의점인 신형점포 내츄럴 로손(Natural Lawson)의 체인사업을 통해 '새로운 식생활 제공'이라는 캐치프레이즈를 내걸고 있다. 현재 일본 관동지방을 중심으로 39개의 점포를 운영하고 있으며 계속 확대해 나갈 계획이라 한다. 한편 세계적인 패스트푸드의 대명사인 맥도널드 역시 이러한 트랜드에 부응하기 위한 대변신을 꾀하고 있다. 그 동안 양을 중요시 한 전략에서 질을 중요시하는 전략으로 변화를 꾀하면서 건강을 추구하는 메뉴로의 변화를 도모하고 있는 것이다.

이와 같이 식품소비에 있어서 건강추구 트렌드는 거스를 수 없는 세계적인 대세인 것이다. 앞으로 이러한 트렌드는 식품시장에서의 구조적 변화를 초래할 것으로 예상된다. 식품의 제조와 유통에 있어서 이러한 시장의 변화에 대응하는 능력이 그 어느 때보다 크게 요구되고 있다. 이제 우리 식품업계는 시장 포화의 어려움과 함께 새로운 트렌드에 대응해야 하는 상황에 처해 있다고 볼 수 있다. 그러나 이러한 트렌드는 어쩌면 국내 식품시장의 포화를 극복하는 새로운 도약의 기회를 식품업계에 제공한다고 할 수 있을 것이다. 결국 시장의 변화에 얼마나 능동적으로 대응하느냐에 따라 우리 식품업계의 판도가 바뀔 수도 있을 것이다.

한편 건강에 대한 소비자의 요구가 많아지고 부적절한 식생활에 의한 건강문제가 커지게 되면 식품에 대한 정책적 규제가 높아지게 될 것이다. 예를 들면 미국을 포함한 선진국에서 모든 가공식품에 도입하고 있는 영양정보표시(nutrition information labeling)제와 같은 정보제공의 의무화가 우리나라에서도 조만간 시행되게 될 것으로 예상된다. 또한 소비자 건강을 위한 식품의 안전에 대한 요구도 더욱 높아질 것이다. 결국 이러한 변화는 시장의 구조적 변화로 이어지게 될 것으로 보인다.

이와 같이 식품소비에 있어서 건강추구 트렌드는 정부의 국민 건강을 위한 정책과 함께 식품시장 변화의 주역이 될 것이다. 이러한 트렌드를 잘 이해하고 이에 대한 대비를 잘 한다면 그것이 바로 경쟁력이 될 것이다.

② HMR 수요 증가

가정식사 대체식품(Home Meal Replacement)은 집에서 간단하게 먹을 수 있으면서도 나가서 사먹거나 또는 직접 만들어 먹는 것보다 맛과 향기 신선도가 떨어지지 않는 1차 조리된 음식이다. 기존의 냉동식품과 달리 조리 즉시 냉장시켜 다시 데우면 신선한 맛이 그대로 살아나는 음식으로, 포장을 뜯는 즉시 먹을 수 있도록 여러 가지 채소를 깨끗이 씻은 후 썰고 다시 고루 섞어 별도의 드레싱까지 첨부한 샐러드나 과일에서부터 그 종류가 매우 다양하다. 소득이 높아지고 맞벌이 부부가 급격히 늘어나면서 최근 HMR사업이 급부상, 이미 미국 슈퍼마켓의 3/4 정도가 이 조리음식 개발에 뛰어들어 시장선점을 위해 치열한 경쟁을 벌이고 있다.

MINI CASE 5-5 가정 간편식 시장의 성장

직접 조리할 필요 없이 집에서 간단히 데워먹을 수 있는 가정간편식 시장이 유통 · 식품 업계의 새로운 블루오션으로 떠오르고 있다. 이른바 '에이치엠아르(이하 HMR, home meal replacement)'라고 불리는 가정간편식은 냉장상태로 유통되면서 데우면 신선한 맛이 그대로 살아나는 음식류를 일컫는다.

누구보다도 분주한 움직임을 보이고 있는 쪽은 유통업계다. 현재 200여개 메뉴를 HMR로 분류해 팔고 있는 이마트는 앞으로 맛집과 대기업 등과 제휴해 품목수를 400여개로 늘릴 계획이다.

이마트는 이미 지난 2009년 바이어 20여명을 선발해 HMR 전담팀을 꾸리기도 했다. 롯데마트도 지난해 1월 서울역점에 HMR 전용 매장을 처음 연 이후 현재 경기 의왕 · 대구 율하 · 서울 청량리 등 8개 지점으로 전용 매장을 확대했다. 롯데마트는 올해말까지 전용 매장을 20개로 늘리고, 지난해 90억원이던 전용 매장 매출을 올해는 120억원 규모로 끌어올릴 계획이다. 실제로 올해 들어 롯데마트의 HMR 매출은 지난해에 견줘 78%나 늘어났다. 지난해 두자릿수 매출 증가를 기록한 이마트 역시 올해에도 큰 폭의 매출 증가를 기대하고 있다.

편의점 업계에서도 HMR의 수요 증가 추세에 맞추어 소비자의 다양한 기호에 맞은 자체브랜드(PB) 제품을 선보이고 있다. 편의점 업계에 따르면 가정간편식 수요가 꾸준히 증가하면서 업체들마다 새로운 PB용 제품을 내놓고 있다. 특히 가정간편식과 함께 1~2명이 부담없이 먹을 수 있는 '소포장 반찬류'도 속속 출시되면서 시장규모는 더욱 커질 전망이다.

GS25는 지난해 7월 처음으로 PB용 가정간편식 시리즈 '식객'을 선보인 이후 비수기인 12월(8.6%)만 빼고 두릿자수 성장세를 유지하고 있다. 특히 지난 3월엔 다양한 신제품이 출시되면 2월에 비해 2배(144.5%) 넘게 매출이 신장했다. 훼미리마트 역시도 묵은지 김치찌개(2900원), 육개장(3700원), 전통 된장찌개(2500원) 등이 인기상품 10여종이 출시했고, 훼리미마트는 가정간편식과 함께 먹을 수 있는 포장반찬류 제품도 새롭게 출시할 예정이다. 훼미리마트 관계자는 "레토르트, 죽, 스프류, 즉석면, 즉석밥 등 가정간편식의 유사상품군의 매출이 전체 35%로 편의점 매출에서 가장 큰 비중을 차지한다"며 "이 시장이 매년 40%이상 성장하고 있기 때문에 매출 기여도는 계속 높아질 것"이라고 말했다. 또한 세븐일레븐은 10일쯤 1인 가구와 맞벌이 가구 등을 위한 PB용 반찬 6종(2500원)도 함께 선보인다.

이처럼 편의점 업계가 PB용 가정간편식과 포장반찬류 시장에 관심을 갖은 것은 이 시장이 매년 30~40%씩 성장하기 때문이다. 그리고 제조업체 브랜드(NB)에서 만든 제품은 김치류 등 일부 제품에 국한됐고 즉석에서 먹길 바라는 편의점 고객의 라이프스타일과도 맞지 않기 때문에 편의점 업계가 직접 나서고 있는 것이다.

자료: 한겨레 20121.9.18.과 조선비즈 2012.5.7. 정리

③ **소비 양극화 U자형 소비: 소비 트레이딩 업**(trading up)**과 트레이딩 다운**(trading down)

유통 시장에 신흥 소비 주류층으로 30대가 떠오르면서 이들에게 소비행태가 양립하고 있다. 이는 '상향 구매'인 소비 트레이딩 업 현상과 '하향 구매'로 설명되는 소비 트레이딩 다운 현상이다. 이 용어는 2003년 보스턴컨설팅 그룹이 '트레이딩 업' 책을 출간하며 등장하게 되었다. U자형 소비를 주도하는 이들은 자신에게 특별한 가치가 없다고 생각되는 품목, 즉 예를 들어 세제나 휴지와 같은 생필품을 구입할 때는 10원까지도 고려하여 절약하는 소비패턴을 보인다. 국내 1000원 매장인 다이소의 성장도 이를 입증하는 사례일 것이다. 하지만 자신을 위하여 스스로 자신의 가치를 향상 시켜 주는 품목에 대해서는 과감하게 소비하는 상향 소비 성향을 보여준다. 이런 30대의 소비 행태의 양극화 현상은 백화점 명품 매출 분석에서도 뚜렷하게 보여주고 있다. 명품 구입 고객 비중이 경제적 안정을 찾은 40대와 50대인 것이 아니라 30대가 1위를 차지하고 있고, 더불어 SPA 브랜드의 매출이 지속적으로 상승하고 있는 것을 볼 때, 이는 상향 구매 성향과 하향 구매 성향을 보여주고 있는 셈이다.

소비 행태의 새로운 코드로서 트레이딩 업과 트레이딩 다운 현상의 발생 원인은 사회적 그리고 경제적 요인이 같이 작용했다고 본다. 새로운 유통업태인 대형 할인업체인 코스트코, 월마트, 국내에는 이마트 등이 생겨나며 소비자들은 이곳을 이용하며 절약을 이루었고 이 금액을 고스란히 가치 소비인 상향 소비로 이전시켰다는 것이다. 우리 나라 보다는 30년 앞서 대형 할인 유통 업태들이 성장한 미국의 경우 2001년 통계치에서 미국 소비자들이 이 업태를 이용함으로써 총 1,000달러 절약했고, 이 금액을 고스란히 트레이딩 업 소비에 사용 가능하게 되었다고 분석하였다. 위와 같이 U자형 소비에 경제적 요인이외에도 사회적 요인으로는 여성이 소비를 주도하게 되고 여성이 경제 활동 참여 비중이 높아지면서 맞벌이 부부 비율이 늘어나고 궁극적으로 여성의 소득 수준이 높아진 것이다. 2001년은 미국의 경우가 맞벌이 부부의 비중이 거의 두 배로 늘어난 시점이었다. 우리나라의 경우에도 총 가구수에서 맞벌이 가구가 43.6%에 달하며, 자녀의 교육비 부담이 적은 30대 이하의 경우도 2010년 현재 38.9%에 달한다. 맞벌이의 증가와 미혼 여성의 사회 진출 증가는 여성의 경제력 증가를 의미하며, 이로 인해 여성들이 '내가 번 돈을 내가 쓰고 싶은 곳에 나를 위해 쓸 수 있다'는 인식이 강해지고 있는 것이다.

다 소비자 보호

(1) 소비자보호관련법

소비자보호법 중 유통과 관련된 주요 소비자보호법은 전자상거래소비자보호법, 방문판매법, 약관법, 표시광고법을 들 수 있다.

▶ 전자상거래소비자보호법

이 법률은 총 7개의 장과 45개의 조문 및 부칙으로 구성되어 있다. 각 장의 표제는 제1장은 '총칙', 제2장은 '전자상거래 및 통신판매', 제3장은 '소비자권익의 보호', 제4장은 '조사 및 감독', 제5장은 '시정조치 및 과징금 부과', 제6장은 '보칙', 제7장은 '벌칙'으로 되어 있다.

제1장 총칙에서는 입법 목적, 법 적용범위 및 다른 법률과의 관계를 규정하고 있다. 제2장은 이 법의 가장 중요한 내용을 담고 있는 장으로서 전자상거래 및 통신판매를 행하는 사업자들이 준수해야 할 사항들이 규정되어 있으며 제3장에서는 소비자의 권익보호를 위해 공정거래위원회(지방자치단체)가 할 수 있는 구체적 업무사항들이 규정되어 있다. 제4장에서 제7장까지는 공정거래위원회(지방자치단체)가 법 위반행위에 대한 집행을 위한 필요한 조사 및 제재조치와 관련된 제반 규정들이 담겨져 있다.

본 법에서 의미하는 전자거래에는 인터넷 등 전자적 통신수단을 통해 계약이 체결되는 상거래뿐만 아니라, 전자 결제나 자판기에서의 전자적 신호를 이용한 상품거래, 전자문서를 이용한 각종 표시 광고나 통지행위 등이 포함된다. 거래의 일부가 전자문서로 처리되면 상품의 판매나 그에 관한 계약의 성립여부에 관계없이 전자거래가 된다.

통신판매는 상품판매에 관한 정보를 제공하고 인터넷쇼핑, TV홈쇼핑, 카탈로그 쇼핑 등과 같이 전기통신이나 우편 등 비대면의 방법으로 소비자의 청약을 받아 재화등을 판매하는 행위를 말한다. 비대면의 방법으로 계약이 성립하고 재화 등을 판매하는지 여부가 통신판매에 해당하는지를 판단하는 기준이 된다. 인터넷쇼핑몰의 경우에는 전자상거래인 동시에 통신판매에 해당된다.

이 법은 전자상거래 및 통신판매 등에 의한 재화 또는 용역의 거래과정에서 발생하는 사업자의 불공정한 거래로부터 소비자를 보호하는 데 그 취지가 있다. 따라서 이 법은 전자상거래 및 통신판매 등에 의한 방법으로 이루어지는 사업자와 소비자 간의 모든 재화 또는 용역의 거래(B2C)에 대해서 적용된다. 이 법의 보호를 받는 소비자란 사업자가 제공하는 재화 등을 소비생활을 위하여 사용하거나 이용하는 자를 말한다. 따라서 소비자의 위치가 아닌 사업자의 지위에서 상행위를 목적으로 이루어진 거래에 대해서는 기본적으로 이 법이 적용되지 않는다. 다만, 사업자라고 하더라도 사실상 소비자와 같은 지위에서 다른 소비자와 같은 거래조건으로 거래하는 경우에는 이 법의 규정이 적용된다.

이 법에 규정된 가장 핵심적인 소비자의 권리는 청약철회권이라 할 수 있다. 통신판매를 통해 물건을 구매한 소비자는 법 제17조(청약철회 등)의 규정에 따른 청약철회권을 행사할 수 있으며 이 경우 소비자와 사업자는 법 제18조(청약철회등의 효과)에 따른 재화 등의 반환 의무나 수령대금의 환급 의무 등을 지게 된다. 통신판매로 물건을 구매한 소비자에게 7일의 무조건적인 청약철회권을 부여하고 있다. 다만, 소비자는 재화 등의 내용이 표시 광고의 내용과 다르거나 계약내용과 다르게 이행된 경우에는 당해 재화 등을 공급받은 날로부터 3개월 이내, 그 사실을 안 날 또는 알 수 있었던 날로부터 30일 이내에 청약철회가 가능하다.

(2) 소비자정책의 변화와 소비자의 책임

전 세계적으로 소비자정책의 이념이 변화하고 있다. 지금까지 소비자정책은 정보력과 교섭력에서 상대적 우위에 있는 사업자의 활동에 일정한 규제를 가하고, 약한 입장에 있는 소비자에 대하여 정보제공, 소비자교육, 불만 및 피해구제 등을 지원함으로써 소비자이익을 확보하는 데 중점을 두어 왔다.

1990년대 이후 각국에서 규제완화의 진전과 함께 시장 메커니즘이 적극적으로 활용되고, IT화나 국제화 등에 의해 새로운 상품이나 서비스가 속속 등장함에 따라 소비자불만 및 피해도 다양화하고 복잡화되고 있다. 이와 같은 상황 하에서 종전과 같이 엄법 등에 의한 행정적인 사전규제만으로 소비자문제의 해결에 한계가 있을 수밖에 없다.

이러한 변화에 따라 최근의 소비자정책은 사업자에 대한 규제 중심에서 소비자와 사업자가 시장에서 자유롭고 공정한 거래를 하기 위한 시장규칙(rule)을 정비하고, 시장 메커니즘을 활용하는 방식으로 그 중점이 바뀌고 있다고 할 수 있다.

특히 시장 메커니즘의 활용은 소비자가 시장에서 주체적으로 행동하고, 자유롭게 다양한 선택을 할 수 있게 한다. 시장 메커니즘을 충분히 활용하기 위해서는 사업자 사이에 자유롭고 활발한 경쟁이 이루어져, 시장의 공정성과 투명성이 확보되어야 한다. 소비자는 '자립하는 주체'로서 시장에 참여하고, 적극적으로 스스로의 이익을 확보하기 위해 행동하여야 한다. 이와 함께 정부 차원에서도 소비자가 자립할 수 있는 각종 시책을 적극적으로 강구할 필요가 있다.

그러나 시장 메커니즘의 활용이 적절하지 않은 소비자안전 분야 등과 시장 메커니즘을 보완하면서 활용하는 것이 필요한 영역은 여전히 존재하고 있기 때문에 이러한 분야에서는 정부가 적극적으로 관여할 필요가 있다. 또한 소비자거래에서도 사업자로부터 소비자에 대하여 적절하면서 충분한 정보제공이나 적정한 권유 등이 이루어지도록 지속적으로 감시하고 단속할 필요가 있다. 특히 고령자나 청소년층에 대해서는 그 특성을 감안하여 적극적인 대응방안을 마련하는 것이 필요하다.

최근 우리나라에서도 이러한 움직임을 반영하여 소비자보호법의 전면 개정을 추진하고 있으며, 소비자를 지금까지의 '보호의 객체'에서 '자립의 주체'로 파악하는 다양한 소비자정책을 추진하고 있다. 소비자정책의 이념이 변화하고 있는 현 상황 하에서 소비자들의 역할과 책임을 다시 한 번 생각해 보아야 할 것이다.

KEY WORDS

인구고령화, 프로슈머, 큐레이슈머, 트랜슈머, 온라인 마케터, 파워 블로거, U자형 소비, 트레이딩 업, 트레이딩 다운, 가정간편식(HMR), 소비자보호법

DISCUSSIONS

1. 고객 니즈의 변화에 따른 소매유통업계의 변화를 논의하세요.
2. 「소비 양극화」트렌드에 대해 토의하세요.
3. 소비자 보호의 강화가 유통업계에 미치는 영향에 대해 토의하세요.

REFERENCE

1. 2010대한민국 트렌드(2006), LG경제연구원.
2. 한국유통학회(2006), 유통시장개방 10년 리뷰, 범한.
3. 대한상공회의소(2005), '통계로 보는 유통개방 10년'.
4. 공정거래위원회 소비자정보(www.consumer.go.kr)
5. 메트로그룹(www.metrogroup.de)
6. 보건복지부와 한국보건산업진흥원, "고령사회산업 실태조사 및 산업분석", 2011.11.
7. 이코노믹리뷰, "기업미래전략 코드2060, 주차관리 하며 용돈벌이 머리염색 · 피부관리는 기본," 2012.3.20.
8. 조선비즈, '남과 똑 같은 건 못참아! 큐레이슈머를 만족시켜라,' 2012.4.22.
9. Patrick M. Dunne and Robert F. Lusch (2008), *Retailing*, Thomson South Western.
10. Silverstein, Michael J., Fiske, Neil and Butman, John(2008), *Trading Up*, Penguin Group USA.

6장 물류환경의 변화

RETAIL MANAGEMENT

가 물류의 개요

1 물류의 기초개념

물류(physical distribution, logistics)는 상거래에서 생산자로부터 소비자에게 상품이 이동해 가는 물적 흐름을 위한 제반적인 활동으로 정의된다. 물류는 일반적으로 생산지로부터 소비자에 이르기까지 소유권에 관계없이 상품의 원활한 전달을 목적으로 하고 있다. 가장 효율적인 방법에 의해 최저 물류비용으로 소비자의 만족을 극대화시키는 시스템의 구축이 기업의 입장에서 경쟁력 제고를 위해 그 무엇보다 필요하다.

유통의 기능은 크게 상적유통기능(transactional distribution function)과 물적유통기능(physical distribution function), 그리고 유통조성기능(facilitating marketing function)으로 나누어지는데 이때 물적유통을 물류(物流)라고 한다. 상적유통은 거래유통이라고도 하며 소유권이전기능과 지각조정기능, 수량적조정기능, 품질적조정기능을 포함하고 있고 물적유통기능은 장소적 조정기능인 수송기능(transportation)과 시간적 조정기능인 보관(storage), 하역(material handling), 포장(packaging), 유통가공(processing), 물류정보(information) 기능을 포함하고 있다. 유통조성기능에는 표준화 및 등급화(standardization and grading), 금융(financing), 위험부담(risk bearing), 시장정보(market information), 교환주선(exchange arrangement)기능을 포함하고 있다.

한편 물류의 분류를 크게 보면, 원자재 및 부품을 다루는 조달물류, 생산업체의 자재창고 출고에서부터 생산 공정으로의 운반, 하역, 창고의 입고 및 재고관리를 포함하는 생산물류, 그리고 물류의 최종단계인 생산업체의 물류창고로부터 제품을 소비자에게 전달하는 일체의 수 · 배송 및 중간 보관관리에 이르는 물류작업을 포함하는 판매물류가 있다. 본 장에서는 판매물류에 초점을 두고 물류의 주요개념과 주요 용어를 중심으로 다루기로 한다. 특히 IT(Information Technology)의 발전과 함께 이루어지고 있는 물류의 혁신에 대해, 주요 개념정리를 하도록 한다.

2 물류시스템과 물류정보화

최근 물류는 각 단계별 효율성을 제고시키고 또 각 기능들을 통합적으로 관리하기 위한 물류정보시스템이 물류관리의 중요한 요소로 주목받고 있다. 물류정보시스템은 물류활동과정에서 발생하는 정보를 처리, 가공, 전달하여 물류활동을 효과적으로 통제하기 위해 구축된 시스템이다. 물류정보시스템은 수송, 배송, 창고관리, 수 · 발주 등 물류의 모든 기능영역들을 지원하며 구매, 생산, 판매 등 기업경영의 여러 활동과 광범위한 관계를 가지면서, 물류의 여러 기능 시스템을 연결하고 조직화하여, 조정 및 통제 상의 효율성을 강화하는 역할을 한다.[1]

물류정보화는 기업 차원에서 물류혁신과 물류최적화를 위한 의사결정의 필수적인 인프라로서, 물류자원의 효율적 관리와 통제를 통해 기업 전체의 전략적 목표에 일치시킬 수 있는 수단이다. 그러나 물류정보화의 보다 중요한 의미는 공급체인의 각 단계 또는 협력기업들과 정보 및 자원을 공유함으로써 물류흐름의 효율성 제고이다. 물류정보화는 기술적으로 POS(Point of Sale)와 RFID(Radio Frequency Identification), 그리고 인터넷, 무선통신 등에 의해 이루어지지만 공급체인 전체의 정보통합이 그 무엇보다 중요하다.[2]

3 물류의 아웃소싱: 제3자 물류(The third party logistics)

유통업체가 필요한 제품의 구매에서 발생되는 물류를 아웃소싱을 통해 수행되도록 하는 것을 제3자 물류라고 하고 이를 수행하는 물류업체를 제3자 물류업체라고 한다. 제3자 물류업체는 제조업체로부터 소매업체에 이르는 물류를 대행하는데, 수송 및 보관 그리고 주문까지 대행해 주는 역할을 한다.

제3자 물류는 주로 온라인소매업체나 프랜차이즈기업에 의해 이용된다. 오프라인 소매업체가 규모화가 되어 있는 경우, 대체로 자체 물류센터를 보유하고 있다. 따라서 제조업체에서 물류센터로 그리고 물류센터에서 소매매장으로 일정규모 이상의 물류가 움직이기 때문에 자체

---

1 전준수, 종합물류의 이해, 박영사, 2004, p180.

2 한국과학기술정보연구원, 물류산업의 트렌드와 기업 물류혁신 전략, 2004. 11.

물류시스템을 구축하고 있는 경우가 많다. 그러나 고객에게 소량의 물량을 개별적으로 배송해야 하는 온라인 소매업체나 소규모 가맹점 매장에 배송을 해야 하는 편의점 등의 프랜차이즈기업의 경우는 사정이 다르다. 이 경우는 자체 물류시스템을 구축하기 보다는 제3자 물류를 이용하는 것이 보다 효율적인 경우가 많다.

나 IT의 발전과 물류시스템의 혁신

21세기의 가장 큰 변화는 IT혁명에 의해 이루어지고 있다고 할 수 있다. IT혁명은 사회 모든 분야에 영향력을 미치고 있으며 유통도 예외가 아니다. 유통이 IT와 결합하면서 경쟁력이 증대되고 있는 것이다. 연매출액 500조 원이 넘는 세계 최대의 유통기업인 미국 월마트(Wal-Mart)의 경쟁력은 IT를 이용한 첨단 물류시스템이란 것은 이미 널리 알려진 사실이다.

한편, 미국시장에 매년 등장하는 신제품 수의 변화를 살펴보면, 80년대 5,000개이던 신제품 수가 2000년대 후반에는 약 28,000개로 증가하였다고 한다[3]. 이와 같이 신제품의 수가 점차 늘어가면서 소매업체의 SKU(stock keeping unit)[4] 수가 크게 늘고 있다. 이러한 소매업의 SKU 증가와 함께 과학적 상품관리의 필요성이 점차 증대하고 있는 것이다. 또한 공급업체와 소매업체의 전략적 협력관계의 구축이 시장 경쟁력을 높이는데 서로 소매업체나 공급업체 모두 필요하다는데 인식을 높이고 있다.

이제 IT의 발전은 이러한 소매업체와 공급업체의 협력 필요성이 실현되는 것이 가능케 하고 있다. 소매업체와 공급업체는 상품의 주문, 수·배송 및 재고관리, 판매현황 등 관련 정보를 서로 공유하고, 물류정보시스템을 구축하는데 협력하고 있다. 더욱이 소매업체의 머천다이징도 공급업체가 참여하며 협력하는 정도로 발전하고 있다. 결국, IT의 발전은 유통산업의 물류시스템의 혁신을 가져오고 있고 유통산업 전반의 혁신을 초래하고 있다.

1 공급사슬관리(Supply chain Management: SCM)

SCM(Supply Chain Management)이란 '공급사슬관리' 또는 '유통총공급망관리'라고 하며 원료공급업체에서부터 제조업체, 물류센터, 유통업체 그리고 최종 고객에 이르기까지의 공급체인상

---

3 미국 슈퍼마켓의 신제품 수의 변화: 1988년 10,558개(식품 8,183개) → 2003년 23,181개(식품 11,574개) → 2000년대 후반으로 오면서 28,000개 이상으로 증가

4 SKU는 유통업체에서 취급하는 제품의 품목 수를 말한다.

의 자원, 상품, 정보의 흐름을 총체적인 관점에서 통합 · 관리함으로써 공급체인 전체의 효율성을 극대화 하는 전략적 관리방법이다. 생산에서 최종판매에 이르기까지 상품정보 그리고 자원의 흐름을 공유해 불필요한 시간과 경비를 줄이고 물류시스템의 효율성을 높이는데 그 목적을 두고 있다. 소비자의 실제수요에 보다 잘 응답할 수 있는 유통공급망을 만들기 위한 기업간 BPR(Business Process Re-engineering).[5]의 일종이라 할 수 있다. SCM은 정보의 흐름을 신속하고 정확하게 하여, 공급업체와 유통업제가 안전 재고량을 축소, 유통공급과정상의 배송시간을 단축할 수 있도록 한다. 또한 SCM은 기업으로 하여금 핵심역량에 집중하는 효과가 있을 뿐만 아니라 공급체인상의 기업들과 정보와 자원을 공유함으로써 기업의 경쟁력을 제고시키는 기여하는 역할을 한다.

2 카테고리 매니지먼트(Category Management)

카테고리 매니지먼트란, 소매업체가 특정 제품 카테고리의 매출과 이익을 최대화하기 위해 해당 제조업체와 협력을 통해 해당 카테고리의 공동 소매관리를 하는 과정을 말한다. 즉, 유통업체는 제조업체와 특정 제품 카테고리(Category)를 하나의 사업단위로 공동 경영하는 과정으로, 카테고리에 관한 정보를 상호 교환, 통합하여 카테고리의 효율극대화를 통한 사업목표 달성을 위해 전반적인 머천다이징(Merchandising) 전략과 계획을 공동 개발, 실행, 검토해 나가는 과정을 의미한다. 여기서 카테고리란 소비자 구매에 있어서 서로 대체될 수 있는 경쟁적인 제품들로 구성된 제품군을 뜻한다. 그런데 카테고리는 유통업체에 의해 각자 다르게 정의될 수 있을 것이다. 어떤 소매업체에서는 샴푸와 린스를 하나의 카테고리로 보는 반면에 다른 소매업체에서는 샴푸와 린스를 서로 다른 카테고리로 정의할 수 있다. 그러나 소매업체와 벤더, 제조업체를 포함하는 공급사슬(supply chain) 구성원 사이에서는 이들 카테고리에 대한 정의가 사전에 서로 합의되어야 할 것이다.

카테고리 매니지먼트가 필요하게 된 배경을 보면, 첫째, 소비자의 구매행태가 복잡, 다양해지면서 소비자 정보를 이용한 매장 차별화를 통한 고객 유치의 필요성 커졌기 때문이다. 둘째,

5 BPR(업무재설계)은 1990년대 초 미국에서 제창한 개념으로서, 사업 활동을 영위하는 조직의 측면에 있어, 작업을 개선하고 자원의 사용을 보다 효율적으로 만들기 위하여, 하나의 목적으로 처음부터 다시 근본적인 변화를 만드는 것을 의미한다. BPR은 업무 프로세스의 근본적인 재고(再考)가 수반되며, 원가, 서비스품질, 직원들의 활력 등과 같은 중대한 지표들이나 또는 그 모두를 강화하기 위한 업무활동의 재설계로 이어진다. 일반적으로 BPR의 개념에는 데이터를 조직화하고, 방향을 설정하기 위하여 컴퓨터나 정보기술을 사용하는 것이 포함되어 있다.

효율적인 머천다이징과 불필요한 과정의 제거, 판촉 개선을 통한 비용절감 및 이익증대의 필요성이 커졌다. 셋째, 늘어나는 신제품의 출현으로 과학적 방법에 의한 최적의 공간 할당 및 제품 믹스의 결정이 필요해졌다. 넷째, 유통경로상의 힘의 이동(power shift)이 제조업체에서 유통업체로 옮겨가면서 제조업체의 일방적 마케팅의 한계와 함께 협력의 필요성 증대하기 때문이다. 유통업체와 제조업체가 서로 다른 정보와 경험을 보유하고 있다. 유통업체는 바이어 1인이 평균적으로 과다한 카테고리를 관리하면서 유통업체의 제품관리에 어려움이 커지고 있고, 반면 제조업체는 적은 카테고리에 숙련된 팀들을 보유하고 있어서 서로의 장점을 이용하는 협력의 필요성이 증대되고 있는 것이다. 다섯째, 정보기술(Information Technology)의 발전과 실용화가 확대되면서 그 응용이 산업 전반에 확산되고 있기 때문이다.

카테고리 매니지먼트를 통한 유통업체의 기대효과는 첫째, 고객의 니즈변화에 신속히 부응하면서 고객만족의 증대를 얻을 수 있다. 둘째, 고객수요충족과 품질개선을 통해 매출 증대의 효과를 얻을 수 있다. 셋째, 재고와 점포운영비용의 절감을 통해 비용 절감의 효과를 얻을 수 있다. 넷째, 투자 자산에 대한 수익 극대화이다. 다섯째, 사실에 근거한 의사결정과 본부와 점포의 의사소통이 보다 용이해지고 카테고리 동향의 정보습득 등 정보의 활용도가 높아진다.

한편, 제조업체가 얻는 기대효과는 첫째, 유통정보의 활용을 통한 제품개선과 개발로 고객만족을 증대시킬 수 있다. 둘째, 카테고리 규모의 증대로 매출 증대를 기대할 수 있다. 셋째, SKU 합리화를 통해 비용을 절감할 수 있다. 넷째, 조직을 고객 지향적인 체제로 강화할 수 있다. 다섯째, 사실에 근거한 의사결정과 고객 마케팅의 강화, 그리고 새로운 아이디어 창출이 가능할 수 있도록 하는 정보 활용도의 증대이다.

3 연속적 재고보충(CR, Continuous Replenishment)

CR(Continuous Replenishment)은 상품을 소비자수요에 기초하여 유통소매점에 공급하는 방법으로(이를 Pull방식이라고 함) 기존에 유통소매점에 재고가 있음에도 불구하고 상품을 공급하는 것(이를 Push방식이라 함)과는 차이가 있다. CR의 초기단계에서는 유통공급과정에서 상품을 공급 받기 위해 유통업체의 물류센터 또는 도매배송업체의 출고데이터를 사용하며, CR의 발전단계에서는 POS 데이터를 사용하여 상품보충 프로세스를 보다 개선시킬 수 있다.

CR은 상품의 공급체인에 속한 거래업체들 간에 서로 협력하는 업무방식으로서, 이는 주문수량에 근거하여 물류업체가 주문을 하는 전통적인 상품보충 프로세스로부터 실질적인 상품수요와 예측수요를 근거로 상품보충을 하는 것이다. CR을 구현하게 되면 배송이 신속하게 되어 재고수준과 운영비를 낮출 수 있다.

CR에서는 판매데이터와 판매예측을 근거로 한 소비자 수요를 통해 상품보충에 필요한 주문과 배송을 실시하게 된다. 가장 보편적인 형태로 운영되는 공급자 주도형 재고관리(VMI, Vendor Managed Inventory)는 소매업체 본부에서 재고데이터와 점포별 주문데이터를 매일 공급업체에 전송하며, 공급업체는 소매업체 본부가 소매점포의 상품수요를 충족시킬 수 있도록 주문업무를 책임져야 한다.

CR의 근간은 전자문서교환시스템(EDI)[6]에 있다. EDI는 소매업체가 제조업체에게 상품의 출고요청을 전송할 수 있도록 한다. 초기단계에서는 소매업체 창고의 출고데이터를 기초로 EDI 문서를 전송하게 되지만, POS데이터의 통합관리 능력이 증대됨에 따라 점포에서 실제 판매된 판매량에 근거한 EDI 문서전송이 가능해진다. 이를 통해 각각의 단품별 판매에 따른 제조업체의 단품별 보충이 가능하게 된다.

CR은 전반적인 공급과정에서의 상품에 대한 주문기능을 향상시킨다. 상품보충을 위한 주문수량은 실질적인 소비자수요와 판촉행사로 인해 예상되는 수요예측에 의해 결정된다. 정보가 컴퓨터에 의해 처리되므로 공급과정 상에서 발생되는 수많은 데이터 입력시점에서의 수작업이 제거되어 비용을 절감할 수 있다. 또한 정보의 흐름이 정보통신망 통해 전자적으로 처리됨에 따라 상품의 보충주기가 단축되어, 결과적으로 소비자수요에 대한 반응도를 높일 수 있게 된다.

CR은 또한 공급과정에서의 상품의 흐름을 향상시킬 수도 있다. 한 번에 많은 양의 상품을 배송하는 대신, 소매업체와 도매업체 창고의 재고수준을 낮출 수 있도록 소량단위의 배송빈도를 증대 시킬 수 있다. 또 다른 이점으로는 거래업체 들과 보다 나은 업무적 협조관계를 구축할 수 있다는 점을 들 수 있다.

4 공급자 주도형 재고관리(VMI, Vendor Managed Inventory)

공급자 주도형 재고관리는 소매업의 점포관리를 소매업체를 대신해서 공급자인 제조업체 혹은

6 EDI(Electronic Data Interchange)는 소매업체와 벤더 혹은 제조업체 사이의 거래에 필요한 서류를 컴퓨터를 통해 이루어지는 것을 말한다. 판매자료, 주문서류, 반품자료 등 거래관련 자료들이 소매업체에서 제조업체 혹은 벤더에게 컴퓨터를 통해 전달된다.

도매업체가 하는 것을 말한다. 소매업체측에서 자동보충발주를 치밀하게 하더라도 제조업체와 도매업체에서는 그 상품이 없기도 하고, 또는 출하하기까지 필요이상의 시간이 걸려 납기를 지키지 못하게 되면, 시스템은 제 기능을 하지 못하게 된다. VMI는 소매업에 의한 발주단위 자체를 없애고, 재고관리를 제조업체 도매업체의 손에 맡겨 버리려고 하는 것이다.

VMI 구축에 따른 소매업체측의 편익으로는, 컴퓨터의 발주처리비용이 필요 없게 되고, 상품의 리드타임(Lead Time)[7]단축과 대폭적인 재고삭감, 그리고 품절의 감소와 소매점포의 매상을 증가시킬 수 있다. 한편 제조업체나 도매업체측의 VMI 구축에 따른 편익은, 실시간의 소매업체 판매정보를 통해 보다 정확한 판매예측과 그에 따른 생산과 재고조절 및 상품기획이 가능해지며, 시장변화에 적절히 대비할 수 있게 된다는 것이다. 또한 소매업체로부터 주문을 받는 것이 아니고 제조업체와 도매업체가 주문을 직접 관리하기 때문에 주문오류도 줄어들게 되고 그에 따른 반품비용 또한 줄어드는 효과가 생긴다. 그리고 소비자 니즈에 적절히 부응함으로써 고객인 소매업체의 만족도를 증가시키고 결과적으로 소매업체와의 협력과 결속관계가 보다 강화되는 효과도 얻게 된다.

그러나 이러한 긍정적인 효과가 있음에도 제조업체나 도매업체에서 VMI 구축을 꺼리는 이유는 다음과 같은 VMI 구축의 한계가 있기 때문이다. 먼저 소매업체의 판매정보가 주어지더라도 이에 대한 적절한 분석이 이루어지지 못하면 효과적인 생산과 재고 유지가 어렵다는 것이다. 또한 협력관계에 있는 소매업체의 과다한 기대에 대한 부담도 문제가 될 수 있다. 그리고 VMI 협력업체에 초점을 맞추다보면 다른 고객의 불만이 증대될 수 있다. 제조업체나 도매업체가 VMI 협력업체와 우선적인 관계를 유지할 때, 다른 고객에 대한 서비스 수준은 감소할 수밖에 없을 것이다. 제조업체나 도매업체 내부의 VMI 구축효과에 대한 합의가 이루어지지 못하는 경우, 내부적인 충분한 협력이 이루어지지 못하고, 결국 효과적인 VMI 관리가 제대로 이루어지지 못하는 문제가 발생될 수 있다. VMI 구축에 앞서 내부적인 공감대와 합의가 우선적으로 이루어져야 그 효과를 얻을 수 있을 것이다.

5 QRDS(Quick response delivery system: 신속반응배송시스템)

QRDS는 소매업체의 리드타임(lead time)을 줄이기 위한 재고관리시스템이다. QRDS의 목표

7 리드타임은 소매업체의 제품주문에서부터 주문된 제품이 소매업체에 배송되는데 걸리는 시간을 말한다.

는 재고투자를 줄이고 고객서비스를 증대시키며, 물류비용을 줄이기 위한 것이다. QRDS는 고객이 원하는 시간과 장소에 필요한 제품을 신속하게 공급하기 위한 물류 · 정보시스템이라 할 수 있다. 결국 QRDS의 성공적 도입은 리드타임의 단축을 통해 신속한 상품공급과 재고감축의 효과를 얻을 수 있게 된다. 소매업체와 공급업체의 판매정보의 공유를 통해 판매시점의 소비자 정보가 공급업체에게 신속히 전달되고 소매업체의 특정점포의 적절한 재고수준에 맞추어 배송이 이루어지므로 리드타임을 단축하고 재고 또한 감축할 수 있게 되는 것이다.

6 ECR(efficient consumer response: 효율적소비자반응시스템)

ECR시스템은 소비자에게 보다 향상된 가치를 제공하기 위해 미국 식품산업의 유통기관과 제조업체의 밀접한 제휴에서 시작되었다. ECR시스템의 목표는 소비자만족의 극대화와 비용절감이다. ECR시스템이 갖추어지기 위해서는 단절적으로 수행되던 재고보충사이클이 자동화 되어야 한다. 물류센터와 소매점포간 재고의 흐름이 자동화되어야 하고 공급업체와 물류센터간 재고보충사이클이 자동화 되는 것이 필요하다. 이렇게 과정별로 자동화가 이루어지고 나면 시스템 전체적으로 재고보충사이클을 하나로 묶는 통합작업이 수행되어야 한다.

7 CPFR(collaborating, planning, forecasting, and replenishment: 협력 · 계획 · 예측 · 보충시스템)

CPFR은 소매업체가 정보를 벤더와 공유하도록 하는 일종의 협력재고관리시스템이다. CPFR의 목적은 공급사슬(supply chain)을 통해 재고는 줄이면서 매장 내 선반에서의 품절을 막는 것이다. CPFR은 소매업체와 벤더 모두에게 이익이 되는 위윈(win-win) 시스템이다.

8 RFID(Radio Frequency Identification) 도입[8]

최근 들어 '유비쿼터스(Ubiquitous)'라는 말을 자주 듣는다. 유비쿼터스는 라틴어로 '언제 어디서나 있는'을 뜻하는 말이다. 인터넷이 등장하면서 온라인, 즉 버추얼 공간 개념이 등장했고 실체를 온라인 공간에 옮기는 것이 지금까지의 인터넷 발달 과정인 것에 비해 유비쿼터스는 반대로 모든 실체에 컴퓨팅 공간 개념을 심는 것이다. 이 유비쿼터스를 실현하는 핵심이 바로 RFID이다.

상품 및 물체 인식을 위한 무선주파수 수신기인 RFID는 판독기(Reader), RF태그(Tag), 안

8 나영일, 유비쿼터스의 실현 RFID, 컴퓨터 월드, 2004.10.04

테나를 통하여 비접촉 방법으로 상품 및 물체를 인식해 태그에 기록된 정보를 판독하거나 기록하는 무선주파수 인식기술이다. RFID는 바코드 및 스마트카드(Smart Card)와 유사한 기능을 수행한다. 그러나 그 차이를 보면, 바코드나 스마트카드의 경우 레이저 판독기를 바코드나 스마트카드에 직접 혹은 매우 가까이 접촉시켜야 하지만, RFID는 원거리에서도 쉽게 상품의 정보를 식별할 수 있으며 필요한 정보를 삽입할 수도 있는 장점이 있다. RFID는 스마트카드에 비해서는 가격이 저렴하고. 바코드에 비해서는 월등히 많은 정보를 축적할 수 있는 장점이 있는 등 응용의 범위나 경제성에 있어서도 많은 장점을 지니고 있다.

RFID 즉, 무선주파수인식기술은 20세기 중반에 개발되어 1990년대 말에 재고관리 및 공급망관리 등에서 사용됨으로써 두각을 드러낸 기술이다. 과거에는 시스템이 개별적인 실체를 인식할 수 없었지만, 이제 RFID를 통해 모든 실체들이 무선 네트워크상에서 인식될 수 있는 존재가 된 것이다. 공급망에 있는 모든 품목의 개별적 식별이 가능해짐으로써 공급망의 효율은 증가하며, 완벽한 유통이 실현되는 것이다.

이러한 IT를 포함한 기술발전은 유통시장을 둘러싼 환경적 변화를 초래하고 있다. 2005년 1월부터 세계최대 유통업체인 월마트는 자사의 100대 공급업체에게 RFID부착을 의무화시켰다. 이제 유통시장에서의 RFID시대가 시작된 것이다.

유통산업에서 RFID의 활용과 그 기대효과는 매우 크다. 첫째, 매장 재고관리의 효율성 증대이다. RFID는 매장 내 판매상황을 실시간으로 파악해 즉각적인 대응을 할 수 있게 한다. 최소재고량을 유지하고도 고객이 원하는 모양, 크기, 색상 등에 따른 다양한 상품구색 갖춤이 가능해진다. 그리고 물류센터 및 창고의 재고관리의 효율성도 증대된다. 차량이 게이트를 통과하는 것만으로 상품검색이 이루어지고 실시간 입출고 내역이 자동 파악된다. 둘째, 계산시간의 단축 및 매장 내 상품의 위치정보의 신속한 제공 등 고객편의를 높이는데 기여한다. 쇼핑카트가 계산대를 통과하면에 설치된 판독기에 의해 곧 바로 구매내역이 파악되고 결제가 이루질 수가 있기 때문에, 기존의 바코드를 찍기 위해서 계산대 앞에 길게 줄을 서는 불편이 없어지고 계산시간이 획기적으로 단축되게 된다. 또한, 쇼핑카트에 부착된 네비게이션 시스템(navigation system)을 이용하여 고객이 원하는 상품위치 등을 바로 확인이 가능하고 안내해 줌으로써 고객만족을 높일 수 있다. 그리고 GPS 기능을 활용하여 쇼핑카트의 동선을 파악함으로서 고객이 원하는 매장 레이아웃(layout) 및 상품진열이 가능해질 수 있다. 셋째, 로스(loss) 감소 및 유통질서 확립이 가능해진다. 고객 혹은 내부관계자에 의한 도난방지 및 상품의 위치추적을 통한 효율적 상품관리에 의해 로스절감이 가능해진다. 그리고 단품별 고유식별번호를 통해 유통 단계별 경로추적이 가능해져서 무자료 거래나 생산에서부터 소비에 이르기까지 생산 및 유통이력의 추적[9]이 가능하다. 이는 RFID가 유통질서를 바로잡고 상품(주로 식품)의 안전사고 원인을 파악하여 예방하는데도 크게 기여할 수 있음을 보여주는 것이라 하겠다.

그러나 RFID의 필요성과 유통분야에 미치는 혁신에 대해서 잘 알려져 있음에도 불구하고 RFID의 유통산업의 활용은 여전히 기대 이하에 머물고 있다. 현재 취급 상품에 RFID를 적용하며 물류혁신을 이루고 있는 유통기업은 세계 최대의 글로벌 유통기업인 월마트 정도에 불과하다. 그것도 월마트 해외 매장에서는 적용되지 못하고 미국 내 매장에서만 적용되고 있다. 월

표 6-1 바코드와 RFID의 비교

구분	바코드	RFID 태그
저장능력	2의 7승	2의 128승 이상 가능 (바코드에 비해 최대 6천배의 저장능력)
저장정보	국가(한국 880), 제조업체(4), 상품품목(5)에 대한 정보만 입력	국가, 제조업체, 상품품목 외 생산일자, 유통기간, 상미기간, 가격정보, 조리방법 등 가능
상품정보	동일상품 동일ID	동일상품 개별ID
예제	농협에서 납품받은 시금치	산지에서 8월31일 오후6시에 출하되어, 9월1일 오전 7시에 가공센터로부터 출고되었으며, 오후10시에 매장에 입고되어, A33번 곤돌라에서 진열된 10개중 7번째 시금치 

자료 : 유통산업의 RFID와 유비쿼터스 혁명, 한국체인스토아협회 2003. 8

9 RFID는 상품의 유통과정상의 신뢰를 높이고 유통 중에 발생하는 안전사고의 원인을 추적하고 예방하는 생산이력추적시스템의 도입을 가능하게 하고 있다. 특히 생산이력추적시스템은 농수축산물을 포함하여 가공식품 전반에 걸쳐 생산물의 생산 및 유통의 이력을 조회할 수 있고 추적이 가능하게 하여, 농장에서 식탁(Farm to Table)에 이르기까지 안전한 식품이 유통될 수 있게 하는 혁명을 일으키고 있다.

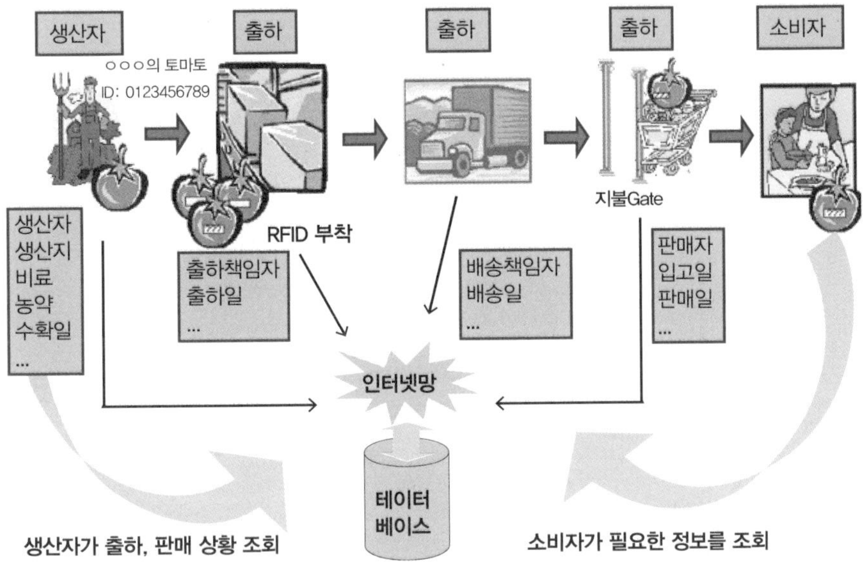

그림 6-1 RFID를 이용한 농산물 생산이력추적시스템

마트가 그나마 RFID를 그 정도 적용시키고 있는 것은 월마트의 세계 최대 바잉파워와 월마트가 갖춰 놓은 세계 최대의 물류시스템의 기반이 있기 때문일 것이다. 앞으로 RFID가 유통업계 널리 도입되기 위해서는, 제조업계의 부담되는 도입 비용과 RFID의 식별오류를 획기적으로 낮출 수 있는 혁신적 RFID 기술개발이 있어야 할 것이다. 그리고 상품식별을 위한 RFID 국제코드의 표준개발 또한 RFID도입 확산을 위해 필요한 과제이다.

MINI CASE 6-1 QR코드가 가져온 정보화 혁명...어디까지?

아이폰이 가져온 스마트폰 빅뱅은 기업 정보화 흐름을 바꿔 놨다. 모바일 기기로 이메일부터 전사자원관리(ERP) 시스템까지 사용하는 모바일 오피스는 유행처럼 퍼지고 있다.

하나 더 주목할 것이 있다. 'QR코드'다. 스마트폰 카메라로 읽으면 웹과 연계된다는 점에서 이용이 급속히 확산되고 있는 바코드의 일종이다. QR란 빠른 반응(Quick Response)을 줄인 말로 이미지의 검정색은 1, 흰색은 0을 표시하는 디지털 코드의 일종이다.

스마트폰으로 포털의 '코드 검색'이나 QR코드 전용 리더 앱으로 코드를 스캔하면 동영상, 모바일 웹, 약도 등 다양한 웹 상의 정보를 띄워준다. QR코드는 스마트폰 확산과 더불어 기업 마케팅 수단에서 핵심 정보 전달 매개체로 진화하고 있다. 물류부터 유통 정보 흐름, 소비 모습도 바꾸고 있다. 기존 바코드처럼 쉽게 인쇄가 가능해서 잠재력도 무궁무진하다.

홍보 수단에서 물류 등 핵심 정보 매개체로 진화

최근 한 이슬람권 업체는 이슬람교 신도를 위한 QR코드 시스템을 개발했다. 신도들이 사원으로 기도를 하러 가면 자동차를 대절해 신도들을 태우는데 신도들마다 고유의 QR코드를 부여해 탈 때마다 스캔하면 코드를 부여받은 승객이 어느 버스를 타야 하고 위치가 어디인지, 또 목적지가 어디인지 알 수 있다. 일일이 대화를 주고받지 않아도 된다.

유사한 서비스를 고민하는 국내 기업이 있다. QR코드를 아이들 옷에 인쇄해 아이들의 정보를 담을 수 있게 해주는 서비스다. 예를 들어 아이가 옷에 QR코드가 담긴 라벨을 붙이고 있으면 QR코드 안에 부모님 전화번호는 물론이고 옷에 대한 주의사항까지 담을 수 있다는 것이다.

이 같은 고민을 하는 기업은 최근 QR코드를 물류 공급망관리(SCM)에 접목해 업무 속도를 높인 푸드머스다. 풀무원그룹 식자재 공급업체 푸드머스는 전자태그(RFID) 대신 QR코드로 자재 입고와 출고를 관리하기 시작했다. QR코드를 스마트폰으로 읽으면 식품의 영양소까지 파악 가능하도록 개발 중이다. 물류 혁신부터 '믿을 수 있는' 식품을 만드는 역할까지 맡은 것이다.

식자재는 짧은 시간에 정확히 배송해야 하지만 특히 비정형 제품들이 많고 다품종 소량이란 특징이 있다. 기존 막대형 1차원 바코드를 사용하던 푸드머스는 RFID와 QR코드 가운데 고민하다 인식률과 원가 등을 고려해 QR코드를 도입했다.

QR코드는 협력업체들이 마치 바코드를 인쇄하듯 QR코드를 SCM 포털로 인쇄할 수 있도록 하면 되기 때문에 리더 도입 비용만 일시적으로 들었다. 바로 이러한 점이 최근 기업들이 관심을 가지는 QR코드의 가능성이다.

RFID 대체 가능할까, 동시 인식 어려워

QR코드는 기존 바코드처럼 '인쇄'만 하면 된다. 원가가 저렴하면서 기존 바코드 이상의 효과를 낼 수 있는 것이다.

QR코드의 단점은 RFID처럼 다수 제품 동시 인식이 되지 않는다는 점이다. 최근 QR코드를 도입한 제약업계 관계자는 "생산 공정에서는 RFID를 사용하고 단순 정보를 담아 소비자에게 전달하는 데는 QR코드를 쓰는 등 그 영역을 분리하고 있다"며 "아직 QR코드로 다량의 제품을 동시에 스캔하기 어렵기 때문에 생산 현장에서 쓰기는 어렵다"고 말했다.

현재 기술로는 RFID도 다수 제품 동시 인식률이 완벽하지는 않다. 단품 단위 인식에서는 대등한 위치에 있다. QR코드 스캔 장비를 개발하는 업체도 늘어나면서 단품 단위 스캔 인식은 RFID 인식 속도를 넘어서고 있다. 스캐너로 인식하면 iOS 혹은 안드로이드OS 모바일기기로 정보가 바로 전송된다. 특히 QR코드는 스마트폰으로 직접 인식이 가능해 '생산–유통–소비자'를 이을 수 있다는 특장점이 있다. 사실 RFID는 스마트폰과의 게이트웨이 역할을 하는 중간 통신수단이 있어야 한다.

이에 QR코드가 붙은 광고판을 판매와 연계한 홈플러스의 '지하철 가상매장' 등 사례도 G마켓 등에 이어 유통업계에서 빠르게 확산되고 있다. 영업 사원도 모바일기기를 가지고 다니다가 QR코드만 스캔해 원하는 정보를 고객에게 보여줄 수 있는 시스템이 개발되고 있다. 레스토랑 등에서도 활용이 확대되고 있다.

태그 인식의 장점도 있다. 푸드머스에 적용된 QR코드 리더를 개발한 유니온넷 관계자는 "기존 RFID 최대 취약점은 전도성 있는 철이나 수분이 들어있는 제품"이라면서 "주로 식음료 업체에서 RFID 도입이 어려웠던 것이 사실"이라고 말했다. RFID 태그는 원가가 높은데다 은박지 재질 등에 영향을 받으면 인식률이 낮다. 반면에 QR코드는 반사 재질이 있는 비닐 등에서 인식률이 낮다.

이 때문에 전자제품에 QR코드가 더 적절하다. 최근 삼성전자 등이 QR코드 활용을 늘리고 있는 이유다. 이 같은 장점을 기반으로 기업 정보화 영역에서 QR코드 적용이 어디까지 확장될 지 기대된다.

자료: 전자신문, 2011.11.27.

MINI CASE 6-2 쇼핑 정보 담긴 '스마트 카트'

대형마트의 카트가 정보기술(IT)과 예술이 접목되는 등 진화를 거듭하고 있다.

이마트는 SK텔레콤과 전략적 제휴를 맺고 스마트폰과 최첨단 무선신호 송신 방식인 실내측위기술(Zigbee)을 기반으로 한 '스마트 카트' 서비스를 4일 서울 성수점에서 선보였다.

스마트 카트 서비스는 스마트폰을 통해 얻은 쇼핑정보, 구매리스트를 매장 내 카트와 연동해 매장에서 쇼핑을 원활하게 하는 것을 돕는다. 또 와이파이(WiFi-무선인터넷)망을 이용해 실시간으로 업데이트되는 쇼핑과 할인 정보도 제공해준다. 스마트폰으로 결제도 가능하다.

특히 스마트카트를 통해 수집된 정보를 바탕으로 고객 구매이력 및 사용패턴 등을 분석해 더욱 편리하게 쇼핑할 수 있도록 상품진열, 매장환경 등을 개선하고 맞춤형 서비스를 제공할 예정이다.

이마트 전략경영본부 박주형 부사장은 "두 회사의 유통과 통신서비스에 결합해 고객에게 새로운 가치를 제공할 것"이라며 "SK텔레콤과 함께 스마트카트를 점차 개선해 고객서비스를 강화하는 등 유통 혁신을 이룰 예정"이라고 말했다.

홈플러스는 카트에 예술적인 요소를 입히는 것을 검토 중이다. 지난 5~6월 동안 쇼핑카트 디자인 공모전인 '카트아트(CArt Art)' 공모전을 개최한 바 있다. 대상 수상작 'GIFT'(이현우 · 홍익대 산업디자인학과)는 '홈플러스의 상품은 고객에게 드리는 선물'이라는 의미를 기존 카트 디자인과 어우러지는 '선물' 모양으로 표현했다.

이밖에 동물 모양의 카트, 아기공룡 캐릭터 카트, 쇼핑리스트 및 장바구니 고정대와 사이드도어, 브레이크 등을 갖춘 기능성 카트 등이 수상했다.

홈플러스는 수상작들의 예술성 및 실용성 등을 바탕으로 매장 내 새로운 디자인의 카트 도입을 살펴보고 있다.

이밖에 지난 2005년 세계 최초로 '전자태그(RFID) 카트'를 시범운영하기도 했다. RFID 카트는 쇼핑카트에 전자 태그를 내장, 고객의 쇼핑패턴 정보를 수집 · 분석해 매장 구성인 상품 진열을 효율화할 수 있도록 도와주는 차세대 매장관리 기반이다.

위치와 동선, 각 코너에서 고객이 머무른 시간과 계산대에서의 대기 시간 등 모든 쇼핑정보를 실시간으로 수집 · 보관할 수 있다.

자료: 전자신문, 2011.10.4.

MINI CASE 6-3 카트마다 쇼핑 돕는 아바타, 물건 담으면 자동 합산

2021년 여름, 스마트TV로 영화를 보던 26세의 진미래씨. 잠깐 쉬는 동안 화면 한구석에 3D로 만들어진 백화점 쇼핑 전단을 불러냈다. 세계적인 모델 미란다 커가 입고 있는 원 피스가 눈에 들어왔다. 스마트TV의 리모트 컨트롤을 3D 영상 쪽으로 가져가니 관련 정보가 쫙 떠올랐다. 원피스는 신규 브랜드 '신데렐라'의 신제품이었다. 그녀는 바로 스마 트폰을 켰다. 스마트폰에 저장된 자신의 아바타를 실행시키기 위해서다. 방금 검색했던 원피스가 아바타에 입혀진다. 자신에게 맞는 사이즈의 재고가 2개 남았다는 애플리케이 션 알림 멘트에 그녀는 바로 백화점의 소셜네트워크서비스(SNS)에 접속해 원피스를 내일 매장에서 직접 입어 볼 수 있도록 예약한다.

 # 장면1. 휴일 쇼핑을 위해 서울 강남역을 찾은 A씨(32세). 지하철을 타는 동안 스마트폰 앱으로 평소 좋아하는 글로벌 브랜드 '와우'의 신상품 티셔츠를 검색한다.

강남역에 내리자 인근의 맛집, 패션 브랜드 정보가 실시간으로 스마트폰에 떴다. 모두 A씨의 취향을 감안한 것이다. 티셔츠 매장 앞에 선 A씨, 마네킹이 서 있는 쇼윈도를 터치해 봤다. 쇼윈도가 뿌옇게 바

꿔더니 마네킹 옷 정보가 쇼윈도 화면에 뜬다. 매장 안으로 들어가 티셔츠를 입고 거울형 디스플레이에 비춰 봤다.

그에 맞춰 입을 미니스커트도 사고 싶어졌다. 점원에게 추천을 부탁하자 최신 스타일의 스커트 5개를 티셔츠를 입은 A씨의 영상에 가상으로 입혀 줬다. 귀찮게 입고 벗고 할 것 없이 그중 어울리는 것 하나를 골랐다. 구두도 사고 싶어졌다. 스마트폰 SNS로 명동 단골 구두매장의 매니저에게 이곳 매장의 거울형 디스플레이에 신제품 영상을 띄워 줄 것을 부탁했다. 가상으로 3D 영상의 구두를 신어 봤다. 결과는 대만족. 원격으로 구두를 구매하고 배달을 부탁한 뒤 A씨는 티셔츠와 미니스커트를 챙겨 들고 매장을 나섰다.

 # 장면2. 쇼핑할 땐 직접 가서 고르는 걸 즐기는 B씨(39세). 시식 제품도 맛볼 겸 새로 나온 즉석식품 트렌드도 확인할 겸 전기차를 몰고 대형마트로 향했다. 아차차, 가장 중요한 '퓨처 카드(future card · 가칭)'를 빼먹었다. 이를 챙긴 뒤 마트에 도착한 B씨는 쇼핑카트에 퓨처 카드를 끼웠다. 카트에 설치된 컬러 화면에 최근 B씨가 구매한 아이템들이 떴다.

화면에 등장한 쇼핑 도우미 아바타는 "지난번에 구매한 연어는 어떠셨나요. 오늘은 50% 세일 특가로 나온 노르웨이산 고등어를 한번 구경해 보세요"라고 권한다. '좋다'고 대답하자 화면 속 쇼핑 도우미는 고등어 진열대로 가는 길을 안내한다.

중간중간 평소 B씨가 많이 샀던 제품들의 할인 정보를 알려 준다. 원하는 물건을 카트에 담을 때마다 현재 구매금액이 자동으로 합산돼 카트 앞 화면에 표시된다. 쇼핑 뒤엔 그냥 계산대 앞을 지나가기만 하면 된다. 카트 속 상품을 일일이 꺼내 바코드를 찍고 다시 집어넣는 것은 10년 전에나 하던 방식이다. 작은 칩이 제품마다 내장돼 모든 정보와 이력이 취합되는 RFID(Radio Frequency Identification·전자 태그) 덕택이다.

#장면3. 가족과 함께 놀이공원을 찾은 C씨(40대 초반). 스마트폰에 내려받은 입장권 QR 코드로 공원 안에 들어가니 C씨 가족의 나이를 고려해 각자 타고 싶은 놀이기구를 추천해 준다. 놀이기구 앞에서도 줄을 설 필요가 없다. 타고 싶은 놀이기구에 스마트폰 QR 코드를 대면 예약이 가능해 "22분 뒤에 오세요"라고 알려 준다.

귀갓길에 휘발유가 얼마 남지 않았다는 경고 멘트가 차에서 흘러나온다. 내비게이션에선 가까운 주유소 중 기름값이 싼 곳을 자동으로 안내해 준다. 주유소에 접어드는 순간, 번호 인식 시스템이 C씨의 차량 번호를 인식한다. 주유시간에 고객에게 맞는 개별 인사말이 흘러나왔다. C씨가 쌓은 포인트가 몇 점인지, 얼마를 넣으면 경품을 탈 수 있는지 알려 준다. 고객 맞춤형 정보를 알려 주는 '퍼스널 케어 서비스'다.

이런 쇼핑 장면들은 유통 전문가들과 정보기술(IT) 업체들이 전망하는 10년 뒤의 모습이다. 일부는 이미 현실화됐다. 신세계백화점은 오프라인 전단을 발전시킨 동영상 전단을 지난 6월부터 내놨다. 아나

운서와 전문 캐스터가 백화점 홈페이지, 인터넷TV(IPTV), 스마트폰 앱, 트위터 · 페이스북 등에 등장해 주요 쇼핑 뉴스와 문화 이벤트를 알려 준다. 신세계백화점 마케팅 담당 김봉수 상무는 "10년 후엔 동영상 캐스터를 맞춤형으로 선택할 수 있다. 자기가 좋아하는 인기 연예인이 가상 캐스터로 등장해 고객을 안내하는 시스템도 가능해질 것"이라고 말했다. 요즘엔 스마트폰으로 QR 코드를 찍으면 백화점 곳곳의 신제품을 안내해 주는 시스템이 활용된다.

위치 기반 서비스도 선보이고 있다. 개별 취향이나 입맛에 딱 맞춘 정보는 아니지만 가까이 있는 맛집 · 주유소 · 패션매장을 안내해 주는 서비스는 스마트폰의 인기 앱 중 하나로 자리 잡았다. 또 이마트는 미래에 도입될 RFID 서비스를 원활하게 하기 위해 RFID 주파수 흐름을 방해하지 않도록 철제 카트를 플라스틱으로 교체하는 작업을 지난 6월 시작했다. 놀이공원 · 주유소의 퍼스널 케어 서비스는 현재 기술로도 가능하다. 제일기획이 2009년 10월 국내 소프트웨어 벤처기업들과 함께 개최한 '마케팅 통섭전'의 아이디어다. 문제는 이를 도입하기 위한 투자, 오차와 에러를 없애는 시스템 등이 관건이다. 제일기획 프로모션제작팀 남상민 마스터는 "미래에는 단순한 제품 판매방식보다 디지털 기술을 기반으로 소비자들에게 다양한 정보와 체험을 제공하는 고객 체험 마케팅 커뮤니케이션이 대세로 자리 잡을 것"이라고 말했다.

백화점 · 대형마트 · 수퍼마켓 · 인터넷쇼핑 등 유통채널별 시장 규모는 어떻게 변화할까. 일단 온라인쇼핑이 기하급수적으로 성장할 전망이다. 국내에서 매년 두 자릿수 이상 성장해 온 온라인쇼핑은 백화점 · 대형마트 등 오프라인 유통 규모를 이르면 내년께 넘어설 것으로 보인다. 신세계유통산업연구소는 국내의 인터넷쇼핑과 TV홈쇼핑 등을 포함한 무점포 매출이 올해 34조4000억원에 이르러 백화점 매출(26조5000억원 추정)보다 훨씬 많을 것으로 내다봤다.

온라인쇼핑 시장은 단순히 규모만 커지는 것이 아니다. 10년 후엔 온 · 오프라인쇼핑의 경계 자체가 무너질 가능성이 크다. 신세계유통산업연구소는 "모바일을 기반으로 한 온 · 오프라인 간 크로스 채널 유통이 늘어나는 게 온라인쇼핑의 성공요인"이라고 밝혔다. 경제전문지 포브스 역시 '온라인쇼핑 10대 전망' 기사에서 "플로리다의 식료품점 '팜스토어'가 온라인 구매 제품을 드라이브 스루(차를 몰고 지나가며 쇼핑을 하는 매장)에서 픽업할 수 있게 하는 시스템을 이미 구축했다"고 소개했다. 국내에서도 온라인쇼핑몰 롯데닷컴이 온라인 구매 제품을 롯데백화점 오프라인 매장에서 직접 픽업하는 서비스를 최근 시작했다. 고객이 오프라인에서 봐 둔 제품을 스마트폰으로 찍어 놨다가 나중에 온라인 구매를 하는 솔루션도 조만간 일반화될 것으로 보인다.

상품구매 정보 제공해 돈 버는 서비스 등장

SNS를 쇼핑에 적용하는 소셜커머스 시장도 대세다. 지난해 500억원이던 시장 규모는 내년에 7000억~8000억원에 달할 것으로 전망된다. 2021년께엔 천문학적 규모가 될 것으로 보인다. 그러면서 소셜커머스의 형태도 더욱 진화할 것으로 예측된다. 현재 티켓몬스터 · 그루폰 등이 하는 소셜커머스 모델은 공동구매를 통해 제품 · 서비스 가격을 할인받는 형식이 대부분이다. 하지만 앞으론 더욱 복잡하고 다양해질 전망이다. 정보통신정책연구원은 '소셜커머스 시장 현황 및 정책 이슈' 보고서에서 "외국에선 소비자가 자신의 상품 구매 정보를 공유하게 해 기업엔 마케팅 수단을 제공하고, 소비자들은 금전적 보상을 받는 '구매-나누기' 방식의 소셜 서비스가 등장했다"고 진단했다. 무엇을 입을지, 무엇을 살 것인지 고민하는 소비자들을 위해 미국에선 SNS를 통해 제3자의 객관적 조언을 소개하거나 조언해 주는 사람에게 금전적 보상을 제공하는 서비스가 시작됐다.

현금을 쓰지 않는 '캐시리스(Cash-less)'도 중요한 미래 쇼핑 흐름 중 하나라고 영국의 '트렌드워칭'은 예측한다. 신용카드 · 모바일 카드뿐만 아니라 다양한 결제 수단이 등장할 것이기 때문이다. 맥도날드는 7000여 개의 유럽 매장에 손으로 눌러 제품을 주문할 수 있는 터치 스크린과 카드만 대면 자동으로 결제하는 시스템을 설치하고 있다. 버거킹도 자동 결제가 가능한 '비자 페이웨이브' 시스템을 일부 매장에 설치 중이다. 구글도 스마트폰 앱을 이용해 결제와 포인트 적립이 가능한 '구글 월넷(전자지갑)' 서비스를 지난 5월 선보였다.

쇼핑의 겉모습만 바뀌는 것도 아니다. 과학기술의 발달은 먼 나라의 구하기 힘든 제품, 더 싼 제품, 더 좋은 제품을 살 수 있게 도와줄 것으로 보인다. 포브스는 '온라인쇼핑 10대 전망'에서 "미래 쇼핑의 키워드 중 하나는 국제 거래"라고 전망했다. 글로벌 인터넷쇼핑 매출의 10~20%는 이미 국경을 넘나든다. 이와 함께 1인 상인들이 전 세계 소비자를 상대로 직접 물건을 파는 시대가 다가오고 있다. 소비자의 눈에 보이지 않는 물류 · 배달 시스템은 IT와 결합해 더 싸고, 더 좋은 물건을 살 수 있게 돕는다. 신세계유통산업연구소 김민 부장은 "상품마다 RFID가 적용되면 입출고, 진열대 배치, 판매, 반품 등 단계별 상태를 파악해 재고 관리와 물류 · 배송을 대폭 혁신할 수 있다"고 말했다.

자료: 중앙 SUNDAY(제230호) 2011.8.7.

KEY WORDS

물적유통기능, 판매물류, SKU, CPFR, EDI, ECR, QRDS, SCM, 제3자물류, 리드타임, 아웃소싱, 카테고리 매니지먼트, RFID, 생산이력추적시스템

DISCUSSIONS

1. 물류정보시스템 구축의 필요성에 대해 토의하세요.
2. IT혁명이 유통산업에 미치는 영향에 관해 토의하세요.
3. 소매업체와 공급업체측면에서 카테고리 매니지먼트의 필요성과 그 기대효과에 대해 토의하세요.
4. 유통산업에서의 RFID 응용 영역과 사례에 대해 논의하세요.
5. 유통산업에서 RFID도입이 기대보다 느려지는 이유와 도입확산을 위해 필요한 과제에 대해 논의하세요.

REFERENCE

1. 나영일(2004), 유비쿼터스 실현 RFID, 컴퓨터 월드.
2. 전준수(2004), 종합물류의 이해, 박영사.
3. 한국과학기술정보연구원(2004), 물류산업의 트렌드와 기업 물류혁신 전략.
4. Strategies Sami Finne and Hanna Sivonen(2009), *The Retail Value Chain: How to Gain Competitive Advantage Through Efficient Consumer Response(ECR)*, KOGANPAGE.
5. Zahir Irania, Angappa Gunasekaranb and Yogesh K. Dwivedic(2010), Radio frequency identification (RFID): research trends and framework, International Journal of Production Research, Vol. 48, No. 9(May), pp.2485-2511
6. S Mothilal, Angappa Gunasekaran, S.P. Nachiappan, Jayanth Jayaram (2012), Key success factors and their performance implications in the Indian third-party logistics (3PL) industry, International Journal of Production Research, Vol. 50 (9), pp.2407-2422.
7. Angappa Gunasekaran and King-Lun Choy (2012), Industrial logistics systems: theory and applications, International Journal of Production Research, Vol. 50 (9), pp.2377-2379.

7장 유통정책

RETAIL MANAGEMENT

가 유통산업발전 정책

1 유통산업정책

(1) 유통산업정책[1]

지난 10년, 국내 유통산업은 큰 변화를 겪어왔다. 그 변화는 지난 93년 이마트가 창동에 국내 할인점 1호점을 개점하면서 시작되었고 96년 유통시장 전면개방과 함께 변화는 큰 탄력을 받게 되었다. 유통시장의 개방과 함께 글로벌 해외유통업체들의 시장진입, 그리고 이에 대한 국내 유통업체들의 규모화 경쟁으로 유통산업 전반에 걸친 변화가 나타나게 된 것이다. 지난 70, 80년대에는 국내 유통은 큰 주목을 받지 못하였고 이에 대한 유통정책 또한 두드러진 것이 없었다. 사실, 유통이 하나의 산업으로 인정된 것도 90년대에 들어서 이루어졌다고 할 수 있다.

이러한 변화의 과정에서 정부정책은 크게 유통산업을 효율성이 높은 경쟁력 있는 산업으로의 육성과 반면에 이 과정에서 위기를 겪고 있는 중소유통업의 보호와 경쟁력 강화라는 두 마리 토끼 앞에서 고민을 하여 왔다. 사실 정부정책에서 있어서 이 두 분야가 전부라 해도 과언이 아니다. 또한 유통시장의 변화 속에서 유통경로 내에서의 갈등이 해결되도록 도와주는 것도 정부의 역할이 된다. 유통업체의 규모화와 함께 유통경로 내에서 제조업체를 포함한 공급업체와 대형소매업체의 거래관계에서 나타나는 갈등을 해결하기 위해 정부가 상생을 강조하는 것도 그 때문이다. 이러한 상황 속에서 정부의 유통산업 정책방향은 크게 혁신기반 유통구조의 고도화, 선진형 유통시스템의 정비, 지식기반형 유통인프라의 확충, 그리도 지역 및 대 · 중소유통의 균형적 발전을 내세우고 있다.

1 산업자원부 무역투자실, 2006년 유통산업의 정책방향, 2006. 1

문제점	현안사항	개선방안
유통시장구조 개편에 따른 지방중소유통업의 침체	대형유통업체와 중소유통 업체의 갈등해소 및 균형 발전	혁신기반 유통구조 고도화
소비문화의 급변과 대 · 중소유통업체간의 기본역량 격차 확대	중소유통기업의 정보화, 생산성 및 경쟁력 향상	선진형 유통시스템 정비
		지식기반형 유통인프라 확충
기업형 유통업의 발전 역사 일천 및 내수중심의 유통시장 접근전략	국내상품의 소싱촉진, 해외 유통시장 활용기회의 확대	지역 및 대 · 중소유통 균형발전

그림 7-1 유통산업 관련 문제점 및 개선방안

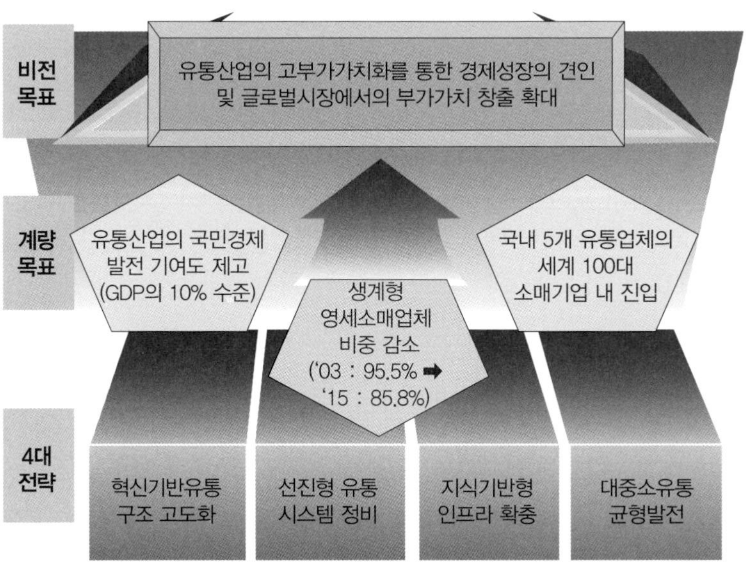

그림 7-2 유통산업발전을 위한 정책방향

자료 : 산업자원부, 무역투자실, 2006년 유통산업 정책방향, 2006. 1

(2) 유통산업관련법 : 유통산업발전법

유통산업발전법은 유통산업의 효율적인 진흥과 균형적인 발전을 도모하고, 건전한 상거래질서를 확립함으로써 소비자를 보호하고 국민경제의 발전에 이바지함을 목적으로 1997년 4월에 제정되었다. 유통산업발전법은 1961년 제정된 시장법과 1980년에 제정된 유통산업근대화 촉진법으로부터 유래된 것이라 하겠다. 시장법은 1986년 도 · 소매진흥법 제정으로 폐지되었으며, 유통산업근대화 촉진법은 유통산업발전법의 제정으로 폐지되었다.

유통산업발전법은 크게 유통산업진흥, 유통산업발전기반의 조성, 중소유통기업의 구조개선, 유통산업의 국제화로 구성되어 있으며, 유통산업의 전반적인 육성과 중소유통기업의 구조개선 지원으로 이루어져 있다고 하겠다. 유통산업발전법을 좀 더 세분화 하면, 유통산업진흥은 대규모점포, 정기시장 및 임시시장, 시범도매센터, 도매배송업, 상거래질서확립으로 구성되어 있다. 유통산업발전기반의 조성은 유통정보화 촉진, 유통전문인력의 양성, 공동 집배송단지, 유통기능의 효율화로 이루어져 있다. 여기서 유통기능의 효율화는 주로 물류의 표준화 · 자동화 · 공동화 등에 필요한 시책 강구에 관한 것이다. 그리고 중소유통기업의 구조개선은 체인사업, 상점가, 전문상점단지로 이루어져 있다. 마지막으로 유통산업의 국제화가 있으며 국내유통기업의 해외진출 지원에 관한 것으로 되어 있다. 이와 같이 유통산업발전법은 유통산업 전반에 걸쳐 육성 · 지원정책을 광범위하게 규정하고 있다.

유통산업발전법에서, 정부는 제1조의 목적을 달성하기 위한 유통산업시책의 기본방향으로 다음 각호의 시책을 강구하여야 한다고 하고 있다.

a. 유통산업에 대한 민간투자의 확대 및 공정한 경쟁여건의 조성
b. 유통산업의 저비용구조 실현 및 물가안정의 도모
c. 유통산업의 지역적 · 경제적 균형발전의 도모
d. 유통구조의 고도화 및 소비자편익의 증진
e. 중소유통기업의 자생적 경쟁력의 강화
f. 유통환경의 변화에 능동적으로 대처하기 위한 제도의 수립 · 시행

(3) 중소유통정책

1) 중소유통의 정의와 범위

유통업은 통계청의 표준 산업분류[2] 중 도매업과 소매업을 지칭하며, 중소유통업은 유통업 중에서 '유통산업발전법'과 '중소기업기본법'상의 정의에 따른 중소기업에 해당하는 유통업을 말한다. 즉, 중소유통업에는 중소기업에 해당하는 도 · 소매업은 포함되지만 서비스업은 포함되지 않는다. 그리고 중소유통업의 범위에 대해 논의할 때 종종 소상공인[3]과의 구분이 모호할 때가 많다. 중소유통업자와 소상공인의 구분에 있어서, 숙박, 음식점업, 이 · 미용실 같은 서비스업은 소상공인에 포함되지만 중소유통업에는 이러한 서비스업이 포함되지 아니한다.

MINI CASE 7-1 중소유통업

정의 : 유통산업을 영위하는 자로서 중소기업기본법 제2조의 규정에 의한 중소기업자에 해당하는 자.

※ 제2조 (중소기업자의 범위)

① 중소기업의 육성을 위한 시책(이하 "중소기업시책"이라 한다)의 대상이 되는 중소기업자는 업종의 특성과 상시근로자수, 자산규모, 매출액등을 참작하여 그 규모가 대통령령이 정하는 기준이하이고, 그 소유 및 경영의 실질적인 독립성이 대통령령이 정하는 기준에 해당하는 기업(이하 "중소기업"이라 한다)을 영위하는 자로 한다.

② 중소기업은 대통령령이 정하는 바에 따라 소기업과 중기업으로 구분한다.

③ 제1항의 규정을 적용함에 있어서 중소기업이 그 규모의 확대 등으로 중소기업에 해당하지 아니하게 된 경우 그 사유가 발생한 연도의 다음 연도부터 3년간은 이를 중소기업으로 본다. 다만, 중소기업 외의 기업과의 합병 기타 대통령령이 정하는 사유로 중소기업에 해당하지 아니하게 된 경우에는 그러하지 아니하다.

④ 중소기업시책별 특성에 따라 특히 필요하다고 인정하는 때에는 중소기업협동조합법 기타 법률이 정하는 바에 따라 중소기업협동조합 기타 법인 · 단체 등을 중소기업자로 할 수 있다.

---

2 통계청 산업분류 대분류 코드 52에 해당하는 도매업, 소매업, 서비스업 중 도매업과 소매업을 유통업이라 함.

3 **소상공인**이라함은 소기업 중 상시 근로자 10인 미만의 사업자로서 업종별 상시 근로자수 등 대통령령이 정하는 기준에 해당하는 자를 말한다. 직업의 종류에 의해 소상공인의 범위는 다음과 같다.
- 광업, 제조업, 건설업 및 운수업 : 상시근로자 10인 미만 사업자
- 도·소매업, 음식업, 숙박업, 서비스업 : 상시근로자 5인 미만 사업자 (소기업 및 소상공인지원을 위한 특별 조치법 시행령 제2조)

- 도매 및 상품중개업 : 상시종업원수 100인 미만 또는 매출액 100억원 이하
- 소매업 : 상시종업원수 50인 미만 또는 매출액 50억원 이하

Cf. 일본 중소유통업의 범위 기준

- 도매업 : 상시종업원수 100인 이하 또는 자본금 1억앤 이하
- 소매업 : 상시종업원수 50인 미만 또는 자본금 5천만앤 이하
- 중소기업은 중기업과 소기업으로 구분됨.

Cf. 미국 중소유통업의 범위기준

- 도매업 : 상시종업원수 100인 미만
- 소매업 : 연간매출액 600만 달러 미만

주 : 중소기업 범위 기준은 '중소기업기본법' 제2조 제1항의 규정에 의한 '동법시행령' 제3조 관련 내용이며, 소기업의 경우 '중소기업기본법' 규정에 의한 '동법시행령' 제8조 제1호 및 제2호와 '소기업 및 소상공인 지원을 위한 특별지원법' 및 '동법시행령' 제2조 제1호 관련 내용임

표 7-1 한국 · 미국 · 일본의 중소기업 범위기준 비교

구분	한국	미국	일본
제조업	상시종업원수 300인 미만 또는 자본금 80억원 이하	세부업종별로 500인 미만 (342개업종, 750인 미만 (36개업종), 1,000인 미만 (58개 업종). 1,500인 미만 (3개 업종) 등의 범위가 정해져 있음	상시종업원수 300인 이하 또는 자본금 3억 엔 이하
도매업	상시종업원수 100인 미만 또는 매출액 100억원 이하	종업원수 100인 미만	상시종업원수 20인 미만
소매업	상시종업원수 100인 미만 또는 매출액 100억원 이하	세부업종별로 연간매출액 600만 달러(750, 850, 950, 1,050, 1,100, 1,950, 2,100, 2,450) 미만	상시종업원수 50인 이하 또는 자본금 5천만 엔 이하
숙박, 음식업	상시종업원수 300인 미만 또는 매출액 300억원 이하	세부업종별로 연간매출액 600만 달러 – 1,750만 달러 미만	상시종업원수 100인 이하 또는 자본금 5천만 엔 이하

표 7-1 한국 · 미국 · 일본의 중소기업 범위기준 비교 (계속)

구분	한국	미국	일본
기타서비스		세부업종별로 연간매출액 400만(600, 1200, 2100) 달러 미만	상시종업원수 100인 이하 또는 자본금 5천만 엔 이하
소기업	• 광업 제조업, 건설업, 운송업 : 상시종업원수 50인 미만 • 이 외의 업종 : 상시종업원수 10인 미만	종업원수 20~99인 이하	• 제조업, 건설업, 운수업, 도매업 : 상시종업원수 20인 미만 • 소매업, 서비스업 : 상시종업원수 5인 미만
소상공인	• 광업 제조업, 건설업, 운송업 : 상시종업원수 10인 미만 • 이 외의 업종 : 상시종업원수 5인 미만		

(2) 중소유통정책

정부의 중소유통정책방향은 중소유통의 경쟁력 강화 기반의 구축에 그 중심을 두고 있다. 중소유통의 경쟁력 강화를 위한 구조개선 사업 등에 지원을 하고 있으며, 중소유통 지원의 주된 내용을 정리하면 다음과 같다.

첫째, 중소유통기업의 협업화 · 조직화 지원 및 선진경영기법 교육 지원이다. 중소유통업의 유통과정 축소에 따른 물류비용의 절감을 통한 경쟁력 제고를 위하여 공동도매물류센터 구축을 지원한다. 또한 중소유통상인의 선진경영기법 도입을 장려하기 위해 중소유통상인의 선진경영기법 교육을 지원한다. 둘째, 건전한 프랜차이즈 육성을 위한 기반 조성의 활성화이다. 이를 위해, 프랜차이즈 산업박람회 · 전시회를 지원하고, 우수 프랜차이즈 발굴 및 시상 등, 프랜차이즈산업을 지원 · 육성한다. 셋째, 전통시장 및 상점가의[4] 경쟁력 제고를 위한 지원정책이다.

---

4 여기서 "전통시장"이라 함은 다음 각 목의 어느 하나에 해당하는 장소로서 상업기반시설이 노후화되어 개·보수 또는 정비가 필요하거나 유통기능이 취약하여 경영개선 및 상거래의 현대화촉진이 필요한 장소를 말한다.
가. 「유통산업발전법」제8조의 규정에 의하여 대규모점포로 등록된 시장(이하 "등록시장"이라 한다)
나. 등록시장과 같은 기능을 행하고 있으나 「유통산업발전법」제2조와 제3호의 규정에 의한 대규모점포의 요건을 갖추지 못한 곳으로서 대통령령이 정하는 기준에 적합하다고 시장·군수·구청장(자치구의 구청장을 말한다. 이하 같다)이 인정한 곳(이하 "인정시장"이라 한다)
그리고 "상점가"라 함은 「유통산업발전법」제2조제6호의 규정에 따른 상점가를 말한다.

전통시장 지원사업은 2004년 10월에 제정되고 2005년 3월부터 시행된 '재래시장육성을 위한 특별법(이하 재래시장육성법)'에 근거하여 이루어져 왔다. 그러나 상점가와 재래시장의 구분이 모호하고 상점가 또한 육성 및 지원의 필요성 크다는 판단에 따라, 재래시장특별법은 2006년에 전부 개정되고, 2009년에는 재래시장을 전통시장으로 명명하는 등의 개정 등을 거쳐 지금의 '전통시장 및 상점가 육성을 위한 특별법(전통시장상점가육성법)'에 이르고 있다. 전통시장상점가육성법은 전통시장과 상점가의 시설 및 경영현대화와 시장정비를 촉진하여 지역상권의 활성화와 유통산업의 균형있는 성장을 도모함으로써 국민경제의 발전에 이바지함을 목적으로 한다. 동 법은 전통시장 및 상점가 육성을 위해, 시장 및 상점가 활성화 촉진, 상업기반시설의 현대화 지원, 경영현대화 촉진, 시장정비사업 촉진을 주 내용으로 한다. 정부의 전통시장 및 상점가 육성 · 지원정책은 동 법에 근거하여 시행되고 있다. 지금까지 동 법에 의한 전통시장정책은 주로 시설현대화에 있었으나 최근에 들어와 경영현대화가 강조되고, 상점가 및 전통시장 특성에 따른 맞춤형 지원으로 정책의 변화가 이루어지고 있다.

중소유통정책은 중소유통업체의 경쟁력 증대를 위한 지원정책과 함께 보호 정책을 함께 시행하고 있다. 유통시장 개방 이후 대형마트의 성장과 지방으로의 출점 확대로 중소유통의 어려움이 커지고 있던 중에 2000년대 중반부터 대형유통업체들이 기업형 슈퍼마켓(SSM)으로 사업 영역을 넓혀가면서 대형유통업체가 중소유통업체의 주상권인 골목상권까지 위협한다는 논란이 일기 시작했다. 이렇게 대형유통업체의 사업영역이 지방의 지역상권과 골목상권으로 까지 확대되면서 중소유통업체의 어려움이 가중되어, 중소유통업체의 경쟁력 증대 정책만으로는 한계가 있다는 판단에서 중소유통의 보호정책을 함께 시행하게 된 것이다. 이를 위해 유통산업발전법이 개정되었는데, 그 주요 내용으로 전통시장 반경 1km 이내에는 대형유통점포의 입점이 금지되고, 대형마트와 SSM을 포함하는 대형유통업체 대상으로 영업시간 제한과 의무휴일 도입의 규제가 도입되었다. 대형유통업체는 자정부터 아침 8시까지 영업을 하지 못하며, 월 2회까지 의무휴일을 지자체가 지정하여 도입할 수 있도록 하고 있다. 2012년 현재 시행 중에 있는 대형유통업체에 대한 영업규제와 관련하여 찬반 주장이 사회적인 관심이 되고 있는 실정이다. 찬성측 주장은 대형유통업체의 시장지배력이 너무 커지고 있는 상황에서 중소유통업에 대한 어느 정도의 보호를 위해서는 필요하다고 하고 있고, 반면에 이러한 규제는 시장의 기능을 훼손하고 소비자의 선택권을 침해하는 것이라면서 반대를 하고 있다.

MINI CASE 7-2 [맞짱 토론] 대형마트 · SSM 영업규제, 어떻게 볼 것인가

대형마트와 기업형슈퍼마켓(SSM)에 대한 영업규제가 갈수록 강화되고 있다. 전국 35개 지방자치단체가 조례를 통해 매월 둘째와 넷째 일요일을 의무적으로 휴업하도록 정했다. 충남 서산시처럼 둘째 · 넷째 토요일을 쉬도록 한 곳도 있다. 이에 따라 이들 지자체에 속하는 전국 114개 대형마트가 한 달에 두 번 문을 닫아야 한다. 밤 12시부터 오전 8시까지 문을 열지 못하는 심야영업 규제는 이미 시행 중이다.

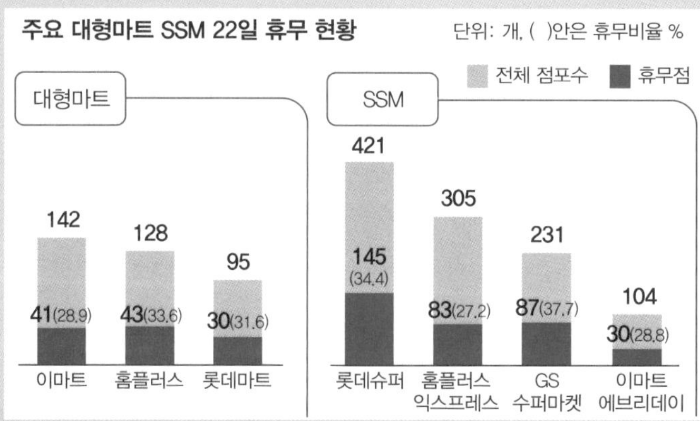

대형마트와 SSM에 대한 규제는 2009년부터 강화되는 추세다. 규제를 찬성하는 전문가들은 대형 유통업체들이 이런 규제를 자초한 측면이 있다고 주장한다. 대형마트가 들어설 입지가 점차 줄어들면서 대형 유통업체들이 SSM으로 눈을 돌려 점포망을 늘리기 시작했고, 이는 골목상권의 영세상인들을 내모는 결과를 가져왔다는 것이다.

반면 규제를 반대하는 쪽에서는 대형 유통업체에 대한 규제 강화가 정치논리에서 비롯된 것이라고 반박한다. 중소상인들의 요구에 부응한 결과, 진짜 영세상인은 보호하지 못하고 소비자들의 불편도 고려하지 않은 입법이 횡행하고 있다는 설명이다. 대형 유통업체들의 발목을 잡아 유통산업을 하향 평준화하는 규제야말로 난센스라는 주장이다. SSM의 입장을 대변하는 한국체인스토어협회는 지난 2월 헌법소원까지 내놓은 상황이다.

유통시장의 균형 발전과 집중화를 막기 위해 규제가 필요하다는 이정희 중앙대 경제학부 교수와 소비자복지 및 유통산업 발전을 위해 규제가 불요하다는 이승창 한국항공대 경영학과 교수의 논쟁을 통해 영업규제의 허실을 알아본다.

대형유통사 시장점유율 60%…13년간 골목점포 14만곳 폐업

찬성

중소상인 보호는 물론 환경 · 근로자복지 위해 영업시간 제한 · 의무휴일 필요
휴무일前 세일 · 조기 개장하면 실제 매출 감소 크지 않을 듯

2009년 초부터 기업형슈퍼마켓(SSM) 사업 확대와 함께 불거진 대형 유통업체들의 골목상권 진출과 중소상인들에 대한 생존권 위협이 대 · 중소 유통 갈등에 불을 붙인 격이 됐다. 급기야 중소상인들은 대형 유통업체의 골목상권 진출을 막는 정부규제를 요구하기 시작했다. 결국 유통산업발전법과 대 · 중소상생협력촉진법 개정을 통한 대형 유통업체의 전통시장 1km 반경 진입 금지 등의 규제가 도입됐다. 이어 밤 12시부터 오전 8시까지 영업시간 제한 및 월 최대 2일간의 의무휴무일 도입이라는 강력한 규제조치가 나오기에 이르렀다.

왜 이렇게 대형 유통업체들에 대한 규제가 강화되고 있고, 무엇이 문제인지에 대해 짚어볼 필요가 있다. 통계청 조사에 따르면 1996년 유통시장 개방 때에는 4인 이하의 영세 소매업체가 71만개였으나 2009년에는 57만개로 19.2% 줄어든 것으로 나타났다. 연평균 1.48% 감소한 것이다. 같은 기간 감소율은 전반부보다 후반부에 더욱 커지고 있는 것으로 조사돼 유통시장 개방과 대형 유통업체의 지배력 증가 효과가 10여년이 지난 후부터 더욱 크게 나타나고 있다.

또한 종합소매업에서· 대형 소매업체(백화점 대형마트 SSM 등)의 집중화 현상은 더욱 심화되고 있는 실정이다. 통계청 발표에 따르면 종합소매업 매출에서 대형 유통업체의 비중이 2001년 42.3%에서 2009년 약 61%로 커졌다. 대형 소매업체의 종합소매업 유통시장 지배력이 크게 증가했음을 알 수 있다.

또 유통업체들의 원가와 이익을 규모별로 비교해 보면 대형 소매업체의 매출원가율은 2001년 73.9%에서 2009년 61.6%로 12.3%포인트 낮아졌다. 영업이익률은 2001년 7.5%에서 2009년 9.9%로 2.4%포인트 높아진 것으로 나타났다. 반면 영세 유통업체들의 매출원가율은 약 10년 사이 10%포인트 이상 상승했고, 영업이익률은 10%포인트 넘게 떨어진 것으로 나타났다. 대형 소매업체들의 매출원가율 하락은 규모의 경제와 '바잉파워'에 따른 매입단가 하락에 힘입은 바 큰 것으로 보인다. 대형 유통업체들은 앞으로도 바잉파워 증대를 통한 경쟁력 강화에 힘을 쏟을 것이 뻔하다. 결국 대형 소매업체의 시장점유율이 높아질수록 대 · 중소 유통업체 간 성과 양극화는 더 심해질 것으로 보이며, 다수 중소 소매업체의 시장 퇴출이라는 결과로 이어질 것이다.

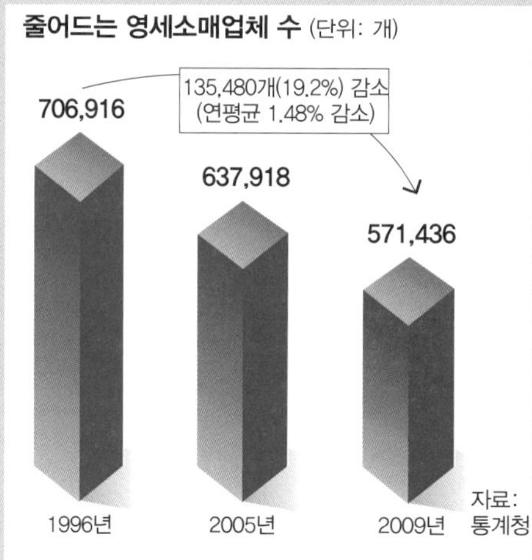

지금까지 대형 유통업체들이 대형마트를 선보인 이후 새로 시작한 SSM, 쇼핑몰, 아울렛몰, 온라인 쇼핑몰, 편의점 등 업태들이 특별히 혁신적이라고 말하기는 어렵다. 그저 기존의 업태에서 약간 변형된 형태로 기존 시장에 진입하는 모습을 보여왔을 뿐이다. 결국 혁신성보다는 규모의 경제에 따른 바잉파워를 무기로 기존 시장의 경쟁자를 몰아내고 시장을 차지하는 바람직하지 못한 대기업의 모습이 아닌가 생각된다.

소수 대형 소매업체들의 시장지배력이 높아지면 소매유통 시장은 독과점 구조가 될 것이고, 이들 소수 대형 소매업체 간에는 건전한 경쟁보다는 마케팅 위주의 과당 경쟁으로 과소비 · 충동구매 등의 소비자 불이익이 초래될 가능성이 커진다. 또한 유통시장의 다양한 경쟁이 제한되고 대형 유통업체의 비대화로 인한 공급자와의 불평등 거래관계는 더 심화될 우려가 있다.대형유통업체 위주로 시장집중도가 커지면 저가 외국산 제품의 수입 증대 가능성도 높아질 것이다. 저가 외국산 제품의 수입 증대는 물가안정 효과는 있겠지만, 한편으론 국내 생활용품 제조업계에 큰 타격이 될 수 있으며 소비자에게도 저가 · 저품질 제품으로 인한 불만이 늘어날 가능성도 있다.

대형 유통업체의 경영행태는 납품관계에 있는 제조업과 수평적 경쟁관계에 있는 대 · 중소 유통업계, 나아가 소비자 모두에게 큰 영향을 미칠 수 있다. 따라서 유통산업의 집중화 문제는 사회 · 경제적으로 그 중요성이 크기에, 공정경쟁 측면과 사회적 균형발전 측면에서 정부의 감시와 적절한 시장개입이 필요한 것이다. 다만 규제의 목적이 사회 발전에 바람직하고 국민의 지지를 얻을 수 있어야 하며, 규제의 실효성 또한 충분히 검토해 그 규제를 통해 규제 목적이 잘 이뤄질 수 있도록 해야 할 것이다.

물론 반대 목소리가 존재하는 것도 사실이다. 시장기능을 위축시키고 소비자 후생을 떨어뜨리며 대형 유통업체의 경영에 큰 피해를 입힌다는 이유에서다. 그러나 규제에 반대하는 측이 주장하는 피해 규모는 상당히 과장된 측면이 있다. 월 2회 일요일 강제 휴업제가 도입되면 해당 영업점의 매출이 10% 이상 하락한다고 대형 유통업체 측은 주장하고 있는데, 이는 매우 단순한 산술적 계산에 의한 것이다.

일요일 휴무가 시작되면 이에 대응하기 위해 휴무일 전날 세일도 할 것이고, 소비자 또한 휴무일을 고려해 사전에 쇼핑을 하는 등으로 대응할 것이기에 매출은 예상보다 훨씬 덜 감소할 것이다. 대형 유통업체 중 이미 자율 휴무일을 지정해 시행하는 2001아울렛은 매주 일요일마다 휴무하고 있다. 만약 대형 유통업체들이 주장하는 것처럼 계산하면 2001아울렛은 휴무 없이 영업할 때에 비해 20% 이상 매출이 감소해야 하고, 그렇게 되면 경쟁력이 떨어져 사업을 영위할 수 없을 터인데 아직도 영업을 잘 하고 있다는 것은 시사하는 바가 크다.

영업시간 제한과 의무휴일 규제는 중소상인 보호목적만은 아닐 것이다. 최근 세계적인 이슈가 되고 있는 환경문제와도 관련이 있고, 소매업계 근로자들의 노동복지와도 관련이 있는 것이다. '24시간, 365일 영업'에 대한 규제는 에너지 낭비는 물론 유통업체에 근무하는 근로자들의 과다한 노동시간을 줄여주는 노동복지 차원에서도 필요한 것이다.

대형 유통업체들과 경쟁하고 있는 중소상인들 또한 치열한 경쟁을 위해 노동강도가 더 높아질 수밖에 없을 것이고, 이는 건강과 가정을 돌볼 수 없는 사회적 문제가 될 수 있는 것이기에 과열된 경쟁을 식혀 줄 필요가 있다.

결국 유통산업 정책의 가장 중요한 핵심은 유통시장에서 대형유통업체 비중이 지나치게 커지는 것에 대한 대책 마련인 것이다.

찬성포인트

- 2000년대 들어 영세 소매업체 퇴출 증대
- 매출과 영업이익에서 대 · 중소 유통 양극화 심화
- 유통산업 집중화는 제조업계 · 소비자에 부정적 효과
- 강제휴무에 따른 대형 유통업체 매출 피해는 과장
- 영업규제는 에너지절감 · 근로복지에 기여

이정희 중앙대 교수
△미국 오클라호마주립대 농업·응용경제학 박사 △한국유통학회 회장(2009년) △중소기업중앙회 정책자문위원

휴무해도 동네슈퍼 매출 안늘어... 중소 납품사 · 소비자만 규제피해

반대

월 2회 의무휴무땐 농수산물 납품 농어민연 5500억 매출 손실
6500명 잉여 인력 발생…신규고용 위축 될 수밖에

지난 4 · 11 국회의원 총선거 유세를 통해 중소상인의 두려움을 알게 된 새누리당에서는 인구 30만명 미만의 중소도시에는 대형마트 및 기업형슈퍼마켓(SSM)의 진입을 5년간 금지하는 유통산업발전법 개정안을 처리할 것이라고 한다. 지난해 말 개정된 유통법이 대형마트와 SSM의 전통시장 1㎞ 이내 입점을 금지하고 월 2회 의무 휴무하도록 한 데 이은 추가적인 규제방안이다.

자본주의와 민주주의는 본질적으로 지향점이 다르다. 자본주의는 경쟁을 통한 독점적 지위를 강하게 지향하는 성장주의적 성향이 강한 경제적 이념인 반면 민주주의는 서로를 인정하는 상생적인 차원에서 평등주의적 성향이 강한 정치사회적 이념이다. 민주화가 정치사회적 측면에서는 이루고 지켜야 할 분명한 지향점으로 보이는 반면 경제적인 측면에서는 달성하고 지켜야 할 지향점 자체에 대한 논의가 구성원들 간에 합의가 이뤄지기 어려운 쟁점부분이다. 현행 헌법에서는 경제주체의 자유와 창의를 존중하되(제119조 1항), 경제주체 간 조화를 통한 경제민주화를 위한 규제와 조정이 가능하다(2항)고 명시하고 있다.

2009년 대형마트가 포화상태를 보인 이후 SSM이 급속히 성장 · 발전하면서 유통 대기업 측이 내세우는 '1항'과 골목상권 측의 '2항'을 둘러싼 갈등이 사회문제화된 것이다. 중장기적 관점에서 유통산업의 발전을 희생시키지 않으면서도 소비자를 포함한 모든 경제주체 간 조화점을 지향한 진정한 유통발전 정책이 시급한 실정이다.

여기서 분명히 해야 할 것은 전통시장과 골목상권은 구별해야 한다는 점이다. 그동안 여러 정부를 거치면서 지원이 이뤄진 전통시장은 최소한의 상인회가 구성돼 있는 조직이다. 반면 골목상권은 전혀 다른 영세한 개별상인들이다.

참고로 우리나라는 2007년 전체종사자 중 10인 이하 소상공인 종사자의 비중이 49.4%로 유럽연합(EU)의 28.9%보다 월등히 높다. 서울시의 '2011년도 사업체조사'에 따르면 2010년 19개 산업에서 최대 고용분야는 도소매업으로, 전체종사자 449만명의 17.4%인 78만2000명이 유통분야 종사자들이다. 이 조사에서 보면 사업체 수 감소 1위가 소매업이고, 2위는 분식점이었다. 이들은 대부분 소규모의 영세 골목 자영업자들임을 짐작할 수 있다.

우리 사회에서 큰 이슈 중 하나인 대형매장과 전통시장의 시장다툼이 법률적 · 지역사회적 규제에 이은 정치적 쟁점이 된 이유는 바로 고용기회의 박탈에 따른 것이다. 영세업종(소규모 슈퍼, 떡볶이 · 순대 가게 등)과 SSM 간 경쟁은 이런 4인 이하 소상인들의 고용 박탈에 따른 것이다. 동네빵집의 베이커리화, 통닭

집의 치킨점화, 미용실의 헤어숍화, 다방의 커피전문점화, 정육점 이발소 동네서점 등의 몰락에 이어 요즘에는 지역상권별로 있었던 결혼식장이 럭셔리 원스톱 웨딩센터의 등장에 밀려나고 있는 중이다.

이런 사회의 변화 발전 중 요즘 문제되고 있는 소상인들은 유통법에서 정의한 전통시장 안에서 장사를 하고 있는 것도 아니다. 이들 소상인은 대개 자본도 기술도 없이 이면도로에 있는 영세 자영업자들이라는 점이다. 이들 영세상인의 제도권 편입비율을 높이기 위한 유통정책이 필요한 시점이다.

대형마트 SSM 월 2회 휴무 및 심야영업 금지에 따른 영향

인력 감소 예상 인원(명)	6502
– 심야영업 제한	866
– 월 2회 휴무	5636
농산물 연 매출 감소(억원)	5584
– 대형마트	4585
– SSM	999
인력 감소 예상 인원(명)	30,944
– 대형마트	28,300
– SSM	2644

자료:체인스토어협회

대형마트와 SSM에 대한 영업시간 제한과 강제휴무일 지정은 또 다른 부작용을 낳을 소지를 안고 있다. 우선 소비자의 선택권을 인위적으로 제한해 쇼핑에 불편을 준다는 점이다. 맞벌이부부나 식당을 운영하는 자영업자 등 주말이나 심야에 쇼핑할 수밖에 없는 소비자들은 큰 불편을 겪게 된다. 이는 소비자들이 재래시장과 동네 슈퍼를 이용하기보다는 당장의 구매를 포기하거나 쇼핑 횟수를 줄이는 소비 행태가 나타날 가능성도 높다.

강제 휴무는 대형마트와 SSM뿐 아니라 이들과 거래하는 협력업체들에도 휴무에 따른 매출 손실을 가져온다. 특히 당일 매입과 판매 · 폐기를 원칙으로 하는 농수축산물 등 신선식품 협력업체들의 피해가 클 것으로 예상된다. 농수축산물 판매량 감소와 선도 및 재고관리 등의 문제로 농가 거래량이 감소할 수밖에 없다. 휴무일에는 농산물 매입 자체를 진행할 수 없다.

한국체인스토어협회에 따르면 대형마트 · SSM의 월 2회 휴무로 연간 5500억원 규모의 매출 손실이 농어민들에게 돌아갈 전망이다. 대형마트와 SSM에 입점해 장사를 하는 식당 옷가게 안경점 등 중소 자영업자들도 규제로 인해 매출 감소 등 직접적인 피해를 입게 된다. 이들에게는 고객 수가 평일보다 50~60% 많은 휴일이 '대목'이고, 점포 특성상 매출 분산효과를 기대할 수 없기 때문에 월 2회 휴무에 따른 매출 손실을 고스란히 입을 수밖에 없다.

영업시간 축소와 강제 휴무에 따른 잉여 근로자 발생으로 인해 고용 감소도 불가피할 전망이다. 대형마트와 SSM 고용인력의 상당수를 차지하고 있는 판촉 사원과 단기 아르바이트, 주말 파트타이머, 주부사원, 고령층 고용인력 등 생계형 근로자들이 큰 피해를 입게 된다. 체인스토어협회는 대형마트와 SSM의 월 2회 휴무로 5636명, 심야영업 제한으로 866명의 잉여 근로자가 발생할 것으로 예상했다. 인력 감소뿐 아니라 휴무에 맞춰 기존 인력을 재배치하고 점포운영 인력을 최소화하는 과정에서 대형마트와 SSM이 창출해온 신규 고용이 위축될 가능성도 크다.

외부적으로도 점점 늘어나는 자유무역협정(FTA) 체결 확대에 따른 국내시장에서의 생존과 고객 확보에 대비하는 차원에서 질적 변화를 꾀해야 할 것이다. 1996년의 유통시장 개방에 따른 국내시장 보호를 대형마트가 이뤄냈다면, 향후 예상되는 외국업체 국내 유통시장 진출에 대비하기 위해서는 좀 더 다양한 형태의 소규모 프랜차이즈 체인사업 형태의 구상이 절실한 시기다.

이를 위해서는 동일한 포맷의 SSM 확대보다는 지역단위별 업태개발 능력 양성이 시급하다. 현재와 같은 진화과정에서는 소상인들이 급속히 실직화할 가능성이 높으므로 이들을 조직 시스템으로 재형성시키는 상생업태 개발을 함께 고민해야 한다. 유통 대기업들은 내부의 질적 리노베이션을 통해 향후의 성장잠재력을 배양시키고, 소상인들은 신업태 이노베이션 노력으로 협동조합 같은 '로커베스팅'(지역+투자의 합성어)을 통한 경쟁력 제고를 시도해야 할 것이다. 정부는 이들 경제주체의 경쟁을 규제하기보다 상호 간 협의를 유도해 시장에서 스스로 진화하도록 해야 한다.

반대포인트

– 전통시장 보호정책으로는 영세한 골목상권 살릴 수 없어
– 소상공인 비중 EU보다 월등히 높아
– 영업제한은 소비자 불편 및 소비위축 초래
– 신선식품 등 협력업체 매출 손실 우려
– 대형마트 · SSM의 고용 감소 및 신규 고용 위축

이승창 한국항공대 교수
△연세대 경영학 박사 △인천국제공항공사 자문교수 △미국 텍사스주립대 객원교수 △한국유통학회 회장(2010년)

자료: 한국경제, 2012. 4. 20.

2 유통시장개방

국내유통시장은 1996년에 사실상 전면 개방이 되었다. 이러한 시장개방으로 유럽계 마크로(96년)와 까르푸(96년), 그리고 미국의 월마트(98년) 등 외국 대형유통업체들이 대거 국내시장으로 진출하였다.

유통시장의 개방은 국내 유통시장의 구조적 변화를 초래하는 등 유통산업의 변화에 결정적 역할을 한 것으로 평가되고 있다. 국내 유통업체들도 96년 개방에 대비해 93년도 서울 창동에 국내 최초의 대형할인점을 개설한 것을 시작으로 95년부터 본격적인 선점 및 다점포화를 시작하게 된다. 유통시장의 개방과 함께 촉발된 대형할인점의 확산은 93년 1호 할인점의 개설이후

20여년이 가까워진 2011년 말 현재로 점포면적 3,000m^2 이상의 대형점이 450여개로 늘어났다.

더욱이 최근에 한 · EU, 한미 등 주요시장과의 FTA가 타결되었고 한 · 중 FTA 협상이 진행 중이어서, 시장의 개방은 계속 확대될 것으로 보인다. 그러나 국내 유통시장은 이미 1996년에 전면 개방이 이루어졌고, 그동안 글로벌 유통기업의 국내 진출과 철수 등의 사례가 있어서, FTA에 의한 해외 유통업체의 국내 진입에 대한 효과는 크지 않을 것으로 보인다. 다만, 상품의 수입이 자유로워져서 취급품목의 해외 수입이 증가하는 효과는 있을 것으로 보인다.

유통시장개방에 대한 평가는 부정적 측면과 긍정적 측면으로 나누어지는 것으로 평가되어 왔다. 국내유통업체의 생산성 및 경쟁력 향상과 원스톱 쇼핑(one-stop shopping)과 같은 소비자 편의제공, 또한 물가 안정과 같은 국민경제 기여 등으로 긍정적인 평가도 있지만, 개방화와 함께 규모화가 추진되면서 중소유통업체가 타격을 받는 등의 부정적 요인도 있는 것으로 평가되고 있다.

(1) 유통서비스 시장개방 현황과 WTO DDA 협상

2001년 11월 카타르 수도 도하에서 개최된 제4차 WTO(World Trade Organization) 각료회의에서 WTO 출범 이후 최초의 다자간 무역협상을 시작하는데 합의가 이루어져, 2002년 1월부터 협상이 개시되었다. 21세기의 첫 뉴 라운드(New Round)인 본 협상은 개도국들의 협상력 강화와 개발문제의 중요성을 고려하여 WTO DDA(Doha Development Agenda)협상이라 명명되었다.

현재 유통서비스부문은 WTO DDA 서비스분야의 일부로써 협상이 진행 중에 있다. WTO 분류에 의하면 서비스 분야는 유통서비스, 사업서비스, 교육서비스, 보건서비스, 운송서비스 등으로 구분된다. 유통서비스의 세부분야로는 도매업, 소매업, 중개업, 프랜차이즈 서비스 등이 있다.

우리나라 유통시장은 일부 농수산물 품목의 중개업을 제외하고는 거의 개방되어있어 상대적으로 개방여지가 적은 편이다. 현재 우리나라의 주요 입장은 대외진출이 확대될 것으로 예상되는 중국, 동남아 국가에 대한 개방 요구가 있을 것으로 예상되고 있다.

표 7-2 국내 유통시장의 개방내용

년도	구분	개방내용
1981		• 단일품목 도소매업 허용
1989	1단계	• 외국기업 국내지사 수입판매업종 확대 • 의약품 도매업에 대한 외국인 투자 허용
1991	2단계	• 소매업에 대한 외국인 투자의 선별적 허용 - 매장면적 1,000m^2미만, 점포수 10개까지 허용
1993	3단계	• 도소매업에 대한 외국인 투자의 선별적 허용 - 네가티브 리스트 공표 - 매장면적 3,000m^2미만, 점포수 20개까지 허용
1996	전면개방	• 점포수 및 매장면적 제한 철폐 • 업종별로는 외국인 투자개방 5개년 계획에 의거 추진 - 백화점, 쇼핑센터에 대한 외국업체 직접진출 금지 - 총포, 도검, 화약류 유통업, 골동품 및 예술품유통업, 지방정부가 지정한 농수축산물 공공 도매시장의 개설, 운영 및 그 안에서의 유통서비스는 개방에서 제외됨 - 3,000m^2이상의 도매시장과 대형도매점 개설은 정부심사 필요
1998	외국인투자 촉진정책	• 외환위기 극복을 위한 외국인 투자촉진정책 채택 - IMF극복을 위한 외국인 투자 촉진법 제정 - 백화점, 쇼핑센터의 경제성 평가 검토 삭제 - 외국인 토지소유 허용

자료: 산업자원부, WTO DDA 유통서비스 협상동향과 우리측 양허요구 현황, 2002.

(2) 유통시장개방의 영향

1993년 신세계 이마트 창동점 오픈을 시작으로 국내 대형할인점의 시대가 시작되었다. 매장면적 5,092m^2로 시작된 국내 할인점은 그 규모가 점차 커져서 이제는 대형할인점 평균 매장면적이 11,000m^2 이상으로 커졌다. 신규 대형할인점의 개설은 국내 유통시장이 전면 개방된 1996년을 전후하여 급속히 증가하였다. 유통시장개방을 앞두고 국내 유통업체들은 시장 선점을 위해 점포개설을 확대하였고 96년 시장개방과 함께 다국적 외국 대형유통업체들이 줄지어 국내 시장에 진입함으로써 국내 유통시장은 치열한 경쟁과 함께 시장구조의 변화를 보여왔다.

유통시장개방에 대한 평가는 국내유통시장에 긍정적인 영향과 부정적인 영향으로 나뉘어 평가되고 있다. 국내유통업체의 생산성 향상 등 경쟁력을 한 단계 높이는 계기를 마련하였다는 것이 긍정적 효과로 평가되어 왔다. 소비자의 입장에서도 상품 선택권이 넓어지고 원스톱 쇼핑 서비스가 가능해졌다는 긍정적인 평가를 받고 있다. 또한 대형할인점의 등장과 확산은 물가를 안정시키는데 기여한다는 주장도 있다.

그러나 개방화와 함께 대형화가 추진되면서 중소유통업체는 타격을 받은 것으로 평가되고 있다. 그리고 정부가 주장하는 유통시장의 개방이 물가안정에 기여하였다는 것에 대해 물가에 영향을 미치지 못하였다는 학계의 연구결과도 있다. 또한 유통시장의 개방이 유통산업의 생산성 향상에 기여한 것에 대해서도 실제로 부분적으로는 사실이나 전반적으로 향상된 것은 아니라는 학계의 연구결과가 있으며, 물가안정과 고용효과 등에 대해서는 연구결과가 엇갈리고 있는 등 이에 대한 평가가 엇갈리고 있는 것이 사실이다.

그리고 대형유통업체의 확산과 이들의 글로벌 소싱(Global Sourcing)의 강화는 국내 무역수지의 악화 요인으로 발생할 가능성도 있을 것이다. 또한 대형유통업체에 의한 교통체증, 소음공해, 대량 쓰레기 발생 등의 사회적 문제도 부정적 요인으로 볼 수 있다.

한편, 국내 유통시장의 개방이 글로벌 경쟁력이 부족한 국내 유통업체에 불리할 것이란 전망이 있었는데, 실제 이러한 전망은 다른 결과를 가져왔다. 그 주요 이유로는, 국내에 이마트와 같은 대형유통업체가 이미 존재했고, 백화점의 경우에는 외국계 백화점의 국내 진출에 규제가 있었으며, 또한 그 기간 동안 어느 정도 구조조정이 이루어졌기 때문으로 해석되고 있다. 특히 대형 소매유통업체의 경쟁력의 핵심이 되는 신선식품에 있어서 이마트와 같은 한국업체의 국내 상품조달(Sourcing) 경쟁력이 크기 때문인 것으로 보인다.

(3) 국내 유통업체의 해외진출 확대의 계기마련

중국, 동남아, 중남미 등 국내 유통업체의 해외진출을 촉진시킬 수 있을 것으로 예상된다. 그러나 국내업체들의 해외진출이 낙관적이지만은 않다는 의견도 많다. 동남아 시장은 외환위기 이후 외국인 투자유치차원에서 거의 유통시장을 개방하여 추가개방사항이 많지 않고, 이미 동남아에 진출한 유럽, 미국, 그리고 일본계 대형 유통업체 사이의 경쟁 또한 치열한 상황이다.

중국의 경우는 이미 신세계 이마트와 농심 메가마트 등 한국 유통업체들이 진출하고 있다. 중국시장은 지리적으로 인접하여 있고 중국문화와의 친밀성 등을 감안하면 국내 유통업체가 중국시장에서 서구유통업체에 비해 유리할 수 있다. 그러나 중국진출에 있어서는, 중국시장의 특성상 소규모가 아닌 대규모의 투자가 필요하고 또한 이미 월마트와 까르푸를 비롯한 세계적 대형유통업체들이 선점하고 있다는 점에서 치열한 경쟁과 어려움이 예상된다.

MINI CASE 7-3 아시아 시장에서의 유통시장에 의한 글로벌유통업체 시장주도 사례

유통시장 개방에 따른 대만을 포함한 동남아 국가의 유통시장 변화는 우리에게 시사하는바가 크다. 80년대 후반에 일찌감치 유통시장을 개방한 대만은 현재 외자 유통업체(대형할인점의 경우, 까르푸가 시장점유 1위이며 편의점은 세븐일레븐이 시장점유 1위)들이 유통시장을 주도하고 있다. 독과점의 지위를 누리고 있는 이들 외자 유통업체와 대만 국내 제품공급업체들간의 갈등이 심화되고 있다.

동남아 시장에서는 동남아 외환위기를 계기로 국내 유통업체들의 외자 유통업체에 매각 또는 합병되어 외자 유통업체들이 시장을 주도하고 있다. 태국의 경우, 외환위기 이전에는 외국인 소유지분이 49%이하로 제한되어 있어서 외국 유통업체는 태국업체와의 합작으로 시장에 진입할 수 있었다. 그러나 외환위기와 함께 1999년에 일정규모 이상을 투자하는 외국인에 대해 소유지분 49% 이하 규정을 면제하도록 Alien Business Operation Act를 개정하였다. 그 결과, 외환위기로 어려움에 직면한 대부분의 태국 유통업체들은 지분을 줄이거나 손을 떼고 외국 유통업체의 지분이 높아져 경영권이 바뀌는 결과를 낳았다. 예를 들어, 국내기업(CP그룹)이 경영한 할인점인 Lotus(24개 점포, 2000년 말)는 영국계 Tesco에 매각되었으며, Big C는 국내업체의 지분이 줄고 유럽계 업체인 Casino에 매각되었다. 그리고 까르푸는 국내업체가 40%의 지분을 갖은 대주주였으나 외환위기 후 전량 까르푸 본사에 매각되었다.

MINI CASE 7-4 유통산업, 10년만에 다시 온 기회를 잡아라

세계 1,2위 업체 이겨낸 유통산업

10년 전 유통시장 개방 당시 많은 우려가 있었다. 세계 굴지의 기업들이 국내 시장을 독식하고, 중소유통업체들은 연쇄 도산할 것이라는 걱정이 넘쳐났다.

그러나 우리 기업들은 시장개방이라는 위기를 기회로 바꿔 경쟁력을 키웠다. 선진경영 기법을 우리나라 시장특성에 맞게 효과적으로 접목시킨 결과 국내 기업들이 세계 굴지의 1 · 2위 유통업체를 이겼다.

세계적인 업체와의 경쟁을 통해 확보한 경쟁력은 해외시장 개척의 밑거름이 돼 이듬해인 1997년 국내 대형마트가 중국 상해에 진출하는 계기가 됐다. 현재는 140여 개가 해외에서 성업 중이다.

경영기법도 현대화 · 선진화돼 대형마트 · 무점포판매 등 신업태가 생겨나고 기업형 유통도 자리 잡게 됐다.

물론 시장개방의 그늘도 있다. 소비패턴의 변화와 맞물려 유통시장 개방 이후 재래시장이나 동네슈퍼가 어려움을 겪었다. 그러나 이들 업태도 소비자 취향 변화에 맞춰 점차 변신을 꾀하는 중이다.

이번 한미FTA 협상에도 많은 우려와 기대가 교차하고 있다.

한미FTA를 통해 미국의 프랜차이즈와 같은 발달된 경영형태가 더욱 확산돼 유통시장 경쟁은 한층 치열해 질 것으로 보인다. 새로운 유통기법에 접할 기회도 더 늘어날 것이다.

그러나 이런 경쟁은 다른 한편으로 우리에게 자극과 성장의 기회가 될 것이며, 10년만에 유통산업이 다시 한번 도약하는 계기가 될 것이다.

하지만 이를 위해서는 우선 중소유통업이 자생력을 키워야 할 것이다.

중소 유통업체 자생력 강화 방안 마련

첫째, 영세 중소유통업이 경쟁력을 갖추려면 동네슈퍼 등을 프랜차이즈형 체인으로 바꾸어 할 것이다. 이런 점에서 미국과의 FTA는 프랜차이즈를 활성화시키는 좋은 기회이다. 미국 내 프랜차이즈 경영은 GDP의 12~14%를 차지하고 있다. 우리나라는 GDP의 7.3%이다. 프랜차이즈의 경우 가맹점 1만개 창업 시 4만명의 고용 창출효과가 있다. 이에 따라 정부는 중소유통업의 프랜차이즈 전환을 촉진하고, 프랜차이즈형 창업을 활성화하기 위해 관련 법률을 연내 마련할 예정이다.

둘째, 중소유통에서 많은 비중을 차지하는 구매와 물류비용을 공동화와 조직화로 줄여야 한다. 정부는 2003년부터 민간과 함께 '중소유통 공동도매물류센터'를 건립 중이다. 이미 부산 동래 · 사하 · 수원 · 제주 · 광주 등 5곳은 개장, 운영 중이다. 현재 의정부 · 대전 · 순천 · 대구 등 9곳이 개설 준비중이며, 앞으로 지역별로 더 확대해 나갈 예정이다. 개별점포와 공동물류센타간 시스템도 연결, 물류비용 등을 지속적으로 줄여나갈 예정이다.

셋째, 유통업계 동향이나 통계를 체계적으로 모니터링하고 관리하는 통계시스템을 갖춰야 한다. 정부는 판매시점관리(POS)나 무선인식(RFID)과 같은 정보인프라 구축에 힘쓰고 있다. 또 유통업체와 납품(제조)업체와의 공급망관리(SCM)를 더욱 효율화하려고 한다.

넷째, 기업들도 국내시장을 벗어나 해외로 눈을 돌려야 한다. 유통산업의 해외진출은 국내 제조업의 동반진출을 이끈다. 정부도 해외 유망시장 현황, 관련법령, 경쟁여건 등에 관한 정보를 수집 · 제공하기 위해 노력할 것이다.

끝으로 지역 및 대 · 중소 유통업간 상생발전이 이뤄져야 한다. 재래시장을 현대화하고, 경영을 과학화해 나가야 한다. 정부는 인접 상점가와 묶는 방식으로 재래시장 시설, 경영혁신 등을 지원하고 있다.

대형유통점-중소유통업체간 협력, 또 제조업체간 공정거래가 확립되어야 한다. 예컨대 대형유통점이 고객관리, 판매기법 등을 중소상인에게 전수하는 사례 등이다.

지금까지 유통시장 개방은 우리에게 성장의 디딤돌이었다. 먼저 준비하지 않았으면 변화는 성장의 디딤돌이 될 수 없다. 한미 FTA도 마찬가지이다.

한미FTA를 10년만에 다시 찾아온 기회로 삼아 유통산업을 한 단계 더 끌어올리는 기회로 삼자.

자료: 산자부 블로그, http://blog.daum.net/mocie/9219046, 2006. 8. 30

MINI CASE 7-5 롯데, 중국서 유통사업망 완성 백화점 · 마트 · 홈쇼핑 이어 롯데슈퍼도 中진출

롯데슈퍼가 이르면 8월께 중국 진출을 추진함에 따라 올해 들어 롯데그룹 유통부문이 주력해온 '신(新) 중국전략'에 한층 탄력이 붙을 것으로 보인다. 롯데백화점 · 마트 등이 올해 들어 해외사업의 역량을 중국에 집중하는 것 등을 내용으로 하는 새로운 전략을 실천에 옮기고 있는 가운데 핵심 유통계열사인 슈퍼까지 현지시장의 문을 두드림에 따라 서로 시너지 효과를 낼 수 있는 틀을 갖추게 될 것으로 보인다.

롯데슈퍼는 올해 들어 중국 유통시장 진출을 위한 방안 모색에 속도를 붙여왔다. 소진세 롯데슈퍼 대표가 여러 차례 중국을 둘러보며 직접 중국 사업을 구상하기도 했다.

롯데슈퍼 관계자는 10일 "올해 내에 중국에서 슈퍼마켓사업을 시작하는 방안을 다각도로 검토하고 있다"고 밝혔다. 이 회사의 중국 진출 방안이 어느 정도 구체화되고 있음을 시사하는 발언이다.

특히 업계에서는 롯데슈퍼가 이미 베이징에 출점지를 확보하고 이르면 8월에 매장 2개를 낼 것이라는 관측도 나오고 있다.

백화점 · 마트 등 롯데 유통부문은 올해 들어 중국 사업을 강화하는 것을 내용으로 하는 신중국전략을 세우고 이를 실행에 옮겨왔다. 여기에 슈퍼마켓까지 합류할 경우 이 전략은 더욱 효과를 발휘할 수 있을 것으로 예상된다.

특히 슈퍼의 중국 진출은 롯데그룹의 '중국 유통사업 틀'이 완성돼 가고 있음을 보여준다. 롯데는 국내에서 백화점 · 마트 · 슈퍼마켓 · 홈쇼핑 등을 유통부문의 핵심으로 삼고 있다. 이들 4대축을 바탕으로 국내 유통시장 주도, 브랜드 인지도 향상 등 여러 면에서 성과를 냈다.

롯데의 유통계열사 중 백화점 · 마트 · 홈쇼핑은 이미 중국에 진출해 있어 슈퍼마켓만 합류하게 되면 국내에서와 같은 유통사업 틀을 갖추게 된다.

롯데의 중국 유통사업은 그동안 백화점 · 마트 등의 사례에서 볼 수 있듯이 대형매장을 주요 지역에 설립하는 '거점' 방식으로 진행됐다. 이에 비해 슈퍼는 지역상권에 파고들어 소비자와 접촉을 넓힐 수 있는 형태다.

롯데의 '신(新) 중국 전략'

롯데백화점
해외사업 비중 80% 이상 집중 향후 진출 점포는 합작 아닌 '독자' 형태로 내년까지 텐진, 웨이하이 등에 4개 점포 출점
롯데마트
올해 중국에 20여 개 점포 신규 출점 성과 좋은 지역 점포를 지원해 거점으로 육성
롯데슈퍼
연내 베이징에 점포 설립하고 현지사업 추진
롯데홈쇼핑
올해 중국 매출, 작년의 2배인 3000억원 목표

롯데 관계자는 "백화점 · 마트 등의 거점 방식만으로는 브랜드 인지도 향상에 한계가 있을 수 있다"며 "슈퍼마켓은 소비자 접점이 많은 만큼 브랜드를 알리는 데 도움이 될 수 있다"고 말했다.

롯데는 장기적으로 중국에서 백화점 · 마트 · 슈퍼마켓 · 홈쇼핑 등이 시너지 효과를 낼 수 있는 방안을 모색하게 될 것으로 보인다. 예를 들어 물류, 상품조달, 광고 등에서 협력할 경우 서로 상승 효과를 낼 수 있을 것으로 예상된다.

롯데는 올해 상하이에 중국사업을 총괄하는 헤드쿼터를 세웠으며 이곳이 유통부문을 조율하는 역할도 하게 될 것으로 보인다.

신동빈 롯데 회장의 글로벌 전략에 따라 롯데백화점 · 마트 등이 중국 시장을 적극 공략하고 있어 슈퍼마켓의 현지 상륙에도 도움이 될 것으로 예상된다.

롯데백화점은 신중국전략에 따라 해외사업 비중의 80% 이상을 중국에 집중하기로 하고 이 지역에 진출하는 모든 점포는 '독자 진출' 형태로 운영하기로 했다. 특히 향후 중국 사업과 관련해 △압도적인 점포 크기 △철저한 현지화 △현지인 채용을 활용한 책임경영 등을 바탕으로 경쟁력을 키우기로 했다.

이 회사는 내년까지 중국에서 텐진, 웨이하이 등에 4개 백화점의 문을 열 계획이다. 특히 오는 9월 개장할 텐진 문화중심점의 경우 연면적 7만3000m^2, 영업면적 4만3000m^2에 달한다. 롯데백화점은 현재 중국에서 점포 2개를 운영하고 있으며 이 중 베이징점은 매각할 계획이다.

롯데마트도 중국 사업을 적극적으로 펼치고 있다. 이 회사는 중국에서 올해 상반기에 출점한 3개를 포함해 올해 20여 개 점포를 신규 개장할 방침이다. 롯데마트는 현재 중국에서 점포 96개를 운영하고 있어 이르면 3분기께 100호점도 등장할 것으로 보인다.

2010년 중국에 진출한 롯데홈쇼핑은 올해 작년의 두 배인 3000억원 매출을 목표로 하고 있다.

롯데그룹 유통부문의 적극적인 중국 공략은 신동빈 회장의 '글로벌 전략'을 실현하기 위한 방안으로 풀이된다. 신 회장은 '2018년 매출 200조원, 아시아 톱10'이라는 장기 목표를 세우고 이를 달성할 수 있는 핵심 전략으로 글로벌화를 강조해왔다.

자료: 매일경제, 2012.7.12.

나 유통채널갈등과 그 시사점

1 유통경로상의 갈등

유통경로 내 구성원들 간 갈등은 상호의존적관계로 인해 발생하게 되는데 이러한 갈등은 상호 의존적 관계에 있는 모든 사회조직에서도 나타나는 현상이다. 경로 구성원들 간의 상호 의존성이 높을수록 그리고 경로 구성원들의 목표와 관계 참여 동기가 상이할수록 사소한 이해관계의 상충에도 상대방의 목표나 마케팅 활동에 간섭할 가능성이 높아지게 되고 이때 갈등의 발생 가능성도 높아진다. 특히 90년대 후반부터 유통경로 내에서 유통업체의 규모화에 따른 힘의 변화가 나타나면서 유통경로 내 갈등은 더욱 커지고 있고 사회적 이슈로 등장하고 있는 상황이다.

(1) 경로상 갈등의 원인[5]

유통경로 갈등의 원인은 경로 구성원간의 목표의 불일치, 영역의 불일치, 그리고 지각의 불일치로 구분할 수 있다. 경로구성원간의 상호 의존성이 커지면 커질수록 사소한 목표 불일치나 영역 불일치, 그리고 지각 불일치에 의해서 갈등이 심화될 수 있다. 갈등원인 중 영역불일치는 주로 상권범위 혹은 각 경로구성원이 수행해야 할 역할에 대한 구성원간의 견해 차이에 의해 발생한다. 제조업체가 이중적인 경로를 이용할 때와 어떤 경로구성원에게 자신의 능력 이상으로 역할이 주어질 때, 그리고 한 경로 구성원이 다른 경로 구성원이 생각하고 있는 것과는 다르게 자신의 역할 영역을 규정할 때 많이 나타난다. 또한 프랜차이즈 경로에서 가맹본부(franchiser)와 가맹점(franchisee) 사이에서도 갈등이 나타난다. 가맹점은 상권보장, 점포운영에서의 자율권 보장 등을 본부에 요구하면서, 본부와의 역할에 대한 인식의 견해차이 나타나고, 결국 갈등이 발생하게 된다. 경로구성원이 일정한 역할을 원활하게 수행하기 위해서는 권리와 의무가 수반되어야 한다.

목표의 불일치로 인한 갈등은, 경로구성원 간에 상대의 목표를 존중하지 않고 간섭하면서 나타날 수 있다. 제조업체는 중간상에 대해 자사제품의 매출을 극대화할 것을 요구하지만 중간상은 자신의 이익의 극대화를 위해서 제조업체의 요구가 바람직하지 않은 경우가 많다. 이러한 경우에 제조업체와 중간상 간에 갈들이 발생하게 된다. 이는 프랜차이즈 경로에서의 가맹본부와 가맹점 간에도 자주 나타나는 갈등이다.

---

5 안광호, 임영균, 유통경로관리 : 행위적 접근, 문음사, 1998. pp430-436.

그리고 현실에 대한 인식차이에서도 갈등이 발생한다. 경로구성원들 사이에서 보유하고 있는 의사결정 관련 정보가 다르거나 정보 분석의 능력의 차이가 나는 경우에 인식의 차이가 발생할 수 있다. 경로구성원간의 행동이 자신의 인식에 의해 이루어진다는 점에서, 경로 구성원들간의 현실인식에서의 차이는 각자의 행동의 차이로 나타나게 되고 이로 인해 갈등이 유발될 수 있다.

(2) 경로영향력의 원천

경로파워는 그 경로구성원이 가지고 있는 영향력의 원천(power source)과 다른 경로구성원의 특정 경로구성원에 대한 의존성(dependence)의 정도에 따라 결정된다. 특정 경로구성원이 다양하고도 강력한 영향력의 원천을 보유할수록, 그리고 다른 경로구성원들의 의존도가 증가할수록 특정 경로구성원의 경로파워(channel power)는 커지게 되고 다른 경로구성원의 의사결정을 통제할 수 있게 된다. 경로영향력은 한 경로구성원이 유통경로 내의 다른 경로구성원의 마케팅 의사결정에 영향력을 행사할 수 있는 능력으로 정의되며, 영향력 행사 후 특정 경로구성원의 특정행동을 수행할 확률의 변화를 의미한다.

경로 영향력 원천의 첫째는 합법력이다. 오랜 관습이나 공식적 계약에 근거해 규정된 행동을 준수하도록 정당하게 주장할 수 있는 능력을 의미한다. 계약, 상표등록, 특허권, 프랜차이즈 협약, 기타 법률적 권리가 합법력의 예에 속한다. 두 번째 경로영향력의 원천은 준거력이다. 매력이나 일체감 및 안전욕구에 의해 거래관계를 계속 유지하고 싶도록 할 수 있는 능력을 말한다. 유명상표를 취급한다는 긍지와 보람, 유명업체 또는 관련 산업의 선도자와 거래한다는 긍지, 상호간 목표의 공유, 상대방과의 관계지속 욕구, 상대방의 신뢰 및 결속 등이 준거력의 예라고 할 수 있다. 보상력은 세 번째 경로 영향력의 원천이다. 거래 유통업자에게 물질적, 심리적, 보호적 보상을 제공할 수 있는 능력을 뜻한다. 판매지원, 영업활동지원, 관리기법, 시장정보, 금융지원, 신용조건, 마진폭의 증대, 특별할인, 리베이트, 광고지원, 판촉물 제공, 신속하고 빈번한 배달, 지역 독점권 제공 등이 보상력의 예가 된다. 네 번째 경로 영향력 원천은 강권력이다. 영향력 행사에 따르지 않을 때 제재를 가할 수 있는 능력을 말한다. 상품공급의 지연, 대리점 보증금 인상, 마진폭 인하, 대금결재기간 단축, 전속적 지역권 철회, 인접 지역에 새로운 점포 개설, 끼워 팔기, 밀어내기, 기타 보상력의 철회 등이 강권력의 예가 된다. 마지막으로 경로 영향력의 원천으로는 전문력이 있다. 상대방이 중요하게 인식하는 우수한 지식이나 경험 또는 정보 능력을 의미한다. 전문력의 예로는 경영관리에 관한 상담과 조언, 영업사원의 전문지

표 7-3 채널파워의 유형 및 사례

구분	개념	사례
보상력	영향력 행사에 순응할 경우 물질적, 경제적 보상을 제공 할 수 있는 능력	판매지원, 영업활동지원, 관리기법, 금융지원, 신용조건, 마진폭의 증대, 특별할인, 리베이트, 광고지원, 판촉물 제공, 신속한 배달, 빈번한 배달, 감사패 제공, 지역 독점권 제공
강권력	영향력 행사에 따르지 않을 때 처벌/제재를 가할 수 있는 능력	상품공급의 지연, 대리점 보증금의 인상, 마진폭의 인하, 대금결제기일의 단축, 전속적 지역권의 철회, 인접지역에 새로운 점포의 개설, 끼워팔기, 밀어내기, 기타 보상의 철회
합법력	오랜 관습이나 공식적 계약에 근거해 규정된 행동을 준수하도록 정당하게 주장할 수 있는 능력	오랜 관습이나 상식에 따라 당연하게 인정되는 권리, 계약, 상표등록, 특허권, 프랜차이즈 협약, 기타 법률적 권리
준거력	매력이나 일체감 및 안전욕구에 의해 거래관계를 계속 유지하고 싶어하게 할 수 있는 능력	유명상표를 취급한다는 긍지와 보람, 유명업체 또는 관련산업의 선도자와 거래한다는 긍지, 상호간 목표의 공유, 상대방과의 관계지속 욕구, 상대방의 신뢰 및 결속
전문력	상대방이 중요하게 인식하는 우수한 지식이나 경험, 혹은 정보 능력	경영관리에 관한 상담과 조언, 영업사원의 전문지식, 종업원의 교육과 훈련, 상품의 진열 및 전시 조언, 경영정보, 시장정보, 우수한 제품, 다양한 제품, 신제품 개발

자료 : 공정거래위원회, 대형유통업체의 판매수수료 현황 및 정책대응방안, 2009.12

식, 종업원의 교육과 훈련, 상품의 진열 및 전시 조언, 경영정보, 시장정보, 우수한 제품, 다양한 제품, 신제품 개발 능력 등이 있다.

(3) 경로갈등의 유형

갈등의 종류로는 수평적 갈등, 업태간 갈등, 수직적 갈등이 있다. 먼저, 수평적 갈등은 유통경로에서 동일한 계층에 있는 중간상 사이에서 발생하는 갈등을 말한다. 예를 들면, 대형소매업과 중소소매점의 갈등을 의미한다.

업태간 갈등은 유통경로상 동일계층에 있는 상이한 업태의 중간상인들 간의 경쟁에서 발생하는 갈등을 의미한다. 예를 들면, 할인점과 백화점 혹은 슈퍼마켓 사이의 갈등이다. 수직적 갈등은 유통경로내의 상이한 계층에 종사하는 유통기관들 사이에서 발생하는 갈등을 뜻한다. 유통업체와 제조업체 사이의 갈등이 좋은 예가 된다. 이러한 유통경로상의 갈등발생은 유통경로 구성원간의 목표가 일치하지 않고 상호 이해가 부족하며 의사소통이 결여되면 발생하게 된다.

수직적 갈등은 주로 제조업체와 유통업체 간의 갈등이며 두 가지 형태의 갈등이 있다. 먼저, 동일한 제조업체와 거래하는 다양한 유통채널간의 갈등이다. 제조업체가 여러 유통업체와 동시에 거래하기 때문에 발생하는 경우이다. 이는 제조업체가 전속대리점, 자사 직접판매조직, 그리고 대형유통업체 등 다양한 경로를 통해 제품을 공급하는데 이 때 유통경로별로 다른 공급가격의 차이로 인해 제조업체와 유통업체 간에 발생하는 갈등이다. 두 번째 수직적 갈등은 특정한 유통채널과 제조업체간에 발생하는 갈등이다. 이러한 갈등의 근본원인은 유통경로상 거래에서 발생하는 힘의 논리에 있다. 실제, 대형유통업체의 등장과 함께 유통경로상의 힘이 제조업체에서 대형유통업체로 이동하면서 이러한 갈등이 발생하고 있다. 최근의 대형유통업체의 최저가격보상제와 같은 최저가격에 실시에 대해 제조업체는 유통업체의 마진 축소분을 제조업체 전가하고 있다고 반발하면서 갈등을 보인 것이 이러한 갈등의 한 예라 하겠다. 또한 유통경로상에서 대량거래로 인한 거래의 우월적 지위를 이용해 유통업체의 판촉행사와 이에 따른 비용 부담 요구, 매장의 판촉사원 파견 요구 등은 제조업체의 비용증대를 야기하게 되는데 이로 인한 갈등도 발생할 수 있다.

표 7-4 대형유통업체의 주요 불공정거래 행위 유형

구분	2008년		2009년	
	1순위	2순위	1순위	2순위
종합	판촉관련 부당강요 (24.6%)	부당반품 (20.7%)	부당반품 (12.0%)	경품 · 저가납품 강요 (11.5%)
백화점	판촉관련 부당강요 (26.8%)	서면미교부 (26.1%)	부당반품 (12.7%)	경품 · 저가납품 강요 (12.7%)
대형마트	판촉관련 부당강요 (32.2%)	부당반품 (21.0%)	인테리어비용 미보상 (10.6%)	경품 · 저가납품 강요 (10.4%)
홈쇼핑	부당반품 (28.8%)	배타적 거래관계요구 (18.2%)	판촉비용 강요 (14.1%)	경품 · 저가납품 강요 (11.8%)
편의점	부당반품 (31.1%)	수시장려금 요구 (23.0%)	부당반품 (37.2%)	판촉비용 강요 (12.8%)
인터넷쇼핑몰	판촉관련 부당강요 (60.7%)	부당반품 (32.1%)	판촉비용 강요 (15.7%)	부당반품 (11.8%)

표 7-4 대형유통업체의 주요 불공정거래 행위 유형 (계속)

구분	2008년		2009년	
	1순위	2순위	1순위	2순위
대형서점	부당반품 (23.1%)	수수료 인상 (23.1%)	부당반품 (40.7%)	판촉비용 강요 (11.1%)
전자전문점	판촉관련 부당강요 (22.7%)	부당반품 (22.7%)	판촉비용 강요 (18.2%)	부당반품 (18.2%)

자료 : 공정거래위원회, 대형유통업체의 판매수수료 현황 및 정책대응방안, 2009.12

① 제조업체와 유통업체의 경로갈등

제조업체와 유통업체의 경로갈등은 수직적 경로 갈등이다. 이는 갈등 초기에 형성된 제조업체 중심의 갈등구조에서 최근의 유통업체 중심의 갈등구조로의 변화 양상을 보이고 있다. 과거의 제조업체 중심의 갈등은 제조업체의 상품 공급 파워에 따라 제품의 가격구조 및 공급량 등이 결정됨으로써 유통업체는 소극적 가격정책을 폈던 것에 반해 최근에는 소비자의 니즈가 다양화되고 제조업체간의 경쟁이 치열해지면서 유통업체가 가격구조에 적극적으로 영향을 미치면서 유통업체의 바잉 파워가 급격히 신장되고 있음을 나타내고 있다.

MINI CASE 7-6 국내 제조업과 유통업체의 갈등사례

2003년

풀무원 vs. 까르푸 : 납품가 갈등으로 풀무원 까르푸 납품 중단

2004년

까르푸 vs. CJ : 납품가와 판촉비 지원 갈등으로 CJ 까르푸 납품 중단
까르푸 vs. 한성기업 : 행사불참 이유로 한성기업 제품 판매 중단

2005년

태평양 vs. 까르푸 : 설선물 세트 가격인하 요구로 인한 갈등
대형유통업체 vs. 삼성전자 : 납품가 인하 요구로 인한 갈등

그 외

– 최저가격보상제 도입에 따른 경쟁업체들보다 낮은 가격 유지를 위한 납품단가인하 요구로 인한 갈등
– PB상품 도입 확대에 따른, 매장 내 진열에 있어서 PB상품에 비해 NB상품의 불리한 진열 등에 의한 갈등 등

MINI CASE 7-7 제조사 "그 가격엔 못줘"– 이마트 "참이슬 · 신라면도 내리겠다"

제조–판매 가격충돌

제조사 "현 상태론 한달도 못버텨…동네슈퍼 불만 극에 달해"
이마트 "가격 결정은 우리 권리…20~30개 품목 추가 인하"
대형마트와 제조업체 간 대충돌의 전주곡인가, 가격파괴 과정에서의 일시 혼선인가.

지난 7일부터 이마트의 12개 생필품 가격인하로 촉발된 대형마트 간 '가격전쟁'이 이제는 제조업체와의 충돌로 번지고 있다. 과도한 가격인하에 대해 제조업체들이 반발하면서 CJ햇반, 해태 고향만두, 오리온 초코파이 등 주요 품목의 납품이 일시 중단됐기 때문이다. 이 같은 갈등은 10여년 전 까르푸와 월마트가 국내에 진출할 당시 유통업체들의 저가 경쟁으로 제조업체와 첨예한 마찰을 빚은 데 이은 2차 제조–유통전쟁으로 번질 가능성도 배제할 수 없다.

1등 브랜드는 마음대로 안 된다

이마트의 가격인하 품목 중 납품이 일시 중단된 상품은 한결같이 품목별 1위 브랜드들이다. 따라서 대형마트들은 PB(자체상표) 상품을 만드는 점유율 2위 이하 업체들에 가격을 좌지우지하며 영향력을 행사해온 것과는 딴판인 양상이다. CJ제일제당은 이미 지난 12일부터 행사제품인 '햇반 3+1'을 이마트 측이 발주해도 공급하지 않고 있다. 이마트에 이어 롯데마트,홈플러스까지 10원 차이를 두고 인하 경쟁을 벌이자 CJ 측은 지난 15일 마트 3사에 "당초 인하 가격(2980원)보다 가격을 더 내리면 공급에 차질을 빚을 수 있다"는 입장을 전달했다. CJ그룹에서 분리된 생활용품업체 CJ라이온도 지난 15일께 마트 3사에 제품 공급을 중단하겠다고 공식 통보한 뒤 현재까지 납품하지 않고 있다. 해태제과는 이마트 가격인하 상품인 용량 1228g짜리 '고향만두'(3950원)의 공급을 끊었다. 대신 1440g짜리 제품을 4630원에 납품하고 있다. 오리온의 경우 마트 측과 가격 갈등으로 공급을 일시 중단했다가 21일부터 공급을 재개할 예정이다.

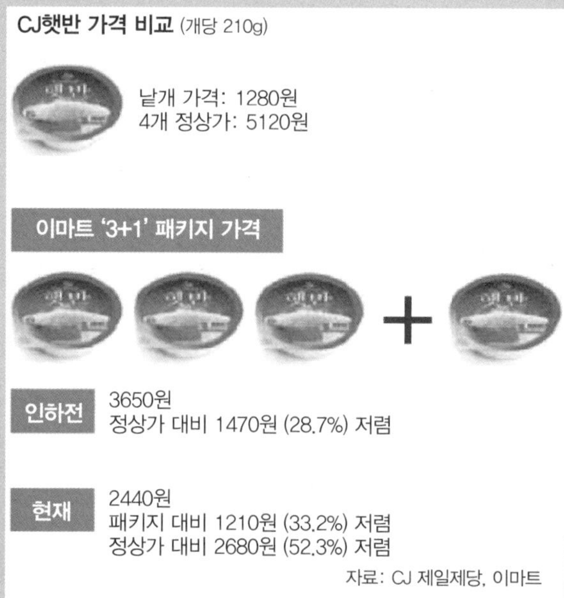

"마트에서만 파는 게 아니다"

제조업체들이 '슈퍼 갑(甲)'으로 불리는 대형마트와 신경전을 마다하지 않는 것은 전국에 30만개가 넘는 동네 슈퍼 등 일반 소매점의 불만을 무시할 수 없기 때문이다. 제조업체 A사 관계자는 "전체 매출에서 소매점이 차지하는 비중이 60%를 넘고, 소매점 쪽의 영업이익도 대형마트에 비해 훨씬 높다"며 "마트 간 가격전쟁으로 고객을 더 빼앗기고 있는 동네 슈퍼들의 불만이 극에 달한 상황"이라고 말했다.

B사 관계자는 "제조사가 박리다매 판매를 하는 것도 한계가 있어 이대로는 한 달을 버티기가 힘들다는 데 업계가 공감하고 있다"고 전했다. 그러나 이마트는 현재의 갈등이 '제조업체는 생산, 유통업체는 판매'라는 선진 시스템을 정착시키기 위한 과도기적 상황이라는 입장이다. 또한 가격파괴를 통해 정부와 소비자에게 물가안정에 앞장서고 있다는 이미지를 심을 수 있어 당장은 손해여도 전체적인 손익계산서는 '남는 장사'라는 속내다. 이에 대해 홈플러스와 롯데마트 등 경쟁업체들은 다소 회의적이다. 롯데마트 관계자는 "지금은 이마트에 맞서 '이에는 이'식으로 대응하고 있지만 출혈경쟁이 장기간 유지되긴 어렵다"며 "이마트가 가격인하 정책을 포기하면 우리 역시 대응을 멈추고 정상가격으로 돌아갈 것"이라고 말했다.

이마트의 최종 타깃은 신라면 · 참이슬

업계에선 가격 파괴에 이은 공급 중단 사태가 대형마트와 1위 제조업체 간의 힘겨루기라고 보고 있다. 대형마트의 매출이 정체 또는 뒷걸음질치는 상황에서 CJ제일제당, 농심, 진로 등 대형 제조사들을 길들이지 않고선 돌파구를 마련하기 어렵다는 판단에서다. 대형마트들은 지난해 온라인몰과 SSM(기업형 슈퍼마켓)으로 고객을 빼앗기면서 매출이 1.2% 감소했다. 실제로 이마트는 지난주 가격 인하 품목에 생필품의 최고 브랜드 파워를 가진 농심 '신라면'을 포함시키려다 실패한 것으로 알려졌다. 이마트 관계자는 "소비자들이 많이 찾고 가격 민감도가 높은 상품의 가격을 내려야 효과가 나타난다"며 "(가격파괴가) 1등 제조사를 통제하기 위해서라는 것은 말도 안 된다"고 주장했다. 그는 "앞으로 제조사와 협의를 통해 물량 공급을 지속하는 한편 설 연휴 뒤에는 20~30개 품목을 추가 인하하고, 현재로선 물량 확보가 어렵지만 최종적으로 농심 '신라면'과 진로 '참이슬' 가격도 내릴 것"이라고 강조했다.

자료: 한국경제, 2010.1.19.

(4) 경로 갈등의 관리

유통경로 내에서 갈등은 경로구성원 간의 이를 해결하려는 노력을 필요로 한다. 즉 갈등의 관리가 필요한 것이다. 그러나 구성원 간에 노력에 의해 갈등이 해결되지 못할 때는 불공정거래 차원에서의 정부의 중재가 필요해 진다. 정부가 이러한 갈등이 발생하지 못하도록 공정거래시스템을 구축하는 것이 필요하다. 궁극적으로, 이 같은 갈등관리의 목표는 갈등이 심각한 수준에 도달하기 전에 이를 효과적으로 통제하고 조정하여 협력적 관계를 유지시키는 것이다.

표 7-5 제조업체의 유통채널 갈등 관리방안

갈등의 유형	갈등 발생원인	갈등의 관리방안
유통채널 간 갈등	채널간의 영역 중복	• 채널별 제공가치의 차별화 – 제조업체가 유통채널의 성격에 맞는 변형된 제품이나 브랜드 도입 예: 할인점용 벌크제품의 개발
제조업체-유통업체 갈등	힘의 불균형	• 채널파워 유지, 강화 – 브랜드 파워의 강화 – 채널 포트폴리오 구성 • 채널과의 전략적 제휴(시너지효과 창출) – SCM, Category Management

① 제조업체의 유통채널 갈등 관리 방안

채널 간의 영역중복으로 유통채널 간 갈등이 발생하는 경우는 채널별 제공가치의 차별화가 갈등해결의 방법이다. 유통채널 간 갈등은 제조업체가 전속대리점과 대형유통업체와 동시에 거래하면서 전속대리점과 제조업체 사이에서 주로 많이 발생한다. 제조업체가 대형유통체와의 거래가 늘어나면서 보다 좋은 가격으로 공급하도록 요구받고 있고 이에 대해 대형유통업체와 경쟁관계에 있는 전속대리점이 반발한 과정에서 갈등이 발생할 수 있다. 이러한 경우, 제조업체는 유통채널의 성격에 맞는 변형된 제품이나 브랜드 도입을 통해 갈등을 해소할 수 있을 것이다. 예를 들면, 대형유통업체를 위한 벌크제품의 개발이나 대형유통업체의 PB 제품의 공급과 같이 유통채널별로 차별화된 공급을 하는 것이다.

한편, 유통채널 상에서 힘의 불균형으로 주로 발생하는 제조업체와 대형유통업체 간에 발생하는 갈등의 해결을 위해서는 먼저 제조업체의 채널에 대한 파워 유지 및 강화이다. 파워 브랜드를 소유한 제조업체의 경우는, 대형유통업체와 갈등이 상대적으로 크지 않다. 그 이유는 브랜드 파워가 있으면 유통채널 상에서 비록 규모로 인해 채널 파워가 대형유통업체 쪽으로 기울어진다하더라도 대형유통업체의 힘의 행사가 어려워진다. 결국, 브랜드 파워를 가진 제조업체는 유통채널과의 갈등을 주도적으로 관리할 수 있게 된다. 또한 채널 포트폴리오를 통한 채널간의 경쟁 유지가 제조업체 측면에서의 갈등관리 방법이 된다. 제조업체가 채널간 적절한 포트폴리오를 구성하여 특정 채널이 지나치게 힘을 가지게 되는 것을 방지하는 것이다. 그러나 이렇게 제조업체가 주도적으로 갈등을 관리하기 위해서는 그에 상당하는 힘이 필요하다. 따라서 한편으로, 전략적 제휴를 통한 유통채널간의 공생의 방법을 찾는 것도 필요하다. 그 최선의 대안이 유통채널과의 협력이다. 최근 많은 주목을 받고 있는 SCM과 카데고리 매니지먼트 등이 그 한 예이다. 제조업체에게는 대형유통체와 이러한 협력시스템을 구축하기 위한 기술력을 갖추는 등 보다 적극적인 대비와 노력이 요구되고 있다.

제조업체와 대형유통업체의 전략적 제휴는 1987년 월마트와 P&G의 제휴에서 유래되었다. 그리고 미국의 의류업계에 도입된 QR(Quick Response), 식품업계에 도입된 ECR(Efficient Consumer Response), 일본의 제배판동맹(製配販同盟)이나 제판동맹(製販同盟)도 전략적 제휴의 일종이다. 이는 제조업체, 도매업체 소매업체 등 참여업체 모두 상품 개발과 유통효율화의 추진을 목적으로 협력하는 전략적 제휴의 한 형태라고 할 수 있다.

제조업체와 유통업체의 전략적 제휴가 등장한 배경은, 제조업체 입장에서는 판매될 수 있는 제품개발과 효율적인 생산 및 물류체제의 구축이 필요했고, 또한 저가격화의 진전에 대응하기 위해 유통비용의 절감이 절실하기 때문이다. 반면에 유통업체 입장에서는 상시저가격(Everyday Low Price)의 실현을 위해서 제조업체와 제휴를 통한 저비용체제의 구축이 필요하고, 또한 가격경쟁력 강화와 타 경쟁 유통업체와의 차별화 필요성이 커지고 있기 때문에 제조업체와 전략적 제휴를 필요로 하는 것이다. 그러나 아직까지 국내의 전략적 제휴의 사례는 그렇게 많지는 않지만, 향후 적극적인 도입이 예상되고 있다.

제휴형태는 상품개발 또는 비용절감을 목적으로 이루어지나 유통비용 절감이 주류를 이룰 것이며, 동등한 입장에서 전략적 제휴가 이루어진 경우보다 한쪽이 주도하는 경우가 그 성공 가능성이 높은 것으로 보인다. 제휴형태로는 제조업체의 대형유통업체 PB개발에 적극 협력하고, SCM 및 카데고리 매니지먼트 체제구축의 협력 등이다. 그러나 여전히 전략적 제휴의 필요성에 대해서는 제조업체나 유통업체 모두 공감을 하지만 여러 가지 이해관계와 시스템 구축에 필요한 상당한 초기비용 등으로 실질적으로 이루어지는 사례는 많지가 않다. 예를 들면, 유통업체의 PB개발을 위한 제휴의 경우, 제조업체는 제휴 소매업체와 경쟁관계에 있는 다른 소매업체와의 거래량 감소 우려로 제휴를 꺼리는 경우가 많다.

다 세계 주요국의 유통정책

1 미국

미국은 근본적으로 시장의 자유를 강조하는 정책기조를 유지하고 있다. 원칙적으로 연방정부나 주정부 차원에서 대형 유통업체의 영업행위를 규제하는 법규는 없다. 단지 공정거래법에 의해 부당한 경쟁이나 시장의 독과점화에 대한 규제는 이루어지고 있다. 그러나 지방자치정부에 따라 필요 시 조례 제정을 통해 대형점포의 출점이나 영업시간 등을 규제하려는 움직임이 일부 있으나 실제 법제화 된 경우는 거의 없는 것으로 알려져 있다. 따라서 중소유통업체는 철저한 시장경제 법칙에 의해 경쟁력이 있는 업체는 생존하고 그렇지 못한 업체는 퇴출하고 있는 실정이다.

미국 중소유통업체의 생존 및 경쟁력 향상을 위한 주된 전략은 조직화 및 협업화, 그리고 지역밀착 및 구색이나 서비스에 있어서의 차별화를 통해 경쟁력을 유지하는 것이다.

MINI CASE 7-8 미국 월마트에 대한 미국 내 평가 : Is Wal-Mart Good for America?

1969년 월마트가 설립된 지 42년이 지난 2010년 현재 월마트의 연간 매출규모는 480조원이 넘으며 세계 최대의 소매유통업체 지위를 지난 15여년간 지키고 있다. 월마트는 지금까지 미국의 대표적 기업의 하나로 미국 내에서나 밖에서 인식되어 왔다. 그러나 2000년대에 들어오면서 미국 내에서는 미국의 무역적자 심화와 불경기 및 실업의 증가 등에 따른 월마트에 대한 재평가가 이루어지며 월마트에 대한 지지와 비난의 엇갈린 미국사회의 반응이 나타나고 있다.

월마트는 미국 전통적 제조업의 쇠퇴를 가속화 시키고 실업의 증가에 기여했다는 주장과 EDLP(Everyday Low Price)에 의한 저가격으로 미국 내 인플레이션을 억제시키고 미국 서민의 실질 임금의 증대에 기여했다는 주장으로 나누어져 있다. 그러나 미국 내에서 월마트에 대한 비판적 여론이 점차 거세어지자 미국 주요 일간지에 대대적인 전면광고를 통해 월마트가 미국 사회에 기여하고 있다는 점을 강조하는 등, 비판적 여론을 불식시키려 애쓰고 있다.

2 일본

일본은 대체로 유통산업에 대한 규제가 많은 국가이다. 일본의 유통산업은 대형유통점의 확산과 그에 따른 중소유통업의 위축과 그 보호를 위해 규제 위주로 이루어져 왔다고 해도 과언이 아니다. 일본 유통산업에 대한 규제의 근간이 되었던 대규모 소매점포법(대점법)은 1973년에 대규모 점포의 설립을 규제하기 위해 제정되었고 90년대에 두 차례(92년, 94년)에 걸쳐 완화 개정되었던 대점법은 결국 폐지되었다. 그러나 대규모점포에 대한 직접적인 규제가 완화 · 개선된 새로운 대규모 소매점입지법(대점입지법)이 다시 대체 제정되어 2000년 6월부터 시행되게 된다.

일본의 중소유통업은 70년대 다이에(Daiei) 같은 대형 양판점이 성장 · 확산되면서 어려움을 겪기 시작하였고 지금까지 중소유통업 전반적인 위기와 쇠퇴 그리고 그 대응은, 현재 한국이 겪고 있는 중소유통업의 어려움을 해결하는데 많은 시사점을 주고 있다. 사실, 한국의 유통정책의 중심 내용은 중소유통정책이라 할 수 있으며, 그 내용은 일본의 정책을 많이 벤치마킹(benchmarking)한 것이라고 볼 수 있다.

현재 진행 중에 재래시장의 현대화 역시 일본 재래시장의 현대화를 모델로 한 것이다. 일본의 침체되어 왔던 재래시장 및 재래상가는 현대적 쇼핑타운화로 탈바꿈하면서 잃어가던 경쟁력을 어느 정도 회복하여 왔다. 일본의 재래시장 현대화는 지역 상인들과 지방자치단체의 협력 속에서 재건축과 재개발보다는 주로 리모델링 방법으로 현대화를 꾀하여 왔다. 시장 및 상가의 건물사이에 아케이드와 보도블럭을 설치하는 등 시설을 재단장하여 대형 쇼핑몰(Shopping Mall)과 같이 원스톱 쇼핑이 가능하도록 하였다. 또한 하드웨어만이 아닌 상가나 지역 상품권을 공동으로 발행하고 고객들의 쇼핑의 편리성을 높이기 위한 다양한 방법을 개발하고 협력을 아끼지 않는 노력을 보여왔다. 일본의 지역 상인들은 지역관리회(Town Management Organization: TMO)를 조직하여 지방자치단체의 협조와 함께 지역 상인들의 협력을 통한 경쟁력 강화에 힘쓰고 있다.

일본의 중소유통정책은 협업화와 조직화, 그리고 경영고도화를 통해 중소유통업체의 경쟁력을 제고시키는데 주안점을 두고 있다. 협업화는 개별 중소유통업체의 수평적 협력관계를 구축하는 것으로서, 판매자협동조합을 결성하여 상품의 공동구매 및 공동물류 등을 통해 가격 경쟁력을 높이는 것이다. 그리고 조직화는 도매업체인 체인본부를 중심으로 소매업체들이 프랜차이즈 가맹관계를 맺음으로 조직화를 이루는 것이다. 일본의 경우는 슈퍼마켓이나 편의점들이 이러한 조직화를 통해 그 경쟁력을 유지 및 제고시켜 가고 있다.

한편으로, 일본의 독특한 유통시스템 역시 중소유통업 보호에 기여하여 왔다고 하겠다. 일본 유통시스템에서 도매상의 역할이 매우 크며, 이들 도매상이 전통적 고객이었던 중소소매업체들과 상생관계를 유지하고 있다. 이들 도매상들은 대형유통업체와 중소유통업체 모두를 고객으로 두고 있다. 따라서, 중소유통업체의 쇠퇴는 판로를 잃어버리는 것이므로 중소소매업체들에게 단순히 상품만을 공급하는 것이 아니라 경영 지도를 함께 하면서 고객과의 협력관계를 유지하고 있다. 또한 제조업체와 대형소매업체간에 나타나는 갈등에 있어서도 조정자 역할을 톡톡히 하고 있다. 일본의 유통경로에 있어서 도매상들은 유통의 효율성을 저하시키는 전근대적인 경로주체라고 비판도 받지만, 한편에서는 대형소매유통업체의 확산과 그로인한 사회적 문제를 완화시켜 주는 역할을 하고 있다는 평가를 함께 받고 있다.

MINI CASE 7-9 일본의 도매상과 중소소매점의 관계

일본의 경우, 대형도매상이 중소소매상 연쇄화본부 역할을 하며 상품공급뿐만 아니라 경영관리 지원을 하고 있다. 중소소매점의 정보화 시스템 또한 도매상이 관리 및 지원하고 있다. 즉 플래노그램(Planogram)과 같은 자체 개발한 매장 상품관리 컴퓨터 프로그램을 중소소매점에 지원하고 관리해 주고 있다. 이는 중소소매상이 활성화 되어야 도매상이 생존할 수 있다는 면에서 상생(Win-Win)을 위한 협력이 시장 자체에서 이루어지는 사례라고 할 수 있다.

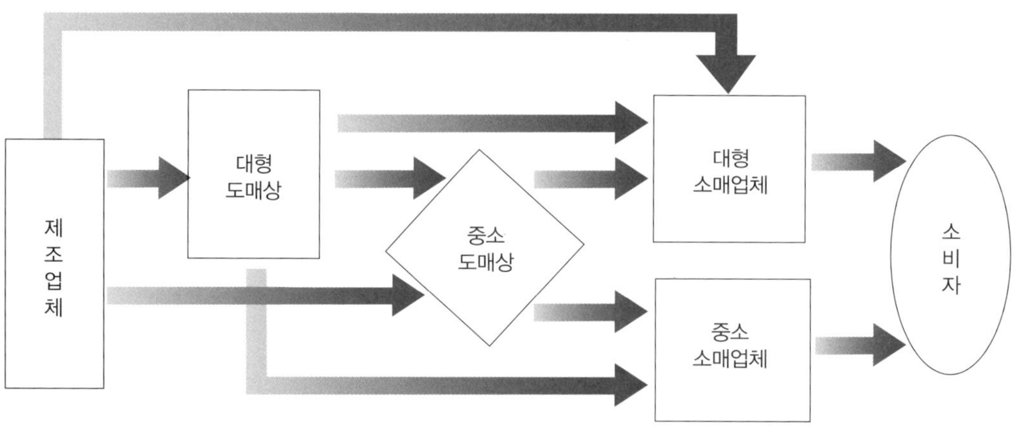

그림 7-3 일본 주요 유통경로

3 유럽

유럽은 전반적으로 유통산업에 대한 규제가 많다. 유통시장 전반적으로 영업시간 규제가 심하며 대형유통점 출점에 관한 규제도 심한 편이다. 그러나 규제는 주로 서유럽이 심하며, 동유럽은 대체로 규제가 높지 않은 편이다. 동유럽의 성장과 함께 국내시장 규제에 의해 출점에 어려움을 겪고 있던 서유럽 유통업체들은 동유럽으로 동진전략을 펼치고 있다.

한편, 서유럽 유통시장도 21세기 들어오면서, 유럽연합의 탄생과 WTO 신자유주의 틀 내에서 인근국과의 경쟁을 위해 부득이하게 규제완하 추세를 보이고 있다. 여진히 제한적이긴 하지만 영업시간에 대한 규제가 많이 완화되고 있다. 그러나 주중 영업시간은 많이 완화되고 있지만 여전히 일요일이나 공휴일의 영업은 제한되고 있다.

영국을 예외로 하면 서유럽 국가 대부분에서 유통시장 규제가 심하지만 그 중 가장 규제가 심하다고 알려진 독일 유통산업 규제정책을 예로 들면 다음과 같이 정리될 수 있다. 독일은 유럽국가 중에서 규제가 가장 심한 국가로 알려져 있지만 최근 규제가 완화되는 추세를 보이고 있다. 독일 유통규제의 특징은 도시계획과 관련하여 출점에 있어서 규모에 대한 규제는 있지만 일반적으로 대형점과 중소형점을 차별하여 규제하는 것은 아니며 크기에 관계없이 규제가 적용되고 있다. 독일은 상점영업시간제한법을 통해 소매점의 영업시간을 규제하고 있다. 이 법의 기본취지는 유통업체 종업원의 휴식권과 가정생활 보호이다. 특히, 일요일 및 공휴일 영업시간을 제한하는 이유는 독일 기본법에 명시된 종교의 자유와 휴식을 최대한 보장하기 위함이다. 영업시간은 평일은 6시에서 20시, 토요일은 6시에서 16시까지, 일요일 및 공휴일 휴무이며, 2003년부터 토요일 영업시간을 20시까지 연장하도록 하고 있다. 폐점시간 규제에 적용되지 않는 예외로는 빵가게, 약국, 신문과 잡지, 주유소, 자판기, 역과 공항매점이 있고 크리스마스 이브 때 역시 시간 규제를 받지 아니한다. 독일의 폐점시간법은 근로시간법과 밀접하게 연관되어 있다. 근로자의 안전과 건강을 보호하고 유연한 근로시간을 위한 한정조건을 개선하며, 일요일과 법정 공휴일을 휴무의 날로, 그리고 근로자의 정신을 고양시키기는 날로 보호하기 위하여 근로시간법이 제정되었다. 근로시간법에 의하면, 근로자의 평일 근로시간은 8시간을 초과해서는 안되며, 근로자는 일요일과 법정 공휴일에 일해서는 안 되는 것으로 되어 있다. 기타 독일의 유통관련 규제로 할인판매규제가 있었는데, 이는 폐지되어 이제는 할인판매 및 선물(경품) 제공이 가능해지게 되었다. 그리고 대형점포 출점과 관련된 규제는, 지역발전과 도시계획에 근거하여 지방자치단체가 자체적으로 결정하도록 하고 있다. 독일의 중소유통업체의 경쟁력 유지 방법으로는 조직화와 차별화라고 할 수 있겠다. 중소슈퍼마켓은 임의가맹점형 체인사업화(Voluntary Chain)하여 브랜드 소매점의 조직으로 영입하여 왔다. 그리고 중소형 상점은 빵집 혹은 청과물 등 전문점 형태로 시장경쟁력 유지해 나가고 있는 것을 볼 수 있다.

4 중심시가지 활성화 정책

(1) 미국 지역상권 활성화 정책 및 사례[6]

미국은 50년대부터 도시인구의 교외로의 이동이 증대되면서 중심시가지 인구의 교외유출에 따른 시가지 공동화 현상이 심화되기 시작하였다. 뉴욕, LA 등 대도시부터 지방 소도시에 이르는 전국의 모든 도시에 이러한 시가지 공동화 현상은 예외없이 발생하였다.

이러한 중 · 고소득자의 교외 유출은 중심시가지의 주택임대료 저하를 가져왔으며, 경제 번영으로부터 소외된 저소득자 층의 중심시가지 유입이 시작되면서 중심시가지의 범죄발생률의 상승을 초래하고 학교 교육의 질 또한 약화되었다. 그리고 주택 가치의 하락과 고정자산에 대한 의존도가 높았던 지방자치단체의 재정적 어려움의 원인이 되었다. 뿐만 아니라 도시 인프라의 미비로 이어지는 악순환이 거듭되어 이너시티(Inner City) 문제의 원인이 되는 결과를 가져왔다.

이렇듯 도시인구의 이동은 도시구조의 변화, 특히 중심시가지 쇠퇴와 함께 주로 중소규모 소매점으로 구성된 중심시가지 상권의 축소를 가져왔다. 이러한 문제의 주 원인은 첫째로 상업기능 교외화와 대형쇼핑몰의 발달이다. 두 번째로 업무기능의 교외화와 에지시티(Edge City) 형성이다. 미국 교외화 과정에서 에지시티의 형성이 도심과 부도심의 상권변화의 중심이라 할 수 있다. 미국의 에지시티는 우리나라나 일본의 위성도시와는 달리 경제적으로 독립한 본격적인 도시집적이라 할 수 있으며, 대표적으로 워싱턴DC 지역의 경우 16개의 에지시티로 둘러싸여 있다. 셋째로 에지시티의 형성과 함께 기존 도시의 재정난이 발생하고 이로 인해 중심시가지의 인프라가 열악해져 갔다. 결국 미국의 중심시가지는 이러한 악순환을 통해 더욱 악화되어 갔는데 이러한 진행상태를 가리키는 종합적 표현으로 미국에서는「도시의 스프롤(충치상태화)」이라는 용어를 사용해 왔다.

6 한국지방자치단체국제화재단, 주요 국가의 최신 행정 동향, 제1편 미국의 중심시가지 활성화, 2003.4, pp7-47의 내용발췌 및 재구성

① 중심시가지 공동화 해결을 위한 정부정책

미국 연방정부는 1960년대부터 이너시티 문제에 힘써왔다. 도시정책에 있어 사업권한은 주정부의 소관으로 되어있기 때문에 연방정부는 지금까지 연방보조금이라는 형태로 이너시티문제에 대처해 왔으며, 이러한 움직임은 1960년대 케네디 및 존슨정부으로부터 출발하여, 1965년의 경제개발법, 1966년의 모델도시사업, 닉슨정부의 커뮤니티개발포괄보조금(CDBG), 1997년의 커뮤니티재투자법(CRT), 1978년의 도시개발액션보조금(UDAG), 레이건정부의 엔터프라이즈존(EZ), 클린턴 정부의 엔파워먼트존 · 엔터프라이즈커뮤니티(EZ·EC)로 이어져 왔다. 특히 1990년대에 들어와 중심시가지의 문제를 빈곤대책으로서만 취급하는 것이 아니라 대중교통시스템의 정비 등에 의해서 도시구조 그 자체를 재생하고자 하는 새로운 관점으로 바꾸어 진행되어 왔다.

클린턴 정부가 1999년에 발표한 「리버블 커뮤니티 이니시어티브」는 이너시티 문제 해결을 위한 제반시책을 종합적으로 강화하기 위한 것으로 21세기를 향하여 노인도 젊은이도 도보 내지 자전거로 이동할 수 있는 거리, 역사적인 장소, 농장, 삼림, 녹지가 보존되는 거리, 부모가 통근시간 단축으로 자녀, 배우자 및 이웃과 지낼 시간을 갖는 거리가 조성되도록, 연방정부가 지원하고자 하는 것이다. 그러나 이러한 연방정부의 정책도 여전히 주 · 지방정부의 주도하에 실시될 것을 전제로 하고 있다.

② 중심시가지 상권 활성화와 주요 지원제도

– BID(Business Improvement District) 제도 –

1950년대부터 시작되고 1970~80년대에 보다 심화된 도시 중심시가지 상권의 침체를 활성화하기 위해 BID(Business Improvement District)가 도입되었다. 필라델피아에서 처음 도입된 BID는 1980년대부터 미국 대도시와 중소도시 전역으로 확산되었고 또한 전 세계적으로 확산되었다. BID조직은 해당지역의 상권 활성화를 위해 지방정부의 허가에 의해 설립된 상권 활성화 및 관리를 위한 자발적 비영리 민간 협의체 조직이다. BID는 지역에 따라 지역특성을 반영하여 자율적으로 운영된다. BID는 지역에 따라 여러 가지 이름으로 또한 다양한 사업을 전개하고 있다. 예를 들면, 뉴욕 맨하턴의 타임스퀘어 상권 활성화를 위한 Time Square Alliance, 필라델피아의 Center City District, 덴버의 Partnership, 캐나다 위니펙의 Business Improvement Zone, 볼티모어의 Downtown Baltimore Partnership 등이 있다.

BID 조직의 주요 기능으로는, 첫째 마케팅(홍보 및 판촉활동) 기능이며 상품권발행, 이벤트 개최, 할인카드 발행, 홍보, 고객 안내서비스 등으로 구성되어 있다. 그리고 다른 주요 기능으로는, 치안, 경관조성, 청소, 교통 등이 있으며 가장 공통적인 사업은 상권 활성화를 위한 공동 마케팅 사업이다.

BID의 재원조달은, 중심시가지의 일정 지구를 대상으로 지역 내 부동산소유자 대다수의 동의를 얻은 뒤 그 지구의 부동산에 대해 연상면적 혹은 자산가치에 대한 일정비율의 부담금을 부과하여 상업 활동 활성화재원을 조달한다. 지역개선에 의한 자산가치의 증가에 의해 큰 이익을 얻는 부동산소유자로부터의 재원징수이며, 수익자부담의 원칙에 해당하는 제도라고도 할 수 있다.

이러한 BID의 형성을 인가하는 권한은 주정부가 가지고 있다. 주별로 세부사항은 다르지만 일반적으로는 현행법을 개정하여 지방정부로 하여금 BID 형성을 인정하도록 하거나 특별법을 제정하여 특정 BID를 형성하는 등의 방법들을 통해 지방정부의 재량으로 BID가 형성되도록 하고 있다.

MINI CASE 7-10 Burlington 사례[7]

위치 및 활성화 사업내용

미국 북동부 버몬트주에 위치하고 있으며 인구 4만 명인 벌링턴시는 비록 소도시이지만 인접 도시지역의 인구를 합하면 28만여 명에 이른다. 또한 이 벌링턴시는 남북으로 뻗은 샴플레인 호수(Lake Champlain)에 인접해 있으며 과거부터 교류 거점이면서 주변 지역의 상업 중심으로서 번성해 왔다. 1800년대 후반에는 수력발전이 발달하여 전력을 값싸게 사용할 수 있다는 점 때문에 섬유 산업이 발달된 곳이기도 하다. 그러나 1950년대부터 1960년대에 걸쳐 섬유 산업이 생산 거점을 이전함에 따라 제조업이 쇠퇴했기 때문에, 미국 북동 지역의 도시가 대부분 그런 것처럼 벌링턴시도 쇠퇴의 길을 걷게 되었다. 그러나 최근에는 컴퓨터 등 정보 관련 산업의 입지에 의해 경제 상태는 상당히 호조를 띠어 가고 있다.

7 www.churchstreetmarketplace.com, 한국지방자치단체국제화재단, 주요 국가의 최신 행정 동향, 제1편 미국의 중심시가지 활성화, 2003.4, pp7-47의 내용발췌 및 재구성

처치스트리트 상가(Church Street Market Place)

벌링턴시의 중심시가지는 현재 20블럭에 걸치는 상업 및 주거 공간으로 구성되어 있으며, 사방이 주요 도로로 둘러싸여 있다. 이 중 가장 번화가인 처치스트리트 상가는 그 중 4개 블럭을 가리킨다. 이 처치스트리트 상가는 시의 서쪽 호수 방향에 위치하며 평평한 경사지로 되어 있고, 호숫가에는 공원이 보기 좋게 조성되어 있다. 또한 중심시가지는 오피스, 호텔 등이 약 15만m^2, 그리고 소매업 시설이 약 5만 6,000m^2에 걸쳐 자리하고 있으며, 이러한 시설 대부분이 처치스트리트의 4개 블록 주변에 자리잡고 있으며, 이 도로 중앙의 서쪽 구획에는 처치스트리트에 직각으로 교차하는 약 1만 4,000m^2의 상업 면적과 주차장을 가진 기존 형태의 몰인 벌링턴 스퀘어 몰(Burlington Square Mall)이 입지하고 있다.

이 벌링턴 스퀘어 몰에서 남동쪽으로 2마일 떨어진 지역에 두 번째로 큰 유니버시티 몰(University Mall)이 있으며, 대형 전문문구점인 스테플즈와 시어즈 백화점이 시의 동북부에 각각 위치하고 있다. 이 밖에도 북쪽의 샴프렌 밀(Champlain Mill)이라고 하는 몰에는 고소득자를 타겟으로 하는 양복 전문점들이 들어서 있다.

이 벌링턴시의 중심시가지에 처치스트리트 상가를 건설하는 구상은 제조업이 쇠퇴하는 가운데 중심시가지를 재생시키기 위해 작성된 1958년의 재개발 계획의 일환으로서 시작되어진 것이다. 주택도시개발성(HUD)의 협력을 얻어 시작된 이 개발 계획은 과거 남북으로 확장되어 가고 있던 거리를 동서로 펼쳐진 지역에도 호수의 경관을 살리면서 확장시키려는 시도였다. 그러나 1971년 벌링턴 중심시가지 상업 조합은 처치스트리트 상가에서 개최한 박람회가 성공함으로써 계획 지역을 처치스트리트까지 연장하고, 이곳을 동쪽의 거점으로 삼아 보행자 전용 몰로 재개발하는 것으로 계획이 변경되었다.

1975년 이 지역에 대한 관심이 고조되는 가운데, 당시의 벌링턴 시장은 처치스트리트 몰 계획의 조사를 위한 운영위원회의 위원장에 취임한다. 이 위원회에서 처치스트리트 몰에 대한 계획이 작성되고, 자동차 통행 억제 지구 프로그램과 관련해 100만 달러의 보조금을 도시대중교통국(UMTA)에 신청하여, 과거 UMTA와 좋은 관계를 맺어온 벌링턴 시는 주차장 건설을 위해 160만 달러의 보조금을 지원받을 수 있게 되었다. 이러한 상황들이 전개되어 UMTA 보스턴 사무소는 운영위원회에 조언을 하고 이에 따라 계획을 수정하여 몰이 대중교통에 주는 영향을 고려해 최종적으로는 보조 신청액을 총 480만 달러로 상향 수정하였다. 이 보조금 신청에 의해 벌링턴시는 미국 전체에서 5개소가 지정된 자동차 교통 억제 플랜 모델 중의 하나로 선정되어 디자인 계획 보조금의 명목으로 1977년 UMTA로부터 20만 달러, 내셔널 예술 기금에서 5만 달러, 그리고 지역 역사 경관 보존 기금에서 1만 달러를 지원받게 되어 총 506만 달러 이상의 지원금을 재원으로 처치스트리트 상가 건설 계획이 이행되기에 이른다.

피라미드 몰 건설 계획과 성장 관리법(ACT 250)

벌링턴 시민이 처치스트리트 등의 중심시가지에 대한 중요성을 깊이 인식하게 된 결정적 계기는 피라미드 몰(Pyramid Mall) 건설에 대한 반대 운동으로부터였다.

처치스트리트의 정비 계획이 검토되고 있던 1976년부터 1977년쯤에 피라미드사는 벌링턴시 도심에서 동쪽으로 8km 떨어진 윌리스톤(Williston)시에 82개의 점포가 입주할 수 있는 종합쇼핑몰(Shopping Complex) 개발 계획을 신청하였다. 벌링턴시에서는 이 종합쇼핑몰이 개점할 경우 벌링턴 중심시가지 판매 수익의 40%가 감소할 것이라는 분석 자료에 근거하여 개발을 반대하였다. 이러한 근교 지역 개발에 따른 중심시가지 쇠퇴에 대한 위기감이 중심시가지 재생의 원동력이 된 것이다. 그 결과, 시와 주 당국은 주로 환경에 미치는 영향, 벌링턴시 중심시가지에 주는 경제적 영향 등을 이유로 피라미드 몰 개발을 연기시키는 것에 성공하였으나, 개발업자가 시청을 상대로 1983년까지 지속적인 소송을 제기하게 되었다.

이 후 피라미드 몰 개발 계획에 대한 신청은 1986년에도 다시 있었는데, 이는 버몬트주의 토지 이용 및 개발 관계법인 ACT 250에 근거하여 신청한 것이었다. 버몬트주의 토지 이용 및 개발 관계법은 사전에 토지 이용 허가를 받지 않는 한 개발 착수를 금지하고 있는데, 1970년에 제정된 ACT 250이 이러한 토지 이용 허가 절차를 정한 법률이었다. 이 법이 처음 제정된 것은 주에서 활발히 진행되었던 대규모 스키장의 개발 억제를 목적으로 한 법률이었으나, 최근에는 교외형 대규모 쇼핑센터의 개발 억제에 커다란 영향을 미치고 있다. 이 법률이 정한 절차에 근거하여 해당 지역의 환경위원회는 사업자 및 이해 관계자 등으로부터 다양한 의견을 수렴한 후 토지 이용 허가를 내주게 되어 있다. 그리고 이해 관계자의 범위가 상당히 넓게 설정되어 있어 다양한 전문가가 다양한 각도에서 개발 지역에 미치는 영향을 검토하도록 되어 있다. 또한 환경보호에 적극적인 지역 특성을 보이는 대규모 개발에 대해서는 인가를 내주지 않거나 또는 인가하기까지 많은 시간을 필요로 하는 사례도 많아 이러한 점들이 결과적으로 교외형 대규모 점포의 개발을 억제하는 효과를 가지고 있는 것이다.

피라미드사가 1986년에 두 번째 개발 신청을 한 것에 대해 벌링턴시는 시가 속하는 치튼덴 카운티의 전문가에 의뢰하여 작성한 지역 영향 조사 보고서를 위원회에 제출하였는데 거기에는 다음과 같은 두 가지 점이 지적되어 있다.

첫째, 피라미드 몰이 상권으로 상정하고 있는 지역은 2007년까지 급속한 인구증가 가능성이 있으며 조사 시점인 1987년부터 20년 후인 2007년까지 개발 예정 지역의 고용자 수는, 소매업을 포함해 2,700명에서 2만 2,000명으로 약 7배의 증가를 보일 것으로 예상된다. 또한 가구 수도 1,600호에서 6,900호로 증가할 것으로 예상된다.

둘째, 개발 지역 주변의 교통량 또한 1992년에는 피크 타임에 시간당 2,200대로 2배의 증가를 보일 것이 예상되고 있다. 또한 20년 후 피크 타임에 시간당 1만 대의 교통량이 예상되고 있다. 이러한 점을 전제로 도로 관련 투자에 2,000만 달러의 추가 투자가 필요하다는 결론을 내리고, 개발에 의해 발생하는 피크 타임의 도로 이용 자동차로부터 1대 당 133달러의 부과금을 징수할 것을 제안하고 있다.

당시 신문 기사에 의하면 피라미드사는 기부에는 적극적이었지만 부과금에 대해서는 소극적으로 대응했다고 한다. 따라서 최종적으로는 피라미드사 측에 불리한 위원회의 결론이 나오게 되었다.

이와 함께 월마트 역시 이 피라미드 몰 건설 예정지의 도로 건너편에 출점을 계획하였으나 이 계획도 ACT 250의 절차로 인해 연기할 수밖에 없었다.

재생을 가능하게 한 소프트웨어 및 하드웨어 인프라

처치스트리트의 재생을 가능하게 한 소프트웨어 및 하드웨어 인프라를 정리해 보면 다음과 같다.

① 방문객을 위한 주차장

이미 중심시가지 재개발 계획은 오피스, 소매업, 호텔, 주차장 등을 복합한 마을 만들기를 목적으로 처치스트리트 상가의 건설이 시작된 1979년 이전에 이미 200객실의 호텔, 4개의 중형 오피스 빌딩, 620대 주차가 가능한 주차장, 벌링턴 스퀘어 몰 등이 건설되어 있었다. 또한 재개발 계획과는 별도로 400대 주차가 가능한 주차장이 처치스트리트와 나란히 위치한 South Winooski Ave.에 건설되었으며 1986년부터 민간 개발업자에 의해 개발된 3곳의 주차장이 있었으므로 중심시가지 전체의 주차 가능 대수는 2,100대 규모였다.

이러한 이유로 벌링턴 시에서는 주차장 주차 수용 능력이 시의 규모를 고려할 때 충분하다고 판단하고 있으며, 이에 따라 시가 소유하고 있는 주차장의 요금은 쇼핑객의 의사 등을 고려하여 2시간까지 무료 주차가 가능하다는 특징을 가지고 있다.

② 빈틈없는 버스 운행 서비스

벌링턴 중심부를 중심으로 많은 버스 노선이 운영되고 있으며, 이 버스 노선은 최초에 민간 회사에 의해 운영되었으나, 경영 악화 등의 이유로 1973년부터 주정부에 의해 설립된 치튼덴 카운티 수송공사(CCTA)가 운영하고 있다. 이 후 버스의 운행 거리를 점차로 늘려가고 있는 추세이며, 모든 버스는 시외로 가기 전에 중심가를 순환하도록 노선이 설정되어 있다는 특징이 있다. 그리고 중심시가지 대부분의 장소와 정류소의 거리는 100m 이내이며, 버스는 30분 간격으로 운행되고 있다. 워터프론트 상가(Waterfront Market place)와 버몬트 대학 사이의 약 3km도 안되는 직선 노선에는 15분 간격으로 무료 버스가 운행하고 있어 대학에서부터 중심시가지 까지 손쉽게 이동할 수 있게 하였다. 또한 버스 공사와 상가의 상점은 공동으로 주차 요금과 버스 요금의 25센트 할인 티켓을 발행하고 있는데 이러한 버스 요금과 주차비의 공통 할인 제도는 미국 전체에서 유일한 제도로 벌링턴 시의 성공적인 경영 노력의 사례라 할 수 있다.

③ 보행자 전용 몰(길이 500m, 폭 20m의 보행자 전용도로)

처치스트리트 상가는 오래 전부터 폭 20m의 도로를 따라 3~4층 높이의 건물이 나란히 서 있는 지역으로 건물 1층에는 상점들이 입점해 있고, 2층 이상은 사무실 또는 창고 등으로 구성되어 있는 특징이 있었다. 또한 몰의 전체 길이는 500m이며 북쪽 끝에 교회가 자리하고 있다. 여기서부터 남쪽 몰의 종점이 되는 시청 부근까지의 길은 완만한 내리막길이다. 그 사이 4개 블록의 거리 양쪽에는 상점이 나란히 있으며 북쪽 3개 블록에 해당하는 약 380m의 거리가 보행자 전용 몰(Pedestrian Mall)로 되어 있다.

보행자 전용 도로에는 벽돌이 깔려 있으며 나무나 벤치가 각 장소에 배치되어 있다. 또한 자동차의 통행은 물품 운반 등을 위해 오전 7시부터 10시까지 3시간만 허용될 뿐 이외의 시간에는 모두 보행자 전용도로가 된다. 벽돌이 깔려 있는 도로 중앙에는 돌 장식물들이 남북으로 일렬로 자리하고 있으며 각각의 돌 장식물들에는 이 직역의 관리를 담당하는 위원회가 하나에 100달러에 돌 장식을 판매하여 구매자들로 하여금 자신의 이름 등을 새겨 넣을 수 있도록 함으로써 이 보행자 전용도로의 정비 비용 등으로 사용할 재원을 마련하기도 한다.

이 보행자 전용 도로에 접한 카페나 레스토랑의 앞에는 테이블이 밖으로 나와 있고 파라솔이 놓여 있어 이 노천 까페에서 맥주를 마시거나 식사 또는 잡담을 즐기는 손님들로 항상 붐비고 있다. 이뿐 아니라 보행자 전용도로는 호수와 나란히 만들어져 있어 이곳을 교차하는 길(자동차도 통행 가능)을 건널 때에는 아름답게 정비된 호수를 보며 건널 수 있도록 되어있다.

④ 중소 소매 점포와 대형 백화점의 병존

보행자 전용도로에 접한 상점들 중에는 유명 브랜드에 해당하는 상점들도 있다. 중심시가지의 소매 점포는 모두 77개로 그 중 40개 점포가 지역 상점이고, 15개 점포는 유명 브랜드 상점, 22개 점포가 음식점으로 되어있다. 처치스트리트와 직각으로 교차하는 호수방면의 길가에는 벌링턴 스퀘어 몰과 주차장이 위치해 있으며 호수 쪽으로 더 가면 최근 유치에 성공한 약 1만 5,000m^{2}의 백화점이 건설되고 있어 중소 소매 점포와 대형 소매 점포의 병존이란 특징을 볼 수 있다.

⑤ BID와 처치스트리트 상가 지구 위원회의 역할

처치스트리트 상가에서는 BID(Business Improvement District) 제도가 도입되었다. 이 제도는 대상 지역을 지정하고 부과금을 징수하며 부과금을 재원으로 하여 지역 활성화 대책을 마련하는 일을 수행한다. 처치스트리트 상가 지구에서 이러한 일들을 담당하고 있는 것이 처치스트리트 상가 지구위원회이며 지역 활성화를 유지해 가는 데 반드시 필요한 요소라 할 수 있다.

위원회는 처치스트리트의 운영 · 관리 및 홍보를 모두 맡고 있는 시의 행정 조직 중 하나로 6명의 위원들 이외에 사무국장과 6명의 전임 직원(staff)이 있다. 중심부를 BID로 지정하고 지구 내의 부동산 소유자로부터 건물 1층 면적의 1fm^{2}당 1달러 75센트를 징수하고 있다. 이외에도 행상과 오픈카페 등에서 징수하는 장소 이용요금과 기부금 등이 위원회의 주요한 수입원이며, 몰에 인접하고 있는 상점 전체에서 위원회에 지불하는 금액은 연간 38만 달러에 달하고 있다. 장소 이용요금의 경우, 도로 행상이나 음식점이 보행자 도로를 사용하기 위해서는 장소 사용료를 위원회에 지불해야 하는데 그 액수는 장소마다 책정된 연간 이용료(212~1,500달러)의 형태로 지불하고 있다.

BID의 1994년 전체 예산은 약 50만 달러로, 이 중 18만 달러가 홍보 관련 비용이며 나머지가 관리 · 운영비로 지출되고 있다. 도로의 제설 작업은 위원회가 계약한 업자가 실시하고 쓰레기 처리와 일반적인 유지 관리는 개개인이 실시하며 상점 앞의 제설 작업은 상점의 입구까지 실시하도록 하고 있다.

이러한 처치스트리트 몰은 1981년에 완성되었으며, 건설에 소요된 기간은 총 16개월 정도가 소요되었다.

효과 및 시사점

① 효과

벌링턴 시의 중심시가지 활성화 노력의 결과 현재에는 연간 300만 명이 방문하는 대표적인 성공적 사례의 하나로 1997년 상업지구 재생에 성공한 미국 5개 도시에 선정되었다. 처치스트리트 재생 이후 상점가의 특히 1층은 공실이 없어졌으며 매출 증가로 월세 또한 재생 이전과 비교하여 25~100% 인상되었다.

② 시사점

지역의 특수성을 활용한 대형 쇼핑몰과 제품 및 쇼핑환경의 차별화를 실현할 수 있었다는 점에 주목할 필요가 있으며, 지역 상인들의 자발적 노력과 지방 정부의 협력을 통해 많은 노력들이 이루어지고 상가지구위원회의 자발적, 적극적 노력과 함께 상가의 재생을 위한 사업에 있어서 시민들의 다양한 공헌이 있었다는 점 또한 주목해볼만 하다. 또한 이러한 노력들과 함께 공청회, 토론회, 주민투표 등을 통해 수많은 관계자들을 사회적 합의 형성에 참여시키고, 행정 측면에 있어서도 탄력적인 행정력이 돋보인 점이 시가지 활성화의 성공에 많은 공헌을 한 것으로 보인다.

(2) 영국 지역 상권 활성화 정책: 영국 TCM과 BID

산업화가 세계에서 가장 먼저 시작된 영국에서는 1980년대 후반부터 2차 산업에 기반을 둔 도시들이 급격히 쇠퇴하고, '삶의 질' 문제가 크게 부각되면서 각 지역 정부는 TCM(Town Centre Management)정책을 도입하기 시작했다. 1987년에 첫 TCM이 설립되었다. TCM이란 지역 사회가 그 지역의 전략적인 개발 과 효과적인 보존을 통하여 도출해낸 독자적인 경쟁력을 바탕으로 지역 사회의 지속적인 발전과 이해 관계자들의 안녕을 추구하는 것으로 정의할 수 있다. TCM은 지역정부 주도로 실시되며 영국 도심과 타운에서 유통업체가 차지하는 비중이 매우 크므로, 소매업체(주로 대기업)와의 협력이 TCM 추진에서 중요한 축을 담당하고 있다. 1990년대 말부터는 TCM의 여러 목적 중에서 좀 더 지역 경제 발전에 초점을 맞춘 BID 개념을 미국에서 도입하고 ATCM(Association of town center management)이 이를 주도하고 있으며, 이는 점차 확산되고 있는 추세이다.

① 영국 TCM과 BID의 발전사

영국 TCM은 1987년 최초로 자체적인 펀드를 조성하여 설립되었다. 1990년대 초에는 ATCM(Association of Town Center Management)이 만들어져 전국 규모로 확산되었고 2000년 영국 정부는 TCM 사업에 미국의 BID를 소개 홍보하였다. 2001년 영국 총리가 BID를 공식적으로 소개하였고 2003년에는 22개 지역이 시범 지역으로 선정되었다. 2004년 9월 BID에 대한 법규가 통과함에 따라, BID를 출범시키는 것이 잉글랜드 전 지역에서 가능하게 되었다.

② 영국 TCM의 현황

최근 영국의 ATCM(Association of town center management)이 조사한 바 현재 영국 전역에 500여 개에 달할 것으로 추산 되어진다. 본래는 지역 기반의 '관리적' 면이 강조되었지만 현재는 그 보다는 '전략적' 관점이 부각되기 시작하였다. 각 지역의 독창적인 비즈니스 플랜의 개발, 핵심 평가지표(KPI-Key performance indicators)의 활용 시스템 등을 포함한 여러 가지 접근방법이 개발되고 있다.

초기 TCM이 행정적인 관점에서 비롯되었다면 최근에는 마케팅적인 관점이 강조되고 있는 추세이다. 즉 TCM은 결국 광역 장소 마케팅(Wider place marketing)이다. 현재 TCM의 마케팅 전략은 단지 목표 대상자들에게 장소를 마케팅 하는 보다도 더 넓은 영역을 포함하고 있다. TCM과 그 계획안 자체의 컨셉을 계획안에 투자하거나 투자할 가능성이 있는 소매상과 부동산 소유주 등 지역의 모든 이해관계자에게 마케팅 하는 역할로 확대되었다.

③ 타운센터 매니저의 역할

TCM의 설계와 진행에는 타운센터매니저의 역할이 절대적으로 중요하다. 지역 주민, 방문자, 잠재적 투자자 등 타운 센터 사용자를 위한 일관되고 밀착된 마케팅 활동 개선을 위하여 여러 에이전시와 지역 자치 단체와 상호 협력, 커뮤니케이션 능력이 요구된다. 지역마다 차이는 있으나 공통적으로 타운센터매니저는 먼저 타운센터 운영 그룹과 협력하여 업무를 수행하며, 정부의 입장과 참여 비즈니스들의 입장 양쪽의 연결고리 역할을 수행한다. 그리고 구성원들의 전반적인 협력이 요구되는 일을 중재하고, 타운센터 개발을 위한 관리 운영상의 목표를 정의하고 구체화 시키는 역할을 한다. 또한 액션플랜을 개발하고 이행하는데 중추적인 역할을 담당하고 TCM을 개발단계에서부터 중간 과정, 결과까지의 총괄 관리하는 역할을 한다.

③ 민간의 역할 및 참여방식

TCM의 운영에는 민간인 중심으로 이루어진 지방자치단체의 역할이 크며, 중앙정부나 지방정부의 지원보다는 자발적인 기부와 모금활동을 통하여 지자체가 운영된다. 영국은 전 유럽에서 봉사활동에 대한 관심과 참여가 가장 활발한 나라이며, 소규모 타운이라도 자치적으로 운영되는 지자체의 수가 많다. 타운센터개발에 참여하기를 희망하는 주민은 누구나 각종 자치단체에 가입할 수 있으며, TCM 프로젝트를 처음 추진하는 단계에서부터 각종 지자체 대표와 업체 대표들이 타운센터매니저와 시 차원의 회의에 참여 할 수 있다.

참여하는 지자체의 성격이나 프로젝트 참여방식은 각 지역 TCM의 특성에 따라 판이하게 다르다. 타운센터에서 대형 소매점의 비중이 높아짐에 따라 TCM의 계획과 추진에서 대형 소매점들의 입장 또한 중요하게 고려되고 있다. TCM의 운영에 참여하는 조직의 전반적인 구성은 타운센터매니저, 자원봉사그룹, 타운센터의 소규모 영업점주나 소매점매니저, 부동산소유주, 쇼핑센터매니저, 경찰, 버스협회[8] 등이다.

④ 영국 BID의 출범

BID를 영국에 소개한 지방 정부법(The Local Government Act)은 2003년 9월 18일에 여왕의 재가를 받는다. BID가 어떻게 잉글랜드에서 어떻게 운영될 것인가에 대한 규정은 2004년 여름부터 발효된다. 잉글랜드와 웨일즈에서 100여 개의 도시와 지역이 BID 시범단지에 응모하였으며, 53개의 지역을 1차 선발한 후 최종적으로 22개 지역을 선출한다. 현재 BID를 개발하고 있는 22개의 공식적인 시범 단지(official pilot sites)가 존재한다. 이들은 ATCM(the Association of Town Centre Management)을 통하여 자원 운용과 지원 등의 형식에 있어 정부 후원을 받고 있다. BID는 기본적으로 ATCM의 정책과 방침에 의존하고 있으며, BID의 시작과 전략 구성에도 ATCM의 역할이 크다.

8 TCM에는 교통체계의 개편과 서비스 개선도 포함한다. 런던, 맨체스터 등의 대도시를 제외하면 대부분의 도시와 타운에서는 버스가 가장 중심적인 대중교통 수단이다.

MINI CASE 7-11 London New West End Co. 사례

배경

웨스트엔드 활성화에 대한 요구가 바로 NWEC(New West End Company)가 설립된 계기다. 웨스트엔드가 BID에 뛰어들게 된 이유는 런던 웨스트엔드 지역에서도 국제적으로 유명한 런던의 쇼핑가인 '본드 스트리트', '옥스포드 스트리트', '리젠트 스트리트' 등의 경쟁력 약화에서 비롯되었다. 웨스트 엔드 지역은 국제적인 라이벌인 파리나 뉴욕, 뮌헨을 비롯하여 영국의 다른 대도시인 맨체스터나 버밍험, 그리고 오라클 쇼핑센터와 템즈강을 둘러싼 위락시설이 강점인 FP딩과 같이 교외에서 레저 경험과 쇼핑 기회를 제공하는 다른지역에게 경쟁력을 잃기 시작하였다. 전통적으로 웨스트엔드 지역은 영국의 유통업계에서 뿐만이 아니라 세계적으로 중요한 상권이나 연간200만 명 이상의 방문객과 50억~70억 파운드에 이르는 판매액에도 불과하고 이 지역의 이미지는 약한 편에 속했다.

국제적으로나 국내적으로도 웨스트엔드의 새로운 포지셔닝을 위한 액션이 요구되는 가운데 NWEC는 2000년 7월에 자발적인 BID를 결성하였다. 이는 런던의 웨스트엔드 지역을 부흥시킬 수 있는 핵심적인 계획 수립, 홍보, 경영 방법의 변화 등에 목적을 둔다.

마케팅적 접근

NWEC는 BID를 개발하는데 있어 두 가지 중요한 문제에 봉착하였다. 첫째, 이 지역의 3000개가 넘는 거대한 비즈니스군(유통업자, 사무실, 부동산 소유자 등)에게 어떻게 접근할 것인가에 대한 문제이다. 이 지역에는 유명한 셀프리지(Selfridges) 백화점을 비롯하여 크고 작은 가게며 소매상, 가판대, 시장의 판매대 등이 입지하고 있다. 둘째, 이미 유명한 쇼핑 지역인 웨스트엔드의 이미지를 어떻게 새롭게 창출하고 강화시켜야 하는지에 대한 문제이다. 새로운 이미지의 창출과 강화를 위해서는 지역의 시장 세분화와 타겟팅도 중요하다. 시장 세분화의 마케팅 컨셉은 누가 BID에 영향을 받을 것인지, 어떻게 적합한 접근법을 개발할 것인지에 대한 과업을 더욱 성공적으로 운영하기 위하여 마련된다.

NWEC는 지역의 주요 시설 담당자나 소매 전략 담당자들의 조합 사이에서 유리한 위치를 점하고 있었으며, 66개의 주요 비즈니스 중 33개의 비즈니스가 전체 중 80%의 가치를 차지하고 있는 가운데 이 조합은 BID를 위한 안전하고 자발적인 기금 마련을 위하여 개인 대 개인으로 BID의 가치를 증명하는 책임을 맡고 있다.

가장 어려운 부분은 3000여개의 비즈니스가 참여하는 투표에 있다. 그러나 이 모든 조직을 어떻게 전부 만날 수 있을까에 대한 문제를 필요와 규모에 따라 과정을 축소함으로서 해결할 수 있다. 첫 번째로 제외된 영역은 비즈니스 중에서 70%를 차지하지만 26%의 가치 밖에 나타내지 못하는 상업적인 사무실(Commercial office) 쪽이었는데 이는 그들의 필요가 유통업체(retailer-소매상)들과는 달랐기 때문이기도 하다. 그 다음에는 25만 파운드 이상의 가치를 가진 비즈니스들에 집중하는 전략을 중심으로 추려냄으로써 운영 가능한 규모를 달성하였고, 이렇게 타겟 비즈니스들을 축소하는 과정에서 300개의 비즈니스들로 결정되었다.

그룹 프리젠테이션이나 중요한 심포지움 등 몇 가지의 커뮤니케이션 요소들 은 투표자에게 뿐만 아니라 비 투표자에게도 열려있으며, 이는 여론의 움직임을 파악하려는 목적도 가지고 있다.

사업에 참여하게 되는 유통업체들의 본점에게는 우편이 사용되었으며, 사업계획에 대한 이해를 높이고, 그 들이 본점에 돌아가서 이러한 계획을 잘 전달할 수 있도록 하기 위해 모든 300개 지점 매니저들을 직접 방문하였으며, 사업 계획에 대한 자세한 문서를 제공한다.

브랜드 만들기

악화된 웨스트엔드의 이미지는 곧 비즈니스의 손실로 연결되기 때문에 BID를 주관하는 NWEC가 이를 방지하기 위하여 첫 번째로 개선한 부분은 비즈니스 커뮤니티 그 자체의 브랜드를 더욱 긍정적으로 창조해 내는 것이었다.

BID 기업의 아이덴티티는 기업의 미션과, 비전 그리고 가치를 반영하는 것을 필요로 했다. 유명 디자이너들로 구성된 자문 집단이 꽃 모양의 로고를 창조하였다.

시사점

첫째, 같은 시장, 비즈니스 구역, 이용자들 사이에서도 시장 세분화에 따라 각자의 다른 니즈를 이해해야 한다. 보통 부동산 소유주들은 이러한 전략이 가져오는 장기적인 가치나 마스 터 플랜에 흥미를 나타내는 반면, 유통-소매업자들은 단기적인 경영 성과에 초점을 맞추는 경향이 있기 때문이다. 그러나 모든 참여자가 기꺼이 참여할 수 있도록 가장 일반적인 니즈를 명확하게 제시하는 것이 중용하다.

둘째,비전을 세우고 항상 상기하여야 한다. 하나의 명확한 메시지를 전달하는 것이 중요하다. 특히 BID와 같은 새로운 컨셉의 사업을 진행할 때는 이 점이 더욱 중요하다.

세째, 구성원의 목소리에 귀를 기울여야 한다. 사업 진행자가 모든 정답을 가지고 있는 것은 아니며, 어떤 작은 뉘앙스라도 반영되어 유용한 포인트를 제공할 수 있어야 한다.

네째,마케팅적 접근법은 웨스트엔드의 비즈니스들의 니즈를 이해하는데 도움을 주며, BID에 참여함으로써 얻게 되는 이익에 대하여 설명하고 납득시킬 수 있어야 한다. 이는 또한 다수의 참여자들과 커뮤니케이션하는 과정에서 접근성을 향상시켰으며, BID에 참여한 비즈니스의 수를 좀 더 운영이 원활한 규모로 줄이는 데에도 기여하여야 한다.

(3) 일본 TMO(Town Centre Management) 정책 사례[9]

일본은 미국의 BID와 영국의 TCM을 베치미킹하여 차별화된 새로운 중심시가지 활성화 제도를 마련하였다. 1998년 '중심시가지에 있어서 시가지의 정비 개선 및 상업지 활성화의 일체적 추진에 관한 법'(중심시가지 활성화법)의 제정이 그것이다. 동 법은 자동차 보급이 늘어나고 유통환경이 크게 변화함에 따라 중심시가지에 점포의 공실율이 증가하면서 공동화 현상을 나타내자 지역 경제의 악화를 방지하기 위해 만들어졌다. 동 법은 관련 13개 부처로 구성된 중심시가지 활성화 관련 부처 연락협의회와 '중심시가지 활성화 추진실'이라는 기구를 창설하도록 했다. 관련법에 특례 규정을 두어 중심시가지의 교통시설-정보처리시설-자금지원 등을 지원할 수 있도록 했다. 이 법은 민간 사업자 및 시민단체인 TMO(Town Management organization)를 중심으로 중심시가지 활성화 활동을 벌일 수 있도록 지원한다는 점이 특징이다. TMO는 중심시가지활성화법에 기초하여 상공회의소 또는 제3섹터형 주식회사나 재단법인이 기초지자체로부터 인정을 받아 중심시가지에 대한 상업집적을 체계적이고 계획적으로 정비하기 위해 기획, 조정, 실시하는 기관이다.

시가지 활성화의 주체를 행정뿐만 아니라 시민단체를 포함시킴으로 지역의 특색을 살린 정책이 가능하도록 한다는 구상이었다. 각 자치단체들도 특색 있는 정책을 통해 중심시가지 활성화를 시도하고 있다. 지자체의 경우, 조례 제정을 통해 중심시가지를 도는 옴니버스운행, 시가지내 주택신축-개축 자금지원, 주차장건설 등을 통해 활성화를 꾀하고 있다.

자민당의 '중심시가지 재활성화 조사회'는 2005년 10월 27일 중심시가지의 공동화를 막기 위해 「거리 만들기 3법」(町づくり法, 대규모 소매점포 입지법, 중심시가지 활성화법, 도시 계획법)의 개정안의 개요를 발표했다. 법안 내용은 대형 상업 시설과 병원이나 복지 시설 등 공적 시설의 교외 입지를 규제하는 내용이다.

이 법은 인구 감소나 고령화를 배경으로, 중심부에 상업 · 공적 시설 등의 도시 기능을 집약하는 것을 목적으로 하고 있다. 특히 대규모 쇼핑센터의 출점을 규제하던 대점법이 2000년 폐지되면서 대형 쇼핑센터가 중소도시 교외부에 급증하기 시작했다. 대점법 대신 등장한 대점입지법은 대형 쇼핑센터 설치 시 교통정체, 생활환경악화 등을 규제하는 법이지만 원칙적으로 대형쇼핑센터의 설치를 허용하고 있다.

---

9 조선일보 blog.chosun.com, 부동산 전망대 차학봉 기자, '고령화시대의 도시개발론, 컴팩트 시티론', 2005.12.28

MINI CASE 7-12 불황 속 '질주하는' 日 기업 비결은?

경제불황의 짙은 그늘은 이웃나라 일본에도 드리워져있다. 허나 그 와중에도 볕이 드는 곳은 있다. 불경기로 소비심리가 얼어붙어도 '팔리는 물건'은 팔리기 마련. 한국에도 진출한 '유니클로'와 'ABC마트' 등 일본 소매업체들이 연달아 '깜짝 실적'을 발표하며 국내외의 관심을 모으고 있다. 이들은 어떻게 소비자의 지갑을 열었을까.

매출액 · 순이익 '깜짝 실적' 행진

'유니클로'의 모회사 패스트리테일링의 2009년 매출액(8월 결산)은 전년 대비 13% 오른 6600억 엔(약 8조 7천억 원), 영업이익은 950억엔(약 1조2천억 원)에 이를 전망이다. 미국 유명 브랜드 '폴로 랄프로렌'의 2008년 매출액인 5336억 엔을 뛰어넘는 것. 2001년 거두었던 최고이익에 육박하는 수준이다. 이 회사 야나이 타다시 회장(사장 겸직, 60)은 미국 경제전문지 포브스가 선정한 올해 '일본 최고 부자'에 등극했다.

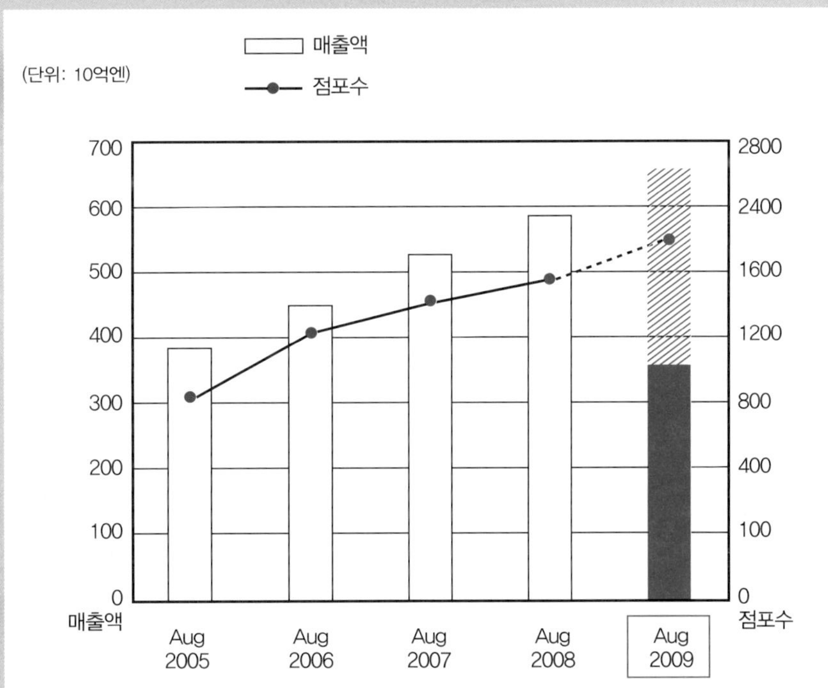

〈패스트리테일링의 매출액과 점포수 성장 추이, 출처 : 일본 패스트리테일링社〉

'깜짝 실적'을 발표한 것은 '유니클로' 뿐만이 아니다. 가구회사 '니토리'와 한국에도 진출한 신발 유통업체 'ABC마트'는 2009년 2월 분기 최고이익을 갱신했다. 니토리는 28%포인트 오른 339억 엔, ABC마트는 196억 엔의 순이익을 올렸다.

"잠재수요 찾아내서 팔리는 상품 만든다"

이처럼 불황 속에서도 성장을 거듭하는 업체들의 비결은 무엇일까. 이들 업체는 소비자의 성향과 시장의 흐름을 먼저 파악하고 이를 품질과 가격에 반영시키는 등 한발 앞서 나아갔다는 공통점을 지니고 있다.

"분기마다 새로운 상품 내놓는다" 야나이 회장은 9일 기자회견에서 "소비자의 잠재수요를 발견하라"고 주문했다. 그는 "지금의 소비자는 불필요한 물건은 사지 않는다. 자신의 가치관에 맞는 가격책정이 아니면 안 된다"고 덧붙였다.

8일 사내 인터뷰에서 야나이 회장은 "매 분기마다 히트 상품을 내놓는데 성공한 것이 성장의 원인이다"고 말했다. 그는 "세부계획을 세워 실행에 옮기는 것이 중요하지만 현실에서는 매일 상황이 급변한다"며 "공격적인 행동으로 변화에 대응해야 한다"고 강조했다. 야나이 회장은 "유니클로의 모든 직원들은 절박할 정도로 '어떻게 하면 상품을 팔 수 있는가'에 대한 해답을 고민한다"며 "'회사의 혁신'에 대한 필요성을 강하게 느끼고 있다"고 말했다.

"물류비 낮추고 공격적 가격인하"='니토리'는 공급망 관리에 성공한 업체다. 대형 물류센터에 맡겼던 재고관리를 중국으로 이전해 경비를 줄였다. 이 회사는 세계 270개 회사로부터 제품을 공급받는 직수입 체제를 구축해 10년 간 438%의 매출성장을 이뤘다. 니토리는 2008년 초 1300여개 상품의 가격을 약 20% 낮춘 데 이어 가격 인하 상품을 늘려나갈 계획이다. 이 회사는 '엔강세' 영향까지 받아 내수를 늘렸다.

"빠른 상품 회전과 철저한 재고관리"='ABC마트'는 신발을 주력으로 가방이나 의류같은 스포츠용품을 시장흐름에 맞춰 신속하게 판매한다. 경쟁업체에 비해 가격도 저렴하다. 1990년 도쿄에 첫 매장을 개점한 이 회사는 상품의 개발과 수입을 병행하며 성장을 거듭했다. 판매 동향의 빠른 파악과 POS(판매시점정보관리, Point of Sales) 활용을 극대화한 철저한 재고관리가 강점이라는 평이다. 최근 강화한 등산화 부분이 좋은 반응을 얻어 매출에 기여했다. 일본 언론은 이들 '생활 방위' 기업의 성장세를 "소비자의 절약 지향을 먼저 파악하고 대응했기 때문"이라고 분석했다. 경쟁사보다 한 발 앞선 저가 상품의 선제투입이 효과를 거두었기 때문이라는 설명이다. 니혼게이자이신문은 10일 지면을 통해 "소비자의 선별의 눈이 까다로워지고 있어 기업전략의 성패여부가 추궁 당하고 있다"고 말했다. 이 신문은 높은 성장을 보이는 소매업체들이 저렴한 가격 외에도 "디자인과 능숙한 연출 기교로 특정 소비자층을 공략했다"고 평가했다.

늦추지 않는 고삐

패스트리테일링은 최근 저가 브랜드 '지유'를 통해 '990엔(약 1만3천 원) 청바지'를 발표했다. '유니클로' 청바지와 비교해도 반도 안 되는 가격이다. 야나이 회장은 "'지유'의 상품 중 80% 이상을 '유니클로'의 반값 이하로 책정했다"며 "2013년까지 점포수를 4배 이상 늘리겠다"고 발표했다.

패스트리테일링은 3월 미국 브랜드 '띠어리(Theory)'를 인수하고 보유 브랜드 매장을 늘리는 등 '몸집 불리기'를 거듭하고 있다. 여기에 해외 온라인판매, 외국기업과의 제휴를 통한 판매망 확대 등 공격적인 사업확장을 계속할 전망이다.

UNIQLO 연결매상고 및 점포수

년도	2002 (~2002 8.31)	2003 (~2003 8.31)	2004 (~2004 8.31)	2005 (~2005 8.31)	2006 (~2006 8.31)	2007 (~2007 8.31)	2008 (~2008 8.31)	2009 (~2009 8.31)
매출액 (억엔)	3442	3098	3400	3840	4488	5252	5864	6600 (예상치)
매장수	585	622	655	1232	1632	1828	1958	2000개 이상으로 확대예정

자료: FRL KOREA Co., LTD. (UNIQRO)

국내 연구기관에서도 일본의 성공사례를 분석하고 있다. 대한상공회의소는 패스트리테일링을 "브랜드 관리를 통해 불황을 이겨낸 기업"으로 꼽았다. 대한상의는 "불황을 극복한 소매업체들의 공통점은 제도, 관습, 상식 등 기존의 틀을 깨고 새로운 비즈니스 시스템을 구축한 것"이라며 "차별화된 핵심 역량만이 불황에 살아남는 성공 조건"이라고 분석했다. LG경제연구원은 "트레이딩 다운(Trading Down, 하향구매)시장이 형성된 것"이라며 "최근 소비자들은 저렴한 가격에 좋은 품질의 '보물'을 찾길 원한다"고 말했다.

〈유니클로〉 1984년 6월 1호점을 열었다. 생산, 유통, 판매를 직접 담당하는 SPA(제조소매업, Speciality retailer of Private label Apparel) 의류 브랜드다. 1998년 플리스(Fleece) 열풍을 시작으로 일본 전역에 유니클로 붐을 일으키며 성장했다. 일본 내에만 760여 개 매장을 운영한다. 대량생산을 통해 원가를 낮추고 폭넓은 고객층을 대상으로 하고 있다. 최근에는 질 샌더 등 유명 디자이너와의 협업을 통해 다양한 상품을 내놓고 있다. 유사한 브랜드로는 스페인의 '자라' 스웨덴의 'H&M' 등이 있다.'유니클로'의 특징은 세계 각지에 부서를 나누어 운영하고 있다는 점이다. 상품개발 부서는 도쿄와 미국에 두고 국제적인 유행을 분석한다. 상품은 중국에서 90% 이상 생산되며 그 외 인건비가 낮은 아시아 국가에도 공장을 두고 있다. 이렇게 만들어진 제품을 전세계 매장을 통해 판매한다. 현재 미국, 영국, 프랑스 등 해외 7개국에 진출해 있다.

자료: 한국경제, 2009.4.15

KEY WORDS

유통산업정책, 중소유통정책, 유통산업발전법, 유통경로갈등, 중심시가지활성화, BID, TCM, TMO

DISCUSSIONS

1. 대형유통업체에 대한 규제가 필요한 것인가? 그 필요성과 문제점에 대해 논의하세요.
2. 유통산업발전에 있어서의 다음의 문제에 대한 정책적 고민에 대해 토의하세요.
   - 대형유통업체의 성장과 중소유통업체의 쇠퇴의 문제
   - 유통업계의 규모화에 따른 유통채널상의 갈등
   - 성장촉진 vs. 규제
   - 소비자후생 vs. 중소유통업체 보호
   - 유통산업의 균형적 발전의 과제
   - 유통업계의 글로벌화를 위한 정책
3. 선진국의 중심시가지 활성화정책이 우리에게 주는 시사점에 대해 토의하세요.

REFERENCE

1. 공정거래위원회(2009), 대형유통업체의 판매수수료 현황 및 정책대응방안.
2. 산업자원부 무역투자실(2006), 2006년 유통산업의 정책 방향.
3. 산업자원부(2002), WTO DDA 유통서비스 협상동향과 우리측 양허요구 현황.
4. 안광호 · 임영균(1998), 유통경로관리 : 행위적 접근, 문음사.
5. 한국지방자치단체국제화재단(2003), 주요 국가의 최신 행정 동향; 제1편 미국의 중심시가지 활성화.
6. Gary Warnaby, David Bennison, and Barry J. Davies (2005), Marketing town centres: Retailing and town centre managemen, Vol. 20 (2), pp.183-204.
7. Jose Andrés Coca-Stefaniak, Cathy Parker, Simon Quin, Roberto Rinaldi and John Byrom (2009), Town centre management models: A European perspective, Cities, Vol. 26 (2), pp.74-80.
8. Kuo—Hsiung Chang and Donald F. Gotcher (2010), Conflict-coordination learning in marketing channel relationships: The distributor view, Industrial Marketing Management, Vol. 39 (2), pp.287-297.
9. Girish Nair and Darren Pleasance (2005), Mitigating channel conflict, McKinsey Quarterly, Issue 3, pp.16-17.

3부 소매전략

RETAIL MANAGEMENT

8장

RETAIL MANAGEMENT

상권분석과 입지 및 출점전략

가 목표시장 선정과 지리정보 시스템

1 시장 세분화

마케팅을 이야기하면 초석이 되는 이론이 STP이다. 특정 제품의 마케팅을 수행하고자 할 때 일단 시장을 세분화(segmentation)하고, 표적시장(target market)을 선정하여 자사 상품을 시장의 적절한 위치에 세워야(positioning) 한다. 소매업자 입장에서 보면 결국 마케팅 원론에서 말하고자 하는 특정 제품이 자신의 소매업 점포임을 감안한다면, 소매업자는 자신의 점포를 역시 STP 맞추어 출점 하여야 할 것이다.

표적시장을 선정하기 위해서는 소매업자들은 세 가지 기준을 생각할 수 있다. 첫 째는 소매업자에게 유리한 객관적인 데이터로 분석이 된 표적 시장이어야 한다. 시장 세분화를 할 때 연령, 소득수준, 교육 수준 및 지역, 그러나 가장 많이 쓰이는 자료는 인구통계이다. 반드시 소매업자는 이 중 자신의 사업에 적합한 객관성이 확보된 자료로 시장을 분석하고 선정해야 할 것이다. 다음은 접근의 용이성 문제인데, 자신의 표적 시장에 프로모션 활동이 가능한가 하는 문제이다. 소매업자가 선정한 표적 시장의 소비자들은 분명 어떤 특정 텔레비전 프로그램 시청 빈도가 더 높다든지, 혹은 어떤 웹사이트를 더 즐겨 방문한다든지 하는 특성을 보일 것이다. 그래야만이 소매업자는 자신의 표적 고객들에게 효율성 높은 프로모션 활동을 진행할 수 있는 것이다. 마지막으로는 소매업자가 선정한 표적시장은 반드시 충분한 이윤을 이끌 수 있는 곳이어야 한다.

이와 같이 표적 시장이 선정되었다면, 가장 효율적인 수단으로 이 시장에 접근해야 할 것이다. 그에 앞서 점포 소매업과 무점포 소매업이다. 점포 소매업은 고객이 방문 할 수 있는 고정된 입지에서 운영되는 형태이고 무점포 소매업은 소비자가 가정, 회사 그리고 어디에서든지 온라인으로 방문하여 구매하는 소매업의 형태이다.

점포 소매업의 경우 기본적으로 업무지구(Business Districts)를 고려할 수 있는데, 역사적으로 대부분 소매상은 중심업무지구(CBD, central business district)에 위치하였다. 중심업무지구는 국가나 도시의 경제 · 행정의 중심적인 부문 또는 관리적 부문이 집중적으로 입지해 있는 곳으로, 과거 우리 나라의 광화문, 종로 그 일대에서 근래에는 금융 업무의 중심지구 강남 테헤란로와 같은 곳을 일컫는다. 주로 중심업무지구는 대도시의 도심에 있어서 직장 밀집지역이다 보니, 주간에는 직장 인구에 의해 방대한 상권이 형성되나, 야간에는 주거 지역이 거의 없어 인구가 주간에 비해 급속히 감소하는 지역이다. 따라서 출퇴근으로 인해 교통은 발달한 곳이다.

이 지역의 소매상들은 어떠한 계획된 촉진 전략 등에 의해서 성장한다기 보다는 역사적인 측면, 소매 트렌드 심지어는 100% 입지라는 운에 의해서 그 흥망이 결정이 되어졌다. 결과적으로 도심의 중심업무지구가 기존 부도심들로 옮겨가게 되면서, 이 지역의 매력도는 떨어지게 되고 기존 중심업무지구에 있던 소매상들이 담합하여 자구책으로 쇼핑 경험 강화라든지 쇼핑은 꼭 아니더라도 지역적 특색이 지닌 매력적인 요소를 강화하려 노력하고는 있으나 그 결과가 성공적인지는 아직 복잡한 문제이다. 서울시의 경우 청계천 복원을 통하여 중심업무지구를 활성화를 기대하고 있다. 역사성과 입지의 매력을 살릴 수 있도록 규제 중심적인 정책 또한 벗어나 도심의 재생에 힘쓰고 있는 셈이다.

다음으로 도시가 커져 보통 인구 100만 명을 넘는 대도시로 성장할 경우 중심업무지구(CBD) 주변에서 도심의 기능을 일부 분담할 교통이 발달한 곳에 부도심(SBD, secondary business district)이 형성된다. 서울의 경우 종로일대가 중심업무지구이고, 신촌, 잠실, 영등포, 강남이 부도심의 역할을 수행하고 있는 셈이다. 중심업무지구에 비하여 적은 상권을 형성하는 데, 보통 백화점 1개에 그 주변으로 다양한 업종의 소매상들이 존재하며, 주요 교통로가 통과하는 지역이다.

중심업무지구는 강점과 약점을 지니고 있다. 일단 강점이라고 하면 교통 시설이 잘 발달 되어져 있고, 상품군 및 가격대가 다양하게 구비되어 있다. 약점은 주차 시설의 미흡하며 주차 가능 시설이 있다고 해도 주차비가 비싸고, 범죄율이 높고 일단 무엇보다도 중심업무지구가 약화되고 있다는 점이다.

MINI CASE 8-1 서울의 10년 후 모습은? 1도심 · 5부도심 재편…'삶의 질'에 초점

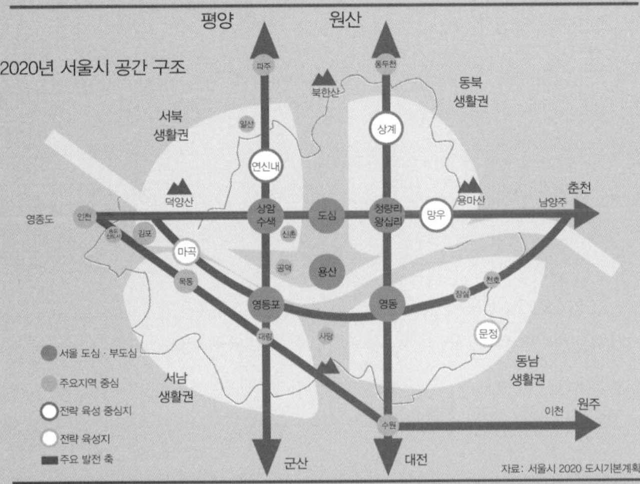

자료: 서울시 2020 도시기본계획

2020 도시기본계획의 핵심 뼈대인 '1도심, 5부도심 구상'이다. 5개 부도심은 용산(도심권), 청량리 · 왕십리(동북권), 상암 · 수색(서북권), 영등포(서남권), 영동(동남권)을 가리킨다. 도심은 600년 역사를 지난 4대문을 중심으로 한 기존의 도심 지역이 해당된다. 국가 중추기관이 밀집된 전통적인 국가 중심지일 뿐만 아니라 서울 대도시권의 주핵으로서 역사와 문화 자원이 풍부하고 금융권과 기업 본사 등 현대적인 업무와 상업 기능이 집적돼 있다.

그러나 도심 지역은 거주 인구 감소와 경쟁력 약화라는 문제에 직면해 있다. 1970년 이후 시행된 도심 집중 억제와 강남 개발 정책, 명문 고등학교의 강남 이전 등으로 1990년 이후 10년간 4대문 안의 도심부 인구는 약 4만 명 줄었으며 같은 기간 도심부 고용도 약 8만 명 감소했다. 이처럼 거주 인구가 줄어들면서 주거 환경의 질과 주거지로서의 매력도 계속 하락하고 있다.

5개 생활권별 부도심 육성

서울시는 청계천 복원을 계기로 이 지역에 새로운 활력을 불어넣기 위해 도심부 개발에 민간 투자가 활발히 이뤄지도록 적극적으로 나서고 있다. 특유의 역사성과 입지 매력을 살릴 수 있도록 규제 중심의 정책에서 벗어나 도심 재생의 초점을 환경의 질 개선에 맞추고 있다.

이를 통해 '동북아 중심의 국제도시' 서울의 얼굴로 경쟁력을 갖출 수 있도록 국제금융센터와 업무 및 상업 기능, 도시형 산업 기능을 대폭 보강한다는 구상이다. 이와 함께 600년 고도의 역사와 문화를 느낄 수 있는 친환경적 공간으로 조성하며 도심 주거 기능을 보완해 24시간 움직이는 매력 있고 활력 넘치는 거리로 발전시킬 계획이다.

부도심은 각 생활권별 '핵'에 해당하는 지역으로, 서울 대도시권의 도심 의존도를 줄이고 다핵 분산형 공간 구조로의 전환을 이끄는 중심지다. 이들 지역은 국제 업무 기능 등 도심의 기능을 일부 분담하고 각 생활권역 및 수도권 배후도시의 고용 중심지 역할을 맡게 되며 수도권에서 도심으로 유입되는 교통을 흡수함으로써 직주근접화를 실현하게 된다.

용산은 도심과 영동(강남), 여의도의 3핵을 연결하는 중심축상의 전략 요충지로, 고속전철이나 인천국제공항과도 곧바로 연결되는 곳이다. 용산 역사는 서울역과 바로 인접해 있기 때문에 도심 기능과 연계해 서울의 국제 경쟁력 강화의 거점 역할을 수행할 수 있다.

이를 위해 서울시는 고속철도 역사, 신공항철도, 광역철도를 하나로 묶어 3핵 간의 연계를 강화하고 이 일대를 용산공원과 한강의 자연 요소와 연계된 쾌적한 부도심으로 조성할 계획이다.

청량리 · 왕십리는 동북생활권의 부도심 역할이 강화된다. 동북권은 주거지 위주로 개발돼 고용 기반이 취약하며, 이 때문에 다른 지역으로 통근하는 장거리 통근자의 비율이 상대적으로 높은 편이다. 청량리 · 왕십리가 부도심 역할을 제대로 하려면 고용 기반 확충이 최우선 과제다.

상암 · 수색은 2020 도시기본계획에서 새롭게 부도심으로 승격된 곳이다. 이 지역은 인천국제공항과 가까운 국제업무축에 위치해 있다. 이러한 입지 특성 때문에 첨단 디지털 멀티미디어 도시로 특화돼 개발된다. 쓰레기 매립지였던 난지도를 미래 지향적이고 친환경적인 생태공원으로 되살린 것을 계기로 환경 친화적인 이미지가 부각되고 있다.

영등포는 수도권 서남부 지역의 산업 기반을 지원하는 부도심 역할을 담당하고 있다. 여의도에 증권과 보험 등 금융 업무 기능이 영등포역 주변에는 상업 기능이 밀집해 있다.

또한 배후지인 준공업 지역에는 산업 생산 기반과 이를 지원하는 상업 기능이 다양하게 분산돼 있다. 서울시는 서울과 수도권의 도시형 산업을 지원하는 이 지역의 기존 기능을 강화해 지역경제 발전을 이끌어 낸다는 전략이다.

영동지역은 동남권과 수도권 남부지역을 포괄하는 광역생활권의 부도심 역할을 맡고 있다. 이 지역은 1990년대 도심을 능가하는 수준의 국제 업무, 첨단 정보 산업, 전시 및 숙박 등 고부가가치 서비스업의 중심지로 급격히 성장하고 있다.

자료: 한국경제 매거진 제800호, 2011.4.6. 정리

2 지리정보 시스템(geographic information system)의 이용

소매업자는 상권분석을 위하여 특정한 지역정보가 구현된 지도와 상권분석에 필요한 정보들이 디지털화된 지리정보시스템(GIS) 프로그램을 이용하고 있다. 현재 다양한 업체에서 상권 분석에 필요한 지리정보시스템 소프트웨어를 제공하고 있다. 업체에 따라 제공되는 서비스와 소프트웨어의 활용도는 다르지만 보다 일반적으로 지리적 인구통계(Geo-demographic) 정보, 지역적 고객 특성 및 분포, 유동 상황 등과 함께 GPS(위성위치확인) 등과 같은 시스템을 통해 경로 선택, 교통 정보, 개인 일정 관리 등 일대일 관리 기능까지 가능하게 하여 효과적인 고객관계(gCRM)를 구축할 수 있도록 도와주는 시스템은 활발히 활용되고 있다.

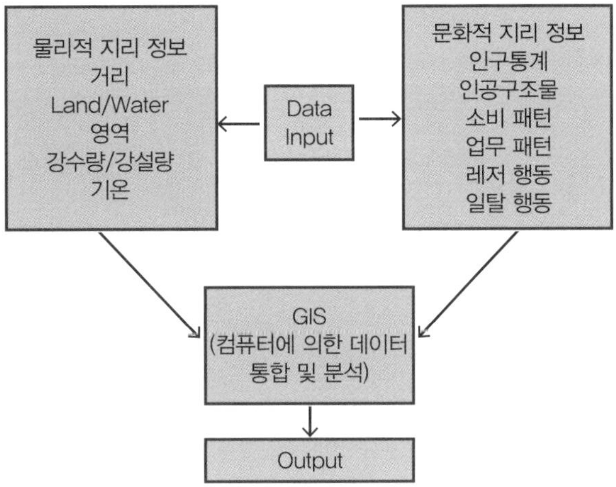

그림 8-1 GIS 구성요소

자료: Patrick M. Dunne and Robert F. Lusch (2008), *Retailing*, Thomson South Western, p.219.

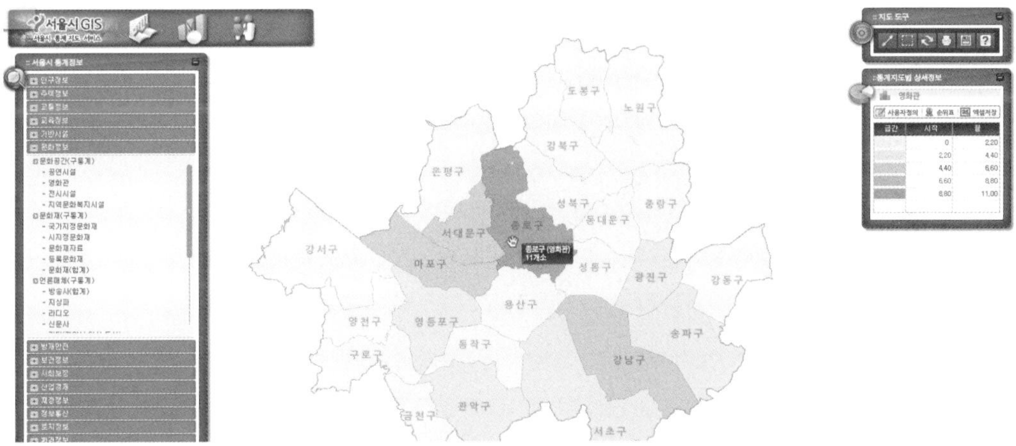

그림 8-2 서울시의 GIS

자료: 통계청 통계지도 서비스

또한 gMining에 대한 소프트웨어는 다양한 마이닝 및 통계 기법을 활용하여, 고객 정보와 GIS 공간 정보의 결합을 통해 규칙 및 패턴을 발견해 내거나 다양한 예측 모형 개발을 가능하게 하며 통계 모형과 공간 및 상권 분석 모형을 통한 분석 알고리즘 개발 또한 제공하고 있다.

GIS 소프트웨어는 현재 소비자의 인구통계적 현황을 파악하기 위해서 활용되기도 하고 지역의 잠재성을 파악하는 데에 이용하기도 한다. 소매업자는 소프트웨어를 통해 상권이 가지는 장점과 단점 또한 지적해낼 수 있다.

나 상권분석

1 소매 상권분석의 이해

(1) 상권분석의 정의

매장의 위치를 결정하기 위하여 최우선적으로 시행되어야 하는 일은 잠정적인 입지대상지를 분석하고 평가하여 가장 매력적인 지역을 선정하는 것이다. 상권이란 제품 혹은 서비스를 제공하는 사업체나 사업집단의 소비자가 포함된 지역이다. 즉 상거래가 이루어지는 지리적인 범위를 말하는 것으로 한 점포가 과연 어느 범위까지 고객을 유인 할 수 있는가 하는 지역적인 범위인 셈이다.

일단 상권분석은 일회성이 아니라 계속적으로 이루어져야 하는데, 이는 소비자에 대한 인구적 요소나 사회 경제적 요소가 끊임없이 변화하기 때문이다. 상권분석을 통하여 얻을 수 있는 효과는 매우 다양하다. 최대의 효과를 위해서는 세부사항에 대한 정밀한 고려가 필요하다. 기본적으로 상권분석을 통하여 소비자들의 인구 통계학적 현황과 사회 경제적 현황을 파악함으로써 시장 기회를 파악하고 성공에 필요한 전략을 수립할 수 있다. 어떤 지역의 소비자가 매장을 빈번히 방문하는지를 파악하는 것은 광고 등 매장에 대한 프로모션을 실시해야 할 범위를 파악하는 데에도 필요하다.

소비자의 수요를 종합적으로 판단하고 나면 두 번째는 지역의 경쟁자 세심하게 분석하여야 한다. 의류나 화장품 매장의 경우 소비자는 상기 매장들이 집중되어 있는 것을 선호하기 때문에 경쟁자들이 많이 위치한 지역이 좋은 입지가 되는 반면, 서점이나 약국의 경우는 경쟁을 최대한 피하는 것이 좋다. 따라서 경쟁자를 분석하는 데 있어서는 매장의 업종도 고려해야 한다.

체인 매장을 설치하는 경우에는 상권의 중복을 피할 수 없는 경우가 자주 발생하는데 상권의 분석을 통하여 이를 최소화하는 입지를 찾아야 한다. 한 체인이 소비자에게 최대한의 편의를 제공할 수 있는 최적의 매장 수를 계산하는 방법론 또한 중요하다.

마지막으로 시간에 따른 장단점도 주목해야 한다. 주중에 붐비는 매장과 주말에 붐비는 매장 또는 오전에 붐비는 매장과 저녁 시간 이후에 붐비는 매장은 다를 수 있다. 이에 관련된 매장의 성격 또한 입지결정에 반영되어야 한다. 그 외에도 인터넷과의 시너지 효과, 교통 현황, 노동력 현황, 생산자 및 공급자의 위치, 법적 환경, 금융 기관의 위치 유무 등도 상권 분석에서 다루어야 할 부분이다.

MINI CASE 8-2 테남 vs. 테북

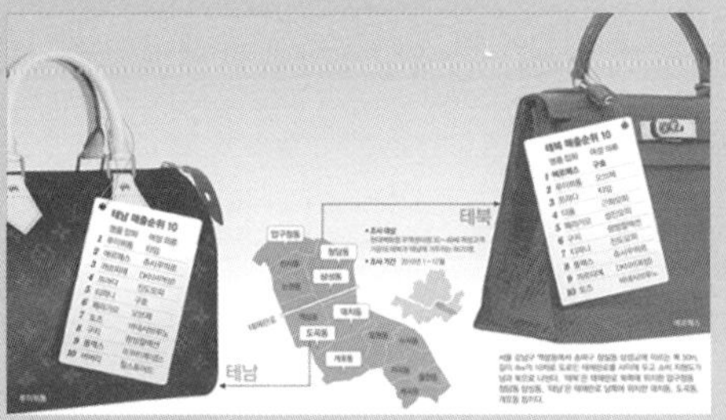

서울 강남구의 인구는 56만여 명. 전체 인구의 1%에 불과하지만 교육, 부동산, 패션 시장에서 이들의 소비는 한국을 가늠하는 트렌드가 된다. 하지만 '대한민국 강남특별시'도 지하철 2호선이 지나는 테헤란로를 기점으로 소비 지형도가 남과 북으로 나뉜다. 유통업계에서는 테헤란로 북쪽으로 주거단지가 집중적으로 형성된 압구정동, 청담동, 삼성동을 '테북', 1980년대 중반 이후 대규모 아파트 촌이 들어선 테헤란로 남쪽의 대치동, 도곡동, 개포동을 '테남'으로 일컫는다.

사실 테북, 테남이라는 표현은 사교육 시장에서 나온 말이다. 아파트와 고급빌라가 혼재한 테북 지역에서는 사교육으로 과외가 선호되고, 대단위 아파트 거주지가 밀집한 테남에서는 학원이 발달하게 됐다는 것. 이 표현은 강남 고급상권을 분석할 때도 통용된다는 것이 유통업계 종사자들의 말이다. 백화점 명품 담당 바이어들이 '사립초등학교 학부모 모임에 참석한 엄마들의 가방만 봐도 살고 있는 동(洞)을 맞힐 수 있다'고 말할 정도다.

동아일보 산업부는 현대백화점에 의뢰해 서울 강남구 삼성동에 있는 현대백화점 무역센터점 30~49세 여성 고객 가운데 테북 지역 거주자와 테남 지역 거주자 8570명의 한 해 씀씀이를 분석했다. 이들이 지난해 구입한 명품잡화(가방, 구두, 시계, 보석)와 수입의류, 여성의류, 화장품 등 4개 군별로 브랜드 매출 순위를 조사했다.

현대백화점 무역센터점은 테북, 테남을 가로지르는 테헤란로에 위치해 두 지역의 고객들이 자주 찾는 점포인 데다 국내외 명품 브랜드들이 거의 입점해 있다. 단, 샤넬은 무역센터점에 입점해 있지 않아 매출 순위에 포함되지 않았다. 강남구 역삼동, 논현동, 신사동은 거주단지와 상업시설이 혼재해 조사 대상에서 제외했다.

테북은 에르메스, 테남은 루이뷔통

여성들에게 가방은 패션의 완성이다. 옷은 자라나 갭을 입어도 가방만큼은 명품을 드는 것이 강남의 불문율이다. 이번 테북과 테남의 소비지역 간 조사에서 가장 눈에 띄는 차이는 가방이었다. 테북 지역에 거주하는 여성 소비자가 가장 많이 구입한 명품 잡화는 에르메스였다. 에르메스는 켈리백 가격이 1000만 원이 넘는 초고가 브랜드다. 그에 반해 테남의 '잇 백(it bag · 갖고 싶어 하는 백)'은 루이뷔통 이었다. 두 브랜드의 가방 가격 차이는 종류에 따라 다르지만 최고가를 기준으로 할 때 에르메스가 최대 2배 이상 비싸다. 현대백화점 명품담당 신동한 차장은 "40대 이상 연령이 많은 테북에서는 쇼핑 예산이 넉넉하기 때문에 에르메스처럼 초고가 제품을 구매할 여력이 많은 편"이라며 "(테북 지역 거주자들은) 제품 구매주기도 짧아 보통 출시 3, 4년이 지난 모델을 들고 다니는 사람을 찾아보기 힘들다"고 말했다.

수입의류군에서도 테북과 테남의 지역색이 두드러졌다. 두 지역 다 돌체앤가바나가 1위에 올랐지만 테북에서는 몽골 산악지대의 염소 배 부분의 털로 만든 캐시미어 브랜드 로로피아나가 2위에 올랐다. 이어 마르니, 콜롬보, 닐바렛처럼 국내에는 잘 알려지지 않은 브랜드들이 매출 상위권에 포진했다. '청담동 며느리' 룩으로 불리는 이 브랜드들은 재킷 한 벌의 가격이 수백만 원을 호가한다. 반면 테남에서는 아르마니, 마크제이콥스, 마이클코어스, 끌로에처럼 국내에서도 지명도가 높은 수입의류가 강세였다.

여성의류에서 테북 소비자들의 쇼핑 아이템은 단연 모피였다. 상위 10위 브랜드 가운데 모피 브랜드가 3개나 올랐다. 반면 테남에서는 진도모피만이 10위 안에 들었다. 신동한 차장은 "지난해 겨울 폭발적인 인기를 모았던 모피의 경우 갤러리아 명품관, 현대백화점 압구정본점, 신세계 강남점으로 전국 매출 1, 2, 3위가 정해질 정도로 테북 지역 거주자들이 모피 시장을 좌지우지했다"고 전했다. 또 테북에서는 구호나 오브제, 랑방, 띠어리처럼 아방가르드한 디자인을 내세운 브랜드가 강세인 반면 테남에서는 타임, 마크바이제이콥스, 질스튜어트, 마인, 손정완 등 좀 더 젊고 여성스러운 디자인이 돋보이는 브랜드가 사랑을 받았다.

화장품의 경우 테북에서는 설화수나 라메르처럼 40대 이상 여성들에게 선호도가 높은 브랜드가 상위 10위 안에 올랐다. 라메르는 45mL짜리 에센스 1병의 가격이 285만 원에 달하는 고가 브랜드다. 테남에서는 바비브라운, 샤넬, 디올처럼 색조 제품이 강세인 브랜드들이 인기였다.

테북–테남, 패션 취향도 달라

요즘 청담동에서 '뜨는' 디자이너 브랜드 가운데 미국 뉴욕 출신 디자이너 필립 림의 매장 '3.1 필립 림'에는 성인복 컬렉션의 라인은 그대로 유지하면서 소재와 사이즈를 아동에게 맞춘 '키즈 바이 필립 림'이 전시돼 있다. 스웨덴 스타일을 내세운 이 브랜드는 워낙 튀는 디자인이라 보통 사람은 소화하기 힘든 옷이 많다. 하지만 자녀와 함께 입기에 그만인 라인이라 유명 연예인은 물론이고 이 지역에 사는 30, 40대 기혼여성들 사이에서 큰 인기다.

3.1 필립 림처럼 컨템포러리(그 시대의 가장 새로운 패션 흐름) 브랜드가 가장 먼저 문을 여는 곳도 청담동이다. 패션트렌드분석회사인 트렌드포스트 박은진 수석연구원은 "테북 지역에는 해외 유학 경험이 많고 쇼핑예산이 여유로워 패션에 있어서도 새로운 시도를 많이 하는 편"이라며 "꼬르소꼬모, 분더샵 등의 명품 편집매장이 성행하는 이유"라고 설명했다.

반면 학원가가 집중적으로 형성된 테남은 자녀 교육 때문에 거주하는 사람이 많아 트렌드에 덜 민감하다고 분석했다. 자녀 교육에 지출하는 비용과 시간이 많기 때문에 자신만의 스타일을 보여주기보다는 보편적으로 검증된 브랜드를 선호한다는 것이다.

자료: 동아일보, 2011. 7. 6.

(2) 상권의 크기와 형태

상권은 계층적인 구조로 나뉜다. 점포의 입지를 놓고 그 지역을 살펴보는 데 있어서, 지역 상권(general trading area), 지구 상권(district trading area), 그리고 개별점포상권(individual trading area)으로 나뉠 수 있다. 지역 상권은 한 도시를 놓고 보았을 때 행정구역과 일치되는 범위를 말하는 것으로 도심의 행정기관 밀집지역에 대부분 동일 업종으로 지역 상권을 형성하고 있다. 다음은 지구 상권으로 서울은 종로, 강남, 영등포와 같은 상권을 말한다. 몇 개의 지구 상권이 모여 하나의 지역 상권을 형성하는 셈이다. 대부분 백화점을 중심으로 수변에 전문점 및 관련 점포들이 형성 되어진다. 마지막 개별 점포 상권은 각각의 점포들이 구성하는 상권으로 대형 점포의 경우 동일 위치에서 출점 되어 있는 다른 개별 점포들 보다 점포 상권의 규모가 크다.

점포 상권만을 기준으로 다시 상권의 크기를 계층적으로 나눌 수 있는데, 1차 상권(primary trading area), 2차 상권(secondary trading area) 그리고 기타 상권(fringe trading area)이다. 1차 상권은 매장의 소비자 중 50~80%가 집중되어 있는 곳으로 소비자 밀집도와 함께 소비자 한 사람당 매장의 매출도 가장 높게 나타나는 지역으로 다른 주변의 또 다른 1차 상권과는 중복이 거의 되지 않는다. 다음은 2차 상권인데, 1차 상권의 외곽에 형성되는 것으로 평균적으로 15~25%의 소비자들이 밀집된 지역이다. 1차 상권의 고객들이 점포를 중심으로 그 주변에 밀집되어 존재하는 반면에 2차 상권의 소비자들은 넓게 퍼져 있고 보다 유동적으로 매장을 찾는다고 볼 수 있다. 마지막 기타 상권은 나머지 소비자들이 존재하는 영역으로 이들은 매장을 방문하기 위해 가장 먼 거리를 이동한다. 필요에 따라 다른 상권의 영역으로 움직이는 소비자 군이다.

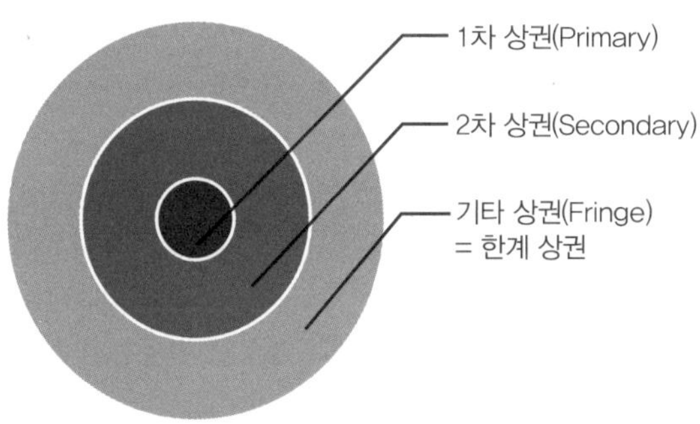

그림 8-3 상권 세분화

MINI Case 8-3 압구정 성형외과 223곳, 이대앞 미용실 76곳…상권 압도적

19일 이화여대 앞 거리에 미용실이 빽빽하게 몰려 있다. 이대역 상권은 전체 업소 중 미용실 비중이 전국서 가장 높다. 각 상권의 업종별 점포구성을 분석하면 호프·맥줏집 비중이 가장 높은 곳은 강남역 북부(역에서 한남대교 방향). 자동차 정비소의 비율이 가장 높은 곳은 성수동으로 나타났기 때문이다. 매일경제신문과 SK텔레콤 지오비전상권분석서비스는 KT 전화번호 등록을 기준으로 각 상권의 업종별 점포 수를 조사했다. 대상 업종은 음식점·호프집·의원 등 창업이 가능한 182개. 전화번호가 등록되지 않은 매장이 있어 실제 점포 수는 더 많을 수 있다.

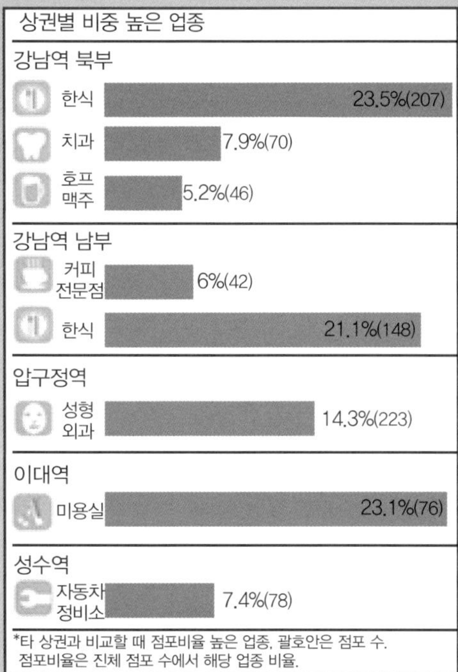

한식 음식점의 비중이 가장 높은 상권은 강남역으로 나타났다. 강남역 북부에서 전체 매장 중 한식 음식점의 비율은 23.5%(207곳)로 이 부문에서 100대 상권 중 가장 높았다. 또 강남역 남부(역에서 양재역 방향)가 21.1%(148곳)로 그 뒤를 이었다. 3위는 신사·논현역이 차지했다. 강남역은 음식점뿐 아니라 커피·베이커리 전문점, 호프·맥줏집 등에서도 다른 상권보다 높은 수치를 기록했다. 최고의 유동인구를 바탕으로 20·30대 젊은이들에게 모임장소로 사랑받을 뿐 아니라 직장인들의 술자리 장소로도 유명한 이유를 보여주는 대목이다. 강남역 남·북부의 커피전문점 비중은 각각 6%(42곳), 4.4%(39곳)로 이 부문에서 100대 상권 중 1·2위를 차지했다. 강남역 상권의 커피전문점만 81곳에 달하는 셈이다. 여기에다 사실상 커피전문점과 경쟁하고 있는 베이커리까지 합치면 그 숫자는 더욱 늘어난다. 강남역 북부의 베이커리 매장 비율은 1.6%로 다른 상권을 앞질렀다. 실제 강남역 사거리와 교보타워로 이어지는 도로 양쪽에는 커피·베이커리 전문점이 즐비하다. 강남역 11번 출구를 나서 50m를 걸어가면 투썸커피, 파리바게뜨, 뚜레쥬르 매장이 나란히 서있다. 교보타워 쪽으로 좀 더 가면 커피빈, 탐앤탐스, 엔제리너스 등이 늘어서 있다. 커피전문점 비중의 경우 삼성역과 신사·논현역도 각각 4%로 다른 지역보다 높았다.

미용실·화장품 가게 등으로 여성들에게 사랑받는 상권으로는 단연 서울 '이대역'이 꼽힌다. 이대역 상권 중 미용실의 비중은 23.1%(76곳)로 많아야 6~8% 수준인 다른 상권에 비해 압도적이다. 또 이대역의 화장품 매장 비율은 4.9%로 3위권이다. 이화여대 주변 상권에선 미용실이 오밀조밀 모여 경쟁하는 모습을 쉽게 찾을 수 있다. 이화여대 정문을 나서면 바로 '이가자헤어비스'가 눈에 들어온다. 그리고 이

점포를 중심으로 반경 100m 안에 국내 유명 미용 프랜차이즈가 대부분 모여 있다. 신촌역 쪽으로 내려가면 '박승철헤어스튜디오', '리안헤어' 등이 있고 이대역 방향엔 '준오헤어1'과 '자쓰리헤어'가 영업을 하고 있다. 이곳 유명 미용실에서 일하고 있는 황 모씨는 "주말이 되면 몰려드는 손님들을 잡으려는 점포들끼리 경쟁이 치열하다"고 설명했다.

병원 중 성형외과는 서울 압구정역, 치과는 강남역에서 비중이 가장 높았다. 압구정역 상권의 성형외과 비율은 14.3%(223곳)로 압도적으로 높았다. 성형외과 의사인 김 모씨는 "병원들이 모여 있어 손님을 끌어들이는 효과는 있다"면서도 "환자들이 남긴 후기 등으로 실력과 마케팅 등이 금방 소문이 나기 때문에 작은 실수에도 경쟁에서 뒤처질 수 있다는 압박을 늘 받는다"고 말한다. 성형외과의 비율 면에서는 강남역 북부가 8.9%로 2위를 차지했지만 개수 면에서는 의료관광으로 주목받고 있는 부산 서면역도 83곳으로 높은 수준을 보였다. 치과 비중의 경우 강남역 북부가 7.9%(70곳)로 100대 상권 중 가장 높았고 강남역 남부도 높은 순위를 유지했다.

서울 성수역 상권은 자동차 정비소가 많은 것으로 집계됐다. 성수역 상권의 자동차 정비센터 비중은 7.4%로 78곳에 달하는 것으로 추정된다. 전화번호부에 등록되지 않은 숫자까지 합치면 더 많을 것으로 보인다. 보통 많아야 3～4% 정도의 비중을 보이는 다른 상권을 크게 앞선다. 성수사거리에서 화양사거리로 이어지는 길 왼쪽에 정비소들이 밀집해 있다. 현대 · 기아, 르노삼성 등 국산차 애프터서비스(AS)센터뿐 아니라 메르세데스-벤츠, 아우디, 볼보, 도요타 · 렉서스, 닛산 · 인피니티 등 수입차의 AS센터도 몰려 있다. 성수역 주변으로 자동차 정비소가 많은 것은 준공업지역이어서 일반정비뿐 아니라 도장 · 판금까지 가능하다는 입지 매력이 작용한 것으로 보인다. 또 강남에서 가까워 수입차 소유자들이 방문하기 쉬운 것도 장점이다.

중국음식점 비중이 높은 곳으로는 부산역 상권이 꼽혔다. 이 상권의 중국음식점 비중은 4.9%였다. 부산역 주변에 차이나타운이 있는 것이 영향을 미친 것으로 보인다. 꽃집 비중은 고속터미널 화훼상가의 영향으로 반포-고속터미널 상권이 19.8%로 가장 높았다. 또 서울 종로5가역 상권은 한의원 비중이 상대적으로 높은 것으로 나타났다. 한편 100대 상권 전체로는 한식 음식점, 여성의류점, 미용실 등의 비중이 다른 업종에 비해 상대적으로 높은 것으로 조사됐다.

자료: 동아일보, 2011.7.6.

2 소매 상권분석 이론

(1) 구매력 지수(BPI, Buying Power Index)

미국 세일즈&마케팅 매니지먼트(Sales & Marketing Management)사는 매년 구매력 지수(BPI)를 발표하고 있다. 구매력 지수 자료에서는 기본적으로 인구 증감, 가구의 증감, 교육 수준 및 평균 소득을 알려주는 인구통계학적인 조사에서 얻을 수 없는 총 소매 매출, 특정 제품 카테고리에 대한 연간 소매 매출, 연간 효용 구매 소득, 5년간 인구와 소매 매출 간의 상관 관계를 제시하여 준다.

다음은 구매력 지수를 계산하는 방법이다.

BPI = 0.5(그 지역이 한 국가의 효용 구매 소득에서 차지하는 비율)
+ 0.3(그 지역이 한 국가의 소매 매출에서 차지하는 비율)
+ 0.2(그 지역이 한 국가의 인구에서 차지하는 비율)

우선 효용 구매 소득(effective buying income)이란, 개인 소득에서 세금 및 고정지출비용(보험 등)을 뺀 금액이다. 구매력 지수(BPI)는 그 지역의 효용 구매소득 비중에 가중치를 50%, 소매 매출 비중에 가중치를 30% 그리고 인구에 가중치를 20% 둔 셈이다.

예를 들어보자. XYZ 기업은 일반적인 소비재를 판매하는 업체로 타깃이 25세에서 34세 미만에 $35,000이상 수입 시장이다. 기업 XYZ는 사업을 확장하려 하면서 상권이 다른 두 지역을 고려 대상으로 삼고 있다. 따라서 이 기업은 위의 공식에 따라 다음과 같이 BPI 지수를 구할 수 있는데,

A 지역 BPI = 0.5 (0.000386) + 0.3 (0.00083) + 0.2 (0.00012) = 0.000466
B 지역 BPI = 0.5 (0.000717) + 0.3 (0.00063) + 0.2 (0.000112) = 0.000570

위에서 두 지역은 0.00012와 0.000112로 인구가 비슷한 규모인 데 반해 BPI로 B지역이 A 지역보다 구매력이 25% 더 높은 것이다. 따라서 전통적인 인구통계학적인 조사로만은 A와 B 지역을 비교 할 때, 한 국가에서 차지하는 인구 비중이 A지역이 조금 더 높다고 판단하여 A지역으로 진출을 고려할 수도 있겠으나, 실제적인 구매력 지수를 보면 그 결과가 다른 셈이다.

구매력 지수는 철저하게 수요 수준에서 고려하는 지표이다. 다만 이 조사의 단점은 여기서 다루고 있는 지역적 경계들이 보통 매장의 상권보다 훨씬 넓은 지역을 포함하고 있다거나, 잘 변화하지 않는 다는 점이다.

(2) 포화 이론(Saturation Theory)

우리가 잠재적으로 매력적인 시장을 찾기 위해서 소매 포화 이론을 이용할 수 있다. 이는 우리가 잠재 시장으로 고려하는 상권에서 현재 운영중인 점포 들이 얼마만큼 소비자들의 욕구를 충족시켜 주고 있는가 하는 것이다. 따라서 점포 포화(store saturation)라고 한다면, 그 지역은 이미 기존 점포만으로 고객의 욕구를 충분히 만족시킬 수 있는 상태이다. 미포화 상권(understored trade area)라고 하면 현재 점포 개수만으로 그 지역의 수요를 충족시키지 못하고 있는 것이며, 과포화 상권(overstored trade area)은 그 반대의 경우가 된다.

따라서 상권의 매력도를 분석하는데, 포화 이론으로부터 소매포화지수(IRS: index of retail saturation)를 이용할 수 있고 다음과 같이 공식화 된다.

$$IRS = \frac{(H \times RE)}{RF}$$

H : 지역의 가구 수(the number of households in the area)

RE : 가구당 특정 업태에 대한 연 소매지출(the annual retail expenditures for a particular line of trade per household in the area)

RF : 특정 업태의 총 매장 면적(the square footage of retail facilities of a particular line of trade in the area)

예를 들어, 500m^2 세탁소를 개점하려고 A지역과 B지역을 고려하고 있다. A 지역과 B 지역의 가구수는 1,700 가구로 동일하며, 각 지역에서 세탁비 지출도 월평균 12,560원으로 동일하다. 그러나 A지역은 총 세탁소들의 면적이 2,000m^{2}이고, B 지역은 2,500m^{2}이다.

IRS (A지역) = (1700 × 12,560)/(20,000 + 500) = 1,041.56

IRS (B지역) = (1700 × 12,560)/(25,000 + 500) = 837.33

수요와 관련하여 가구수와 평균 지출비용이 고려되고, 공급과 관련하여 매장 면적이 고려된 IRS를 통해서 사업 진출을 희망하는 사람은 A지역을 선택하게 될 것이다.

다만 소매포화지수(IRS)의 한계점이라고 한다면, 이는 오프라인 매장의 경우에만 적용할 수 있다는 점이다. 온라인 매장에서는 더 이상 매장 면적이 중요한 문제가 되지 않기 때문에 온라인 시장에서는 소매포화지수가 문제되지 않는다.

(3) 라일리의 소매중력법칙(Retail Gravity Theory)

소매 상권 분석 이론에 대한 라일리의 법칙(Reilly's law of retail gravitation)은 두 도시나 커뮤니티 간의 무차별 지점 혹은 중립된 지점(point of indifference)을 입증하기 위한 것이다. 여기서 무차별 지점은 두 지역 간에 소비자들이 매장을 이용하는 데 있어서 지리적 경계가 무너지는 지점으로 수요가 이동하는 지점이라고 보면 된다. 이에 따르면 더 많은 소비자가 더 큰 도시로 쇼핑을 하러 가는데, 그 이유는 더 많은 매장이 있기 때문이다. 라일리의 법칙은 두 경쟁 지역이 주도로를 통해 동일하게 접근 가능하고, 두 지역의 소매업자들이 동일하게 효율적이라는 데에 가정하고 있다. 라일리의 소매중력이론에 따르면, 두 경쟁도시 A와 B가 있고, A와 B지역 중간에 소도시 C가 있을 경우에 C도시의 거주자들은 A도시 혹은 B도시로 구매를 위해 이동하게 되는데, 이 때 A와 B 도시의 C도시에 대한 상권규모는 인구에 비례하고 거리의 제곱에는 반비례한다는 것이다.

$$\frac{P(A)}{P(B)}\left\{\frac{D(B)}{D(A)}\right\}=\frac{R(A)}{R(B)}$$

R(A) : 도시 A의 상권규모
R(B) : 도시 B의 상권규모
P(A) : A 도시의 인구
P(B) : B 도시의 인구
D(A) : 도시 A로 부터 중간 도시까지의 거리
D(B) : 도시 B로 부터 중간 도시까지의 거리

라일리의 소매 중력 법칙을 보면 인구가 많은 도시가 쇼핑의 기회가 더 많기 때문에 거리가 먼 곳에서부터 소비자들은 기꺼이 쇼핑을 하기 위해 몰린다는 것이다.

다음의 예제를 보자.

A도시 ——— 20Km ——— C도시 ——— 15Km ——— B도시

2500명　　　　　　　　100명　　　　　　　　100명

$$\frac{2500}{100}\left\{\frac{15}{20}\right\}=\frac{18.75}{1}$$

도시 A의 상권 규모가 도시 B의 상권 규모보다 1.5배 더 큰 경우이다. 소비자를 유인하는 거리가 18.75배 더 큰 것이다. 이를 라일리는 더 자세히 위에서 언급한 무차별점(breaking point)으로 설명하였는데, 과연 A도시는 어느 거리까지 소비자들을 유인 할 수 있는가 하는 것이다. 공식은 다음과 같다.

$$D_{ab}=\frac{d}{1+\sqrt{\frac{P_b}{P_a}}}$$

D_{ab}: 중립된 지점 또는 무차별점(breaking point)

d: A와 B 사이의 거리

P_a: A 도시의 인구

P_b: B 도시의 인구

예를 들어보면, 위의 예제를 다시 사용하여 보면,

$$\frac{35}{1+\sqrt{\frac{100}{2500}}}\fallingdotseq 29.12$$

A도시　　　20Km　　　C도시 ——— 15Km ——— B도시

2500명 ←————————— 100명 —————————→ ↑ ←→ 100명

5.88Km

따라서 A도시와 B도시 사이의 거리는 총 35Km인데, A도시는 29.12Km까지 상권의 영향을 미쳐 이 거리 내에 있는 소도시들은 A도시로 쇼핑 여행을 간다는 것이 라일리의 무차별점 이론이다.

다만 이 법칙은 계산의 편의성으로 인해 상권분석에 공헌하였지만, 거리가 주 도로를 통해서만 계산되는 점, 이동 거리가 곧 거리에 비례하지 않는다는 점, 실제 거리는 인식된 거리와 항상 일치하지 않는 점 등이 한계로 들 수 있다.

이러한 중력 모델은 백화점, 종합 할인점 등 다점포 회사의 매출 추정에 이용할 수 있으며 이마트, 롯데마트, 까르푸 등 동종 업계의 경쟁자를 비교하는 데에도 사용할 수 있다. 그 밖의 모델은 패스트푸드점, 미용실, 세탁소 등 기타 소형 점포에도 유용하다. 그러나 이론은 경영기술, 시장상황, 경쟁력, 소비 패턴 등 마케팅의 주요 활동 요인을 고려하지 못하는 단점이 있다.

국내 대표적인 상권분석 사이트로는 중소기업청이 운영하는 중소기업청 상권정보시스템이 있다(http://sg.smba.go.kr). 이는 중소기업청과 소상공인지원센터에서 제공하는 무료서비스로 전자지도상에서 관심지역의 상권을 분석해 볼 수 있는 지리정보시스템이다. 한편 해외 상권분석 기업으로는 Caliper (www.caliper.com), Claritas (www.claritas.com), SRC (www.demographicsnow.com) 등이 유명하다.

(4) 허프의 확률 모델

허프의 확률 모델은 소비자가 점포를 선택하는 데 있어서 소비자는 점포의 효용(매력도)이 가장 높은 점포를 선택한다는 이론이다. 허프는 여기서 점포의 효용(매력도)를 측정하기 위해서 두 가지 사실을 가정하였다. 첫째는 소비자는 특정 점포의 효용이 대해 점포 크기와 점포까지의 거리(걸리는 시간)에 의해 좌우되고, 둘째는 특정 점포를 선택할 확률은 상권 내에서 소비자가 방문하고자 하는 점포들의 효용 총합에 대한 해당 점포의 효용으로 보았다.

다음과 같이 수식으로 고려할 수 있다.

$$P_{ij} = \frac{P_j^a D_{ij}^b}{\Sigma_{k=1}^{j} S_k^a D_{ik}^b}$$

P_{ij} : 소비자 i가 점포 j를 선택할 확률

S_j : 점포 j의 매장 크기

D_{ij} : 소비자 i가 점포 j까지 가는 데 걸리는 시간 또는 거리

a : 소비자의 점포 크기에 대한 중요도를 반영하는 모수

b : 소비자의 점포까지의 거리(시간)에 대한 중요도를 반영하는 모수

j : 소비자가 고려하는 총 점포의 수

예제를 통해 보면,

점포	거리(km) (거리 중요도 b=−2)	크기(m^2) (크기 중요도 a=1)
A	3	1800
B	4	1600
C	5	500

점포 A의 효용 $\frac{1800}{3^2} - 200 \Rightarrow P_a = \frac{200}{(200+100+20)} = 0.625$

점포 B의 효용 $\frac{1600}{4^2} = 100 \Rightarrow P_b = \frac{100}{(200+100+20)} = 0.3125$

점포 C의 효용 $\frac{500}{5^2} = 20 \Rightarrow P_c = \frac{20}{(200+100+20)} = 0.0625$

따라서 소비자는 제일 효용이 높은 A 점포를 선택하게 된다. 그러나 허프의 확률 모델은 점포의 매력도를 측정하는 데 있어서, 점포 크기와 거리에만 비중을 두어 제품의 가격, 서비스 등과 같은 요인은 고려하지 않은 한계점이 있다.

다 입지선정과 출점 전략

앞서 설명한 과정을 통해 상권분석이 끝났다면, 이제 어떤 타입의 입지가 적절한지를 고려하고 입지를 정한 후 그 안에서 여러 대안을 비교하여 매장이 실제로 들어설 위치를 평가해 보아야 한다.

(1) 입지의 종류

① 독립 매장(Isolated Stores)

독립 매장은 주로 교외의 아울렛이나 쇼핑몰을 가리킨다. 이 매장과 트래픽을 공유하는 다른 매장은 없다. 이런 경우에 발생하는 장점은 여러 가지이다. 우선 경쟁이 없고, 지대가 비교적 낮으며, 어떤 특정한 룰이 정해져 있지 않기 때문에 훨씬 유연한 전략을 세울 수 있다. 특히 원스톱 쇼핑일 경우 유리하며, 자동차의 접근도 훨씬 용이하다. 주차 공간도 여유 있으며, 전반적인 출점 비용을 낮출 수 있다.

반면 사람들은 보통 한 매장을 이용하기 위해 장거리를 이동하는 것을 꺼리며, 광고비 지출이 늘 수 있는 점, 도심에서는 공동으로 부담할 수 있는 광열비, 보안비, 청

소비 등이 더 많이 들 수 있다. 또한 매장 또한 반드시 짓거나 빌려야 해서 이 부분에 대한 전략적 대안이 별로 없다. 예전에는 한 동안 대형 소매 업체가 교외에 쇼핑몰을 많이 출점하였다. 하지만 현재는 이러한 교외 말고도 도심에도 다른 형태로라도 매장을 확장해 가고 있는 추세이다.

② **비계획 경제지구**(Unplanned Business District)

비계획 경제지구란 두 개 이상의 매장이 근접하게 모여 있고 같은 고객을 공유할 수도 있으나 이러한 것이 계획되지 않은 지역을 말한다. 어떤 지역에는 4개의 신발가게가 있는데 약국은 1개도 없을 수도 있다. 이런 비계획 경제지구는 매장의 밀집도에 따라 도심(CBD: Central Business District), 부도심(SBD: Secondary Business District), 이웃지역(NBD: Neighborhood Business District), 스트링(String)으로 나눌 수 있다.

도심은 가장 많은 다양한 매장이 모여 있고, 각종 대중 교통으로 연결이 가능한 곳이다. 여러 가지 서비스와 문화 활동이 가능하며, 보행비율이 굉장히 높은 곳이다. 하지만 주차 공간의 협소와 배달의 불편함, 높은 임대료, 또한 최근 교외에 대형 쇼핑몰이 들어서면서 도시가 공동화되는 점이 약점으로 꼽힌다.

부도심은 대부분 도심의 역할을 나누어 가진 작은 지역이다. 한 도시 안에 부도심은 얼마든지 존재할 수 있다. 그렇기 때문에 도심의 장단점을 일부 공유한다. 이웃지역은 주로 주거지역의 편의를 위하여 들어서는 상가이다. 보통 세탁소, 편의점, 문구점, 슈퍼마켓, 미용실 등이 포함된다. 보통 대형 슈퍼마켓이 상권을 주도하는 경우가 많다. 고정된 소비자와 긴 영업시간, 낮은 임대료 등이 매력이다. 마지막으로 스트링은 처음에는 독립매장으로 시작하나 시간이 흐르며 비슷한 규모의 매장이 몇 개 모인 형태이다. 이는 독립매장의 장점과 함께 불편함이나 높은 공동비 같은 단점을 보완한 측면을 띤다.

③ **몰/쇼핑센터**

쇼핑센터 혹은 몰이라는 상업지역은 최근 들어 성장하고 있다. 계획적으로 개발업자에 의해서 설계되고 준공되어 핵심 점포(key tenant)들을 갖춘 상업집단 시설이다. 국내에는 2000년 5월 코엑스 몰이 개장하면서 몰의 시대를 열었다. 국내 첫 대형 복합쇼핑몰이면서 아시아 최대 규모의 첫 지하 쇼핑몰이었다. 미국의 경우에는 1956년 미니애폴리스 교외 지역에 최초의 쇼핑센터가 개장되었고, 그 이후 교외지역을 중심

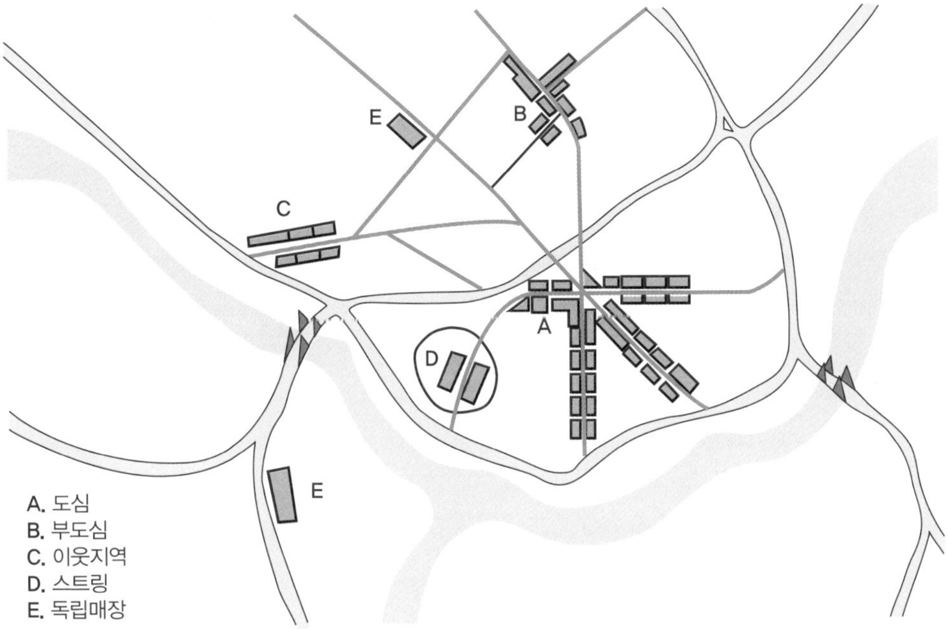

그림 8-4 매장입지와 유형

으로 쇼핑센터 · 몰의 성장이 가속화 되었다.

쇼핑센터란 한 일체화된 건축물에 여러 상업 공간이 집합되어 있는 곳으로 공간의 차용, 주차 공간, 시설적 측면 등이 모두 하나의 단위로 디자인되고 운영된다. 보통 오랜 준비를 바탕으로 입점된 업체에게 훌륭한 서비스를 제공할 수 있으며, 강력한 교외 인구를 배경으로 하고 있다는 점, 원스톱, 가족 간 쇼핑이 가능하다는 점, 쇼핑 자체의 즐거움을 준다는 점, 계획 시의 협조와 각종 비용의 공동 부담, 도심보다는 낮은 임대료가 가능하다는 점, 입점된 업체 간의 시너지를 기대할 수 있다는 점이 장점이다. 그래서 최근 할인점과 카테고리 킬러 등의 새로운 타입의 쇼핑 센터들이 인기를 끌고 있다.

반면 운영자의 룰이 입점된 업체의 전략적 유연성을 제한할 수 있는 점 등 제한도 많다. 개점과 폐점 시간이 같다는 것이 이에 속할 것이다. 그리고 독립 매장보다는 임대료가 높으며, 입점 업체 간에 경쟁이 심하는 것도 단점이다. 특히 쇼핑몰이 증가해 가면서 한 지역에 너무 많은 쇼핑몰이 몰려 있고, 기존 쇼핑몰의 노후화가 나타나고 있어 이에 쇼핑몰에서의 쇼핑에 대한 흥미가 떨어져 간다는 문제점이 있다. 또한 대부분 거대한 핵점포(anchor store)에 점령당하다시피 한 현상도 나타나고 있다. 이들 쇼핑몰은 입지와 규모에 따라 분류되기도 한다.

표 8-1 쇼핑센터/몰의 강점과 약점

강점	약점
① 업체끼리 공동으로 발생되는 비용 부담	① 입점 업체 입장에서 비탄력적인 운영 시간 운영 시간 및 휴무일이 입점 소매상에 의해 결정되는 것이 아니라, 쇼핑센터/몰 전체에서 관리 및 운영한다.
② 주차 편의	② 높은 임대료
③ 낮은 범죄율 브라질과 같은 경우에는 도시 전체의 범죄율이 높아 상인들에게 피해가 많았으나, 쇼핑센터/몰을 통하여 상인들이 안전하게 모여 장사를 할 수 있는 사업 중심지 역할을 하고 있다.	③ 앵커 테넌트에게 집중 / 영세 업체에게 앵커 테넌트의 권력 행사
④ 청결한 환경	④ 입점 소매업체의 판매 가능 품목 제한

표 8-2 미국 쇼핑센터의 유형별 특징

주요 특징	지역 쇼핑몰	커뮤니티 쇼핑몰	이웃 쇼핑몰
매장 크기	10만~60만 평	3만~12만 평	3만 평 이하
핵 점포	백화점	할인점 및 카테고리 킬러	슈퍼마켓이나 드럭 스토어
매장의 수	50~150	15~25	5~15
재화 및 서비스 제공	상품 구색이 다양하게 잘 갖추어져 있으며 고객에게 쇼핑 체험을 제공하는 고차원적 서비스 및 재화를 제공	고객의 쇼핑과 편의성에 초점을 맞춘 상품 구색 및 서비스, 재화 제공	고객의 편의성을 강화 할 수 있는 서비스 및 재화 제공
운영 및 유지를 위한 최소 확보 인구	10만 명 이상	2만~10만 명	5,000~5만 명

표 8-2 미국 쇼핑센터의 유형별 특징 (계속)

주요 특징	지역 쇼핑몰	커뮤니티 쇼핑몰	이웃 쇼핑몰
교통 소요 시간	30분	20분	15분 이내
입지	중심도시 외곽의 주요 간선도로 주변	거주 밀집 지역	거주 지역 내 주요 도록 내
입지 형태	주요 간선도로변 독립 점포	스트립이나 L 모양	스트립

(2) 출점 전략 구성

제대로 된 입지를 위해서는 많은 분석이 필요하다. 이때 필요한 모든 조건을 충족시키는 완벽한 지역을 100% 입지(one-hundred per-cent location)라고 한다. 다른 종류의 소매업자들은 자신들의 입지에 대해 각각 다른 것들을 필요로 하지만 일반적으로 100% 입지에 포함되는 요소는 다음과 같다.

표 8-3 입지 선정 및 평가 리스트

본 평가 척도에 맞추어 1~10점으로 점수를 매겨 보자.

입지 요소	평가 항목	평가 점수
보행자 트래픽	보행자 수 인구 유형	
승용차 트래픽	승용차 수 승용차 유형 교통 혼잡 정도	
주차 시설	파킹 가능 대 수 매장과의 거리 종업원 주차의 용이성	
교통, 운송 수단	대량 수송의 유용성 주요 간선도로의 접근성 배달의 용이성	

표 8-3 입지 선정 및 평가 리스트 (계속)

입지 요소	평가 항목	평가 점수
매장 구성	매장의 크기와 수 호감성	
구체적인 장소, 입지	가시성 입지 내 배치 부지의 모양과 크기 빌딩의 모양과 크기 빌딩과 부지의 상태	
점유 기간	소유 및 임대 기간 운영 및 유지 비용 세금 입지 규제 자발적 규제	
전반적인 평가	전반적인 입지 구체적인 입지	

① 보행자 트래픽

보통 출점을 고려할 때 가장 눈여겨봐야 할 점은 얼마나 많은 보행자가 그 매장 앞을 지나갈 것이냐는 문제다. 다른 조건이 비슷하다면 대게는 많은 보행자가 지나갈수록 더 좋은 입지라고 볼 수 있다. 하지만 모든 매장에게 이러한 보행자가 필요한 것은 아니며, 기업은 종종 선택적으로 보행자의 수를 세기도 한다. 예를 들어 쇼핑백을 들고 있는 보행자만 세는 것인데, 어떤 장소의 경우 수많은 사람이 지나가지만 모든 사람을 잠재적인 쇼핑객으로 볼 수는 없기 때문이다.

보행자 트래픽은 4가지 요소를 고려하여 살펴보아야 한다. 우선 연령 혹은 성별에 따른 분류가 필요하다. 그리고 시간별로도 구분해야 하는데 특히 피크 시간대와 가장 한가한 시간대를 파악하고 시간별로 보행자의 성별이나 연령이 바뀌는지도 살펴보아야 한다. 다음은 실제로 보행자를 만나 얼마나 많은 사람이 잠재적인 쇼핑객인지 파악하는 것도 필요하다. 또한 쇼핑객들이 다니는 경로를 분석하여 쇼핑객들이 실제로 자주 들르는 매장이 어딘지 파악하는 것도 중요하다.

② 승용차 트래픽

소비자가 그 매장에 도달하기 위하여 직접 운전을 해야 하는 매장의 경우, 특히 교통량이나 성격을 파악하는 것은 소매업자에게 매우 중요하다. 정부에서 제공하는 교통정보를 이용할 수도 있고, 매장을 방문하는 소비자에게 직접 조사를 할 수도 있다. 이를 제대로 파악해야만 하는 이유는 대부분의 사람이 정체를 피하고자 하기 때문에 매장까지의 이동에 정체가 많이 되거나 시간이 많이 걸릴 경우 방문을 포기하기가 쉽기 때문이다. 그렇기 때문에 교통량과 성격을 분석하여 소비자가 매장에 도달하는 시간을 최소화하는 장소가 필요하고, 또한 지속적인 분석을 통하여 정보를 전달하는 것도 좋은 방법이다.

③ 주차 시설

도심 한 가운데에 위치한 작은 가게가 아니라면 대부분의 쇼핑몰이나 매장은 고객을 위한 주차 공간을 확보해 두고 있다. 독립적인 주차 공간을 보유하고 있기도 하고 다른 매장들과 공유하거나 다른 유료 주차장을 소개하기도 하지만 고객뿐만 아니라 매장의 고용인들을 위한 주차 공간 또한 고려해야 한다.

주차 시설의 필요는 상권에 따라 달라지며 매장의 종류와 크기에도 영향을 받는다. 특히 판매하고 있는 제품의 부피가 크거나 무거워서 쇼핑객이 차를 이용해야 한다면 반드시 일정 공간 이상의 주차시설을 확보해야 하겠지만 도심의 작은 옷 가게는 별도로 주차공간을 필요로 하지 않는다. 무료로 제공되는 주차공간은 때론 문제를 일으키기도 하는데, 쇼핑객을 위해 확보되어야 할 주차공간이 주변 매장의 고용인들이나 주변의 주민들로 점거될 수도 있기 때문이다. 그렇기 때문에 주차공간을 마련하면서 실제적인 혜택이 매장의 방문객에게 돌아갈 수 있는지 계산해 보아야 한다.

④ 교통 편의성

쇼핑을 하는 사람에게 '짐'이 될 물건들을 얼마나 간편히 옮길 수 있는가는 정말 중요한 문제이다. 외곽에 위치한 할인점이나 아울렛의 경우 대부분의 사람들이 승용차를 통하여 매장을 찾는 반면 도심, 즉 시내의 경우는 차를 가지고 다니지 않는 사람들을 위한 대중 교통이 얼마나 편리하게 설계되어 있는가가 중요하다. 대부분의 사람들에게 목적지에 도착하는 데 얼마만큼의 시간이 걸리는지는 중요한 문제이다. 그렇기 때문에 주변 교통 상황을 면밀히 파악하는 것이 중요하며 배달을 담당하게 될 매장의 트럭 등이 매장으로 쉽게 접근할 수 있는지도 고려해야 한다.

⑤ 매장의 구성

매장의 수와 크기는 어떤 타입의 입지를 고려하고 있느냐에 따라 달라질 것이다. 독립 매장의 경우는 경쟁자가 주변에 없는 것을 원할 것이지만 도심에 위치한 매장의 경우, 주변의 매장이 많아질수록 더 많은 잠재 쇼핑객이 찾을 것이라 예측할 수 있다. 그래서 주변 매장과의 조화와 균형을 유지하는 것 또한 중요한 문제이다.

소비자는 보통 가격과 스타일, 서비스 등 매장에서 얻을 수 있는 정보들을 비교하기 좋아한다. 또한 원-스톱 쇼핑을 즐기고, 한 번 쇼핑가에 나왔을 때 여러 가지 종류의 물건을 다른 매장들에서 구매한다. 대부분의 소비자는 선택의 기회가 많고, 한 번에 사려는 성향을 가졌기 때문에 주변 매장과 자신의 매장이 어떤 식으로 상호 작용할 수 있는지를 염두에 두어야 한다. 예를 들어 슈퍼마켓, 약국, 제과점, 정육점, 청과점 등이 함께 있는 경우나 백화점, 의류 전문점, 속옷 전문점, 신발 가게, 보석 가게 등이 같이 있는 경우는 서로에게 도움이 될 수 있는 구성이다. 한 지역에 있는 매장의 균형은 쇼핑객이 쇼핑에 나섰을 때 최대한의 서비스와 선택을 제공해 줄 수 있도록 고려되어야 할 것이다.

⑥ 가시성

한 지역 안에서 매장의 크기, 형태, 주변 환경을 비롯한 매장의 가시성 또한 중요한 문제이다. 일단 주변을 지나가는 사람에게 매장이 쉽게 발견될 수 있어야 하며, 매장의 위치가 대로변에 위치해 있는지, 코너에 위치해 있는지 혹은 골목에 위치해 있는지도 매장에 도달하는 트래픽을 결정할 수 있는 요소이다. 이는 매장의 성격에 따라서 달라질 문제이다. 중심지역의 매장 포화상태 때문에 현재에는 '매장 안의 매장(shop in shop)'형태로 대형 할인매장이나 백화점 혹은 외곽의 주유소 등에 매장을 출점하기도 하는데, 이 또한 매장을 이용할 만한 잠재 고객에게 좀 더 편리하게 도달할 수 있는 방법이 되기도 한다.

⑦ 소유와 임대 문제

소매업자는 매장을 운영하기 위하여 직접 대지를 구입하여 매장을 지어올릴 수도 있고, 기존의 건물을 인수할 수도 있으며 혹은 세를 들 수도 있다. 우리나라의 경우는 택지나 건물의 임대료나 보증금 이외에도 권리금이라는 요소가 있다. 이는 다양한 의미로 사용될 수 있는데 임차권을 넘기는 경우에 주로 사용된다. 그렇기 때문에 트래픽이 많은, 이른바 잠재 고객이 많은 곳은 임대료나 보증금 이외에도 권리금 또한 계산되어야 할 문제이다.

소유와 임대 중에 어떤 방법을 택할 것인지는 역시 매장의 성격에 따라 좌우된다. 대부분 대형 할인점과 같은 경우 매장을 소유하는 방법을 택하지만, 매장을 소유하면 철수가 쉽지 않고, 출점 시간 또한 오래 걸린다는 단점이 있기 때문에 매장을 임대하는 경우도 적지 않다. 혹은 상권이 발달할 만한 지역에 미리 매장을 지어 두었다가 후에 임대료, 권리금 등이 천정부지로 치솟은 후 가치를 실현하는 방법을 쓰는 기업도 있다. 임대에도 여러 가지 방법이 있는데 이 또한 매장의 성격이나 출점에 걸리는 시간, 혹은 철수할 경우까지 염두에 두어 복합적으로 평가하는 것이 중요하다.

MINI CASE 8-4 하이마트 옆엔 꼭 삼성 · LG매장 있다

"집객효과 크다" 직영점 줄이어 개설…무임승차 논란

2009년 11월 대전 유성구에 문을 연 하이마트 테크노밸리점. 장사가 잘 되는가 싶더니 2개월 후인 2010년 1월 100m 떨어진 지점에 삼성전자가 직영하는 '삼성디지털프라자(테크노점)'가 들어왔다. 이어 5월에는 LG전자가 직영하는 'LG베스트샵'이 바로 옆 건물에 신규 출점했다. 불과 6개월 만에 이 일대는 대형 가전숍이 3개나 들어서면서 가전매장 촌으로 바뀌었다. 매출이 줄어든 것은 당연하다. 이뿐만 아니다. 지난해 3월에도 삼성디지털프라자는 의정부에 점포를 내면서 하이마트 의정부점에서 150m 떨어진 곳에 둥지를 틀었고, 경기도 시흥시 정왕동 삼성디지털프라자는 하이마트 정왕역점과 700m 거리를 두고 영업 중이었으나 올해 초 200m 이내로 이전해 다시 문을 열었다.

10일 업계에 따르면 전자제품 유통전문기업 하이마트가 삼성전자, LG전자의 '미투(me too) 출점전략' 때문에 속앓이를 하고 있다. 하이마트가 상권을 형성해놓으면 삼성 · LG가 바로 인근으로 따라 들어오는 '무임승차 전략'을 구사하고 있어서다. 삼성, LG의 이 같은 전략 때문에 인접한 매장끼리 가격을 놓고 시소게임이 펼쳐지는 등 출혈경쟁이 치열해지고 있다는 것이 하이마트 측 설명이다.

현재 삼성전자와 LG전자가 운영하고 있는 매장 수는 직영점과 개인대리점을 합해 각각 600여 개와 500여 개. 직영점과 대리점 모두 삼성디지털프라자, LG베스트샵 명칭을 사용하고 있지만 직영점은 삼성이 280여 개, LG가 250여 개다. 하이마트 매장 반경 500m 이내에 위치해 있는 삼성전자 직영점은 160여 개, LG전자 직영점은 150개다. 즉 직영 매장의 60% 이상이 하이마트에서 도보로 5분 거리에 인접해 있다는 얘기다. 특히 걸어서 2~3분 거리인 200m 이내에 위치해 있는 삼성 · LG 직영 점포도 각각 100여 곳으로 전체 점포 중 35~40% 정도를 차지하고 있다. 현재 하이마트 매장은 290여 곳. 반경 500m 이내에 삼성 · LG 직영점과 대리점이 대부분 출점해 있다고 볼 수 있는 셈이다.

하이마트는 특정 분야 제품에 대해 다양한 브랜드를 소싱해 판매하는 '카테고리 킬러' 원조로, 2000년 출발한 가전유통 전문기업이다. 현재 삼성전자, LG전자, 대우일렉, 위니아만도 등 국내업체뿐 아니라 소니, 브라운, 필립스 등 외국업체 110여 곳에서 물건을 공급받고 있다.

특히 삼성전자와 LG전자는 하이마트에 TV, 컴퓨터, 냉장고 등 제품을 공급해주는 주력 제조업체. 한쪽으로는 팔아달라고 제품을 대주면서 한쪽으로는 하이마트가 출점한 지역에 잇달아 매장을 열면서 치열한 판매경쟁을 벌이고 있는 셈이다. 하이마트 관계자는 "유통업체끼리 판촉 · 가격 경쟁하는 것은 상관없지만 물건을 공급해주는 가전 메이커가 인근에 직영점을 내면서 밀고 들어오는 것은 선진국에서는 볼 수 없는 풍경"이라며 "공정하지 못한 플레이"이라고 말했다. 그는 "우리가 전단지 제작 등 비용을 들인 판촉행사 효과를 삼성 · LG가 가만히 앉아서 누리고 있는 셈"이라며 "상품군이 거의 겹치는데다 갈수록 가격경쟁도 치열해지고 있는 양상"이라고 말했다.

이에 대해 LG전자 측은 "업종이 같다 보니 상권 분석 툴(tool)이 비슷해 인접한 지역에 매장이 들어서게 되는 것이지 하이마트 따라하기 전략을 펼치는 것은 아니다"며 "임대료 금액의 적정성과 기존 다른 매장과의 이격거리 등을 감안해 매장 위치를 선정하고 있다"고 밝혔다. 삼성전자 역시 "전자제품의 특성상 선호하는 입지가 비슷해 매장이 몰리는 것"이라고 주장했다.

매출은 하이마트가 삼성, LG 직영점을 따돌리고 있다. 2009년 리빙프라자(삼성전자 직영점 법인명)의 매출은 1조4632억원, 하이프라자(LG전자 직영점)는 9015억원으로 하이마트(2조6640억원)에 못 미쳤다. 한편 지난해 하이마트는 매출 3조466억원, 영업이익 2148억원을 기록했다.

자료: 매일경제, 2011.4.11.

KEY WORDS

상권분석, 지리정보시스템(GIS), 포화 이론(Saturation Theory), 라일리의 소매중력 법칙(Reilly's law of retail gravitation), 허프의 확률 모델, 구매력 지수(Buying power index), 중심업무지구, 비계획경제지구, 보행자 트래픽, 승용차 트래픽

Discussions

1. 우리대학이 입지하고 있는 상권의 특성을 분석해 보세요.
2. 당신은 미국의 한 드럭 스토어 업체 해외 진출 팀장이다. 한국 진출 첫해 3개의 스토어를 오픈할 예정이라면 어느 상권에 진출할 것인지 생각해 보세요.

Reference

1. Berry Berman and Joel R. Evans, *Retail Management* (11th ed.), 2010.
2. Patrick M. Dunne and Robert F. Lusch (2008), *Retailing*, Thomson South Western.
3. Business Week, "Home Depot," 1995.2.
4. 송규봉 · 황선영(2012), GIS 경영자를 위한 항해지도, 동아비즈니스리뷰(DBR), No.108, pp.64–71.
5. 박강아(2012), 디지털세상에도 최적의 장소는 따로 있다, 동아비즈니스리뷰(DBR), No.108, pp.90–98.

9장

RETAIL MANAGEMENT

스토어 브랜드와 이미지 빌딩 전략

가 스토어 브랜드의 개념과 이해

1 스토어 브랜드의 개념과 중요성

소매산업이 급격히 성장하고 유통 신업태가 발달하여 제품과 서비스 수준이 상향 평준화되면서 '스토어 브랜드' 구축의 필요성이 부각되고 있다. 브랜드 가치를 결정하는 소비자의 브랜드 선호도, 친숙도, 충성도 등은 '브랜드 이미지'와 '매장의 개성'으로 부터 많은 영향을 받기 때문에 향후 유통 업체들은 소비자들의 스토어 브랜드에 대한 장기적인 선호와 브랜드 네임이 가지는 이미지, 즉 스토어 브랜드 자산(store brand equity)의 경쟁력을 구축하는 데 보다 신경 써야 할 것이다. 스토어 브랜드는 소매기업의 입장에서 수익창출에 필요한 핵심 자산이며, 소비자에게는 제품의 구매뿐만 아니라 특별한 체험과 경험을 가져다 주는 장소 브랜드(Place Brand)로도 인식되기 때문이다. 따라서 소매기업의 스토어 브랜드는 이들 유통기업의 기업 가치를 평가하는 중요한 잣대가 될 수 있을 것이다.

(1) 스토어 브랜드의 개념

일반적으로 특정 소매기업의 브랜드(Retail Brand)는 기업의 브랜드 운영형태에 따라 크게 세 가지로 나누어 볼 수 있다. 소매업을 운영하는 지주 회사인 기업 브랜드(Company Brand), 그 소매 매장의 이름인 스토어 브랜드(Store Brand), 소매점에서 판매되는 유통업체 브랜드, 즉 PB (Private Brand)로 나누어질 수 있다. 즉 스토어 브랜드는 상위의 기업 브랜드와 하위의 PB 사이에 위치해 있다고 볼 수 있다. 그러나 현실적으로는 소매업을 운영하고 있는 기업 브랜드 자체가 소매업의 스토어 브랜드가 되는 경우와 PB를 생산하지 않는 기업들도 많이 존재하고 있는 것이 사실이다. 세 차원의 소매 유통 브랜드 네임을 가진 예로 (주)롯데쇼핑이 기업 브랜드이고, 롯데마트가 스토어 브랜드이며, 와이즐렉이 PB인 경우를 들 수 있겠다. 과거 컴퍼니 브랜드인 신세계의 스토어 브랜드였던 이마트가 2011년 5월 단독법인으로 독립하여 주식회사 이마트로 출범하며, 기존 스토어 브랜드가 기업 브랜드로 분리되었다. 또한 Wal-Mart도 기존에는 기업 브랜드와 스토어 브랜드가 일치하였으나, 월마트가 성장하면서 디스카운트 스토어 월마트, 하이퍼마켓인 월마트 슈터센터, 지역 밀착형 소규모 슈퍼마켓 개념의 월마트 네이버후드 마켓 등 다양한 업태의 스토어 브랜드를 거느리며 월마트 주식회사라는 기업 브랜드와 스토어 브랜드가 분리되었다.

월마트와 이마트의 경우처럼 스토어 브랜드의 발전은 그 브랜드를 소유하고 있는 모회사, 즉 기업 브랜드에 재정적, 마케팅적 상승효과를 가져온다. 스토어 브랜드의 자산이 증가하게 되면 그 브랜드를 소유하고 있는 상위 조직의 자산 또한 늘어나게 되고, 운영능력이 좋은 회사라는 긍정적인 이미지도 얻어갈 수 있기 때문이다. 스토어 브랜드의 위치와 영향력은 다음과 같이 정리될 수 있다. 첫째, 스토어 브랜드는 PB의 상위 브랜드로서 소비자와의 일차적인 접점 브랜드이며 PB 소비를 유발시키는 공간적 의미도 제공한다. 둘째, 스토어 브랜드는 기업 브랜드의 하위 개념으로서 매장을 찾는 고객들의 실질적 경제행위 공간이며, 경제적, 마케팅적으로 긍정적인 이미지를 줄 수 있다. 마지막으로, 스토어 브랜드의 성장은 상, 하위 쌍방향으로 동시

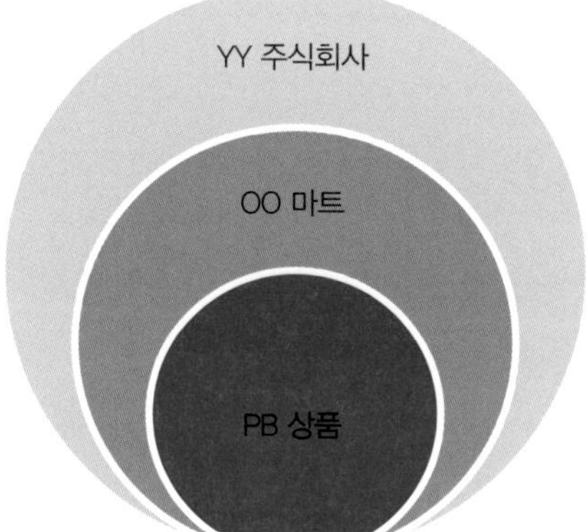

그림 9-1 유통 브랜드의 개념지도

US

Rank	Brand	Brand Value ($m)	Change in Brand Value
1	Walmart	142,030	-8%
2		23,301	-9%
3		20,315	19%
4	BEST BUY	18,823	6%
5	CVS	16,561	17%
6	Walgreens	14,443	1%
7		12,400	18%
8	COACH	11,588	30%.
9	amazon.com	9,665	23%
10		8,880	-14%

UK

Rank	Brand	Brand Value ($m)	Change in Brand Value
1	TESCO	10,102	22%
2	MARKS & SPENCER	6,074	-4%
3		2,480	-16%
4	ASDA	1,395	-27%
5	next	1,314	NEW
6	Argos	912	-9%
7	Sainsbury's	849	4%
8	M	429	NEW
9	Waitrose	338	NEW
10	DEBENHAMS	284	NEW

Asia

Rank	Brand	Brand Value ($m)
1		4,015
2	UNI QLO	2,606
3	Harvey Norman	897
4	DAVID JONES	613
5	MYER	529
6	SUNING 苏宁电器	489
7		401
8	YAMADA	240
9	GOME	208
10	Ito Yokado	202

표 9-1 2011 PB 브랜드
자료: 인터브랜드 2012 (www.interbrand.com)

에 긍정적인 영향을 미치는 브랜드 네임으로, 다른 두 개의 브랜드 네임보다 소비자에게 우월한 파급 효과를 지니고 있다.

2 스토어 브랜드와 기업가치

긍정적인 스토어 이미지는 시장 경쟁 속에서 경쟁 우위를 지속하게 해주는 중요한 역할을 한다. 예를 들자면, 미국 할인점 2위 업체인 타겟(Target)은 패션 지향적인 제품 라인으로 이마트(E-Mart)는 한국 소비문화를 따른 매장운영으로 주목 받고 있다. 이들 업체의 마케팅은 각 대형할인점이 지향하는 가치를 브랜드 네임을 통해 표현되도록 하는 스토어 브랜드를 통한 가치 창조에 있다. 이로써 소비자들은 월마트(Wal-Mart)라는 스토어 브랜드에서는 차별화 된 고객서비스가, 타겟(Target)이라는 스토어 브랜드에서는 패션 지향적인 제품 구성이, 그리고 이마트(E-Mart)라는 스토어 브랜드에서는 한국 대표 대형할인점을 생각해 내게 된다. 결국 소비자는 '스토어 브랜드'를 통한 연상작용을 통하여 매장 방문 의사결정을 하게 된다.

소매기업의 이익 원천은 제조업체의 제품을 판매하여 얻는 수익에 있지만 다른 경쟁 업체가 모방하지 못하는 자기 자산 구축을 통한 이윤 획득은 소매기업의 장기적이고 가치 있는 경쟁요소가 될 수 있다. 무형적 자산의 대표격인 브랜드 자산을 이용한 브랜드 파워를 구축함으로써 유통업계는 보다 장기적이고 경쟁적인 경영우위를 누릴 수 있게 된다. 어떤 소매 기업들은 다른 기업들보다 브랜드 관리를 잘 하는데 이것은 기업의 성과에 잘 나타나 있다.

Fortune지가 선정한 Global 500의 매출 1위를 3년 이상 고수한 기업은 과거 1등 산업이었던 제조, 정유 생산 제조업이 아닌 일상 소비자 생활용품을 판매하는 월마트(Wal-Mart)이다. 월마트(Wal-Mart)는 2002년 Fortune Global 500에 매출 1위 기업으로 선정되었고 더 나아가서 2003년에는 100여 년 역사의 General Electronic을 제치고 '세계에서 가장 존경 받는 회사'로 지정되었다.

3 스토어 브랜드 가치 측정과 관리

브랜드 자산(Brand Equity)이란 브랜드를 부착함으로 인해 추가적으로 발생하는 이익을 말하는 것으로 인수와 합병 시에도 브랜드 가치를 지불해야 할 정도로 기업가치 평가의 핵심적인 요소가 되고 있다. 이 때문에 기업과 제품 이미지를 창출하는 브랜드는 지속적인 경쟁우위를 확보하려는 기업들의 경쟁전략의 한 부분으로 확고히 자리잡는 추세이다. 브랜드가치(brand value)는 브랜드가 가지고 있는 무형의 자산으로, 시중에 상표를 팔 때 받을 수 있는 추정가치로 브랜드의 지명도만으로 현재 또는 미래에 거둘 수 있는 이익을 금액으로 환산한 것이다. 이러한 브랜드가치는 기업의 재무제표와 분석가들의 보고서를 근거로 미래수익 잠재력을 추산해 산출하는데 해당 상표명으로 팔리는 전 제품 매출액, 영업이익에 대한 자본투입 비율 등의 요소를 고려해 산정하게 된다.

그러나 이러한 브랜드가치를 평가하는 방법은 평가기관이나 학자마다 다양한 의견을 제시하고 있으나, 아직까지 세계적으로 통용된 평가방법으로 결정 된 것은 없으며, 현재는 영국의 글로벌 브랜드 컨설팅회사 '인터브랜드(Interbrand)'의 브랜드가치 평가가 대표적이다. 인터브랜드는 매년 5대륙에 흩어져있는 직원들이 추천한 1천2백개 기업의 리스트를 작성한 후 이중 5백개 업체를 선정, 브랜드 상품이 산출하는 수익력을 계산한다. 이익은 한 해가 아닌 지난 3년 동안 거둔 평균치를 취하고 금리는 브랜드 이익에서 공제시킨다. 광고비는 브랜드의 매출이 증가하면 공제하지 않지만 감소하면 광고비를 손실로 보고 이익에서 뺀다. 이렇게 하여 시장점유율, 소비자의 브랜드 인지도, 가격 결정능력, 매출과 순익추이, 광고규모 및 법적 보호여부 등 7개 항목을 기준으로 브랜드가치를 평가하여 지수화 한다. 국내의 산업연구원(IPS)에서도 "기업 브랜드 가치 평가 연구"를 통해 브랜드 자산 가치 평가 모델을 개발하였다. 기업 브랜드의 가치는 기업 브랜드 수익과 브랜드 파워지수의 합으로 표현한다. 기업 브랜드 수익이란, 매출액과 산업지수의 곱으로 조사시점기준 과거 3년 간의 가중평균 매출액과 인플레이션으로 결정되며, 브랜드 파워 지수는 브랜드 연상, 브랜드 인지도, 지각된 품질과 기타자산의 합으로 계산한다.

브랜드 자산과 관련하여 대표적인 학자인 데이비드 아커는 '브랜드 연관성 전략'을 제시하였다. 이는 소비자의 머리 속에서 자사의 경쟁자를 지워버리는 것이 핵심인데, 그러자 특징을 갖도록 해야 한다고 아커는 주장하였다. 예를 들자면, 자동차 회사가 경쟁사보다 품질이 더 좋은 세단을 내놓고 고객을 설득하던 브랜드 선호도 전략과는 하이브리드라는 신규 차종을 선보이는 것이 브랜드 연관성 전략이다. 그렇게 되면 소비자의 환기군 속에는 하이브리드 차종에 대한 어떠한 경쟁사도 존재하지 않기 때문이다. 이를 소매점과 결부시켜 보자면, 대표적인 예는 전자제품 카테고리 킬러로 '전자제품 살 때는 하이마트'라는 광고 카피처럼 새로운 업태에 대한 카테고리를 생성하였다. 미국의 베스트 바이(Best Buy) 역시도 고객 친화적인 가전제품 유통 기업을 지향하며 단순히 물건을 판매 · 구매하는 것이 아니라 판매 직원은 고객에게 가전 제품의 정보를 제공하는 조력자의 역할을 한다. 또한 소매 업계의 새로운 카테고리는 유기농 매장이다. 소비자의 건강 추구 의식의 성장으로 유기농 식품 구입을 위해서 소비자의 머리 속에서는 주저없이 유기농 매장을 찾게 되는 것이다. 대표적인 유기농 매장인 홀푸드 마켓(Whole Foods Market)은 소비자들에게 100% 유기농 제품을 공급함으로써 고객들이 건강한 식생활에 대한 열정을 지속 할 수 있게 하고 있다.

나 스토어 이미지 빌딩 전략

소매업체의 이미지를 창조하고 유지하는 과정은 복잡하고, 단계적이며, 지속적인 관리를 필요로 한다. 이는 점포의 '분위기'를 포괄하는 개념의 측면에서 이해할 수 있다. 특히 최근에는 고객이 일상적인 과정으로 치부해 버리지 않고 쇼핑과정 자체를 즐길 수 있도록 하기 위한 여러 가지 방법이 고안되고 있다.

즐거움은 소비자의 성향, 국적에 따라 다르게 정의 내릴 수 있다. 백화점을 예로 들면 어떤 고객은 지하 1층의 식료품 코너에서 간단한 요리 강습을 받는 것을 즐기며, 어떤 고객은 화장품 코너를 돌며 여러 화장품을 시도해 보는 것을 즐긴다. 어떤 사람들은 백화점 안에 마련된 카페에서 조용한 휴식과 대화를 즐기기도 한다. 일부 선도 소매업체들은 그들의 이미지와 주요 제공 요소를 '경험'으로 탈바꿈 시키기 시작했다. 이러한 엔터테인먼트 소매업은 소비자와 감성적 교감을 만들어가는 것에 주력한다. 즐거운 경험의 창조와 소비자들간의 상호작용은 이에 중요한 요소로 작용한다.

프랜차이징 업체 등 체인으로 운영되는 경우, 일관적인 이미지를 유지하는 일이 매우 중요하다. 그러나 최적의 계획과 관리에도 불구하고 지점별로 다양한 문제가 나타날 수 있고 이것이 이미지에 영향을 미칠 수 있다. 이러한 문제는 관리방식, 종업원의 성과, 고객의 특성, 경쟁환경, 방문 용이성, 주차 상황, 안전, 구매자 관계, 지역적 배경 등을 포함한다. 좋은 이미지를 가지고 있는 소매업체도 가끔 부정적으로 언론에 보도되는 경우가 있다. 따라서 일관적인 이미지를 유지하기 위해서는 언론과의 관계도 고려해야 한다.

1 분위기(Atmosphere)

소매업체의 이미지는 고객이 매장을 방문했을 때 느끼게 되는 심리적인 인상, 즉 '분위기'에 의해 좌우된다. 기업의 '이미지'는 단지 기업이 포지셔닝을 위해 설정하는 커뮤니케이션 전략보다 훨씬 넓은 범위에서 적용된다. 점포를 운영하는 소매업자의 경우 '분위기'는 기업의 이미지를 반영하고 고객을 잡아 끄는 매장의 물리적인 성격을 의미하게 된다. 무점포 기업의 경우 웹사이트나, 카탈로그, 자동판매기 등의 물리적 성격에 분위기가 투영되며 이는 소비자의 인식에 영향을 주는 소매업자의 시각적, 청각적, 후각적 요소들이 포함된 것이다.

소매업체의 분위기는 소비자의 쇼핑행태에 매우 밀접히 영향을 끼친다. 사람들은 점포에 들어서면서 입구에서 느껴지는 짧은 첫인상으로 분위기를 인식하며, 상품과 가격으로 기업을 판단하게 된다. 비주얼 머천다이징은 소매업자가 특정한 매장의 성격을 창조하기 위해 사전에 상품배치, 쇼핑행태 등 물리적 환경과 연관되는 요소들을 고려하여 계획한 것이다. 비주얼 머천다이징은 단순히 판매를 신장시키기 위하여 쇼핑 공간을 계획하는 것 이상의 의미를 지닌다. 조명이나 소품, 개별화된 상품배치, 판매 공간 등을 창조적으로 사용하여 감각을 자극시키고, 정보제공과 즐거움을 만들어 고객이 제품과의 관계를 강화할 수 있도록 해야 한다.

매장의 분위기를 결정하는 요소는 매장외관, 인테리어, 매장의 배치구조, 상품배치로 나누어 볼 수 있다.

(1) 매장외관(Exterior)

매장의 외관은 기업의 이미지에 매우 중요한 영향을 미치므로 사전에 면밀히 계획되어야 한다. 매장 전면은 매장의 물리적 외관에 대한 인식을 좌우한다. 이는 간판, 출입구, 창문, 조명, 건축자재 등을 모두 포함하는데 소매업자는 매장 전면을 통해서 '유행하는', '고급스러운' 혹은 '저가, 할인' 등의 이미지를 표현할 수 있다. 특히 익숙하지 않거나 잘 가지 않는 쇼핑 센터나 번화가를 방문하는 소비자들은 매장의 외관을 보고 매장의 성격을 판단하는 경우가 많다. 또한 매장 전면에 나무나 분수, 벤치 등을 배치함으로써 매장이 전하고자 하는 분위기가 더 효과적으로 전달되기도 하는데 이러한 자연물은 소비자들에게 편안한 느낌을 준다.

간판은 매장의 이름을 알리는 사인이다. 이는 네온사인이나 프린트 된 글자 등을 이용할 수도 있고 상표나 슬로건을 혼합하거나 다른 정보를 함께 게시할 수도 있다. 간판의 목적은 주위를 끄는 것이다. 세계에서 가장 널리 알려진 간판의 예는 맥도날드의 골든아치나 스타벅스의 인어상징 등이다.

매장 입구의 설계에는 세 가지 중요한 사항을 결정해야 한다. 첫 번째로 입구를 몇 개나 만들 것인지를 결정해야 한다. 작은 매장의 경우에는 하나로 충분하지만 백화점이나 대형 할인점의 경우 여러 방향으로 입구를 설정하게 된다. 소매업체는 자동차를 이용하여 매장을 방문하는 소비자나 대중교통, 도보 등을 이용하는 소비자 등 매장을 방문하는 방법과 혹은 매장을 방문하는 목적에 따라 구분되어 설계되어야 한다. 하지만 좀도둑질과 같은 범죄를 예방하기 위하여 입구의 수가 제한될 수 있다. 두 번째로 입구의 형태를 어떻게 할 것인지 결정해야 한다. 입구의 문은 회전문, 자동문, 미닫이, 여닫이 혹은 날씨에 따라 다르게 설정하는 등 여러 가지로 설계할 수 있다. 그리고 입구의 바닥 역시 시멘트, 타일, 카페트, 원목 또는 조명 등으로 다양하게 꾸밀 수 있다. 마지막으로 통로도 고려되어야 한다. 넓고 화려한 통로는 좁은 통로와는 완전히 다른 분위기를 전달한다. 널찍한 쇼윈도는 매력적일 수 있으나 고객의 입장에서 매장에 출입하기 힘들어진다면 이는 부정적인 영향을 끼칠 수 있다.

쇼윈도에는 중요한 두 가지 목적이 있다. 첫째는 매장과 매장이 파는 제품의 정체성을 전달하는 것이며 두 번째는 매장이 제공하는 제품의 견본을 보여줌으로써 매장의 전반적인 분위기를 결정하는 것이다. 패션이나 계절 상품을 보여줌으로써 유행을 나타낼 수도 있고, 세일 제품을 보여줌으로써 가격에 민감한 소비자들을 유혹할 수도 있다. 눈길을 확 잡아끄는 쇼윈도는 종종 매장에서 판매하는 제품과 큰 상관이 없을지라도 지나가는 보행자의 주의를 잡아끌고 매장방문을 유도한다. 또 공식적인 메시지(예를 들어 월드컵의 홍보나 공익광고)를 쇼윈도에 표현함으로써 매장, 혹은 기업이 사회활동에 참여하고 있음을 알릴 수도 있다. 인상적인 쇼윈도를 만들어 내기 위해서는 세심한 계획이 필요하며, 많은 소매업자들이 이를 위한 전문가들을 고용하고 있다. 이러한 결정에는 쇼윈도의 수, 사이즈, 형태, 색, 테마 등이 표현되며 이는 한 해에도 여러 번 바뀐다. 쇼핑몰의 소매업자들은 주차장을 마주보는 벽에는 쇼윈도를 설치하지 않으며, 주로 쇼핑몰 안에 배치된 매장의 전면이나 통로 등에 투자한다.

MINI CASE 9-1 Selfridges, Liberty 등 백화점의 윈도우 디스플레이

런던의 옥스포트 스트릿에 있는 셀프리지스 백화점의 윈도우 디스플레이는 감각적이고도 강력한 메시지를 전달하는 디자인으로 유명하다. 매 시즌별 색다른 컨셉과 테마로 꾸며진 쇼윈도는 단순히 상품을 진열하는 효과를 넘어서 셀프리지스 백화점이 전달하고자 하는 이야기를 효과적으로 나타내는 매체로서의 역할을 하고 있다. 그 표현력과 위트가 소비자나 보행자들로 하여금 웃음을 자아내기도 하고 때론 진지한 생각을 하게 만들기도 한다. 이미 셀프리지스의 윈도우 디스플레이는 런던 중심가의 큰 볼거리가 되었으며 매해 크리스마스와 새해 등 홀리데이를 기념하는 획기적이고 기발한 쇼윈도를 기대하는 사람들이 늘고 있다.

자료: www.selfridges.com

일부 가게들은 외관의 초라함에도 불구하고 성공을 거두기도 한다. 이는 적어도 지나다니는 사람이 가게의 입구를 명확하게 찾을 수 있거나 차량에서 보았을 때 눈에 띄는 간판을 설치했기 때문이다. 예를 들어 버스 정류장 뒤에 있는 가게는 지나다니는 사람이 보기에는 찾기 무리가 없을 정도겠지만 차에서 보기에는 별로 눈에 띄지 않도록 되어 있는 반면, 고속도로 주변에 위치한 가게들은 차량 운전자의 시선을 끌 수 있도록 화려한 네온사인을 사용하거나 눈에 잘 띄는 간판을 사용한다.

어떤 경우에도 매장이나 쇼핑센터의 외관을 꾸미는 데 있어서 가장 중요한 목적은 쇼핑객의 눈을 끄는 것이다. 다른 매장과 구분이 갈 만한 입구라든지, 정교하게 디자인된 간판이나, 일반적이지 않은 건물의 높이나 크기, 혹은 독특한 컨셉트를 가진 장식들은 모두 독특함으로써 고객을 유인하려는 것이다. 따라서 소매업자가 외관을 계획할 때는 매장을 둘러싸고 있는 환경에 대한 고려가 먼저 필요하다. 특히 주변을 둘러싸고 있는 다른 매장들은 가격대나 서비스의 등급 등으로 정해지는 이미지에서 매장에 영향을 줄 수 있다. 또 주변을 둘러싼 환경은 인구 통계학적인 면이나 지역주민의 라이프 스타일을 반영한다.

주차시설 또한 매장 주변의 분위기에 영향을 미친다. 충분하고, 무료이며 가까운 주차공간은 붐비고, 비싸며 먼 곳에 위치한 주차장보다 훨씬 긍정적인 이미지를 줄 것이다. 일부 잠재 고객들은 주차시설이 여의치 않은 한 가게에 한 번도 들어가보지 않을 수도 있다. 또한 고객 중에는 무료 주차 시간이 다 지나가기 전에 쇼핑을 마치려는 사람들도 있다.

이러한 여러 환경들은 복합적으로 작용하여 매장에 대한 고객의 인식 전반에 영향을 미칠 수 있다. 만약 주차장이나 주변 도로, 혹은 가게의 입구가 심하게 붐빈 다면, 고객들은 피곤하다는 인상을 받을 수 있고 이는 편안하게 쇼핑할 수 있는 기분을 망칠 수 있기 때문이다.

(2) 내부 인테리어(Interior)

일단 고객이 매장 안에 들어오면 수많은 요소들이 매장을 인식하는 데 영향을 미치게 된다. 바닥은 시멘트일 수도 있고, 나무일 수도, 카펫일 수도 있는데 호화롭고 두꺼운 카펫이 깔린 바닥과 콘크리트 바닥이 주는 이미지는 매우 다르다. 95%의 할인매장은 비닐 타일로 바닥이 깔려 있고, 90%의 동네 슈퍼는 콘크리트 바닥이 깔려 있지만 명품 매장에는 거의 100% 카펫이 깔려 있다.

밝고 활기 넘치는 색으로 칠해진 벽은 가벼운 파스텔 톤이나 흰 벽과는 다른 분위기를 풍긴다. 주로 10대들을 위한 의류 매장은 밝고 활기찬 벽에 포스터를 붙이고 화사한 조명을 사용하겠지만 주로 20대 후반 이상을 대상으로 하는 드레스 매장은 차분한 파스텔 벽에 간접적인 조명을 사용함으로써 다른 분위기를 조성할 것이다.

향과 음악도 고객의 기분에 영향을 미친다. 레스토랑과 같은 경우는 음식의 아로마를 이용하여 사람들의 식욕을 자극할 수 있으며, 화장품 가게는 향수의 아로마로 고객을 유인할 수 있다. 미용실의 경우, 이를 주로 이용하는 고객들에 따라 다른 음악을 선택할 수 있는데 이는 클래식하고 조용한 음악이 될 수도 있고, 록이나 팝이 될 수도 있다. 슈퍼마켓에서 흘러나오는 느린 템포의 음악은 사람들이 더 천천히 쇼핑을 즐길 수 있는 분위기를 만들어 줄 것이다.

매장의 설비물도 매장의 인테리어를 구성하는 데 영향을 미친다. 파이프라든지 배관, 빔, 문과 창고, 진열장과 테이블 등은 인테리어 구성에 있어 중요한 파트로 볼 수 있다. 우아한 매장들은 될 수 있으면 패브릭 등이나 다른 장식물들로 이러한 설비물들을 덮거나 가려버리겠지만 할인 매장 같은 경우는 고객의 눈에 그대로 노출시킬 것이다.

벽의 질감은 분위기를 강화할 수도 있고, 망칠 수도 있는데 일류 상점들은 고급벽지를 사용하거나 그들 고유의 벽지를 사용한다. 백화점의 경우는 보통 큰 무늬 없는 벽 감을 사용하며, 할인매장의 경우는 벽에 그다지 신경 쓰지 않을 것이다.

또 고객의 기분은 매장의 온도에 따라서도 달라질 수 있다. 겨울에 난방이 제대로 되지 않는 매장이나 여름에 냉방이 제대로 되지 않는 매장은 고객이 매장에 머무르는 시간을 예정보다 훨씬 줄이게 된다. 혹은 매장의 이미지가 매장이 속한 쇼핑 센터의 중앙 냉방 혹은 중앙 난방이나 따로 설치된 선풍기, 창문이 열리는지 열리지 않는 것인지에 따라서도 달라질 수 있다.

넓고 붐비지 않는 통로는 좁은 통로보다 훨씬 나은 쇼핑환경을 만들어 낸다. 만약 쇼핑객이 좁은 통로에서 북적거리는 느낌을 받는다면 그 매장에 그리 오래 머무를 수 없을 것이다. 예를 들어 백화점 고객 중에는 오히려 세일 기간을 피해 매장을 방문하는 사람들이 있는데, 그런 고객이 내세우는 이유는 다른 사람에게 방해 받지 않고 평화롭고 여유롭게 쇼핑을 즐기기 위해서이다.

여러 층을 가진 매장은 반드시 엘리베이터나 에스컬레이터 혹은 계단을 갖추고 있기 마련이다. 전통적으로 백화점 등의 고급 매장은 에스컬레이터 주변을 분수나 나무로 장식하거나 유리로 된 투명 엘리베이터를 설치하고, 할인점이나 작은 가게의 경우 계단을 설치하거나 평범한 에스컬레이터를 설치하는 게 일반적이다.

조명시설이나 출입문, 드레스 룸, 혹은 계단이나 에스컬레이터 등은 소매업자에게 죽은 공간(dead areas)에 대한 고민을 안겨준다. 이는 일반적으로 상품을 진열하거나 전시할 수 없는 쓸모 없는 공간을 지칭한다. 그러나 소매업자들은 이러한 공간을 더 유용하게 이용하는 방법을 찾고 있다. 이를테면 거울을 이용한다든지, 자동판매기를 이용한다든지, 드레스 룸 안에 광고를 설치하는 등의 방법으로 이러한 공간을 효율적으로 이용한다. 에스컬레이터가 있는 매장들은 고객들이 에스컬레이터를 타고 가는 동안 진열된 상품을 볼 수 있게 하여 구매욕을 자극하기도 한다.

예의 바르고 전문성을 갖춘 것처럼 보이는 점원은 매장에 긍정적인 분위기를 가져다 주지만, 매너 없고 제품에 대한 지식이 부족한 직원은 부정적인 이미지를 만든다. 하지만 이러한 인력관리가 항상 철저하게 이루어질 수는 없기 때문에 매장에서는 어느 정도 셀프 서비스를 활용함으로써 직원으로 하여금 창출될 수 있는 부정적인 이미지가 생길 가능성을 차단하기도 한다.

하지만 고급 매장에서는 셀프 서비스가 더욱 부정적인 이미지를 만들기 때문에 매장 직원 관리에 좀 더 신경을 써야 할 것이다.

진열 상태도 중요하다. 제품이 배열된 것으로도 이미지가 결정될 수 있기 때문에 보다 고품질이고 인기가 많은 제품을 눈에 잘 띄게 배치하고, 상대적으로 질이 낮은 제품은 그보다는 밑에 배치함으로써 고객들이 받는 인상에 신경써야 할 것이다.

가격은 소비자의 마음속에 소매업자에 대한 이미지로 남는다. 가격이 표시되는 방법 또한 분위기에 결정적인 요소가 될 수 있다. 고급 매장에서는 가격이 붙어있지 않거나 눈에 거의 띠지 않을 정도로 아주 작게 가격이 붙어 있는 경우가 많다. 그러나 할인매장의 경우는 가격을 매우 크게 표시해 놓으며 가격으로 고객을 유혹하고자 하는 경우도 많다. 그렇기 때문에 가격표는 크게 출력되어 중앙 쪽에 붙어있게 된다.

마지막으로 가장 중요한 문제 중 하나는 항상 매장을 청결하게 유지해야 한다는 것이다. 앞서 말한 모든 것이 갖추어져 있더라도 매장이 깨끗하지 않으면 단번에 고객에게 매우 안 좋은 인상을 주게 된다. 깨끗함을 유지하는 것은 대부분의 매장에서 기본 중의 기본이다.

(3) 매장 배열(Store Layout)

① 공간의 분류

각 매장은 매장 별로 판매가 이루어지는 공간, 재고품이 있는 공간과 함께 직원만 출입할 수 있는 공간과 고객을 위한 공간을 가지고 있다.

- 판매공간은 제품의 진열을 위하여 사용되며, 판매자와 고객 간의 상호작용이 생기는 공간이다. 셀프 서비스가 가능한 매장에서는 매장의 대부분을 판매 공간으로 사용한다.
- 재고 공간은 아직 진열되지 않은 제품들을 위해서 사용된다. 전통적으로 신발 가게의 경우 재고 공간이 판매 공간보다 훨씬 큰 비중을 차지하는 경우가 많다.
- 직원 전용 공간은 직원들이 옷을 갈아입고, 식사 혹은 다과를 할 수 있는 장소로 사용된다. 이러한 직원 전용 공간은 엄격하게 통제되어야 하며, 소매업자는 직원의 사기를 생각하여 공간을 설계해야 한다.
- 고객을 위한 공간은 고객들이 쇼핑하는 기분을 좌우할 수 있다. 이는 라운지와 같은 형식으로 되어 있을 수도 있고 벤치나 의자, 쇼파 등이 소수 배치되어 있을 수

도 있다. 드레스 룸이나 화장실, 큰 할인매장의 경우 레스토랑이나 아이를 맡길 수 있는 곳, 주차공간, 넓은 통로 등이 매우 중요한 역할을 하기도 한다. 매장들은 현재 플래노그램(planograms)을 이용하여 공간을 계획한다. 플래노그램은 위에 제시된 모든 공간에 대한 시각적인 시뮬레이션을 보여준다. 이는 손으로 그릴 수도 있지만 보통 컴퓨터로 작업된다. 플래노그램에 대해서는 아래 Mini Case [9-2]를 참고하시기 바란다.

MINI CASE 9-2 플래노그램(Planogram)

소매업체들은 매장 내에서 상품의 위치를 결정하기 위해서 플래노그램을 이용한다. 플래노그램(Planogram)이란 모든 단품이 놓일 위치를 정확하게 묘사한 사진이나 컴퓨터 출력물, 또는 예술가들이 묘사한 다이어그램을 말한다. 즉 매장에 진열되는 제품들이 각각 어디에 놓여야 하는지를 알려주는 지침서 혹은 지도라고 할 수 있겠다. 플래노그램은 매장의 매대 혹은 통로마다 어떻게 제품을 진열해야 사람들이 보다 더 많이 구매하게 만들 수 있을지를 정의해 준다.

우리가 자주 들르는 편의점을 떠올려 보자. 이들 매장 내부를 유심히 살펴보면, 제품이 놓인 위치나 패턴이 어느 곳이나 똑같다는 것을 알 수 있다. 이렇게 편의점 매장 내부 상품배치는 더 높은 매출을 올릴 수 있도록 연구한 끝에 완성된 것으로 이러한 플래노그램은 수십 년간 테스트하고 개선하여 만들어진 것이다.

플래노그램은 소비자가 매장 내에서 본능적으로 어떤 행동을 취하는지 오랜 시간동안 자세히 기록, 분석한 결과라고 할 수 있다. 예를 들어 우유를 사러 온 소비자가 통로를 걸어갈 때 시리얼이나 빵 같은 관련 제품을 함께 구입할 확률이 높다는 것이나 계산대 옆에 캔디나 껌 같은 제품을 놓아두면 소비자가 쉽게 구매한다는 것을 알 수 있다. 또한 백화점의 향수나 화장품, 슈퍼마켓의 잡지와 같이 충동구매를 일으키는 상품들을 대부분 점포 앞에 진열하여 사람들을 유인하도록 설계한다는 것이 이미 많은 연구를 통해 밝혀졌다. 이같이 플래노그램을 이용하면 소비자 구매패턴을 약 95%까지 예측할 수 있다고 알려져 있다.

최근 들어 인터넷 쇼핑몰이 급성장함에 따라 플래노그램을 온라인에 적용시킨 개념이 등장하였는데, 이것이 바로 웨보그램(Webogram)이다. 오프라인상에서 플래노그램을 통해 매장 내부의 상품 진열을 개선하듯이 온라인 상점에서 웨보그램을 이용하여 온라인 쇼핑환경을 개선하려는 노력이 이루어지고 있다.

② 제품의 분류

제품은 소비자의 입장에 따라 분류되어 제시되어야 한다. 다음의 네 가지는 일반적으로 가장 자주 쓰이는 분류 체계이다.

- 기능적 제품 그룹화: 제품을 소비자가 결국 어떻게 이용할지에 따라 나누어 그룹화 하는 방법으로, 예를 들어 남성복 매장에서는 제품을 셔츠, 타이, 타이 핀, 바지, 재킷, 티셔츠 등으로 나눌 것이다.
- 소비 촉진을 위한 제품 그룹화: 이는 백화점에서 사용되는 방식으로 소비자가 제품을 사고 싶어하는 정도에 따라 제품을 분류해 둔 것이다. 예를 들어 특정 물건을 꼭 구매하고자 하는 고객은 매장의 위 층이라도 선뜻 올라가겠지만, 특정 제품 구매에 별로 관심이 없는 고객은 주로 아래 층에 머물 것이다. 그렇기 때문에 충동구매를 자극할 수 있는 아이템을 1층이나 주차장이 연결되는 지하층에 배치해 두거나 에스컬레이터 옆에 배치해 두는 방식을 말한다.
- 시장 분류별 제품 그룹화: 타깃 시장에서 정의하는 대로 제품을 분류하는 형식으로 그룹화하는 방식이다. 예를 들어 CD 매장에서 록, 재즈, 클래식, R&B 등의 섹션으로 나누는 것이 이에 해당하며, 도서 매장에서도 같은 방식으로 제품을 그룹화할 것이다.
- 보관성있는 제품 그룹화(Storability product groupings): 이는 특별한 보관이 필요한 제품들끼리 모아두는 방식으로 주로 슈퍼마켓에서 일반 저장이 가능한 제품과 냉장실, 냉장고가 필요한 제품을 분류하여 진열할 때 필요하다. 꽃집이나 베이커리, 과일 가게 등에서 이러한 진열 방식을 사용한다.

2 고객 동선에 따른 고려

고객 동선에 따라서도 매장을 구분할 수 있다. 첫 번째로 직선으로 이어진 보행로—straight (gridiron) traffic flow—는 매장을 주로 직사각형으로 구성한 것이며, 곡선으로 이어진 보행로—curving (free-flowing) traffic flow—는 매장을 직사각형과 곡선으로 혼합하여 구성한 것이다.

직선으로 이어진 보행로는 주로 식품점이나 할인점, 드럭 스토어, 문구점 등에서 이용한다. 이는 다음과 같은 장점이 있다. 하지만 비인간적인 분위기를 만들 수도 있으며, 만약 불량 고객이 발생할 경우 그로 인한 다른 고객의 피해를 쉽게 단속할 수 없다는 단점도 있다.

- 효율적인 분위기를 창출할 수 있다.
- 보다 넓은 공간을 제품 배치에 이용할 수 있다.
- 쇼핑에 걸리는 시간을 줄일 수 있다.
- 보안 관리가 편리하다.
- 셀프서비스가 용이하기 때문에 고용비를 줄일 수 있다.

곡선으로 된 보행로는 주로 백화점이나 의류매장과 같이 쇼핑 자체를 즐기는 매장에서 이용한다. 이러한 방식은 다음과 같은 장점이 있다.

- 친근한 분위기를 창출할 수 있다.
- 쇼핑객을 재촉하지 않으며, 물건을 찾느라 헤매지 않아도 된다.
- 쇼핑객이 매장의 아무 방향으로나 걸음을 옮길 수 있다.
- 충동구매나 계획에 없던 구매가 자극될 수 있다.

하지만 고객의 혼란을 부추길 수 있으며, 공간이 낭비되거나 고용비 높다는 것 등이 단점으로 꼽힌다. 또한 진열비용도 더 높은 경우가 많다.

(3) 공간 계획(Mapping Out In-Store Locations)

어떤 제품이 어떤 층에 배치되어야 하는지. 어떠한 매장 배치가 각 층에 적용되어야 하는지. 이러한 필요성 때문에 매장 내부를 조감할 수 있는 조감도 작성이 필요하다. 다음은 그에 따른 고려 사항이다.

- 어떤 아이템들이 1층, 혹은 2층에 배치되어야 하는가?
- 어떻게 문 쪽이나 에스컬레이터 옆에서 판매할 제품들을 골라낼 것인가?
- 어디에 충동구매를 유발하거나 사기 편리한 제품들을 배치할 것인가?
- 어떻게 제품 카테고리를 구색화할 것인가?
- 어디에 계절 상품과 비계절 상품을 배치할 것인가?
- 제품 배열과 재고 창고는 얼마나 가까워야 하는가?
- 어떠한 쇼핑 패턴을 고객들이 따를 것인가??

매장을 배치하는 마지막 단계는 개별 상품들을 배열하는 것이다. 가장 수익성이 높은 아이템과 브랜드들은 가장 좋은 위치에 배열되어야 할 것이다. 또 개별 제품들은 포장의 사이즈나 제품의 가격, 색깔, 브랜드, 개별 서비스의 필요 정도, 고객의 관심 등 여러 요건을 고려하여 배열되어야 할 것이다. 개별 제품들의 경우, 통로 끝의 진열대, 눈높이의 진열대, 카운터 옆의 진열대 등이 판매를 가장 신장시킬 수 있는 위치이다. 위치를 고객의 입장에서 연속성 있게 배열하는 것도 중요하다. 고객의 혼란을 방지하기 위해서 고객이 보통 생각하는 순서대로 제품구색이 나타나도록 하는 것이 좋다. 가장 인기 없는 제품은 보통 무릎 아래 위치에 해당하는 판매대로 밀려나게 된다.

소매업자의 목적은 종종 생산자와는 전혀 다를 수 있다. 생산자는 각자의 제품 판매를 극대화하고 브랜드 이미지를 높이기 위해 서로 좋은 자리를 차지하려고 하겠지만 소매업자는 전체적인 매상을 올릴 수 있는 배치를 고려하게 된다.

(4) 구매시점(POP: Point-of-Purchase) 광고 촉진

매장 안의 제품 배치가 대략적으로 끝나면, 소매업자는 매장 내부의 진열을 어떻게 할지를 고민하게 된다. 각각의 POP 진열 방식은 고객에게 정보를 제공해 주고, 매장의 분위기를 반영하며, 홍보 역할을 수행한다. POP 국제 광고사(Point-of-Purchase Advertising International)에서는 POP 광고에 대하여 설득적이고, 암묵적인 세일즈맨 역할을 할 수 있으며, 소매업자의 목적을 위하여 유연하게 변화시킬 수 있다는 것을 강조한다. 이러한 POP 진열에는 여러 가지 형식이 존재하며 대부분의 소매업자는 이 방식들을 혼합하여 사용하고 있다.

구색 진열(Assortment display)은 고객이 제품을 보고, 느낄 수 있도록 진열해 두는 것을 말한다. 개방된 구색 진열에서는 카드나 책, 의류, 과일과 같이 만질 수 있는 진열방식을 사용한다. 하지만 폐쇄된 구색 진열에서는 고객이 볼 수는 있지만 만지거나 착용해 보는 것은 금지된다. 컴퓨터나 CD 같은 경우가 이에 해당한다.

테마별 진열(Theme-setting display)에서는 제품을 테마별로 특별한 분위기에 맞추어 진열하는 방식이다. 소매업자는 계절이나 특별한 이벤트에 따라서 제품을 다르게 진열한다. 발렌타인데이나 크리스마스, 혹은 여름의 바캉스 시즌에 특별한 매장 진열을 선택하는 것이 이에 해당할 것이다. 이는 판매를 촉진하고 쇼핑을 더욱 즐겁게 만들 수 있다.

패키지 진열(Ensemble display) 방식에서는 개별 카테고리별로 제품을 진열하는 것보다 하나의 전체적인 효과를 노리고 세팅되어 번들로 진열하는 것을 말한다. 마네킹이 신발을 비롯해서 모자, 가디건, 치마 등 모든 의류 제품을 보여주고 있을 수는 있느나 고객은 물론 이 모든 것을 각각 구매할 수 있다.

옷걸이 진열(Rack display)은 걸어서 보여주게 되는 제품을 위한 기능적 효용을 가지고 있다. 이는 주로 의류 소매업자에게 이용되는데 이는 조심스럽게 배치되어야만 한다. 고객이 혼란을 일으킬 수도 있고, 고객이 제품에 피해를 입히기도 용이하다는 것이 단점이다. 케이스 진열(case display)은 무겁거나 쌓일 수많은 제품들을 진열하기 위해 이용되는 방식이다. 레코드나 책, 스웨터 등이 전통적으로 이런 방식으로 진열되어 왔다.

컷 케이스(Cut case)는 매우 저렴한 진열방식으로 제품을 원래의 배달된 상자 속에 그대로 넣어둔 채로 판매하는 것이다. 슈퍼마켓이나 할인점은 이러한 방식을 자주 이용하는데, 이는 따뜻한 매장 분위기를 조성하는 것에는 그다지 도움이 되지 못한다. 일반적인 커다란 통(dump bin-a case)에 제품을 쌓아두고 저렴한 제품을 파는 진열 방식도 자주 이용된다. 이는 개방된 구색 진열 방식이라고도 볼 수 있는데 이는 제품 진열비를 아끼고 저렴하게 제품을 빨리 처분하기 위하여 이용한다.

앞서 말한 여러 진열 방식을 비롯하여 포스터나 사인, 카드 등 모든 방식의 진열은 매장에 들르는 고객에게 제품이 있는 위치에 대한 정보를 알려주고, 쇼핑 계획을 세우는 데 일조한다. 전자 진열도 오늘날에는 광범위하게 이용되고 있는데, 현재 고급 매장에서 사용되는 LCD 패널을 사용한 진열 외에도 가까운 시일 내에 영화에서 나오는 것과 같이 직접 안내를 해줄 수 있는 전자 제품도 등장할 것으로 보인다.

MINI CASE 9-3 사랑받는 매장의 특별한 전략

① 입구: 강렬한 첫인상과 고객 선별의 최적지

고객 심리 이해에 한발 앞선 고수익 매장의 경우 입구는 강한 첫인상을 심어주는 역할뿐 아니라 고객 선별의 전략적 기능까지 수행하게 된다. 기본적으로 매장의 바깥 고객의 관심을 유도하기 위해 많은 매장들이 시작적으로 돋보이는 입구 디자인에 주력하고 있으며, 입구의 크기, 개수 등을 차별화하여 고객 경험을 효과적으로 통제한다. 스티브 잡스는 강력하게 애플 스토어의 입구를 하나로 만들어 모든 고객의 경험을 철저히 관리 하려고 하였다. 이는 2~3개 정도의 입구를 만드는 일반 대형 매장과 다른 점이었다. 따라서 기업의 의지대로 타깃 고객을 스크리닝하는 수단으로 활용가능한 셈이다.

② 이동로: 동선을 고려한 스토리텔링式 매장 배치

많은 고객의 순환 패턴으르 고려하여 쇼핑 시작과 진행, 종료 시점에 맞게 각 코너를 스토리텔링식으로 배치하라. 일반적으로 오른손잡이인 대다수 고객이 오른손에 힘을 주어 카트를 밀면서 자연스럽게 왼쪽 방향으로 턴을 하게 됨에 따라 시계 반대 방향의 거대한 순환 패턴이 발생하게 되고, 시계 반대 방향으로 고객 동선을 가능한 한 길게 유도하는 레이아웃을 구성하고 고객의 입장에서 상호연관성이 높은 상품을 진열한다. 일반적으로 음식점이나 휴식공간은 최저층이나 최고층에 배치하는데, 이와 달리 매장 내에 배치해 중간 휴식을 유도하는 것도 좋은 방법이 된다.

또한 시즌별 스토리 주제를 정하고 오감 중 특히 시각, 후각, 청각 등을 자극해 구매 계획이 없던 상품에까지 관심을 유도하는 것이 중요하다. 예를 들어 갓 구워낸 빵이나 각 볶은 커피향, 직원의 상품 홍보 멘트는 해당 상품을 목전에 두었을 때보다 지나는 길에 접했을 때 유인효과가 배가가 된다.

③ 진열대: 방문고객의 구매고객화

입구나 복도에서 상품에 주목시키는 데 성공했다면 진열 공간에서는 촉각, 미각을 최대한 자극해 상품을 체험하도록 촉진하는데 주력한다. 불충분하거나 단조로운 상품 진열은 매출 하락의 직접적인 원인으로 작용하며 반대로 고객이 줄었는데도 매출이 오르는 이유는 상품이 매력적으로 구비 및 진열되어 있기 때문이다.

그리고 돌출 혹은 함몰 등 공간의 반전을 활용하여 시선을 집중시키고 직접 만져보고 싶은 심리를 최대한 자극한다. 타올의 경우 한 장이 판매되기까지 평균 6명 정도가 만져본다고 한다.

④ 매장직원: 고수익 창출의 핵심변수

겉으로 드러난 고객 요구보다 마음속으로 숨겨진 불만과 잠재욕구를 면밀히 살피고 고객–직원 간 소통을 확대함으로써 판매를 극대화한다. 훌륭한 세일즈맨은 구매를 망설이는 고객에게 확신을 심어주는 쇼핑 지원자(shopping supporter)의 역할을 수행하고 또한 긍정적인 자세와 열정으로 특정 상품이 아닌 고객입장에서 만족할 상품을 판매하는 데 목표를 두고 다양한 제안을 시도할 수도 있다. 망설이며 구매를 연기하려는 고객에게는 다른 대안으로 설득하고 구매를 결정한 고객에게는 '사는 김에 더 사자(다량구매)', 혹은 '필요할 지 모르니 이것도 사두자(교차판매)'는 심리를 자극할 수 있다.

자료: 삼성경제연구소 '구매욕을 불러일으키는 매장 전략(SERI 경영노트 149호, 2012.5.10.)' 중

KEY WORDS

스토어브랜드, PB브랜드, 기업브랜드, 브랜드 자산, 스토어 브랜드 이미지, 분위기, 매장 배열, 플래노그램, 구매시점 광고촉진, 테마별 진열, 옷걸이 진열, 컷 케이스

DISCUSSIONS

1. 고객의 동선을 효과적으로 설계한 매장의 사례를 이야기해 보세요.
2. 스토어 이미지에 가장 큰 영향을 미치는 요소는 무엇인지 토의해 보세요.

REFERENCE

1. Berry Berman and Joel R. Evans, *Retail Management* (11th ed.), 2010.
2. Patrick M. Dunne and Robert F. Lusch (2008), *Retailing*, Thomson South Western.
3. 삼성경제연구소, "구매욕을 불러일으키는 매장 전략," Seri 경영노트 제149호, 2012.
4. 서용구 · 구인경(2012), 브랜드마케팅, 학현사.

10장 소매믹스 전략

RETAIL MANAGEMENT

소매믹스(retail mix)란 '고객의 니즈를 만족시키고 고객의 구매의사결정에 영향을 주기 위해 소매업체가 활용하는 요소(factor)들의 콤비네이션(combination)'이다. 소매믹스에는 입지(location), 머천다이징(상품구색, 구매, 가격), 점포 디자인, 판촉 및 서비스를 포함하고 있다. 이들 중 입지와 점포디자인은 이미 8장과 9장에서 각각 다루었기에 본 장에서는 상품구매 및 가격설정을 포함한 머천다이징 전략과 고객서비스 및 소매 커뮤니케이션믹스 전략을 중심으로 다루기로 한다.

가 머천다이징(Retail Merchandising) 전략

소매업에서의 머천다이징(merchandising)은 소매경쟁력을 결정하는 데 그 무엇보다 중요하다. 21세기에 이르러 유통산업의 경쟁이 더욱 치열해지면서 머천다이징의 중요성은 소매업에서 더욱 중요해지고 있다. 머천다이징이란 학자들에 따라 여러 의미로 해석되고 있지만 '고객이 필요로 하는 상품 또는 서비스를 적절한 만큼 구매하고, 그리고 이들을 해당 소매업체의 판매전략에 맞추어 적절한 장소, 시기, 가격, 그리고 적절한 수량으로 준비될 수 있도록 관리하는 활동'이라고 정의된다. 따라서 머천다이징에는 상품의 구색결정, 구매, 가격결정을 포함하고 더 나아가 판촉방법 결정까지 포함한다고 할 수 있다. 그리고 머천다이징을 담당하는 자를 머천다이저(merchandiser)라고 하며 구색결정, 구매, 가공, 가격설정, 진열, 판매촉진 등에 대한 결정을 담당하는 역할을 한다. 업계에서는 머천다이저와 바이어를 동일한 의미로 사용하는 경우도 있는데, 사실은 바이어는 머천다이저의 일부 기능을 수행하고 있는 것으로 보아야 한다. 머천다이저는 시장정보와 소비자정보 등을 분석하고 예측하는 정보분석력을 필요로 하며 이를 바탕으로 상품기획 및 판매촉진전략을 수립하고 수행 · 관리하는 소매업의 가장 중요한 업무를 수행하는 역할을 한다.

1 상품관리(Merchandise Management)

(1) 상품구색의 결정

소매업에서 상품구색의 중요성은 그 무엇보다 중요하다. 소매업의 시장포지셔닝도 상품구색에 따라 결정된다고 보면 된다. 그럼 먼저 상품구색의 정의를 알아보도록 한다. 상품구색은 구색의 폭(Variety)과 깊이(Assortment)로 나눠 생각해야 한다.

상품구색의 폭은 한 소매점에서 취급하고 있는 상품군(merchandise category)의 수를 의미한다. 어떤 소매점의 상품구색 폭이 넓다는(large variety) 것은 다양한 상품군을 취급한다는 것으로 폭의 넓이의 정도에 따라 소매업태의 형태가 결정된다. 상품구색이 폭이 넓은 소매업태로는 백화점, 종합할인점 등이 있다.

그리고 상품구색의 깊이는 특정 상품군의 SKU의 수를 말한다. 상품구색의 깊이가 크다는 것은 특정 상품군을 전문적으로 취급한다는 것을 의미하며 전문점이 이에 해당한다. 예를 들면 리바이스(Levi's) 매장은 청바지를 중심으로 관련 액서서리를 전문적으로 취급하는 상품구색의 넓이는 좁고 대신 특정 상품군(청바지류)의 상품구색의 깊이가 깊은 전문점에 해당하다.

소매업체는 상품구색을 결정하는 데 있어서 구색의 폭을 얼마나 넓게 혹은 좁게 할 것인가(broad or narrow in variety)를 결정해야 하고, 구색의 깊이는 깊게 할 것인지 아니면 얇게 할 것인지(deep or shallow in assortment)를 결정해야 한다.

(2) 상품관리의 성과측정

머천다이징에서 상품관리가 잘 되고 있는지를 알아보기 위해서는 성과측정이 필요하다. 그 성과측정을 위해 쓰이고 있는 주요지표를 알아보자.

① 총자산수익률(ROA: Return On Assets)

총자산수익률 = (순이익마진 × 자산회전) × 100(%)
= (순이익/총자산) × 100(%)

순이익마진 = 순이익/순매출액

자산회전 = 순매출액/총자산

총자산수익률(ROA)은 기업의 당기순이익을 자산총액으로 나누어 얻어지는 수치이며 이는 기업의 순이익마진을 자산회전(asset turnover)으로 곱한 것과 같고 여기에

100(%)을 곱하여 얻어진다. 이는 특정기업이 총자산을 수익활동창출에 얼마나 효율적으로 운용했는지를 나타내는 수익성지표가 된다. 이때 총자산은 보통 취득원가에서 감가상각비를 차감한 가치로 평가하며 기말자산과 기초자산의 평균을 사용한다.

② 총재고투자마진수익률(GMROI: Gross Margin Return On Inventory Investment)

총자산수익률은 특정 소매업체의 전체적인 수익성지표가 되고 이는 머천다이저나 바이어의 성과측정보다는 최고경영자의 성과측정에 보다 적절한 지표이다. 그러나 머천다이저나 바이어는 그들이 구매하고 관리하는 상품들의 효과적인 관리가 중요하며, 이는 상품을 얼마나 잘 구매하여 얼마나 잘 판매하는가에 그 성과가 나타난다. 그래서 총마진(gross margin)의 관리가 이들에게는 중요한 성과가 될 것이다. 따라서 머천다이징의 성과를 측정하기 위해서 활용되는 지표가 총재고투자마진수익률(GMROI)이다. 이는 소매업에서 재고투자에 의해 얼마만큼의 총마진이 발생하는지를 측정하는 지표가 된다. 총재고투자마진수익률은 총자산수익률과 비슷한 개념이지만 주된 차이는 측정을 위해 사용되는 구성요소들이 바이어의 관리 하에 있는 것들이라는 것이다. 총재고투자마진수익률은 총마진율에 재고회전율을 곱하여 얻어지는데 이는 바이어의 성과와 함께 머천다이징의 성과를 측정하는 데 중요한 지표로 사용된다.

$$\begin{aligned}\text{총재고투자마진수익률} &= \text{총마진율} \times \text{재고회전율} \\ &= (\text{총마진}/\text{순매출}) \times (\text{순매출}/\text{평균재고}) \times 100(\%) \\ &= (\text{총마진}/\text{평균재고}) \times 100(\%) \\ \text{재고회전율}(\%) &= (\text{순매출}/\text{평균재고}) \times 100(\%)\end{aligned}$$

③ 재고회전율

소매업 재고회전율(inventory turnover)은 일정 기간의 보유하고 있는 제품의 재고대비 순매출(net sales)의 비율을 의미한다. 이 때 재고와 매출은 금액 혹은 수량으로 나타날 수 있으며, 평균재고는 월평균 재고 또는 기초와 기말의 평균재고에 의해 나타낸다. 재고회전율은 일정기간(예를 들면 1년에 몇 회) 상품이 회전했는지의 속도를 나타내는 지표로서, 만약 500%라고 한다면 1년에 재고가 5회전 한 것을 의미한다. 이 비율이 높을수록 재고관리의 효율이 좋거나 판매가 잘되고 있다는 것을 의미한다.

(3) 상품성과(Merchandise Performance)의 측정법

소매업에서 취급하는 상품의 성과를 측정하는 방법으로는 ABC분석과 판매추세분석(Sell-through Analysis)이 널리 사용된다.

① ABC분석

1951년 미국 GE사의 H. F. Dicky에 의하여 개발된 재고관리 기법으로서 경제학자 Pareto가 고안한 파레토곡선의 사고방식을 기본으로 하고 있다. 80대 20법칙으로 잘 알려져 있는 파레토법칙이 ABC분석에 적용되고 있다. 소매업에서는 상품의 중점관리를 위한 분석 기법으로 널리 사용되고 있다. 품목 수가 많은 상품의 경우, 그 매출액(매출총이익액, 판매수량을 사용하는 경우도 있음)이 큰 순으로 ABC의 3개의 그룹으로 나눠서 중점 관리한다. 보통, 매출액에서 차지하는 비중 70%를 차지하는 A그룹(전 취급제품의 20% 정도), 20%를 차지하는 B그룹, 그리고 나머지 10%를 차지하는 C그룹으로 분류한다. 그러나 ABC분석에서 3개의 그룹으로만 나눠지는 것은 아니고 D그룹이 하나 추가될 수 있다. 이때 D그룹은 매출이 전혀 발생되지 않는 상품군을 의미한다.

ABC분석은 기법이 간단하고 쉬운 것이 장점이며, 부진상품을 찾아내고 재고회전율을 올리는 데 유효한 방법이다.

② 판매추세분석

판매추세분석(sell-through analysis)은 고객의 수요에 부응하기 위해 가격인하가 필요한지 또는 상품을 더 구입해야 하는 것인지를 결정하기 위해서 실제매출과 매출목표를 비교하는 방법이다. 어떤 특정 SKU에 대해 일정기간을 두고 실제매출과 매출목표를 비교하여 목표대비 실제매출이 떨어지면 그 이유를 파악하여 가격인하를 할 것인지를 결정하고 재고가 쌓이지 않도록 한다. 그리고 만약 목표대비 실제매출이 많아지면 추가 구매를 할 것인지 결정하여 이를 이행한다. 그러나 이 방법은 바이어의 경험과 주관적인 판단에 많이 의존하게 되는 약점이 있다. 그리고 본 방법에 의한 의사결정에 앞서 목표대비 실제매출 증감의 발생이 왜 발생하는지에 대한 명확한 분석과 판단이 필요하다.

2 소매가격설정

소매업계에서 가장 널리 사용하는 대표적인 가격전략이 EDLP(Everyday Low Price)와 High/Low 가격 전략이다.

① EDLP 전략

많은 소매업체들이 사용하고 있는 EDLP는 상시 저가격을 유지하는 가격전략이다. EDLP는 연중 가격을 높이거나 낮추거나 하지 않고 경쟁관계에 있는 소매기업이 설정한 저가격과 동일하거나 더 낮은 가격에 가격이 설정된다. 저가격판매를 실시한다는 EDLP 가격 전략은 규모의 경제, 효율적 물류시스템의 구축, 경영의 개선 등을 통한 종합적 저비용화의 결과물이라 할 수 있다. EDLP에서 저가격은 최저가격을 반드시 의미하는 것은 아니다. 그러므로 경쟁자의 특별 할인 가격이나 회원제 홀세일클럽(wholesale club)의 가격이 더 저렴할 수도 있다. 이 전략의 진정한 의미는 저가격에서 특별한 가격변동이 없는 'everyday stable price'라고 해야 옳을 것이다. 미국의 거대한 소매업체인 Wal-Mart, Home Depot, Staples 등과 우리나라에서는 이마트와 같은 대형마트들이 EDLP 가격 전략을 채택하고 있다.

항상 최저가를 유지하기 어렵기 때문에, 저가격 보상 정책을 채택하기도 한다. 일반적으로 저가격 보상은 해당 지역에서 경쟁자보다도 저렴한 가격을 제공하겠다는 약속이며, 이는 일반적으로 가격 차액에 대한 환불까지 포함한다.

MINI CASE 10-1 모두가 좋은 옷 입게 저가정책

"옷, 지위의 상징이던 시대 지나…"
일본 2위 부자 야나이 유니클로 회장 … 명동에 아시아 최대 매장 개점

야나이 다다시 회장은 10일 "공식 일정 때문에 정장을 입었지만 캐주얼 차림을 좋아해 유니클로 옷을 자주 입는다. 오늘도 속옷과 양말은 유니클로 제품을 착용했다"고 말했다.

유니클로의 야나이 다다시(柳井正 · 62) 회장은 일본 2위 부자다. 미국 경제잡지 포브스가 올 3월 그렇게 꼽았다. 포브스에 따르면 그의 재산은 63억 달러(약 7조1400억원)에 이른다. 2009, 2010년에는 일본 최고 부자로 꼽혔었다. 그가 10일 한국을 찾았다. 글로벌플래그십스토어 명동중앙점 개점을 기념하기 위해서다. 그는 명동점 방문에 앞서 본지와 인터뷰했다. 영세 의류업체에서 출발해 세계 4위 의류기업으로 성장한 비결부터 물었다. 그의 대답은 이랬다."세계 곳곳에 흩어져 있는 자원을 어떻게 결합하느냐. 이것이 오늘날 기업의 성패를 가릅니다. 글로벌 네트워킹이죠. 여기에서 성공했기에 오늘날의 유니클로가 있는 겁니다."

유니클로는 지난해 9월~올해 8월 6938억 엔(약 9조8700억원)의 매출을 올렸다. 1호점인 일본 히로시마(廣島) 매장이 문을 연 지 27년 만에 비약적으로 성장할 수 있었던 건 일본의 기술 · 기획력을 중국의 제조기반과 네트워킹했기 때문이라는 얘기다. 야나이 회장은 같은 맥락에서 "환태평양경제동반자협정(TPP)에 참여하지 않으면 일본의 미래는 없다"고 강조했다. 미국이 주도하는 TPP는 호주 · 뉴질랜드 등 환태평양 9개국이 참여하는 다자간 자유무역협정이다. 야나이 회장은 "한 · 미 자유무역협정(FTA) 역시 한국에 기회가 될 것"이라고 했다.

11일 문을 여는 유니클로 글로벌플래그십스토어 명동 중앙점. 3960m² 규모의 초대형 매장으로, 아시아 최대 규모다. 글로벌플래그십스토어는 전 세계 8개뿐이다.

한 · 미 FTA가 기회라고 보는 이유는 "한국은 일본과 마찬가지로 자원이 없는 나라다. FTA가 발효되면 다른 나라의 자원을 자유롭게 활용할 수 있다. 그뿐 아니라 제품을 파는 시장도 열린다. 한국이 일본과도 FTA를 체결해 교류를 확대하길 바란다."

글로벌화돼도 생활은 지역에서 이뤄진다. 그래서 유니클로는 지역 기업으로 자리매김하고자 한다. 한국에 진출할 때도 롯데그룹과 합작회사를 설립했다. 띠어리 · 꼼뜨와데꼬또니에 같은 미국 · 프랑스 브랜드를 인수한 것 역시 미국 · 유럽 기업으로 사업하기 위한 전략이다.

1만2900원짜리 티셔츠를 팔면서도 '싸구려 제품'이라는 이미지가 없는데 유니클로는 옷이 지위의 상징이던 시대는 지나갔고 옷은 이제 일상을 편안하게 해주는 도구다. 물론 여전히 '싼 게 비지떡'이란 인식이 있다. 하지만 우리는 가격을 낮추기 위해 품질 · 매장 운영 · 서비스 같은 걸 포기하지 않는다. 우리의 목표는 저가가 아니다. 좋은 옷을 모두가 입게 하기 위해 저가정책을 택했을 뿐이다.

향후 신성장 동력은 아시아이고 특히 인도와 중국에 주목하고 있다. 이들 국가의 인구만 30억 명이다. 향후 10년간 양국에서 10억~15억 중산층이 등장할 것이다. 이들 국가와 인접한 한국과 일본엔 엄청난 기회다. 유니클로 역시 2020년 아시아 매출 목표를 3조 엔으로 잡고 있다.

〈유니클로〉 기획 · 생산 · 유통 · 판매까지의 전 과정을 직접 소화하는 제조 직매형 의류 브랜드. 11개국 1024개 매장이 운영되고 있다. 부친이 경영하던 소규모 의류업체 오고오리(小郡)상사에 입사한 야나이 회장이 1984년 사장으로 취임하면서 출시했다. 91년 회사명을 패스트리테일링으로 변경해 지주회사 체제로 바꿨다.

자료: 중앙일보, 2011.11.11.

② High/Low 가격 설정(High/Low Pricing)

이 전략은 EDLP 전략보다 높은 가격을 제공하면서, 때로는 낮은 가격으로 할인하기도 하는 가격 전략이다. 유행상품을 취급하는 소매업체가 정상가로 상품을 팔다가 시즌의 마지막에 저가격 전략을 사용하는 경우가 있다. 생활용품점이나 편의품점은 공급업체가 판매촉진을 할 때 또는 과잉 재고가 있을 때, 할인을 통해 일시적인 저가격 전략을 사용하기도 한다. 백화점이나 슈퍼마켓 등이 주로 High/Low 가격 전략을 사용한다.

③ EDLP 가격 전략의 장점

EDLP의 장점은 소비자가 언제 점포를 찾아가도 동일한 저가격이기 때문에 구입시점을 지연시키지 않고 안심하고 구입한다는 점을 들 수 있다. 즉 자의적인 프로모션 정책을 실시하지 않기 때문에 매년 동일한 생산, 물류, 판매의 예측이 가능하고, 그 결과 제조 배급 판매를 통한 공급라인상의 재고 삭감이 가능해지며, 결국은 공급체인 전체의 비용을 줄이고 상품의 원가를 절감하여 저가격 상품의 판매 증대로 확산되게 됨을 의미한다.

EDLP 가격 전략은 High/Low 가격 전략에 비해 상대적으로 다음과 같은 3가지의 장점이 있다.

▶ 가격경쟁의 압박 감소의 효과

많은 고객들은 소매업체의 초기 가격에 의심을 한다. High/Low 가격 전략에서는 세일을 해야만 구매를 하는 경향이 있는데, 성공적인 EDLP 가격 전략은 경쟁자와의 지나친 가격전쟁의 압박을 덜어주게 된다. 일단 가격이 적절하다고 느끼는 고객은 지속적이고 자주 내점하는 효과가 있다.

▶ 광고비 감소의 효과

High/Low 가격 전략에서는 세일을 할 때 이를 알리기 위해 광고를 해야 하는데, EDLP에서는 이러한 광고가 필요 없게 된다. 세일광고 대신에 소매업체는 이미지 형성을 위한 노력에 보다 초점을 맞출 수 있다. 또한 가격이 자주 변화하지 않기 때문에 카달로그의 변경주기도 길어지는 효과가 있다.

▶ 품절의 감소 및 재고관리 개선의 효과

High/Low 가격 전략에서는 큰 폭의 빈번한 세일에 의해 수요의 변동이 매우 크다.

결과적으로 품절이 발생하지 않도록 재고관리에 보다 더 많은 신경을 써야 한다. 품절이 적어지면 고객의 만족이 향상되고 매출이 증대될 수 있다. 게다가 안정적인 수요의 예측은 평균 재고의 감소를 통해 재고회전율을 향상시킬 수 있다.

④ High/Low 가격 전략의 장점

반면에 High/Low 가격 전략은 다음과 같은 장점을 가지고 있다.

첫째, 동일한 상품으로 다양한 고객의 특성에 소구할 수 있는 장점이 있다. 패션상품은 일단 먼저 고가로 설정하여 매장에 선을 보이도록 한다. 가격에 비탄력적인 패션추구 고객이나 비정상적인 체격의 고객들은 원하는 상품이 있으면 가격에 관계없이 먼저 구매하게 될 것이다. 그러다가 판매 시즌이 끝나 가면 가격을 점차 내리고, 고객들은 점차 증가하게 된다. 이와 같이 High/Low 가격 전략은 가격에 탄력적인 고객과 비탄력적인 고객을 동일한 상품으로 상대할 수 있는 효과가 있는 것이다.

둘째, 세일은 고객을 흥분시키는 효과를 발생시킨다. 고객 사은행사, 정기세일, 빅세일 등 소매점의 세일광고는 고객을 자극하고 고객을 모으는 효과가 있다. 소매업체들은 세일가격과 함께 경품제공, 공연, 이벤트 등을 병행하면서 세일의 효과를 더욱 높일 수 있다.

셋째, 세일은 재고를 줄이는 효과가 있다. 부진 상품에 대한 재고를 줄이기 위해서는 세일이 효과적이다. 물론 이익은 줄어들 수 있지만 재고부담을 줄이는 효과가 있다.

넷째, 고객은 가격이 품질의 척도라고 생각하고, 품질의 신뢰성을 가질 수 있다. 초기의 고가 전략은 고객들에게 높은 품질의 믿음을 제공하는 효과가 있을 수 있다. 그런 후, 세일이 진행되어도 고객들은 원래의 가격을 준거가격으로 고려하여 고품질을 기대하고 구매하는 효과가 있다. 반면에 EDLP 전략은 저가격이기에 품질과 서비스에서도 낮은 기대를 하게 되고 구매를 피하는 문제가 있을 수 있다.

MINI CASE 10-2 월마트 EDLP

High & Low 가격정책에서 EDLP 가격정책으로의 이행은 각 선진국의 여건에 따라 도입 이후 긴 시간과 여러 과정을 거치면서 정착하게 되었다. 이후 월마트는 1980년에 EDLP 실시를 선언하고 83년부터 가격인하 세일행사를 줄여나가기 시작하였으며, 결국 EDLP가 완성된 것은 10여년이 경과된 90년대 초반이라 할 수 있겠다.

즉 월마트의 EDLP는 초기에 선언적인 성격이 강했으며 이 제도가 정착되기까지 사실상 광고전단을 활용한 판촉활동과 세일행사를 빈번히 실시하였고 지금도 월마트는 EDLP 가격정책 이외에 롤백(roll back) 제도를 실시하여, 납일원가 절감을 통해 종래보다도 낮은 가격에 판매할 수 있는 상품에 대해서는 할인 개시일과 전후 가격을 표기하여 2~3개월에 걸쳐 저가격 캠페인을 실시하고 있다.

월마트는 행사기간이 장기간 지속되기 때문에 수요예측의 정밀도를 유지할 수 있으며 재고가 급증하지 않기 때문에 행사에 따르는 점포 내 작업이나 바이어 작업이 추가적으로 발생하지 않는다는 장점을 살리고 있다.

즉 월마트는 이 제도가 납품업자와의 교섭에 의해 저가격 매입한 상품을 소비자에게 환원한다는 점, 그리고 할인기간이 2~3개월로 장기간에 걸쳐 이루어진다는 점에서 종래의 눈속임(gimmick)이나 세일행사와 구분하고 있다.

EDLC(Everyday Low Cost) 정책

소매업자와 소비자 간의 인터페인스 부분인 EDLP와 함께 소매업자와 공급업자 간의 인터페이스인 EDLC의 실현도 매우 중요함에 등장한 개념이다. 소매업자가 실시하는 High & Low 가격정책을 유지하기 위해 공급업자는 판촉비(trade promotion fee)를 소매업자에게 제공함으로써 가격인하를 지지하고 있어 공급업자도 소매기업의 가격정책에 깊게 연결되어 있다.

EDLC는 공급자의 공급가격과 소매업자의 매입가격이 연간 일정한 가격임을 의미하며 리베이트나 협찬금과 같은 거래를 부정하는 거래방식이라 하겠다. EDLC는 네트 네트 가격 전략(net-net pricing)이라도 불리는데, 네트(net)가 두 번이나 계속되는 이유는 원가에서 판촉비 등을 제외한 진정한 의미에서의 매입가격을 강조하기 위함이라 하겠다.

EDLC는 1991년 P&G가 일부 상품에 대해 공급가격과 판촉비를 대폭으로 삭감하여 연간 일정한 value price로 제공하는 협력관계가 구축되면서 확산되기 시작하였고 EDLP와 EDLC가 짝이 되면서 저가격 판매는 진정한 효과를 발휘하게 되었다.

예를 들면 어떤 유통기업이 High & Low 가격정책을 이용하는 경쟁 유통기업의 로우 가격에 맞추어 EDLP를 설정한 경우, 만약 공급업자가 숨겨놓은 판촉기금이 있어 그 기금을 경쟁기업에게 제공하게 되면 경쟁기업은 더욱 낮은 가격으로 세일행사를 실시하게 되어 자사의 EDLP는 의미를 상실하게 되었으며 공급업자의 판촉기금이 동등하게 자사에 제공되었다할지라도 추가적인 가격인하를 실시해야 함으로 EDLP는 실효성이 낮아지게 되었다.

EDLP 사이클에 의해 제조업자의 생산이 안정되고 비용삭감이 이루어져 그 비용삭감분이 EDLC의 형태로 EDLP의 기업에 대한 공급가격에 반영되어야 하나, 그 비용삭감분이 다시 판촉금이나 제조업자의 이익으로 남아 있게 되면 엄밀한 의미에서 EDLP가 실현되지 않게 되었다.

자료: 한국유통학회, 대형소매점의 최저가격보상제 실시에 따른 식품제조업체와 유통업체의 갈등과 해결방안, 2004.3.

나 고객서비스 전략

소매업의 고객서비스란 고객에게 감동적인 쇼핑경험을 제공하기 위한 일련의 활동과 프로그램의 집합을 의미한다. 고객서비스는 고객이 구매하는 상품과 서비스에 가치를 높여주는 역할을 하는 것이다. 고객서비스는 매장 내에서의 고객의 쇼핑불편을 줄여주는 것들이나 반품, A/S 등 다양하고 포괄적이다.

고객서비스를 관리하는 것은 쉽지 않은 일이다. 소매업에서의 고객서비스는 매장 직원에 의해 전달되는 경우가 많은데 직원에 따라 서비스의 질이 다르게 나타날 수 있으며 이에 대한 관리가 쉽지 않기 때문이다. 따라서 지속적이고 일관된 품질을 유지하는 고객서비스를 제공하기 위해서는 고객서비스의 맞춤화(customization)와 표준화(standardization)가 중요하다. 맞춤서비스는 고객의 개인적 니즈를 충족시켜 주기 위해 고객의 니즈에 맞춰 제공된다. 이러한 맞춤식 서비스는 고객의 만족을 크게 높여 줄 수는 있지만, 비용이 많이 들고 이를 수행하기 위한 직원의 훈련과 고객분석을 위한 컴퓨터 소프트웨어 구비 등이 필요하다. 따라서 맞춤식 서비스는 모든 고객에게 제공하지 않고 VIP고객을 대상으로만 할 수도 있다. 그리고 서비스의 표준화는 일관된 서비스 수준을 유지하기 위해 규정을 만들고 이를 근거로 수행토록 하는 것이다.

그렇다면, 소비자는 서비스를 어떻게 평가하는가?

고객은 제공받는 서비스에 대한 지각(perception)과 기대(expectation)와의 비교를 통해 소매서비스를 평가한다.

만약에 인지된 서비스가 기대보다 높을 때는 고객의 만족도가 높아지는 것이다. 고객의 기대는 주로 고객의 지식과 경험에 의해 결정된다. 고객의 기대는 소매업태에 따라 다르게 나타나게 된다. 고객은 백화점에 대해서는 그 서비스에 대한 기대수준이 높고, 할인점은 낮은 기대수준을 보이게 된다. 또한 고객의 기대수준은 지역에 따라 다르게 나날 수 있다. 도시와 농촌지역이 다르고, 국가에 따라서도 다르게 나타날 수 있을 것이다. 예를 들면 일본은 고객서비스의 수준이 특히 높은 것으로 알려져 있으며, 고객들은 다른 나라 고객들보다 상대적으로 높은 기대수준을 보일 수 있다.

한편 고객은 고객서비스에 대해 실제 받은 서비스의 수준에 대한 지각을 통해서도 평가를 한다. 고객은 서비스수준을 평가할 때 신뢰성(reliability), 보증성(assurance), 실체성(tangibility), 신속한 반응(responsiveness), 감동(empathy)을 포함하는 고객서비스특성을 활용하여 평가한다. 신뢰성은 소매업체가 고객과의 약속을 얼마나 잘 지키는가이다. 예를 들면 배송하기로 한 시간을 잘 지키는 것은 고객에게 소매점의 신뢰성을 높여 줄 것이다. 보증성은 고객이 구매한 상품이나 서비스에 대한 보증을 통해 고객이 안심하고 구매할 수 있도록 하는 것이다. 상품이나 서비스에 품질에 대한 보증과 함께 편리한 반품제도 등은 이러한 보증성을 높여 주는 고객서비스에 해당한다. 실체성은 상품의 포장, 점포디자인이나 판매직원의 유니폼과 자세 등을 통하여 소매점포에 대해 실질적으로 보고 느끼는 것을 말하며 이를 통해 고객서비스가 평가될 수 있는 것이다. 그리고 고객은 자신을 알아주는 서비스를 통해 감동을 얻게 되다. 예를 들면 고객의 결혼기념일이나 생일의 축하고, 고객의 이름을 기억해 주는 등의 서비스를 통해 감동을 하게 되고 이는 고객서비스에 평가를 높이는 데 기여하게 된다. 마지막으로 고객의 요청에 대한 신속한 반응이다. 고객의 전화나 이메일에 대해 신속한 대응을 하는 것이 고객서비스의 수준을 결정하는 데 하나의 결정요소가 된다.

다 소매 커뮤니케이션믹스(Retail Communication Mix) 전략

소비자에게 제품에 대한 직접적인 정보전달을 목적으로 하는 커뮤니케이션 활동에는 광고(advertising), 홍보(publicity), 판매촉진(sales promotion), 점포분위기(store atmosphere), 인적판매(personal selling), 이메일, 웹사이트(website), 구전(word of mouth) 등이 있다. 이러한 요소

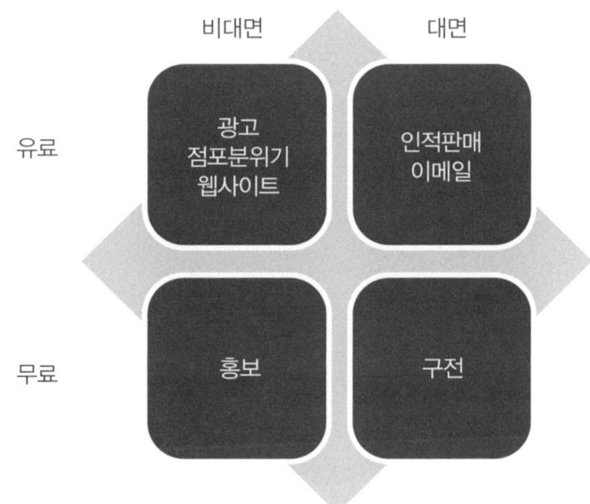

그림 10-1 소매 커뮤니케이션 믹스
자료: Levy, Michael and Berton a. Weitz(2004), Retailing Management, McGraw Hill.

들을 전략적으로 결합하는 것을 소매 커뮤니케이션 믹스라고 한다.

광고는 신문, TV, 라디오, 인터넷과 같은 비인적(impersonal) 대중매체를 통해 유료로 소비자들과 커뮤니케이션하는 형태이다. 다시 말해서 광고란 커뮤니케이션의 한 형태로서 소비자나 고객 또는 일반 대중에게 상품이나 서비스에 대한 정보를 제공하여 광고주(advertiser) 가 의도하는 방향으로 영향(influence)을 미치기 위한 커뮤니케이션이다.

판매촉진(sales promotion)은 일반적으로 광고와 인적판매를 보완하는 방법으로 많이 활용된다. 판매촉진의 중요한 특징은 잠재소비자들이 판매촉진활동에 참여한 대가로 인센티브를 받는다는 것이다. 예를 들면 일정기간 동안 상품을 구매하거나 점포를 방문하는 고객에게 할인, 쿠폰, 선물 등을 제공하는 것이다. 따라서 판매촉진은 광고에 비해 보다 단기적인 결과를 얻을 때 유용하며, 광고, 인적 판매와 같은 다른 커뮤니케이션 활동과 메시지와 타이밍의 조정 등의 관점에서 통합하여 사용되어야 한다.

점포분위기는 점포의 물리적 특성들의 조합이라고 할 수 있다. 소매점포의 물리적 특성들이라면 건물구조, 레이아웃, 디스플레이, 색상, 조명, 온도, 실내소음이나 음악, 냄새나 향기 등을 포함한다. 이러한 점포분위기는 고객들에게 점포에 대한 서비스수준이나 취급품목의 품질수준 등에 대한 정보를 고객에게 전하는 커뮤니케이션 역할을 한다.

웹사이트 또한 고객과의 커뮤니케이션을 위한 좋은 방법이다. 웹사이들을 통해 점포의 위치, 취급품목 등 다양한 정보를 전달할 수 있다. 인터넷 시대의 도래와 함께 웹사이트를 이용한 고객과의 커뮤니케이션의 중요성은 더욱 커져가고 있다.

소매점에서는 판매원과 고객이 직접 마주치는 대면판매가 이루어지기 때문에 판매원의 역할은 아무리 강조해도 지나치지 않다. 따라서 판매원 고객과의 대면을 통해 다양한 정보를 전달할 수 있다. 이메일 역시 고객과의 인적 커뮤니케이션으로 중요하다. 점포와 상품에 대한 다양한 정보를 고객에게 개별적으로 이메일을 통해 전달하는 것이다.

홍보(publicity)는 고객과의 관계에서 소매업체의 이미지를 높이는 등 장기적인 효과를 발생시키는 역할을 한다. 기업의 사회봉사나 윤리경영, 경영혁신 등이 뉴스보도를 통해 전달될 때 고객들은 해당 소매업체에 대한 이해가 높아지고 보다 좋은 기업 이미지를 고객에게 심어주는 효과를 발휘하게 된다.

마지막으로 소비자들 사이에서의 특정 소매점포에 대한 커뮤니케이션이 구전이다. 고객들 사이에서 주고받는 소매점포의 상품이나 고객서비스 등에 대한 고객의 경험과 평가들은 해당 소매점포에 큰 영향을 미칠 것이다. 최근에 구전효과가 각광을 받으며 기업들은 상품판매의 증대를 위해 구전마케팅을 적극 활용하고 있다.

KEY WORDS

소매믹스, Merchandising, Merchandiser, Variety, Assortment, Merchandise category, ROA, GMROI, Gross margin, Inventory turnover, ABC분석, 판매추세분석, EDLP, High/Low pricing, EDLC, 고객서비스특성의 요소, 커뮤니케이션 믹스, 광고(advertising), 홍보(publicity), 판매촉진(sales promotion), 점포분위기(store atmosphere), 인적판매(personal selling), 구전(word of mouth)

DISCUSSIONS

1. 소매업의 가격 전략에 있어서 EDLP와 High/Low 가격 전략의 장단점을 비교하고 이에 대해 토의하세요.
2. 소매 커뮤니케이션 믹스를 설명하고 이에 대해 토의하세요.

REFERENCE

1. Levy, Michael and Berton a. Weitz, Retailing Management, McGraw Hill Irwin, 2004.
2. QINGYI HUANG, VINCENT R. NIJS, KARSTEN HANSEN and ERIC T. ANDERSON (2012), Wal-Mart's Impact on Supplier Profits, Journal of Marketing Research, Vol.49 (July), pp.131-143.
3. 기노시타 야스시 저, 박두규 역(2010), 손에 잡히는 머천다이징, 우용출판사.
4. 한국유통학회(2004), 대형소매점의 최저가격보상제 실시에 따른 식품제조업체와 유통업체의 갈등과 해결방안. 3월호.
5. 허철무(2006), 소매업 머천다이징, 한국체인스토어협회.

4부

미래유통

RETAIL MANAGEMENT

11장 유통산업과 글로벌라이제이션

12장 유통의 미래

11장

RETAIL MANAGEMENT

유통산업과 글로벌라이제이션

가 세계 유통시장과 글로벌화

글로벌화(globalization)는 21C 현시대의 화두가 아닐 수 없다. 국제시장의 통합화를 높인다는 의미의 글로벌화는 경제활동이 한 국민경제의 국경을 벗어나 확대되는 현상을 의미하기도 한다. 유통시장의 트렌드(trend)를 말할 때 역시 글로벌화를 빼놓을 수 없다.

세계적으로 대형 유통업체들은 해외시장 진출 확대를 통해 성장을 도모하고 있다. 매출규모로 세계 2위인 까르푸는 1969년 벨기에에 첫 해외점포를 개설한 이래 1996년 11개국에서 2008년 36개국에 진출해 있으며, 해외 매출 비중은 56.6%으로 해외 진출에 매우 적극적이다. 2008년 말 기준으로 전 세계에 9,913개의 점포를 두고 있으며, 주력 업태인 하이퍼마켓은 947개이고 그 중 755개 점포를 해외에 두고 있어서 매장 수 기준으로 해외비중이 80%에 이르고 있다. 까르푸의 해외진출시장을 좀 더 자세히 들여다보면, 자국시장인 프랑스를 제외한 유럽시장은 360개 점포로 프랑스 국내시장을 포함한 전체에서 차지하는 비중이 38.1%로 까르푸의 해외시장 중 가장 큰 비중을 차지하고 있다. 다음으로 주 남미를 중심으로 하는 아메리카 시장으로 21.2%의 비중을 보이고 있다. 그리고 최근 까르푸가 주력하고 있는 중국을 포함하는 아시아시장이 194개 점포로 20.1%를 차지하고 있다. 아시아시장에서 특히 중국과 타이완의 비중이 높으며 2006년 말 중국에 90개 점포를 개점하였고, 타이완에 47개 점포를 개점하여 까르푸의 아시아시장 전체 매장 수 194개의 70%를 중국과 타이완 시장이 차지하고 있다.

그리고 세계 1위 유통업체 월마트는 1991년 멕시코에 첫 해외점포를 개설한 이래 1996년 7개국에서 2009년 15개국으로 시장을 확대하고 있다. 월마트는 2008년 약 3,615개의 점포를 해외에 두어, 해외 매출비중이 약 24.6%를 차지하고 있다. 매출기준 세계 20대 소매업체 중 해외에 진출하지 않은 업체는 4개 업체(Kroger, Target, CVS, Edeka)에 불과하며 모두 자국 시장이 충분히 큰 미국업체이다.

1996년 유통시장 전면개방과 함께 국내시장에도 주요 해외 글로벌 유통업체들이 진출하여 왔다. 까르푸(프), 월마트(미), 테스코(영), 코스코(미) 등이 국내시장에 진입한 주요 해외 글로벌 유통업체들이다. 한편, 국내 유통업체들도 해외시장으로 눈을 돌리면서 아직은 초보단계이지만 중국을 중심으로 조금씩 시장진출을 확대해 나가고 있다. 국내에서 해외진출이 가장 활발한 업체는 롯데마트이다. 롯데마트는 해외진출 4년여 만에 중국(92개) 인도네시아(28개) 베트남(2개) 등에서 총 122개 해외 점포를 열었다. 이는 국내 점포(95개)보다도 많은 것이다. 2012년 1월 현재 이후 인도네시아 마크로(Macro), 중국 타임스(Times) 등을 인수하며 해외시장으로 진출하기 위한 초석을 마련하고 현재 4개국 219호점을 운영하는 글로벌 기업으로 성장했다. 이마트의 경우는 중국에서 21개 점포를 운영하고 있다. 최근 중국 내 6개 점포를 매각하는 등 구조조정을 통해 해외 진출 전략을 재편하고 있다.

그런데 국내 유통업체의 해외진출은 주로 중국시장을 중심으로 이루어져 왔고 그 외 러시아와 베트남과 같은 시장을 주목하고 있다. 그렇다면 왜 이러한 시장들이 해외진출 주 대상이 되고 있는가. 그 이유는 시장 잠재성 때문이다.

세계적으로 유통의 글로벌화 트렌드와 글로벌화의 동기로 볼 때 국내 유통업체들의 글로벌화는 앞으로 불가피 할 것으로 보인다. 유통시장의 글로벌화는 우리가 선택하는 것이 아닌 주어진 유통환경이 되고 있다. 이러한 유통시장의 글로벌화 트렌드에서, 국내 유통업계는 국내시장에서 규모화를 통한 경쟁에서 벗어나 해외 시장으로 진출하는 능동적 글로벌화에 앞장서야 할 것이다. 이제는 국내에서 글로벌 유통업체들과의 경험을 발판으로 해외시장에서 그 경쟁력을 인정받아야 한다.

MINI CASE 11-1 해외점포 · 몰링 아울렛 영토확장 디딤돌로 글로벌 '톱5'_롯데쇼핑

롯데백화점은 지난 2011년 중국 톈진에 첫 단독점포를 내며 해외시장공략을 가속화했고 파주 프리미엄 아울렛과 롯데몰 김포공항점을 잇달아 오픈하며 쇼핑과 여가를 즐기는 쇼핑문화를 선도했다.

신동빈 롯데그룹 회장 출범 원년이었던 지난 2011년, 유통분야에서 롯데쇼핑의 존재는 그야말로 독보적이었다. 중국 톈진에 첫 단독 점포를 내며 글로벌 경영을 가속화했고, 판매수수료 등 정부의 규제 속에서도 파주프리미엄 아울렛과 김포공항몰, 롯데몰 대구 이시아폴리스점을 잇달아 오픈하며 쇼핑문화를 백화점에서 몰형태로 바꾸는 변화의 선도자였다. 이같은 추세를 이어갈 경우 '2018, 글로벌 TOP 5'진입은 목표가 아닌 현실이 될 것으로 관측된다.

롯데쇼핑의 화두는 백화점과 마트의 글로벌 경영 가속화, 백화점에서 몰(MALL) 형태의 강화, 중소기업과의 동반성장으로 요약할 수 있다. 롯데쇼핑은 지난 2009년 11월 창립 30주년 기념식에서 밝힌 '2018, 글로벌 TOP10' 진입 목표를 2010년 'TOP 7'으로 상향 조정했다.

2011년에는 신동빈 롯데그룹 회장이 지휘봉을 잡으면서 목표를 'TOP5'로 재수정했다. 2010년 매출 10조7200억원을 달성해 글로벌 순위 11위에 올랐고 지난해 5월에는 경제전문지 포브스가 선정한 세계 6대 백화점에 올랐던 성과를 감안할때 세계 TOP5 라는 지향점은 얼마든지 실현 가능한 목표로 보인다.

해외사업 매출비중 2018년까지 25%로

롯데백화점은 2018년까지 VRICs(베트남, 러시아, 인도네시아, 중국) 지역에 해외점포를 확대 운영하고, 해외매출 비중도 전체의 25% 수준까지 확대해 글로벌 백화점 순위 5위권에 진입한다는 비전 '2018, Global Top5'를 새롭게 정립한 바 있다. 비전 달성을 위해 2018년까지 국내 시장에서의 압도적인 1위를 구축하고, 성공적으로 글로벌화를 이뤄 해외성장의 기틀을 다잡으며 기존사업과 연관성 있는 신규사업에 진출할 방침이다.

세계 5위 진입을 위해 2018년 매출 목표도 당초 22조원에서 25조원으로 확대했다. 이 목표를 위해서는 현재 전체 매출의 2% 수준인 해외 시장 비중을 2018년까지 25%까지 끌어올리는 것이 내부 구상이다. 이를 위해 2018년까지 중국, 러시아, 베트남, 인도네시아 등 이른바 '브릭스(VRICs)' 지역을 중심으로 해외 점포를 40개 이상까지 확대한다는 큰 그림을 그리고 있다.

우선 현재까지는 해외에 러시아 '모스크바점(2007.9.2 오픈)'과 중국 '베이징점(2008.8.1 오픈)', '텐진 동마로점('11.6.17 오픈)'의 3개 점포를 운영 중이다. 중국 내 첫 자주점포인 '텐진동마로점(天津市 南開區 東馬路 137號)'은 롯데백화점이 직접 100% 자본을 출자해 독자적으로 중국에 진출한 첫 점포라는 점에서 의미가 크다. 연면적 5만m^2 영업면적 2만8,400m^2, 지하2층~지상4층 규모로, 식품–잡화–의류–생활가정용품 등 전 상품군의 원스톱 쇼핑이 가능하다.

텐진점은 국내에서 축적한 유통 노하우에 베이징점 운영을 통해 얻은 경험을 접목해 텐진동마로점을 주변 백화점들과 차별화했다. 외식성향을 높은 중국인들의 특징을 감안해 식품관을 확대해 1차 식품을 줄이고 델리상품(가공상품)군을 다양화 했다. 아울러 가구만 취급하는 전문매장에서 물건을 구입하는 중국인들의 성향을 고려해 가정매장에서 아예 가구 상품을 제외시키는 등 현지 특성화에 맞췄다.

업계 최초 인도네시아 진출도 눈에 띈다. 롯데백화점은 '자카르타점' 진출을 위해 지난해 5월 31일 인도네시아 부동산 개발사인 '찌푸트라 아디그라(Ciputra Adigraha)'와 백화점 및 쇼핑몰 출점을 위한 계약을 체결했다. 롯데 관계자는 "내년 5월 중국 텐진 2호점을, 12월 중국 웨이하이점, 12월 인도네시아 자카르타점 3개점을 오픈할 계획이며 2013년엔 2013년엔 베트남에도 진출, 하노이점을 만든다는 계획까지 잡혀 있다"고 설명했다.

롯데마트의 해외진출도 주목할 만하다. 경쟁업체인 이마트의 중국점이 문을 닫고 있는 상황에서 롯데마트 중국점은 연달아 오픈 하며 지난 8월에는 중국 지린성 창춘시에서 글로벌 200호점인 퀴위안점을 오픈했다. 2012년 역시 중국, 인도네시아, 베트남을 중심으로 20개점 전후의 신규 점포를 오픈해 지속적으로 점포망을 확대한다는 방침이다.

롯데쇼핑은 사회공헌 활동영역도 국내에서 국외로 넓히고 있다. 롯데백화점은 열악한 교육환경에 처해 있는 베트남 아이들을 위해 '롯데스쿨'을 지원하고 있다. '2009년 9월 오픈한 '제1 롯데스쿨(베트남 중부 광아이써)'에 이어, '2011년 2월에는 베트남 수도 하노이 인근의 박장(Bac Giang)州 탐디(Tam Di)마을에 '제2 롯데스쿨'을 오픈했다. 20년이 넘는 낡은 학교건물을 대신해 인근 부지에 2층 건물을 신축, 교실을 8개로 늘리고 학생들이 안심하고 뛰어 놀수 있도록 운동장을 정비한 뒤 울타리를 설치하는 등 다양한 시설과 기자재를 지원했다.

롯데그룹의 올해 경영계획에 따르면 올해 국내 5조3000억 원, 해외 1조4300억원 등 총 국내외에서 6조7300억원을 투자한다. 이는 지난해 총투자금액인 4조6000억보다 50% 가까이 증가한 수치다. 그 중 유통부문 투자금액은 3조3000억원으로 유통에서 롯데백화점은 5월 평촌점을 시작으로 10월과 12월에는 파주에 이어 부여와 청주에 아울렛을 개장한다. 해외에서는 중국에 텐진 2호점과 웨이하이점을, 인도네시아에 자카르타점을 오픈한다.

롯데마트는 올해 중국, 인도네시아, 베프남을 중심으로 20여개의 점포를 신규 오픈할 방침이다. 완구전문점인 토이저러스와 신개념 가전전문매장인 디지털파크 사업도 강화한다. 특히 디지털파크는 단독숍 형태로도 오픈해 경쟁력을 갖춰나간다는 복안이다.

자료: 이코노믹리뷰, 2012.1.10. 정리

나 유통업계의 글로벌화 동기

세계적으로 대형 유통업체들은 해외시장 진출 확대를 통해 성장을 도모하고 있다. 국제시장의 통합화를 높인다는 의미의 글로벌화는 경제활동이 한 국민경제의 국경을 벗어나 전세계적으로 확대되는 현상을 의미하는데, 현시대 21세기의 유통시장의 트렌드를 말할 때 글로벌화는 빼놓을 수 없는 화두이다.

2011년 Fortune 500 기업에서 1위인 월마트는 매출과 순이익은 각각 4,218억 달러, 164억 달러였고, 1991년 멕시코에 Sam's Club으로 첫 해외점포를 개설한 이래 2012년 현재 전세계 26개국에 5,651개의 매장을 지니고 있는 글로벌 유통업체이다. 비단 월마트 뿐만 아니라 매출기준 세계 20대 소매업체 중 해외에 진출하지 않은 업체는 5개 업체(Korger, Target, Abvertson,

K-mart, Lowe's)게 불과하며 이는 모두 자국 시장이 충분히 큰 미국업체이다.

1996년 유통시장 전면개방과 함께 국내시장에도 주요 해외 글로벌 유통업체들이 진출하여 왔었다. 월마트, 까르푸, 테스코, 코스코 등이 국내 시장에 진입하였으나 월마트와 까르푸만이 철수를 하고 코스코와 테스코는 홈플러스로 국내에서 영업중이다. 한편 국내 유통업체들도 해외시장으로 눈을 돌리고 있어 중국을 중심으로 동남아로 해외시장 진출을 확대해 나가고 있다. 가장 처음으로는 이마트가 1997년 중국에 진출하였고, 10년 늦게 롯데마트가 중국시장에 진출하였으나 현재는 가장 공격적으로 해외 점포 개설을 진행하고 있는데, 롯데마트는 2007년 중국에 첫 점포를 개장한 이해 2011년 현재 94개의 점포를 운영중이다. 그리고 동남아를 비롯하여 2018년까지 롯데마트는 700개의 해외점포 개점과 25조의 매출액을 목표로 하고 있다.

세계적으로 유통의 글로벌화는 불가피한 문제이다. 국내 유통 업체들만 보아도 중국시장을 중심으로 러시아, 베트남 그리고 인도네시아 등의 동남아 시장을 주목하고 있는 데 그 가장 큰 이유는 시장의 잠재성 때문이다. 그 밖에도 다음과 같이 우리는 유통시장의 글로벌화 동기를 찾아볼 수 있을 것이다.

유통업계의 글로벌화 동기는 국내시장의 포화, 국내시장의 정부규제, 규모를 경제를 위한 성장의 불가피, WTO 체제하에서의 자유화 확대, 그리고 신규시장의 시장잠재성을 들 수 있다.

① 국내시장의 포화

1996년 국내 유통시장의 전면개방 이래 개방 국내 대형유통점포 수가 417개를 넘어서고 시장경쟁은 더욱 치열해지고 있다. 국내 시장규모를 감안할 때 적정 대형점포 수에 대한 논란은 많지만 이제 포화점에 다다른 것만은 분명하다. 이제 대형유통업체들이 대도시의 신규개설보다는 지방 중소도시로 눈을 돌리고 더불어 그 동안 신규시장 개척을 통해 성장을 주도하여 온 유통업계가 새로운 시장창출의 과제에 고민하고 있음을 알 수 있다. 이러한 국내시장의 포화는 결국 해외시장으로 진출을 불가피하게 만들 것이다.

② 국내시장의 정부규제

세계적으로 유럽과 일본은 정부규제가 대체로 강하고 미국은 자유시장 원칙에 입각하여 규제가 약한 국가로 알려져 있다. 독일과 프랑스를 중심으로 한 유럽 유통업계가 해외시장 진출에 보다 적극적이었던 것은 자국시장의 정부규제가 강한 것이 주된 이유 중 하나라고 할 수 있다.

유럽에서는 1980년대 규제완화가 급속히 진행되었으나 이에 따른 결과로 중소유통업체의 영업활동이 크게 위축되어 실업이 증가하고, 대형매장의 난립에 따른 교통혼잡과 차량 이용의 증대에 따른 공해 발생 등에 따라 국가별로 차이가 있지만 1990년대 중반부터 대형 매장 설립에 대한 규제가 보다 강화되었다. 독일의 경우, 유럽에서 가장 규제가 강한 것으로 알려져 있으며, 점포크기나 영업시간 등에 대한 규제로 실질적으로 대형점포의 확산이 어려운 실정이다. 이러한 정부규제가 독일과 프랑스를 중심으로 한 유럽유통업계가 해외시장 진출에 보다 적극적인 주된 이유인 것이다.

한편, 미국은 근본적으로 시장의 자유를 강조하는 정책기조를 유지하고 있다. 유통업체는 철저한 시장경제의 법칙에 의해 경쟁력이 있는 업체는 생존하고 그렇지 못한 업체는 퇴출되는 것이다.

우리 국내 사정을 보면, 유통시장 개방과 함께 유통시장의 규제완화가 꾸준히 이루어져 왔으나 그 결과로 중소유통업계의 위기감이 고조되며 다시 정부규제를 강화하려는 움직임을 보이고 있다. 최근 영세 자영업 보호의 일환으로 대형 할인점의 영업시간과 출점에 대한 규제 입법화가 추진되고 있다. 물론 정부의 규제완화 기조가 쉽게 바뀔 것으로 보이지는 않지만 사회 여론의 향방의 따라 그 변화가 있을 수 있을 것이다. 이 또한 예상되는 정부규제정책의 변화에 대비하여 유통업계가 해외시장으로의 진출을 서두르는 이유이다.

③ 규모의 경제를 위한 성장의 불가피

세계의 주요 소매업체들은 신규 출점 증대 및 M&A를 통해 초대형화 추진하고 있다. 각 국가별 상위 소매업체의 시장점유율이 지속적으로 상승하고 있고 국내에서도 대형유통업체의 시장점유가 지속적으로 증대하고 있다. 국내에서 이제 백화점 빅3, 할인점 빅5 체제가 보다 강해지고 있고 앞으로 얼마 후에는 상위 소수업체의 시장점유비중이 더욱 커질 것으로 전망되고 있다.

세계적으로 합병을 통한 규모화는 프랑스의 까르푸와 프로모데스, 미국 시어스와 K마트의 합병과 합병을 통한 중국 최대의 유통업체 상해 백련그룹(Bailian Group) 탄생 등을 들 수 있다. 그리고 또한 월마트의 일본 세이유 인수와 영국 아스다 인수, 네덜란드 아홀드의 미국 지역 슈퍼마켓 체인 인수와 같이 글로벌 유통업체들의 로컬 유통업체의 지분 인수를 통한 해외시장 진출 역시 세계 유통업계의 규모화를 통한 경쟁력 강화 노력이라 할 수 있다.

④ FTA 확산

GATT 이후에 세계 무역시장의 지배구조였던 WTO체제의 문제를 해결하고자 지역주의가 확산되면서 전세계적으로 FTA가 빠르게 확산되고 있다. EU와 NAFTA를 중심으로 상호지역협정이 증가하면서 지역협정을 맺은 국가끼리의 무역 거래가 50% 이상을 차지하게 되며 FTA가 더 집중을 받고 있다. 2010년 기준 WTO에 통보되어 발효 중인 FTA를 기준으로 세계 교역에서 FTA가 차지하는 비중을 계산하여 본 결과 49.2%(2009년 기준)를 기록하고 있다. 세계 무역의 선도 국가인 미국(34.1%), 중국(19.2%), 일본(16.5%), EU(독일 73.6%, 프랑스 75.1%, 네덜란드 71.0%, 영국 62.7%, 이탈리아70.5%, 벨기에 79.2%) 국가들의 FTA 교역 비중은 모두 우리를 앞서고 있다. 현재 한국은 2011년 현재 기준 칠레(2004년), 싱가포르(2006년), EFTA(2006년), ASEAN(2007년), 인도(2010년), EU(2011년), 미국(2012년) 등 7건의 44개국과의 협상이 발효되었으며 특히 EU와 미국 등 선진 경제권과의 FTA는 역사적 사건으로 다루어지는 만큼 국내 유통 시장에 미칠 영향력에 대해서는 지속적인 관심이 필요할 것이다.

FTA를 포함하는 자유무역협정은 국내유통업체의 해외 진출에 보다 크게 영향을 미칠 것으로 전망되고 있다. 국내 유통업체의 해외진출 대상지역으로는 선진국보다는 개발도상국이 주요 목표시장이 될 것이다.

⑤ 신규시장의 시장 잠재성

선진국 시장이 점차 포화되어감에 따라 세계 유통업계는 시장 잠재성이 높은 신규시장 발굴에 노력하고 있다. 이미 남미 최대의 시장인 브라질에서 미국과 유럽계 유통업체들의 경쟁이 치열하고, 세계의 모든 관심이 모아져 있는 중국은 세계 글로벌 유통업체들의 각축전으로 그 경쟁이 더욱 치열해지고 있다는 것은 우리 모두가 잘 알고 있다. 아시아 시장은 1990년대 후반 금융위기를 계기로 글로벌 유통업체들의 시장진출이 보다 활발해졌고, 동유럽 시장은 유럽 유통업계의 시장 확대를 위한 동진(東進) 정책으로 유통시장의 글로벌화가 이루어져 가고 있다. 이제는 BRICs(잠재적 성장시장: 브라질, 러시아, 인도, 중국) 중에서 인도와 러시아로 글로벌 유통업계의 관심이 옮아가기 시작하고 있다. 2005년 3월부터 인도 정부가 소매 유통시장에 대한 외국인 직접투자 허가를 시작하면서 월마트를 포함한 세계적 유통업체들의 발 빠른 행보가 이어지고 있다고 한다. 우리 유통업계도 중국 이외에 새로운 해외 신규시장 개척을 위해 중장기적인 진출계획을 만들어 가야 할 것이다. 유통 기업들은 신규시장으로 진입하며 자국

시장에서 활동하던 것과는 달리 생성되는 기회요인과 위협 요인들이 존재하며 다음과 같이 요약할 수 있다.

▶ 기회요인

- 해외시장은 국내 시장 판매를 보충하는 곳이기도 하다.
- 포화된 국내 시장에 대한 새로운 성장 기회이다.
- 해외 시장에서는 아직 실용화 되지 않은 재화, 용역 및 기술을 제공할 수 있다.
- 경쟁자가 적다.
- 세금 이익과 투자의 기회가 있다.
- 글로벌화에 따라 많은 국가의 해외 기업에 대한 오픈 마인드가 존재한다.
- 인터넷을 이용한 커뮤니케이션 용이하다.

▶ 위협요인

- 문화적 차이가 존재한다.
- 경영 방식의 차이로 해외에서 수용이 어려울 수 있다.
- 해외 정부의 제약 조건이 있다.
- 유통 시스템과 기술의 부재(ex. 후진국 진출 시)하다.
- 통화의 차이가 발생한다.

MINI CASE 11-2 세계로 뻗는 유통업계

거꾸로 생각하라, 그러면 글로벌 시장 길이 보인다

국내 유통업체들이 포화상태에 이른 국내 시장에서 눈을 돌려 해외에서 성장 동력을 찾아나섰지만 '실적'을 봤을 때 아직까지는 '과도기' 단계다. 계속 적자를 면치 못해 호된 신고식을 치루는 곳이 있는가 하면 현지화에 실패해 사업을 철수하는 곳도 있다.

'뼈 아픈 실패'를 맛봤지만 유통업체들의 해외시장 개척은 계속되고 있다. 새로운 성장동력을 찾기 위한 '글로벌 과제'를 완수 해야 하기 때문이다. 유통전문가들은 '초기 진출방식'과 '현지화 전략'에서 철저한 사전학습이 이루어져야 '글로벌 성공 스토리'를 쓸 수 있다고 입을 모은다.

테스코가 '삼성'을 택한 이유

홈플러스의 성공은 국내 유통업체들이 해외 진출시 가장 먼저 학습해야 할 사례로 꼽히고 있다.

까다로운 소비성향을 제대로 파악하고 국내에 뿌리내린 유일한 외국기업인 테스코는 '삼성'이라는 한국의 로컬기업과 제휴한 것이 가장 큰 성공 요인이었다고 평가되고 있다. 테스코는 단독 투자방식 대신에 로컬(현지)에서 기반과 신뢰도를 가지고 있는 파트너를 찾았으며, 진출 후에는 삼성의 인력과 브랜드가치를 모두 활용하며, 빠르게 국내시장에 안착했다.

롯데유통연구소 연구원은 "국내 유통업체들의 해외진출은 M&A(인수 · 합병)나 JV방식(합작투자)이 유리하다고 보는 반면 직접진출은 피하는 것이 좋다"고 조언한다. 글로벌 유통기업 월마트 조차 직접진출을 통해 진출하면 자사의 스탠다드를 글로벌하게 적용시키 것이 녹록치 않다는 게 전문가들의 의견이다. 국내유통업체들은 해외 어느곳에서나 통하는 '노하우'를 아직 보유하지 못했기 때문에 직접진출은 실패가능성이 높다는 것이다.

반면 M&A 방식은 한 번에 많은 돈을 들여 업체를 인수하기 때문에 위험도가 크지만 현지에 빠르게 안착할 수 있고 기존 구매력을 가볍게 흡수하기 때문에 신속하게 경쟁기반을 닦을 수 있다.

이는 중국 이마트 사례에서 극명하게 드러난다. 국내에서 자신만의 방식으로 성공한 신세계 이마트는 같은 방식으로 중국에 진출해서 24호점까지 매장을 늘렸지만 수익성이 말해주듯 '실패' 사례로 언급되고 있다.

순손실액은 지난 2005년 68억 원에서 2009년 600억 원으로 매년 증가추세를 보이고 있다. 이마트 측은 '중국의 경제 악화', 경쟁사에 비해 뒤처지는 점포 수 등에 따른 '인지도 저하' 등을 원인으로 꼽지만 업계에서는 초기 진출 방식부터 잘못됐다고 분석한다.

암묵적으로 이를 인정하듯 신세계는 베트남 시장을 공략하며 직접진출이 아닌 합작투자 방식을 선택했다.

글로벌 경영에 속도를 내고 있는 롯데도 러시아 문을 두르리면서 부지 매입 후 출점하는 기존 방식에서 최근 현지 업체를 인수하는 쪽으로 가닥을 잡았다. 러시아는 관련 정책이 급변하는 등 기존 방식으로는 경영과 시장확대에 어렵다는 평가를 받고 있기 때문이다.

진출 방법 만큼 안정적인 현지 파트너를 만나는 것도 해외 진출의 성공과 실패를 좌우한다. 국내 1위 죽 전문점 본죽의 사례가 대표적인 예다. 본죽은 현재 미국과 일본에 4개 매장을 운영중이다. 베트남과 말레이시아에도 진출했다. 하지만 현지 기업의 역량 부족으로 더이상 매장을 늘리지 못하고 철수하면서 해외사업에서 쓴맛을 경험했다.

홈쇼핑업체 GS샵도 마찬가지다. GS샵은 지난 2005년 중국 충칭에 설립한 현지법인 '충칭GS쇼핑'이 지난해 상반기 방송 송출을 중단하면서 사실상 실패했다. 사업재개를 위해 중국 홈쇼핑기업 가운데 합작파트너를 찾고 있지만 해가 넘어간 지금도 사업소식은 전해지지 않고 있다.

월마트와 까르푸 보면 '길'이 보여

지난 1996년 중국에 진출한 월마트는 2009년 말 기준 매장수 175개에 매출액이 340억 위안에 달해 성공사례로 꼽히고 있다.

그러나 2007년 101여 개의 대형 슈퍼마켓을 보유하고 있는 현지업체 트러스트마트를 인수한 이후 해외경쟁업체에 비해 성장속도가 더디게 나타났다. 미국 현지점포 운영 모델을 도입하면서 중국 현지화에 실패한 것이 가장 큰 요인으로 분석된다.

반면 유통공룡 까르푸는 철저한 현지화 전략에 모든 것을 쏟아 부었다. 중국 전역을 크게 4개 지역으로 나누고 각 지역에 15여 개의 지사를 두면서 각 지사들이 단독으로 경영하면서 현지인들에 맞는 모델을 학습하고 구사했다. 경쟁업체를 견제하기 위해 기존의 진출전략도 전면 재수정하며 현지 업체에 대한 M&A를 적극적으로 검토하고 있다.

까르푸가 중국 전역에 156개의 대형 슈퍼마켓과 268개의 할인점을 보유하고 366억 위안의 매출을 올릴 수 있었던 이유는 철저한 현지화 전략을 구사했기 때문이란 게 전문가들의 분석이다.

국내 식품업계도 해외에서의 성공에 대해 꾸준한 현지화를 통한 마케팅전략이 있었기 때문이라고 입을 모은다. 롯데제과는 민트 · 시나몬 등 중동 사람들이 좋아하는 향으로 만든 제품을 앞세워 입맛을 사로잡았다. 중동은 고대부터 향기가 좋은 백향목을 귀하게 여겼던만큼 향기에 민감할 것이라는 전략이 맞아떨어진 것이다.

오리온은 중국 명나라 해상 영웅 정허(鄭和)를 등장시킨 애니메이션 광고로 중국인들의 눈길을 모았다. 중국문화가 체면을 중시하는 만큼 중국 역사를 인정해주고 띄워주는 광고가 효과적였다고 볼 수 있다.

지난해 중국 매출 1조원을 돌파한 이랜드의 성공비결도 철저한 현지화 전략에 있다. 중국에 진출한 주요 브랜드들은 10대 후반~30대까지 폭넓은 고객층을 타겟으로 하며, 캐주얼룩부터 비즈니스 룩까지 브랜드 콘셉트의 현지화가 중국진출 성공의 핵심요인이란 게 회사 측 설명이다.

대한상의 유통물류팀 관계자는 "해외유통선진기업 까르푸와 월마트를 보면 국내기업들이 해외진출 시 가장 신경써야하는 부분이 현지화에 있다는 것을 알 수 있다"며 "철저한 현지토착화가 글로벌 사업의 성공 비결"이라고 말했다.

신세계 이마트 중국사업이 실패한 근본적인 원인도 중국소비자와 한국소비자의 성향이 다르다는 것을 인지하지 못하고 현지화에 실패했기 때문으로 분석된다.

신세계가 초기 중국 진출 전략을 재수정하며, 공격적인 점포 확장보다는 신규점포 안정화에 시간을 투자하는 것도 현지화를 구축하기 위함으로 풀이된다. 중국 중산층 소비자를 잡기 위해 쾌적한 쇼핑 환경과 수준높은 서비스를 제공하는데 초점을 맞추고 풍성한 이벤트를 좋아하는 현지 소비자의 특성에 맞게 매장 중간 중간에 아일랜드 방식의 소규모 행사코너를 마련하며 현지화에 힘쓰고 있다.

자료: 이투데이 2011.3.11.

다 글로벌 소매 기업이 되기 위한 8가지 전략

유통업체가 글로벌화 됨에 따라 해외에서 성공하는 소매 업체가 되기 위해서는 다음의 요소들을 고려하여야 한다.

① 사회적 책임

이제 더 많은 소비자들은 기업이 사회적 영향력에 대해 고려하고 있다. 즉, 기업의 제품을 구매하는 소비자는 그 제품이 제공되는 기업의 노동 환경과 같은 문제에 대해서도 생각하는 것이다.

② 글로벌 소비시장의 변화

더 이상 최대의 글로벌 시장은 미국이 아니다. 아시아 시장이 급부상하고 있다. 따라서 미국 시장은 다소 도전을 받고 있은 셈이다.

③ 상품의 차별성

경쟁사와 차별성 없이 자사의 제품이 좋다고만 강조하는 것은 이제 더 이상 안 된다. 가격 이외의 다른 요소들을 이용하여 경쟁사로부터 차별성을 두어야 한다.

④ 롱테일 법칙

롱테일 법칙은 틈새 시장이 가져다 주는 기회를 이야기 한다. 이는 기존의 파레토 법칙을 뒤집는 이야기로 80%의 사소한 다수였던 것이 장기간에 걸쳐 이윤을 내어 준다는 것으로, 전자상거래가 활성화 되면서 나타난 현상이다. 예를 들어 아마존의 경우 꾸준한 이윤을 창출하는 것이 오프라인 서점의 베스트셀러가 아니라, 기존에 오프라인 서점에서 판매되지 않고 재고로 쌓여있던 사람들이 주의 하지 않았던 도서들이었다.

⑤ 서비스 분야 투자

국가가 발전하고 어느 정도의 경제 성장이 이루어지면 소비자들은 GDP상의 재화의 구매는 감소하고 서비스 분야의 소비가 증가하게 된다.

⑥ 선진국 유통업체의 신흥 시장 투자

신흥국가 혹은 개발도상국들에서 초과 수요가 발생하고 있기 때문에 소매업체들은 이 국가를 찾아내야 할 뿐만 아니라 투자 또한 미룰 수가 없다.

⑦ 멀티 채널의 통합

최고의 소매업체는 멀티 채널을 통해서 타깃 고객들에게 자신의 브랜드 경험을 강화시킨다. 예를 들어 이들은 웹사이트를 오직 판매만을 위한 공간으로 활용하는 것이 아니라 고객과의 소통을 통해 자신의 브랜드 정체성을 세울 수 있는 방안으로 사용한다.

⑧ 고객 경험 중시

소매업체가 경쟁 업체와 차별화 할 수 있는 한 방법이 매장내에서 충분히 고객들을 경험시키는 것이다. 이는 매장 레이아웃, 간판, 서비스 등 고객과 거래되는 모든 측면에서 충분히 경쟁력 있는 부분이다.

표 11-1 세계 경제

국가	2008 인구 (단위: 백만)	2008 인구 집중도 (km^2)	2007 1인당 GDP (US$)	2007 1인당 소매지출액 (자동자 제외, US$)	2007-2012 연간소매업 성장률 (인플레이션 적용, %)	2008 World Competitiveness Ranking Among the 15 Countries Listed
브라질	197	24	9500	1600	4.0	11
캐나다	33	3	38600	10500	3.5	2
중국	1330	135	5400	655	8.1	4
프랑스	64	114	32600	11100	1.8	7
독일	82	231	34100	10100	0.6	3
영국	61	248	35000	12500	4.0	5
인도	1150	346	2600	350	6.0	8
인도네시아	238	126	3600	850	3.9	15
이탈리아	58	195	30900	10400	1.2	12
일본	127	336	33500	9000	1.7	6
멕시코	110	56	12400	2800	3.7	14

표 11-1 세계 경제 (계속)

국가	2008 인구 (단위: 백만)	2008 인구 집중도 (km^2)	2007 1인당 GDP (US$)	2007 1인당 소매지출액 (자동자 제외, US$)	2007-2012 연간소매업 성장률 (인플레이션 적용, %)	2008 World Competitiveness Ranking Among the 15 Countries Listed
필리핀	96	316	3200	750	6.0	10
러시아	141	8	14800	3000	8.6	13
대한민국	48	483	25000	4500	1.9	9
미국	304	32	45800	11830	4.0	1

자료: Barry Berman and Joel R. Evans, "Retail Management", 11th ed., Pearson, 2010.

표 11-2 Top 25 Global Retailers

순위	회사명	국적	주요업태형태	2010년도 매출액 (US$ mil.)	2010년도 그룹 순이익 (US$ mil.)
1	Wal-Mart Stores, Inc.	미	하이퍼마켓, 슈퍼센터, 슈퍼스토아	$418,952	$16,993
2	Carrefour S.A.	프	하이퍼마켓, 슈퍼센터, 슈처스토아	$119,642	$754
3	Tesco plc	영	편의점, 할인점, 전문점, 슈퍼마켓	$92,171	$4,131
4	Metro AG	독	C&C(현금무배달도매업), 창고형 회원제 클럽	$88,931	$1,243
5	Schwarz Unternehmens Treuhand KG	독	할인점	$79,119	n/a
6	Costco Wholesales Corp.	미	C&C(현금무배달도매업), 창고형회원제 클럽	$76,255	$1,323
7	The Home Depot, Inc.	미	D.I.Y, 홈센터	$67,997	$3,338

표 11-2 Top 25 Global Retailers (계속)

순위	회사명	국적	주요업태형태	2010년도 매출액 (US$ mil.)	2010년도 그룹 순이익 (US$ mil.)
8	Walgreen Company	미	드럭스토아, 슈퍼마켓	$67,420	$2,091
9	Aldi GmbH & Company oHG	독	할인점	$67,112	n/a
10	Target Corp.	미	할인점 (discount department store)	$65,786	$2,920
11	Rewe-Zentral AG	독	슈퍼마켓	$61,134	n/a
12	CVS Caremark Corp.	미	드럭스토아, 슈퍼마켓	$57,345	$3,424
13	Seven & I Holdings Company, Ltd.	일	편의점	$57,055	$1,402
14	Edeka Zentrale AG&Company KG	독	슈퍼마켓	$54,072	n/a
15	Aeon Company, Ltd.	일	하이퍼마켓, 슈퍼센터, 슈퍼스토아	$53,458	$1,064
16	Woolworths Limited	호	슈퍼마켓, 편의점, 할인점, 전자전문점	$51,771	$2,118
17	Best Buy Company, Inc.	미	전자전문점, 홈센터	$50,272	$1,366
18	Lowe's Companies, Inc.	미	홈센터	$48,815	$2,010
19	Wesfarmers Limited	호	슈퍼마켓	$47,631	$1,902
21	Sears Holings Corp.	미	백화점	$43,326	$150
22	Centres Distributeurs E. Leclerc	프	하이퍼마켓/슈퍼센터/슈퍼스토아	$41,165	n/a
23	Safeways, Inc.	미	슈퍼마켓	$40,229	$591
24	Koninklijke Ahold N.V.	네	슈퍼마켓	$39,213	$1,133

표 11-2 Top 25 Global Retailers (계속)

순위	회사명	국적	주요업태형태	2010년도 매출액 (US$ mil.)	2010년도 그룹 순이익 (US$ mil.)
79	Lotte Shopping Company. Ltd	한	편의점, 백화점, 하이퍼마켓, 슈퍼마켓	$11,487	$879
82	Shinsegae Company. Ltd	한	백화점, 하이퍼마켓	$11,314	$962

자료: Stores, “2011 Top 250 Global Retailers”.

표 11-3 아시아 태평양 유통업체 상위 10개사

순위	업체명	국가	2010년도 매출액(US$ mil.)
1	Seven & I holdings co. Ltd.	일본	US$57,055
2	Aeon Company	일본	US$53,458
3	Yamada denki Company. Ltd.	일본	US$25,193
4	Yamada Denki Co., Ltd	일본	US$25,193
5	A.S. Watson & Company. Ltd.	홍콩	US$15,857
6	Isetan Mitsukoshi Holdings Ltd.	일본	US$13,933
7	Bailian Group	중국	US$13,344
8	UYN Company. Ltd.	일본	US$12,635
9	Gome Home Application Group	중국	US$12,042
10	The Daiei. Inc.	일본	US$10,415

자료: Stores, “2011 Global Powers of Retailing”.

KEY WORDS

글로벌화, 글로벌화 동기, FTA, BRICS

DISCUSSIONS

1. 유통업체의 글로벌화 동기에 대해 토의하세요.
2. 글로벌 소매기업이 되기 위한 전략을 논의해 보세요.

REFERENCE

1. Levy, Michael and Berton a. Weitz, Retailing Management, McGraw Hill Irwin, 2004.
2. 매일경제, “롯데마트, 印尼선 백화점 대우,” 2011.12.28.
3. 조선일보, “[소비자가 뽑은 신뢰 브랜드] 롯데마트, 4개국 219호점 운영… 글로벌 유통 리더 될 것,” 2010.1.17.
4. 맨프레드 크래프트 · 무랄리 K. 맨트랄라 · 추호정 · 문희강 · 전대근(2008), 2012 유통 트렌드:소매업 성공을 위한 21가지 키워드, 체인스토어협회 출판부.

12장

RETAIL MANAGEMENT

유통의 미래

가 환경변화와 유통 산업

1 시장 개방의 가속화

1989년 도 · 소매업진흥 5개년 계획 수립시, 유통시장 3단계 대외 개방 계획을 발표하고 정부는 본격적으로 유통산업의 대외개방 정책을 추진하였다. 이후 1993년 12월에 우루과이라운드 타결을 위한 최종 양허안이 제출되면서 1996년 1월 1일 우리나라 유통시장은 전면 개방되었다. 1998년에는 '외국인투자유치촉진법'이 제정되어 외국인의 부동산 소유가 전면적으로 허용됨에 따라 외국인투자의 국내 유통시장에 대한 법적 진입장벽은 완전히 없어졌다. 이러한 1996년의 유통시장의 전면 대외개방은 국내 유통시장에 커다란 변화를 가져왔고 국내 유통업 변화의 커다란 동인으로 작용하게 되는 계기가 되었다.

이후 2000년대 들어서며, 자유무역협정을 통해 GATT 이후 세계 무역시장의 새로운 질서로 자리 잡았던 WTO체제의 문제 해결을 위해 지역주의가 확산되었다. 지난 1992년의 EU출범과 1994년 NAFTA 발효를 계기로 협정국 간 무역 자유화와 관세 인하에 초점을 두는 상호 지역협정이 증가하여 2007년에는 세계 총무역의 50%이상을 지역협정내의 무역이 차지하고 있다. 전 세계적으로 FTA가 빠르게 확산됨에 따라 세계 교역에서 FTA 체결국 간의 교역이 차지하는 비중도 지속적으로 늘어나고 있다. 2010년 기준 WTO에 통보되어 발효 중인 FTA를 기준으로 세계 교역에서 FTA가 차지하는 비중을 계산하여 본 결과 49.2%(2009년 기준)를 기록하고 있다. 세계 무역의 선도 국가인 미국(34.1%), 중국(19.2%), 일본(16.5%), EU(독일 73.6%, 프랑스 75.1%, 네덜란드 71.0%, 영국 62.7%, 이탈리아 70.5%, 벨기에 79.2%) 국가들의 FTA 교역 비중은 모두 우리를 앞서고 있다.

자유무역협정(Free Trade Agreement: FTA)이란 지역경제통합의 한 형태로서 협정을 맺은 당사국 간 관세 및 기타 무역규제를 완화 내지 철폐하여 무역 자유화를 추구하고, 자원의 효율적 배분과 시장 확대에 따른 공동의 경제적 이익을 위하여 체결하는 국제협정이다. FTA는 부문별 특혜협정 다음으로 통합의 수준이 낮은 지역경제통합의 형태이다. 여기서 말하는 통합의 정도에 따라 부문별 특혜협정, 자유무역협정, 관세동맹, 공동시장, 경제동맹 등의 단계로 구분할 수 있다. 부문별 특혜 협정은 특정 부문 또는 상품의 교역에 대해서만 무역 제한을 완화하는 것으로, 경제 통합의 초기 단계에서 적용되는 것이 일반적이다. FTA는 협정을 체결한 회원국 간(역내국)의 상품 및 서비스 교역에 있어서는 관세와 비관세 장벽을 완화 내지 철폐하는 반면 비회원국(역외국)에 대해서는 각 회원국이 독자적인 무역정책을 유지하는 제도이다.

현재 한국은 2012년 현재 기준 칠레(2004년), 싱가포르(2006년), EFTA(2006년), ASEAN(2007년), 인도(2010년), EU(2011년), USA(2012년) 등 7건의 44개국과의 협상이 발효되었다.선진 경제권과의 FTA는 역사적 사건으로 볼 수 있는 만큼 국내 유통 시장에 미칠 영향력에 대해서는 지속적인 관심이 필요할 것이다.

자유무역협정이 유통산업과 관련된 정책적 이슈는 다음과 같이 세 가지로 정리할 수 있다. 첫째, MD의 다양화와 PB 상품 경쟁으로 유통시장 경쟁이 가속화되고 국내 유통기업과 서비스의 국제 경쟁력이 강화될 것이다. 따라서 세계적 수준의 PL 상품을 만들 수 있는 기회를 제공하고 국내 유통기업이 해외에 성공적으로 진출할 수 있는 방안이 중요한 문제이다. 둘째, 소비자 편익을 제고해야 한다. FTA로 인한 소비자 편익은 소매가격 인하와 비가격요인에서 발생되는 웰빙 효과로 설명 될 수 있다. 유통업체는 FTA 효과를 실제 소비자가 긍정적으로 체감할 수 있도록 하는 것이 중요 관건이다. 셋째, 한국은 현재 아시아에서 유일하게 EU, 미국과 FTA를 체결한 국가이다. 유럽과 미국산 제품의 판매 경쟁력 강화로 해외 소비자들의 국내 쇼핑 관광이 활성화 될 것을 기대 할 수 있다.

국내의 EU 화장품의 수입은 전체 화장품 수입의 42.5%를 차지하고 있는 가운데, 기술이나 품질 면에서 큰 차이는 없으나 브랜드 경쟁력에서 EU 제품이 매우 우월하여 국내 시장에 미치는 파급 효과가 매우 큰 편이다. 특히 기능성 화장품의 심사 절차가 간소화됨에 따라 기능성 화장품 수입 비중이 42%에 달하는 프랑스산의 수입 확대 폭이 커질 것이다. 하지만 그 동안에도 프랑스산 화장품의 비중은 경기 변동과 관계없이 꾸준히 증가하여 온 것으로 미루어 보아도 명품 수입 화장품의 소비층이 대부분 고소득층으로 가격에 민감하지 않은 만큼 관세율 인하 폭만큼 가격 인하를 단행하기 보다는 마케팅에 보다 적극적으로 투자할 것으로 분석되며 화장품 수입업자나 직진출하는 수입브랜드들간 마케팅 경쟁 또한 예상된다. 특히 마케팅 확대를 통해 백화점에 집중된 유통 채널을 다각화하거나 물량 공세를 통해 매출 확대를 꾀할 것으로 판단된다.

명품으로 불리는 럭셔리 브랜드의 대부분의 품목이 베블렌 효과 성격이 강한 제품으로 관세 철폐에 따른 가격 하락 영향은 미미하며 관세 철폐에 따른 원가 절감 부분을 마케팅력 강화에 투입할 것으로 판단된다. 이는 EU 산 명품 브랜드의 국내 브랜드력 강화와 시장 확대에도 긍정적인 영향을 미칠 것으로 전망된다.

한편 명품뿐만 아니라 관세 철폐로 국내 진출을 조율 중이던 높은 브랜드 경쟁력을 보유하고 있는 중저가 브랜드들도 FTA를 계기로 한국 진출에 적극적으로 나설 가능성이 높아지고 있다. 또한 관세 철폐로 ZARA, H&M과 같은 SPA 브랜드와 중저가 브랜드의 원가율이 감소할 것으로 판단된다. 예를 보면 미국의 대표적 프리미엄진 '트루릴리젼'은 이 같은 시장 변화를 읽고 최근 한국지사인 트루릴리젼코리아를 설립하고 직진출하며 유통망 확보에 힘쓰고 있다. 미국 클래식 캐쥬얼 브랜드 폴로는 2010년 두산과 계약 종료 후 한국 직진출 체계로 전환하면서 폴로 미국 본사의 글로벌 정책으로 인한 직영 체제로의 전환이 한미FTA와 맞물려 국내 의류시장의 미국 브랜드의 적극적인 유통확장이 예상된다.

MINI CASE 12-1 값 내리고 선택폭 넓히고 '소비의 新世界'가 열렸다

많은 우여곡절을 겪은 한 · 미FTA가 지난 15일 발효됐다. 이전까지는 계층 또는 직종간 이해가 달라 찬성과 반대로 의견이 엇갈려 갈등을 빚기도 했다. 하지만 이제 정식 발효된 상황에서는 어떤 기회가 있는지 잘 살피는 게 중요하다. 이번 한 · 미 FTA가 소비자에게 어떤 영향을 미칠지에 대해 살펴봤다.

정부는 한 · 미 FTA 발효에 대해 "무역의존도가 80%를 상회하는 우리나라에게 일본 · 중국 등 경쟁국에 앞서 미국 시장을 선점하고, 선진경제로 도약하기 위한 기회"라고 강조하고 있다. 한 · 미 FTA를 통해 소비자들은 저렴한 가격으로 다양한 상품을 구입할 수 있고, 기업은 한 · 미 FTA를 통해 더 넓은 시장을 확보할 수 있으며, 청년들은 더 많은 일자리를 누릴 수 있을 것이라고 설명한다.

그렇다면 한 · 미 FTA로 인해 달라지는 우리생활은 어떤 것들이 있을까? 우선 한 · 미 FTA가 발효로 자동차, 포도주, 화장품 등 미국산 수입상품과 국내 상품의 가격을 인하시켜 소비자들의 생활을 윤택하게 할 수 있다는 논리다. 결국 한 · 미 FTA 최대 수혜자는 '소비자'가 될 것이라는 얘기다.

화장품 · 의류 · 와인 관세 8~15% 즉시 철폐

미국산 화장품, 의류 등 다양한 상품을 보다 저렴하게 구입할 수 있게 된다. 여성들에게 사랑받고 있는 수입화장품은 소비자 가격을 기준으로 국내 시장점유율이 30%에 이른다. 화장품은 우리가 미국으로부터 수입량이 많은 제품 중 하나로 연간 수입액이 2억 달러 이상에 달한다.

한 · 미FTA 발효로 그동안 미국산 수입화장품에 부과됐던 관세 8%가 철폐되면 수입가격 인하로 소비자들의 부담이 줄어들게 된다. 세계 100대 화장품 메이커 중 30개 이상이 미국기업이라는 점을 감안하면, 향후 미국 화장품기업의 국내진출 확대로 소비자들은 좀 더 다양한 화장품을 싼 가격에 선택할 수 있게 되는 효과도 있다.

미국산 셔츠와 청바지 등 의류 관세 13%도 즉시 철폐된다. 섬유는 수입보다는 수출이 많은 품목이지만 넥타이, 슈트, 숄 등 일부 제품들은 미국으로부터 많은 양을 수입하고 있다. 현재 의류의 대미 수입액은 연간 8000만 달러가량이며, 대미 수출액은 4000만 달러가량에 이른다. 미국산 의류(13%), 셔츠(13%), 넥타이(8%), 모자(8%)에는 8~13%의 관세가 부과되고 있지만, 수입관세의 인하는 미국산 의류의 가격을 인하시킬 것이다.

특히 프리미엄 청바지 브랜드를 중심으로 미국산 브랜드 의류가 주목을 받으면서, 우리나라 소비자들의 미국산 의류에 대한 수요도 늘어나고 있는 추세다. 이런 상황에서 한 · 미 FTA로 의류관세 13%가 철폐되면 수입가격 하락으로 인해 보다 저렴해진 가격으로 미국산 의류에 대한 소비자들의 수요를 충족시킬 수 있을 것으로 기대된다.

미국산 와인은 국내 와인 시장의 10% 정도를 차지하고 있다. 와인은 15% 관세가 부과되는 고관세 품목이지만, 한 · 미 FTA가 발효되면 한 · EU FTA와 마찬가지로 미국산 와인에 부과되는 관세가 즉시 철폐되어 최대 15%까지 가격이 인하될 수 있다. 물론 소비자 가격인하 폭은 수입업자와 판매업자의 유통 정책과 마케팅 정책에 따라 다르게 나타날 수 있으나, 한 · 미 FTA로 소비자들이 우수한 품질의 미국산 와인을 저렴하게 즐길 수 있는 기회가 커지는 것은 분명하다.

치즈는 대폭, 자동차는 소폭 가격인하 예고

국내로 수입되는 승용차 중 미국산 차는 연간 1만3000대 수준으로 전체 수입자동차 총액의 6~7%를 차지하고 있다. 우리나라가 미국산 수입차량에 부과하고 있는 관세는 8%이지만, 한 · 미 FTA가 발효되면 4년간 수입차량에 부과되는 관세가 4%로 인하되고 발효 5년차 이후부터는 무관세로 미국산 승용차를 수입하게 된다.

자동차는 관세뿐만 아니라 개별소비세, 교육세, 부가가치세, 취득세, 등록세 등 다양한 세금이 부과되는 품목임을 감안하면 관세인하는 관세를 기반으로 추가적으로 부과되는 세금을 연쇄적으로 경감시켜, 소비자들이 느끼는 가격인하 효과는 관세인하의 폭 이상으로 나타날 것으로 보인다.

한 · 미 FTA의 미국산 수입자동차 가격인하 효과를 구체적으로 살펴보면, 2000cc 이하인 미국산 수입차량은 한 · 미 FTA 발효 즉시 약 4%의 가격인하 여력이 생길 것으로 기대된다. 그리고 발효 5년차 이후부터는 관세 철폐에 따라 약 8%에 해당하는 가격인하 효과를 기대해 볼 수 있다. 한 · 미 FTA는 배기량이 2000cc를 초과하는 대형차에 부과되는 개별소비세 인하를 예정하고 있다.

따라서 한 · 미 FTA 발효 이후 미국산 대형차를 포함한 2000cc 초과 차량을 구입할 때에는 관세인

▼ 한미FTA로 관세가 철폐되는 미국산 제품

	품목	관세율	철폐시기
식품	냉장삼겹살, 냉장목살	22.5%	10년 철폐
	토마토주스	30%	5년 철폐
	포도즙	30%	즉시 철폐
	밀가루	4.2%	5년 철폐
과일	오렌지	50%	계절 관세
	레몬	30%	2년 철폐
	체리	24%	즉시 철폐
기호식품	와인	15%	즉시 철폐
	맥주	30%	7년 철폐
	아몬드	8%	즉시 철폐
	인스턴트커피	8%	5년 철폐
의류 및 화장품	남성 T셔츠	13%	즉시 철폐
	향수	8%	3년 철폐
기타	비타민	8%	3년 철폐

가격인하 효과는 관세 철폐 기간에 걸쳐 점진적으로 나타나며, 유통마진 등의 변화에 따라 최종 소비자 가격은 달라질 수 있음.

하와 더불어 개별소비세 경감까지 누릴 수 있다. 만약 미국산 대형 자동차에 부과되는 관세 및 개별소비세가 인하되면, 한 · 미 FTA 발효 후 약 12%에 해당하는 가격 인하 여력이 발생할 것으로 기대된다.

미국산 치즈에 부과되는 관세 36%가 철폐된다. 치즈는 우리나라에서 대표적으로 수입에 의존하고 있는 상품이다. 2010년을 기준으로 우리나라가 해외로 수출한 치즈는 연간 6억원 수준에 불과하지만, 우리나라가 수입한 치즈는 연간 2000억원에 달한다.

우리나라는 뉴질랜드와 미국에서 가장 많은 치즈를 수입한다. 뉴질랜드로부터 연간 5000만 달러 수준의 치즈를, 미국으로부터는 연간 4000만 달러의 치즈를 수입해 소비하고 있다. 두 국가의 치즈 수입량을 합하면 우리나라 치즈수입량의 절반 정도가 되는 셈이다.

우리는 남녀노소를 불문하고 치즈를 즐겨 소비하지만, 치즈에는 36%의 고관세가 부과되고 있다. 그러나 한 · 미 FTA를 통해 미국으로부터 수입되는 신선한 치즈 · 커드, 블루바인 치즈, 체다치즈를 포함한 모든 종류의 치즈를 관세인하 대상에 포함시켰으며, 치즈를 비롯한 버터, 밀크와 크림 등 비교적 관세가 높았던 낙농제품을 한 · 미 FTA 발효 이후에는 더욱 저렴하게 구입할 수 있을 것으로 기대된다.

자료: 이코노믹리뷰, 2012.3.20.

2 기술 환경의 변화

기술 환경의 변화가 유통 산업에 미치는 영향은 크게 두 가지 측면에서 살펴 볼 수 있다. 우선 POS 시스템, EDI 시스템, 무선바코드(RFID) 등의 유통 시스템의 발달은 우리 유통업체가 성장하는데 공헌하였다. 1990년대부터 국내에 등장한 대형마트, 회원제 창고형 도 · 소매점과 같은 유통 신업태의 성장에는 유통정보시스템의 발달이 영향을 미쳤다. 예를 들어 이마트의 미트센터는 한우의 유통단계를 축소하여 축산물 유통 시장에 혁신을 일으키고 있는데, 이러한 센터가 가능한 것은 유통업체가 주축이 되어 실행하고 있는 유통기술이다.

다음은 인터넷의 정보 기술의 발달이 무점포 소매점을 발달 시킨다는 점이다. 이제는 인터넷을 통한 전자 상거래의 성장과 TV 홈쇼핑의 성장을 넘어서 스마트 폰의 대중화가 유통 산업에도 새바람을 일으키고 있다. 국내 스마트폰 국내 가입자 수가 2,000만 명이 넘었고, 태블릿 PC 시장 규모도 급 성장하고 있다. 2010년 1분기 전세계 스마트폰의 판매량은 전년동기 대비 약 49% 증가했고 전체 휴대폰 시장에서 스마트폰의 점유율은 17.3%를 기록함. 2013년에는 전체 휴대폰 시장에서 스마트폰이 차지하는 비중이 무려 43%까지 치솟을 것으로 예상된다.

스마트 기기의 현장성과 즉시성 등을 적극 반영하는 다양한 서비스가 소셜네트워크[1] 서비스와 연계하여 쇼핑, 교육, 미디어, 광고 등의 분야에 걸쳐 새로운 사업 및 서비스가 전개된다.

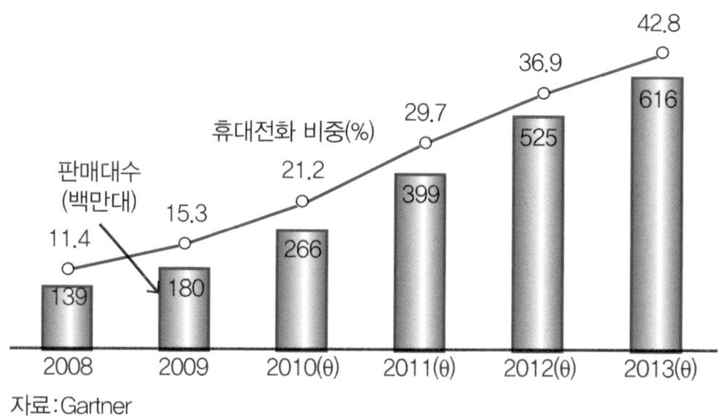

그림 12-1 전세계 스마트폰 판매량 및 비중
자료: LG경제연구원

1 소셜네트워크란 인터넷 상에서 이용자들이 인적 네트워크를 형성하여 교류하도록 해주는 서비스. Facebook, Twitter 등이 있다.

정보기술의 발달과 스마트폰의 급속한 보급으로 인해 소비자들이 쉽게 정보를 얻고, 비교 · 선택이 가능해졌다. 이에 따라 모바일 쇼핑과 소셜커머스가 급성장하고 있다. 스마트폰을 이용하여 제품정보를 알아보고 해당 제품을 즉석에서 주문까지 할 수 있다. 이와 더불어 소셜네트워크 서비스를 바탕으로 쇼핑경험을 실시간으로 커뮤니케이션 할 수 있다. 실시간 가격비교, 공동구매가 일상화 되면서 쇼핑 트랜드가 바뀌고 있는 것이다. 스마트폰 시대가 본격화하면서 소비자들은 더 이상 온라인과 오프라인을 구별하지 않으며, 온 · 오프라인 업체를 막론하고 유통구조가 빠르게 온라인 중심으로 바뀌고 있다. 스마트폰과 미디어 기반의 모바일 커머스는 쇼핑에서 유통, 마케팅 전 영역을 아우르는 변화를 촉진시킬 것으로 보인다. 정보기술 발전의 급진으로 유통 산업은 과거의 전통적인 도 · 소매업에서 향후 10년간은 정보 서비스업으로 산업 정체성이 변할 것으로 보인다.

MINI CASE 12-2 소셜커머스, 유통지도 바꿀까

명동에서 마사지 업소를 운영하는 A씨는 얼마 전까지만 해도 가게의 존립을 걱정했다. A씨 본인이 북한에서 탈북해 한국에서 가게를 차렸기 때문에 인맥이 부족해 손님을 유치하기 쉽지 않은 데다, 명동에 마사지 업소가 워낙 많아 경쟁이 치열했기 때문이다.

하지만 최근에는 사정이 크게 바뀌었다. 늘어나는 손님을 감당하지 못해 종로에 지점까지 오픈할 계획이다. 소셜커머스 업체 쿠팡에서 할인쿠폰을 판매한 것이 계기가 됐다. 명동의 마사지 업체는 쿠팡에서 4차례 쿠폰을 판매하면서 1억원가량의 매출을 올렸으며, 이후 입소문이 나면서 일평균 매출도 2배 이상 증가했다.

이처럼 소셜네트워크서비스(SNS)를 활용한 소셜커머스는 한국 시장에서 선을 보인 지 2년 만에 주요 전자상거래 방식으로 자리 잡았다. 소셜커머스의 대중화는 소비자의 제품 구매 방식과 제품 생산자의 판매 방식에도 상당한 변화를 야기했다.

우선 온라인에서 판매되는 상품의 영역이 넓어졌다. 소셜커머스가 등장하기 이전에는 주로 유형의 상품이 전자상거래 대상이었다. 하지만 소셜커머스가 활성화된 이후 마사지 숍이나 미용실 등 각종 서비스 상품이 온라인에서 거래되는 경우가 증가했다.

소셜쇼핑에서 서비스 제품 거래가 확대되는 이유에 대해 김필수 현대경제연구원 선임연구원은 "유형 상품의 경우 제품 원가가 정해져 있기 때문에 가격을 더 낮추기는 힘들다. 하지만 서비스는 유형 제품에 비해 원가 개념이 모호하고 이벤트나 행사를 기획하기에도 용이하다. 따라서 서비스 상품이 소셜커머스에서 많이 거래된다"고 설명했다.

소셜쇼핑은 제품의 다양화와 함께 제품의 전문화도 이끌었다. 분야별로 전문화된 사이트가 제품의 전문화를 유도하고 있다. 예를 들어 주부를 대상으로 농산물을 저렴하게 판매하는 소셜커머스 '그린애'와 유아용품과 주부용품을 반값에 제공하는 '주부9단' 등을 꼽을 수 있다. 이들 사이트에서는 장난감이나 젖병, 쌀 등의 생필품과 식품을 저렴하게 판매한다.

학원 강의나 자격증 강의 할인쿠폰만을 모아서 거래하는 소셜커머스도 있다.

반값등록금 쿠폰도 등장

VIP 전용 소셜커머스도 등장할 것으로 보인다. 김호철 티켓몬스터 B2B 담당 팀장은 "4월부터 VIP 고객관리 개념의 멤버십 프로그램을 진행할 예정"이라고 밝혔다. 일반 고객은 구매할 수 없고 실적이 높은 우수 고객만 특정 상품을 구입할 수 있는 서비스다. 티켓몬스터는 또한 한우를 납품하는 업체와 계약을 맺어 식자재 유통 사업에도 뛰어들었다. 기존 생활협동조합의 업무를 소셜쇼핑에서 선보이는 셈이다.

최근에는 온라인으로 판매되기 어려워 보이는 독특한 서비스 거래 비중도 증대되는 추세다. 취업 상담권, 병역체험, (미국)등록금 반값 상품이 등장하는 등 상품 영역이 파괴되고 있다. 독특한 디자인의 제품만 판매하는 소셜커머스도 등장했다. 수건, 쿠션, 의자 등에 차별화된 디자인을 입힌 상품들이다. 가격은 주로 5만원 선이다. 디자인 상품을 판매하는 소셜커머스 업체인 Deblow의 박성렬 대표는 "기존소셜커머스는 저렴한 가격만 강점으로 내세우지만, Deblow는 전문 큐레이터가 선별한 디자인을 제품에 입혀 만족도를 높였다"고 말했다.

쇼핑의 전문화
MD 역할 강화

소셜쇼핑은 또한 메타사이트(meta site) 유형의 비즈니스가 활성화되는 데 상당한 영향을 미쳤다. 메타사이트는 다양한 소셜커머스 업체들의 콘텐츠를 일괄적으로 모아 보여주는 사이트들이다. 소비자의 선호를 입력하면 맞춤형 소셜 상품이 이메일로 배달되는 등 소비자 중심의 서비스를 제공한다. 소셜커머스 업체의 수가 늘어날수록 메타사이트의 콘텐츠가 풍부해졌고, 다양한 상품의 가격을 비교하며 구매를 원하는 소비자들은 메타사이트를 통해 편리한 쇼핑이 가능해졌다.

과거에 비해 상대적으로 MD(Merchandising Director)의 역할이 강화된 것도 소셜쇼핑이 인기를 얻으면서 나타난 현상이다. MD는 SNS 방문자들이 선호하는 상품이나 체류 시간, 상품과 SNS 방문자들의 연관관계 등을 분석해 상품을 구성하는 역할을 한다. 기존에는 상품 판매자들이 자신의 상품을 전시하고 고객의 선택을 기다렸다면, 소셜커머스는 시장의 수요를 미리 예측해야 한다.

따라서 고객이 요구하는 상품과 서비스를 발굴하는 전문 MD들의 역할이 보다 중요해진 것이다. 소셜커머스 업계 관계자는 MD의 역할을 "기존 매출이나 주문 데이터, 잠재고객의 구매 성향을 분석해 트렌디하고 선별된 상품과 서비스를 종합 전시하는 큐레이터 역할"이라고 표현한다.

소비자와 접점을 만들지 못한 중소형 판매점의 홍보 방식에도 근본적인 변화가 생겼다. 제품 판매자 입장에서 광고비용 대비 홍보 효과를 객관적으로 측정하기가 쉽지 않다. 그런데 소셜쇼핑을 활용하면 상대적으로 측정이 용이하다.

예를 들어 음식점을 새로 개장할 경우, 기존 방식으로 홍보할 때와 소셜커머스를 활용해 홍보했을 때 티켓 판매량과 실제 매장 방문 이용자 수를 통해 홍보 효과를 즉각적으로 측정할 수 있다.

저가격 · 쇼핑시간 단축 효과

소비자의 쇼핑 구매 형태에도 영향을 미쳤다. 기존에 가격 부담 때문에 이용하지 못했던 상품을 이용할 수 있게 됐고, 쇼핑 시간 역시 단축됐다. 김필수 선임연구원은 "소셜커머스는 상품별, 지역별로 카테고리가 구분돼 있다. 과거에는 소비자들이 저렴한 제품을 구입하기 위해 멀리까지 발품을 팔아 찾아가야 했지만, 소셜커머스 덕분에 지역기반 오프라인 상권에서 판매되는 상품도 쉽게 구입할 수 있어 효율적이다"라고 설명했다.

오픈마켓과의 간극 줄어들어
상품 늘어나고 배송 빨라져

소셜커머스와 오픈마켓의 간격이 허물어지고 있다는 점도 근래 볼 수 있는 특징이다. 엄밀히 보면 소셜커머스는 통신판매를 하고, 오픈마켓은 인터넷에서 판매자와 소비자의 거래를 중개한다. 오픈마켓은 다양한 상품군이 마련돼 있어 본인이 원하는 상품을 검색해 직접 찾아 구입하는 데 비해, 소셜커머스는 직접 소수의 추천할 만한 상품을 선별해 소비자들에게 소개한다. 그렇지만 최근 소셜커머스도 여러 가지 카테고리를 마련해두고 다양한 상품을 소개하고 있다. 오픈마켓에 비해 상품군이 한정돼 있다는 단점을 보완하기 위해 오픈마켓의 장점을 차용하고 있는 셈이다.

소셜커머스가 오픈마켓의 장점을 벤치마킹한 사례는 이뿐이 아니다. 티켓몬스터에서 생필품, 홈&데코레이션, 취미&레저 분야를 담당하는 김효민 티켓몬스터 생활팀 MD는 "오픈마켓의 당일 배송 시스템에 익숙해진 최근 소비자들은 빠른 배송을 원한다. 이를 감안해 일괄 배송 시스템을 버리고 주문 당일 바로 제품을 발송하는 오픈마켓 시스템을 그대로 도입했다"고 설명했다.

오픈마켓과 소셜커머스의 차이점에 대해 김필수 선임연구원은 "말이 소셜커머스지 기존 인터넷 구매, 공동구매와의 차이점은 점점 사라지고 있다"며 "오픈마켓과 소셜커머스는 다양한 제품을 싸게 제공한다는 점에서 비슷하다. 향후에도 소셜커머스의 비즈니스 모델은 여러 방면에서 오픈마켓과 비슷해질 것"이라고 설명했다.

소셜커머스를 통해 해외 시장을 공략하는 새로운 비즈니스 모델도 만들어지고 있다. 주방용품 전문 제조 · 판매업체인 PN풍년은 최근 그루폰을 통해 프라이팬을 동남아시아 여러 업체에 판매하며 신규 수출 루트를 개척했다. 제품을 그루폰코리아에 납품하면 그루폰이 동남아시아 그루폰 지사를 통해 고객을 모집하고 일정 수수료를 지급한 뒤 제품을 발송하는 형태다. 황희승 대표는 "그루폰의 경우 글로벌 네트워크를 활용해 여러 국가에서 재고를 털어줄 수 있다. 동남아시아 시장에서 통하는 제품이라면 그루폰을 통해 수출할 경우 새로운 수출길이 열린다"며 "기술력이 좋은데 마케팅이 부족한 중소기업을 해외에 진출시키는 것은 그루폰의 주요 사업목적 중 하나"라고 말했다.

◆ 소셜커머스가 야기한 변화

① 서비스 상품의 온라인 거래 비중 증가
② 특정 타깃을 대상으로 한 쇼핑의 전문화
③ 메타사이트 비즈니스 활성화에 기여
④ MD의 전문성 강화
⑤ 중소형 판매점의 홍보 방식에 변화 야기
⑥ 오픈마켓과 소셜커머스의 간격 축소
⑦ 해외 시장 판로 개척 가능

자료: 매경이코노미, "소셜쇼핑 경제학", 제1650호, 2012.4.2. 정리.

나 한국 유통 산업의 미래

한-EU FTA 에 이은 한-미 FTA의 발효, 유통법 개정, 유럽과 일본, 미국을 포함한 선진국 경제의 장기 불황등 국내 유통시장에 직 · 간접적으로 영향을 끼치는 경제 환경의 변동성이 그 어느 때 보다 커지고 있다. 이에 향후 유통시장 환경을 변화시키는 요인들을 Big 5 키워드(key words)로 정리하고 이들을 중심으로 어떻게 이 변화를 기회로 만들 수 있는지 알아보자.

① 왜 좋은 제품도 팔리지 않을까? : 마켓 3.0 시대

최근 들어 소비자가 원하는 상품을 만들어도 팔리지 않는 경우가 속출하고 있다. 이는 시장이 초과잉생산 상황 소위 마켓 3.0에 들어갔음을 시사해준다. 시장의 생존 공식이 〈마케팅〉에서 〈브랜딩〉으로 변하고 있다. 브랜딩의 시대란 '매력'과 '공유가치'를 만들면 홍보나 광고 없이 고객들이 자신을 알아주는 시대를 뜻한다. 필자는 남미 에쿠아도르에 위치하고 있는 갈라파고스 섬을 방문했을 때 150년 전 그곳에서 찰스 다윈이 왜 5주간이나 머물면서 종(Species)의 진화에 관한 실마리를 풀었는지 실감할 수 있었다. 똑같은 종류의 도마뱀이 서식지마다 등가죽 모양과 색상이 조금씩 다르다. 이들이 각 섬의 환경에 맞추어 각기 다르게 변화했기 때문이다. 새로운 변화에는 새로운 생존 공식이 절실히 필요하다.

소비시장이 3.0버전으로 진화하고 있다. 2010년 마케팅 구루 코틀러 교수는 모든 것을 바꾸어 놓을 새로운 시장이 도래했다고 주장하면서 이를 '마켓 3.0'이라 명명한 바 있다. 글로벌화와 소셜네트워크 서비스(SNS)로 대변되는 최근 시장에서 생존하기 위해서는 브랜드의 가치 창조가 필수적이다. 과거 만들면 무조건 팔리던 시대(IMF 경제 위기 이전시대)도 있었으나 공급이 수요를 초과하면서 마케팅 시대가 시작되었다. 이 시기에는 좋은 상품만이 소비자의 선택을 받게 되는데, 이와 같은 제품중심의 시장을 마켓 1.0이라 한다. 마켓 2.0은 제품의 기능 뿐만 아니라 감성까지도 고려한 소비자 중심의 시장을 말한다. 그러나 최근 들어 모든 기업이 다같이 고객 만족을 외치면서 이제 소비자 지향의 마켓 2.0 시대도 저물고 있다. 더 나은 세상을 만들자는 목표를 가지고 있는 마켓 3.0 시대에서는 소비자에게 열망을 불러 일으키는 제품이 아니면 팔리지 않는다. 마켓 3.0 시대의 시장 환경에서는 결국 강력한 브랜드를 가지고 있는 기업만이 성장과 생존을 담보 받을 수 있게 되었다. 유통기업들도 소비자와 지역사회에서 사랑받는 브랜드가 되기 위해서는 무엇을 해야 하는지 치열하게 고민하여야 할 것이다.

② 불황은 길고 호황은 짧다: 상시 불황

지난 50년간 한국 경제는 오일쇼크와 IMF 경제위기등 몇 번의 고비가 있었지만 줄기차게 고성장을 거듭해 왔다. 장기 불황은 없었다. 그러나 향후 그 같은 시대는 다시 돌아오지 않을 것으로 예상된다. 우리나라는 연간 4% 이상 고도 경제성장 시대를 졸업하고 잠재 경제성장률 3% 대 미만의 성숙 경제국가로 변하고 있다. 따라서 미래 우리 경제는 짧은 경기 호황과 긴 경기 불황을 반복하는 선진국형 경제 사이클을 겪을 것으로 예상된다. 따라서 향후 10년간 불황기 마케팅이 크게 발달할 것으로 예상할 수 있다. 최악의 경우, 그 확률은 낮지만 일본의 장기 불황과 같은 상황을 맞을 가능성도 있다. 불황기에는 중저가 패션 브랜드 도입과 PB 개발 가속화, 백엔 숍, 이코 숍과 같은 초저가 점포 개발 등이 불황기 마케팅의 기본 방향이 될 것이다. 그리고 정부도 불황기에 대응, 업체와 소비자의 기대수준을 조정하고 소비를 촉진하는 정책을 보다 심도 있게 연구해야 할 것이다.

③ 유통업은 상품 판매업이 아니다? : 정체성의 변화

무점포 소매업과 SNS의 급성장과 CRM 발달 그리고 유통과 물류정보화의 급진전으로 유통산업은 과거 전통적 '도 · 소매 판매업'에서 '정보 서비스업'으로 그 산업 정체성(industry identity)이 변할 것으로 예상된다.

스위스 1위 유통업체 미그로스(Migros) 경우 소매업의 핵심경쟁력은 '로지스틱스'와 'SCM'에 있다고 보고 자사의 정체성을 '전달(delivery)'에 있다고 선언한 바 있다. 소매산업이 '고객 정보 서비스업'으로 그 정체성이 변하고 있는 또 하나의 사례는 영국 테스코(Tesco)이다. 2000년 이후 테스코는 인터넷 소매업과 금융업에 동시 진출, 신규 산업분야에서도 성장을 구가하고 있다. 유통산업의 정보화, 또는 유통산업의 디지털화는 궁극적으로 유통업이 그저 물건을 판매하는 기업에 그치는 것이 아니라, 매장에서 자연스레 타깃층에 맞춰진 광고를 보고 직접 경험해 본 후 구매까지 하는 일괄 체험의 장을 제공하는 종합 고객 라이프 스타일 창조업으로 그 정체성을 변화시키고 있다. 따라서 향후 유통업체의 경쟁력은 '입지'보다는 '고객정보'로 그 핵심 축이 이동할 것으로 예상된다. 이에 따라 정부는 이제 유통산업을 단순히 소매 서비스 판매업으로 인식하기보다는 정보산업으로, 동시에 한류등으로 인한 외국 관광객의 쇼핑 수요를 고려한다면 '관광산업'으로까지 유통산업의 개념을 확대할 필요가 있다.

④ 재미가 없으면 판매도 없다: 엔터테인먼트 강화

향후 소매 유통업은 급속하게 '엔터테인먼트(entertainment)화'될 것으로 보인다. 이는 소비자 감성과 경험 그리고 레저의 중요성이 커지고 산업간 융합 현상이 증가하면서 발생한 것으로 '소매업'과 '엔터테인먼트'의 합성어로 '리테일테인먼트(retailtainment)'란 말까지 등장했다. 덴마크의 레고랜드(Legoland) 파크와 같은 레저업체 경우 나이키(Nike) 같은 메가 파트너들과 제휴, 라이프스타일 제품과 소프트웨어를 판매하는 소매업체로 발전하고 있다.

유명 브랜드 제품을 저렴하게 판매하는 아웃렛 몰도 영화관과 레저시설을 동시에 입점시키는 엔터테인먼트 전략이 핵심 마케팅이 되고 있다. 영국 옥스퍼드 인근에 위치하고 있는 비스터 빌리지(www.bicestervillage.com)는 '런던 밖에 있는 최고의 패션 빌리지(The most fashionable village outside London)'라는 슬로건을 가지고 좋은 입지 여건과 고객 편의 시설을 바탕으로 유명한 관광지로 성장하고 있다. 미래 쇼핑은 즐거움과 엔터테인먼트를 경험하는 서비스로 발달할 것이다. 필자는 우리나라도 지방자치단체를 중심으로 쇼핑과 엔터테테인먼트 그리고 지역 특산품과 문화를 소개하는 쇼핑몰, 아울렛 몰 또는 소매 공원(retail park) 개발에 보다 박차를 가해야 한다고 생각한다.

⑤ **한국인은 불행하다: 소비자 웰빙 창조가 유통업체 미션**

한국은 현재 세계 자살률 1위 국가이다. 이는 사회의 지나친 경쟁과 물질화로 인하여 개인의 불행감이 커지고 있는데 기인한다. 필자는 20년 전 영국 유학시 우울함을 테스코 매장과 쇼핑몰등 소매 시설을 정기적으로 방문하여 찾은 재미와 행복으로 극복할 수 있었다. 도발적이기는 하지만 우리 유통 업체들이 자신들의 매장을 방문객들에게 '즐거움'과 '놀라움'을 선물할 수 있는 공간으로 발전시킬 수 있다면 방문객의 행복을 높일 수 있을 것이다. 유통업체는 궁극적으로 소비자 행복 즉 '웰빙 솔루션'을 창조해야만 한다. 웰빙(well-being)은 1948년 WHO에서 개최한 세미나에서 건강의 정의를 '질병이 없기만 한 것이 아니라 육체적, 정신적, 사회적으로 안녕(well-being)한 상태'라고 한 것에서 공식적으로 처음 등장한 용어이다.

웰빙은 정신과 신체의 건강한 조화를 추구한다. 그리고 자기 자신에 대한 관심과 사랑을 지향한다. 소비자 입장에서는 '건강'과 '사랑', '행복'등의 키워드로 압축된다. 웰빙은 소비 고급화의 연장선상에서 생각할 수 있으나 기존의 명품지향 소비와는 확연한 차이가 있다. 웰빙 개념인 '자신과 자기 가족의 건강한 삶'이라는 목적에 있어서는 과시성이 필요하지 않기 때문이다. 그렇기 때문에 웰빙은 상징성이 강한 제품뿐 아니라 생식품을 포함한 저관여 제품에까지 그 적용 범위가 매우 다양하다. 최근 웰빙페어 참관객을 대상으로 한 설문에 따르면 과거에는 '웰빙'하면 떠오르던 키워드가 '명품', '유기농' 이었으나 이제는 '친환경', '친건강', '건강한 아름다움'등이 가장 먼저 떠오른다는 결과가 나왔다. 이 같은 결과에서 우리 소비자들 사이에서도 웰빙에 대한 정확한 이해가 자리잡기 시작했고, 이는 미국의 로하스(LOHAS: Lifestyle of Health & Sustainability)와 밀접한 관련이 있음을 알 수 있다. 필자는 우리 소비사회의 핵심 키워드로 자리잡은 웰빙이 단순한 유행이 아니라 향후 모든 서비스, 경제, 사회, 문화의 장기 트렌드라 보고 있다. 그러므로 소비자의 웰빙 니즈를 어떻게 상품과 서비스로 창조 해내느냐에 유통업체들의 미래 생존이 달려 있는 것이다.

결론적으로 앞으로의 한국 유통산업은 지금보다 더 국제화된 환경에서 지금보다 더 다양한 업태가 치열한 경쟁을 벌일 것이다. 그리고 이들 중 대부분 승자들은 위에서 기술한 유통시장의 미래 빅 5 키워드(브랜딩, 불황, 고객정보, 엔터테인먼트, 웰빙)에 성공적으로 적응한 기업들과 매장들임에 틀림없다.

KEY WORDS

자유무역협정(FTA), POS 시스템, EDI 시스템, 무선바코드(RFID), 모바일 쇼핑, 소셜커머스, 무점포 소매업, 마켓 3.0 시대, 리테일테인먼트(retailtainment), 웰빙(well-being)

DISCUSSIONS

1. 2020년 세계화가 계속 진행된다고 가정하면 한국을 대표할 소매업태가 무엇이 될지 토의해 보세요.
2. 기존의 소매업태가 지속적으로 Big Middle에 존재하기 위해서는 어떤 경쟁 요소를 갖추어야 할지 논의해 보세요.

REFERENCE

1. 백인수 · 서용구 · 김현철 · 김인호, 유통시장개방 10년 유통산업 구조변화와 업태별 핵심 이슈, 산업연구원, 2006.
2. 거대 경제권과의 FTA가 한국 유통산업에 미치는 영향, 대한상공회의소, 2011.
3. 매경이코노미(제1650호), '[소셜커머스] 소셜쇼핑 경제학…소비자 힘 세지고 가격은 낮아지고', 2012.4.2.
4. Kawai, Masahiro ; Wignaraja, Ganeshan(2011), Asian FTAs : Trends, prospects and challenges, Journal of Asian Economics, Vol. 22 (1), pp1–22.
5. Wilson, Marianne(2001), Redefining Retailtainment, Chain Store Age, Vol. 7, pp.73–74.
6. 김난도(2011), 트렌드코리아 2012, 미래의 창.

찾아보기

ㄷ

ㄹ

ㅁ

ㅂ

ㅇ

ㅊ

ㅋ

ㅌ

ㅍ

C

D

E

F

기타

저자소개

서용구

서울대학교 경영대학을 졸업하고 1996년 영국 Oxford 대학교에서 한국인으로는 처음으로 경영학(마케팅) 박사학위를 취득했다.
산업연구원(KIET)에서 유통산업 담당 수석연구원(1997~1999)으로 일하고 2000년부터 숙명여자대학교 경영학부 교수로 재직 중이다.

주요 저서

- 브랜드 마케팅(2012, 학현사)
- 보이지 않는 성장엔진(2006, 삼성경제연구소)
- 시장에서 승리하는 마케팅의 기술(2006, 시대의 창)
- 미니스커트 마케팅(2004, 서울경제경영, 공저)
- 유통신조류와 물류혁신(2000, 을유문화사, 공저)등 10여권
- Journal of Consumer Marketing, Journal of International Consumer Marketing, 유통 연구등 국내외 학술지에 50여편의 논문을 발표했다.

한국유통학회 부회장, 유통포럼 위원장 등으로 활동했고 쇼핑몰과 카테고리킬러 등의 유통 신업태와 소비트렌드에 관심이 많다.

이메일: ygs9964@sm.ac.kr

이정희

중앙대학교에서 경제학사를 취득(1985)하고 미국 오클라호마 주립대학교에서 농업 및 응용경제학으로 석 · 박사 학위를 취득하였다.
미국 노스다코다 주립대학교에서 박사후 연구원(Post Doctor)으로 근무하였고, 귀국하여 1995년에 중앙대학교 산업경제학과 교수로 시작하여, 현재 경제학부 교수로 재직 중이다. 그리고, 산업경영연구소장, 연구지원처장, 대외교류처장을 역임하였다.

주요 저서

- 유통시장 개방10년 Review: 2006 유통총람(2006, 도서출판 범한, 공저)
- International Retailing Plans and Strategies in Asia (2004, The Haworth Press, 공저)
- 중소기업의 경제분석(2003, 해남출판사, 공저)
- 알짬 시장경제(2002, 박영사, 공저)
- Journal of Global Marketing, Econometrics Letters, Journal of Agricultural and Resource Economics, Journal of Agricultural and Applied Economics 등 국내외 학술지에 50여편의 논문을 발표하였다.

(사)한국유통학회 회장으로 활동하였고, 현재 The Society of Asian Retail and Distribution (SARD), Board Member, (사)중소기업학회 부회장으로 활동 중이다. 유통정책, 식품산업정책, 글로벌유통전략 등에 관심이 많다.

이메일 : junghlee@cau.ac.kr

100일 만에 배우는 **유통**관리 2nd Edition

2007년 2월 20일 | 제1판 1쇄 발행
2012년 8월 20일 | 제2판 1쇄 인쇄
2012년 8월 27일 | 제2판 1쇄 발행

지은이 | 서용구 · 이정희
발행인 | 김은중
발행처 | 서울경제경영출판사
편집디자인 | (주)우일미디어디지텍

주 소 | 120-808 서울특별시 서대문구 대현동 67-5 대현빌딩 6층
전 화 | 02)313-2682
팩 스 | 02)313-8860

등 록 | 1998년 1월 22일 제5-63호

ISBN 978-89-97937-04-2 93320 정가 26,000원

※ 잘못된 책은 바꾸어 드립니다.